中央编译局文库出版工作领导小组(编委会)

主　任：贾高建
副主任：魏海生　陈和平　柴方国　季正聚
委　员：崔友平　沈红文　杨雪冬　冯　雷　陈家刚
　　　　赖海榕　郗卫东　张文成　葛海彦

中央编译局文库出版工作领导小组办公室

主　任：薛晓源
成　员：徐向梅　苗永姝

中央编译出版社文库编辑中心编辑小组

葛海彦　贾宇琰　苗永姝　杜永明
李媛媛　盛菊艳　薛迎春　董　妍

马克思主义经典著作研究读本

马克思《博士论文》研究读本

张广照 著

中央编译出版社

《马克思主义经典著作研究读本》顾问委员会

贾高建　俞可平　柴方国　庄福龄　陈先达　赵家祥　詹汝琮
李洙泗　张钟朴　冯文光　安启念　韩庆祥　李小兵　张曙光

《马克思主义经典著作研究读本》编委会

主　编　杨金海　李惠斌
副主编　薛晓源　林进平
编　委　（按姓氏拼音排序）
　　　　曹典顺　冯　章　韩立新　江　洋　姜海波
　　　　李百玲　吕梁山　苗永姝　聂锦芳　闫月梅
　　　　杨学功　姚　颖　张　盾　张云飞　郑　锦

总　序

呈献给读者的这套"马克思主义经典著作研究读本"丛书，旨在立足于21世纪中国和世界发展的现实，对马克思、恩格斯、列宁重要著作以及有关专题思想重新进行较为深入的研究和解读，供广大读者特别是致力于深入研究马克思主义经典作家原著的读者阅读使用。计划出版40种，三年内陆续完成编写和出版工作。

马克思主义经典著作是学习和研究马克思主义理论的基础文本，历来为人们所重视。在我国学术史上，曾编写和出版过不少关于经典著作的读本，包括各种注释性读本和导读性读本，对学习和研究马克思主义理论发挥过重要作用。然而，随着时代的发展，这些读本也越来越显出历史局限性。比如，以往对经典著作的解读视角较旧，对马克思主义理解不够全面；解读的经典著作范围较小，视野有限；解读所依据的文献不足，深度不够等。进入新世纪以来，特别是自2004年中央实施马克思主义理论研究和建设工程以来，马克思主义经典著作的教学、研究以及普及工作不断加强，这就迫切要求对经典著作重新进行解读。

同时，这些年我国学界有关经典著作的翻译和研究成果不断推出，为更好地解读经典著作提供了可能。改革开放以来，特别是进入新世纪以来，随着我国社会主义现代化建设以及人类文明的深入推进，我们对马克思主义的理解以及对经典著作的研究不断深化，解读视角发生重大转变，对马克思主义的理解更加全面。例如，以往由于受革命实践的影响，我们较多地从社会主义"革命"视角去解读，而较少从社会主义"建设"视角去解读，因此，较多地注重研究其中的阶级斗争、无产阶级革命和无产阶级专政等理论，而较少研究社会和谐发展、人的全面发展等思想。革命胜利后,仍然沿袭了这种解读模式。这就造成了对马克思主义理解的片面性。实际上,马克思主义经典著作中有丰富的新社会建设思想,恰恰是这些长期被忽视的思想对我们今天的社会主义建设实践来说更有意义。近些年来,我国学者自觉地从"建设"视角研究经典著作基本观点,取得了一系列可喜成就。又如,过去对经典著作的解读主要限于对若干重要经典著作的解读,如对《共产党宣言》等五六部名著有较为详细的解读,对其他著作的解读不多。即使有收文较多的导读性读本,但常常由于篇幅所限,也只能对这些著作进行简要介绍,不可能对每一部著作展开研究。近些年来,这种情况在逐步发生变化。研究经典著作的专题成果越来越多。再如,近年来新的经典著作编译成果和相关研究成果不断推出,大大拓宽了人们对经典著作基本观点的理解。加之这些年我国学界一大批优秀的中青年学者成长起来,他们的外语水平较高,知识储备较多,研究方法较新等,对经典著作的研究和理解也更有新意。这些都为更好地解读经典著作提供了新的时代条件。

为了继承前人研究的成果,弥补以往研究的不足,总结这些年我国学界编译、研究经典著作的成果和经验,比较全面系统地解读和阐释经典著作的基本观点,中央编译局专门成立了"马克思主义经典著作及其重大理论问题研究"课题组,并对该项研究提供了基金资助。课题组不仅在局内组织力量进行研究,而且向社会公开招标,争取到社会力量的支持,一批有造诣的中青年专家参与到课题研究中来。经过课题组同仁两年多努力,已经形成一批研究成果,并将继续补充、完善并陆续推出。这套"马克思主义经典著作研究读本"丛书就是这些成果的集中体现。

本丛书力求体现如下特点,这也是丛书编著工作所力求遵循的原则:第一,体现全面性和系统性。本丛书不仅对经典作家的名著进行解读,也对其他重要著作进行解读,还要对经典作家的一些重要思想,如马克思的人类学思想、列宁的新经济政策理论等,进行专题梳理和解读。不仅从"革命"视角,而且从"建设"视角,全面、系统地梳理经典作家的思想观点。力求使这套丛书成为收文最全面、解读最系统、最能够反映经典作家著作全貌的学术成果。第二，突出文献性和考证性。每一研究读本的写作，力求充分反映国内外有关研究成果，特别是要充分反映我国新时期在经典著作翻译和研究方面所发现的新文献、取得的新成果。在此基础上，要对经典著作形成的历史背景、国内外传播、原著重要思想观点及其流变，以及后人对这些观点的理解等，进行考证研究。如果说过去的解读主要是"注"的话，那么，这套读本则要进一步体现"疏"的特点。通过这种"注疏"性考据研究，不仅使读者知其然，也知其所以然。这样，也能够为学界进一步研究提供尽可能丰富的文献资料。第三，力求权威性和准确性。一方面，研究读本所依据的经典著作文本力求具有权威性和准确性。主要依据中央编译局所编译的最新译本，如《马克思恩格斯全集》第二版、《马克思恩格斯文集》、《列宁全集》第二版、《列宁专题文集》等。对还没有新译文的文本，可以采用旧译文。同时，适当参照外文版本，进行比较研究。另一方面，所依据的其他文献资料，也力求具有权威性和准确性。要选择国内外在该研究领域最具权威性的专家学者的最具代表性的观点和最有影响力的文章。

基于上述考虑，本丛书采取大致统一的研究和写作框架。除导论外，各个读本均由五个部分组成。一是历史考证部分，其中包括写作背景、国内外主要版本和传播考证等；二是研究状况部分，包括对国内外已有的研究情况进行梳理；三是当代解读部分，包括对经典著作的内容简介，对已有研究观点的疏正，对重要理论观点及其当代意义的阐述；四是原著选编部分，根据经典著作的不同情况，或采取全选的形式，或采取节选的形式，均采用中央编译局的最新译本，个别读本同时选编原著的旧文本，以方便比较研读；五是附录部分，包括3到5篇关于本著作的国内外有一定权威性的研究文章，以及进一步研究需要参考和阅读的文献资料。

需要说明的是，对于经典著作的研究，往往会有仁者见仁、智者见智的情况。所以，尽管我们在组织编写工作中努力体现上述原则，但这些读本的观点不一定都具有代表性，更不可能与每一位读者的观点完全一致。加之作者研究角度不同，水平各异，每一读本的结构、篇章、内容、观点都不尽相同，其权威性程度也不尽一致。其中很可能有疏漏和错误之处，谨请读者批评指正。

该丛书在编写和出版过程中，得到了各个方面的大力支持。中央编译局对此项工作高度重视，始终给予鼎力支持。国家出版基金将该丛书列入2012年资助项目。中央编译出版社为该丛书申报国家出版基金项目并最终立项，以及为丛书出版做了大量工作。本丛书中收入的译著和文章的译者、作者和出版者同意我们使用相关的著作版权。该项目顾问委员会的专家对丛书的编写工作给予热情指导，编委会成员和课题组同仁为丛书的编写付出了辛勤劳动。在此一并致以衷心的谢意！

《马克思主义经典著作研究读本》

编辑委员会

2013年6月16日

目 录

导 论 …………………………………………………………………… 1

第一部分 历史考证 ………………………………………………… 5

第一章 马克思的求学经历与博士论文的写作背景 ………………… 7
  一 马克思的求学经历 ……………………………………………… 7
  二 博士论文的写作背景:马克思中学时代重视和研究
    伊壁鸠鲁哲学的继续 …………………………………………… 14

第二章 国外的出版与传播 …………………………………………… 29
  一 西欧的出版与传播 ……………………………………………… 29
  二 苏联的出版与传播 ……………………………………………… 35

第三章 国内的译介与传播 …………………………………………… 37
  一 博士论文等最早被提及 ………………………………………… 37
  二 博士论文的中文版本出版 ……………………………………… 40

第二部分 研究状况 ………………………………………………… 43

第四章 国外研究状况 ………………………………………………… 45
  一 马克思的学生和苏东学者关于博士论文的研究 …………… 45
  二 西方马克思主义和"马克思学"关于博士论文的研究 …… 52

第五章 国内研究状况 ………………………………………………… 57
  一 对博士论文的贬损和否定 ……………………………………… 57
  二 近年来学界对博士论文研究的新现象 ……………………… 62

第三部分　当代解读 ………………………………………………… 69
第六章　博士论文的基本结构 ……………………………………… 71
一　马克思关于伊壁鸠鲁哲学的笔记是博士论文的
重要组成部分 ……………………………………………… 71
二　博士论文的基本结构和内容提要 ……………………… 78
第七章　博士论文的当代解读 ……………………………………… 80
一　盛赞伊壁鸠鲁，证明伊壁鸠鲁哲学是马克思哲学的来源 … 80
二　指出两个唯物主义者之间的根本差别并更加赞赏伊壁鸠鲁，
证明马克思是能动的唯物主义者 ………………………… 96
三　博士论文的方法论启示 ………………………………… 112

第四部分　经典著作选编 …………………………………………… 123
卡·马克思　青年在选择职业时的考虑 ……………………… 125
卡·马克思　给父亲的信 ……………………………………… 130
卡·马克思　关于伊壁鸠鲁哲学的笔记 ……………………… 140
卡·马克思　德谟克利特的自然哲学和伊壁鸠鲁的自然哲学的
差别 ……………………………………………………… 273
卡·马克思　《德谟克利特的自然哲学和伊壁鸠鲁的自然哲学
的差别》一文新序言草稿 …………………………… 357
卡·马克思　根据约翰福音第15章第1至14节论信徒和基督
的一致，这种一致的原因和实质，它的绝对必要及其影响 … 358
卡·马克思　奥古斯都的元首政治应不应当算是罗马国家较幸
福的时代？ ……………………………………………… 363

第五部分　附　录 …………………………………………………… 367
附录Ⅰ　研究文献精选 ……………………………………………… 369
一　俞吾金：被遮蔽的马克思 ……………………………… 369
二　张广照、李敬革：马克思哲学与恩格斯哲学的不同来源和
根本差别 ………………………………………………… 398
附录Ⅱ　延伸阅读书目 ……………………………………………… 420

导　论

　　我是一位在高校工作的哲学教师，在从事传统马克思主义哲学原理教学与研究的过程中，我理解和掌握了一些问题，然而也产生了很多困惑和更大的矛盾，这些传统体系产生的问题限于其自身显然是不能解决的。传统马克思主义哲学的原理和哲学史来源于他人对马克思经典著作的读取、概括和研究，不言而喻，是研究者自身思考角度和理解深度的产物。任何人所谈的马克思哲学只能是他自己眼中的马克思哲学，是他对马克思哲学的理解，最多是我们研究马克思哲学的参考和中介，不能把中介更不能把中介的中介阐释的对象当作对象本身，更不能作为神圣标准。特别是当中介对于对象作出批判性否定性的阐释和颠覆性的逆势解构时更应当这样，必须越过中介而直接研究对象本身，让事实说话，让对象本身说话，而不是拿中介的标准作为标准。中介似乎天然地有着越俎代庖的冲动和自我膨胀的可能。马克思早就从方法论上指出过中介的这个特点和依赖中介的危险性：归根到底，这个中项对于两极本身来说总是表现为片面的较高次方的东西，因为最初在两极间起媒介作用的运动或关系，按照辩证法必然会导致这样的结果，即这种关系表现为它自己的媒介，表现为主体，两极只是这个主体的要素，它扬弃这两极的独立的存在，以便通过两极的扬弃本身来把自己确立为唯一独立的东西。在宗教领域内也是这样，耶稣，即上帝与人之间的媒介——两者之间的单纯流通工具——变成了二者的统一体，变成了神人，而且作为神人变得比上帝更重要；圣徒比耶稣更重要；牧师比圣徒更重要。① 任何

---

① 《马克思恩格斯全集》第 46 卷（上），北京：人民出版社 1979 年版，第 295 页。

人都有权利研究和阐释马克思哲学，我们也尊重任何人的见解，但我们更应当尊重马克思，不能用别人的观点来代替马克思的观点。对于马克思这样的思想巨人，应该虔敬虚心地尊重他，认真阅读和理解他的著作，才有可能对他那博大体系略知一二。"要成为某种东西的有意识的部分，就要有意识地去掌握它的某一部分，有意识地参加这一部分"①。因而哲学教师不能停留在对教科书和哲学史的人云亦云、照本宣科上，不能回避、掩饰或调和种种明显的矛盾，而要解决这些问题就必须掌握第一手材料，亲自研究经典著作，从根本上寻求理论依据和学术支撑。这就自然而然地要进入对马克思主义哲学，特别是对马克思本人哲学著作的学习和研究。研究马克思主义哲学首先和必须研究马克思本人的哲学，这似乎是不言自明的基本前提和根本方法，然而恰恰在这个问题上情形并非如此，人们不难看出传统马克思主义哲学体系存在着缺乏马克思、忽视马克思、排斥马克思、否定马克思哲学的倾向。② 我感觉说马克思思想有从唯心到唯物的根本转折，有从"不成熟"阶段到"成熟"阶段的发展，有什么"马克思主义以前的马克思"③ 等说法令人惊奇，矛盾太大，忽视、轻视以至于否定马克思本人的哲学尤其是其早期哲学著作可能是不对的，这些看似定论的问题或许正是需要怀疑和重新审视的。感谢 30 多年前在国防大学的研究生学习给我提供了能够坐下来、静下心读书的机会和深入研究的条件。学习期间，我收集并通读了中央编译局翻译、人民出版社出版的第一版全套《马克思恩格斯全集》（共 50 卷、53 本书），并重点对马克思本人的哲学著作，按照写作时间的先

---

① 《马克思恩格斯全集》第 1 卷，北京：人民出版社 1956 年版，第 392 页。
② 徐长福曾经以一本有影响的书《马列著作选读——辩证唯物主义和历史唯物主义（试编本）》（北京：人民出版社 1977 年版）为个案，对经典作家的文本所占比重进行过统计分析，结果是：在该书中，马克思、恩格斯、列宁的文本所占页数分别为 13、193、130，比例约为 1∶15∶10。他由此感叹道："马克思文本所占比重如此之小，特别是与恩格斯文本之比如此悬殊，恐怕是许多人不曾留意到的。这说明，由斯大林亲自制定的'辩证唯物主义和历史唯物主义'解释体系所依据的主要是恩格斯和列宁的文本，而不是马克思的文本。"见徐长福：《马克思主义研究的学术化探索》，北京：社会科学文献出版社 2010 年版，第 5 页。
③ 〔英〕麦克莱伦：《马克思主义以前的马克思》，李兴国等译，北京：社会科学文献出版社 1992 年版。

后，对第40卷、第1卷、第42卷、第2卷、第3卷、第4卷、《资本论》第1卷至第4卷、第46卷至第50卷等进行了较多阅读和深入研究。

我这次系统的阅读从马克思最早的著作即他的三篇中学毕业作（论）文、现存的唯一一封写给他父亲的信和博士论文《德谟克利特的自然哲学和伊壁鸠鲁的自然哲学的差别》作为开始，但意想不到的是它们成为我研究的重点、主线和钥匙。不需多说但又很少有人提及和重视的是，在经典作家中，马克思是对哲学最有研究、唯一以哲学论文获取博士学位的一个，他的哲学学历和学养是最高的，如同施米特所说，"马克思与后来的革命家不同，他受过古典教育"，因而任何人都应该给马克思以必要的尊重。而在任何一个有博士学位的学者那里，其博士论文都值得人们高度重视和认真研究。博士学习时期一般来说是人生血气方刚朝气蓬勃的黄金时代，那种志向的高远宏大，理想的孜孜以求，精力的充沛旺盛，意志的全神贯注，思维的自由勇敢，时间的充裕丰富，资料的翔实多样，切磋的经常有益，往往是终生难以再现的。除了学术腐败的时代和人物，博士论文很少有应景之作，而多是学者倾注了全部心血，代表着他此时学术达到的最高水平，并且对其一生都有着决定性的影响，不论他后来坚守还是离弃都是如此。从事物的根可以解释其生长，思想家理论的演进有一条鲜明的脉络，从一个人早期的谈吐便可以看出他以后的品格和思想。记得一位朋友研究了世界上众多学者的博士论文之后总结说，博士们在其一生中发展和超过博士论文水平、有更大突破创新者大约占四分之一，保持和停留在博士论文水平者大约占一半，出于种种原因离弃研究而转向其他者大约也占四分之一。这种说法可供参考。总之，不论学者一生如何，其博士论文都值得高度重视，它是学者学术思想的大树之根、大河之源，是其学术巅峰者也大有人在，因而不论其后学术思想是进是退、变或不变都与博士论文有密切联系，他也都会有所交代，人们也都不应忽视它而必须给以充分重视。研究马克思也不例外。他是伟大的思想家和严谨的学者，博士论文是他最早、最重要、耗时最久、用力最多、最具学术性的哲学著作，是其开山之作、扛鼎之作，同他一生的学术思想、人生哲学和终身命运都有着必然的联系。马克思对自己的博士论文评价极高，非常自信地说，"我认为在这篇论文里我已经解决了一个在希腊哲学史上至今尚未解决的问题"。① 马克思为什么这样说，他的博士论文为什么选择这个问题，他在论文中提出了什么问题，表达了怎样的见解，有哪些方面的创新，博士论文在其后的哲学研究和理论创造中是怎样应用、发挥、发展和深化的？如果他改变和否定了自己的哲学观点，有了根本性的改变，那就应当找出他这样改变时说和做了些什么，研究他思想改变的脉络并给以清楚明白的解释，而这一点研究者们都做得很不够，绝大多数研究者们不知道或不研究、更不用说也不同意马克思的博士论文，而这可能正是研究马克思哲学走入歧途的起点和根源。

本书所指的马克思《博士论文》是广义的博士论文，不仅包括马克思提交的《德谟克利特的自然哲学和伊壁鸠鲁的自然哲学的差别》这篇论文本身，而且几乎包括马克思此前的一切著作，首先是马克思为写作博士论文而作的七本《关于伊壁鸠鲁哲学的笔记》，其次是马克思的中学毕业论（作）文等，我对它们也给予了极大重视和深入研究。所以，书名统称为：马克思《博士论文》研究读本。如果说博士论文是马克思全部学说的根和源，那么中学毕业作文等就是决定马克思毕生命运和孕育马克思全部学说的种和籽。无论从历史上还是从逻辑和历史与逻辑的一致上都可以这样说。懂得这些就会对马克思全部学说作一个整体的、真实的、统一的、正确的理解，反之就会作碎片化的、幻想的、断裂的、错误的理解。这些是我的研究方法和研究结论与众不同之处，愿意和一切研究者们交流切磋，争鸣辩论，共同推进马克思哲学研究的深入发展。

---

① 《马克思恩格斯全集》第40卷，北京：人民出版社1982年版，第188页。

第一部分　历史考证

第一章 马克思的求学经历与博士论文的写作背景

一 马克思的求学经历

1818年5月5日,卡尔·马克思出生于深受法国大革命影响的莱茵省特利尔城的一个犹太家庭里。特利尔位于德国的西南角,是一个边境小镇,历史古老,位置优越。在欧洲历史上,让特利尔驰名世界的,不仅有马克思。它是一个有着2000多年历史的城市,目前仍有黑城门存留;也修建有宏伟的大主教教堂,仅世界文化遗产就有7处。深厚的历史底蕴,多元的文化处境,现代性的涤荡,构成了马克思家族与个人的生存背景。当时这个城市大约有15000名居民,在拿破仑战争时期,这座城市连同莱茵河畔的其他地区都划归法国,并且依照法国大革命的基本原则进行管理,因此在足够长的时间里,这座城市都浸润在言论自由和立宪自由的氛围中,这种氛围是德国其他任何地方都没有的。1814年莱茵地区并入普鲁士后,这里积蓄了巨大的不满。特利尔是德国最早出现法国空想社会主义思想的城市之一。这种环境对少年马克思有着极大的影响。卡尔·马克思的父亲亨利希·马克思,1777年生人(马克思出生证书中说马克思父亲当时的年龄为37岁是不确切的,根据后来的考证,亨利希·马克思不是生于1782年,而是生于1777年)①,1838年死于肝病,只活了61岁。他是一位犹太律法学家,是一个非常有名的律师,这对于马克思丰富的思维、严密的逻辑和雄辩的演说才能影响很大。马克思

---

① 《马克思恩格斯全集》第40卷,北京:人民出版社1982年版,第949页注释169。

的家里有较为富裕的条件和充满文化气氛的环境。他的母亲罕丽达·普列斯堡是荷兰人，贤淑善良，善于持家，对马克思父亲的工作帮助很大。他们的婚姻极其纯净而美满，父母情深意笃，使这个家庭充满了和谐、幸福和欢乐。父亲以自己的渊博学识和优秀品格，母亲以一种一尘不染的人伦之美，影响了马克思。亨利希与罕丽达生下的子女中，只有卡尔和另外三个女孩成活。老马克思是个地道的德国人，是一个无可訾议的正直的人。在思想上，他是个现代人文主义者。他是犹太人，但他摆脱了犹太教的偏见，信仰基督。他为青少年的马克思提供了优雅的中产阶级生活。他的自由的思想，爱憎分明的性情，通过血脉传给了卡尔，极大地影响了少年时代马克思的思想意识倾向。

1830年10月，马克思进特利尔中学念书，1835年8月毕业于特利尔中学。学校拥有几位很有天才的教师，在学校中，影响最大的是校长雨果·维登巴赫，他也是马克思的历史教师，并且是马克思一家的朋友。歌德对他印象很好，评价很高，说他是一位精通康德哲学的专家。在这个学校里，学生们的成绩并不好，半数人没有通过毕业考试。卡尔·马克思的平均成绩还算不错；他在班上年纪最小，毕业学生平均年龄为20岁左右，而马克思只有17岁。现在有据可查的是他的成绩单、学校的评价和中学毕业论文。为了找到这些珍贵的资料，马克思主义者们付出了巨大的努力，花费了极大的心血和金钱。十月革命后，遵照列宁的指示，饥饿的苏维埃不惜花费黄金去寻找、购买和复制马克思恩格斯的手稿以及他们用过的所有文献和文字资料。苏俄马克思恩格斯研究院院长等人从德国社会民主党档案馆带走了7000页照相复制品；从特利尔中学档案室订购了复制的马克思学生时代的作品。这些最宝贵的原始证据，有利于我们理解许多问题。在王室考试委员会成员们签发的马克思的中学毕业证书上，评语是："操行　对待师长和同学态度**良好**"；学校非常重视语言教学，马克思的"才能和勤勉情况　**该生才能良；古代语、德语和历史成绩很好，数学及格，只有法语一门不够用功**"；"德语　该生的语法知识，也和他的作文一样，**特别好**"；"拉丁文　该生在翻译和解释校中所学古典作家作品较容易的地方时，不经准备也能做得流畅而有把握；如经过适当准备或者稍加帮助，即使较难的地方，特别是那些不是语言特点而是内容和思想的一般联系方面难于理解的地方，也常常做得流畅而有把握。客观地说，他的作文显得思想丰富，和对事物有深刻的理解，不过经常过于冗长；在语言学方面，作文表现出是经过长期练习的，并力求运用规范化的拉丁语，虽然里面还不免有些语法上的错误。他在口语方面，达到了令人满意的流畅程度"；"希腊语　他的知识和他对校中所学古典作家作品的理解能力，差不多和拉丁文一样好"；"法语　他的语法知识相当好；稍加帮助，他也能读很难的东西，口头叙述方面也比较熟练"；"宗教知识　他对基督教教义和训诫认识明确，并能加以论证；对基督教教会的历史也有相当程度的了解"；"数学　在数学方面，他的知识很好"；"历史和地理　一般来说他具有相当令人满意的知识"；"物理　他在物理方面的知识中等"；"考试委员会鉴于该生在中学已经修业期满，为使他能学习法学，决定发给毕业证书准其毕业，**希望他发挥自己的才能，勿负众望**"。① 马克思的成绩总体说不错，学校评价也不低。而英国人戴维·麦克莱伦说马克思的"**法文和数学较差，奇怪的是他的历史成绩最差**"② 不知本于何典，说马克思历史成绩最差极有可能是错误的。

马克思中学时代的作品只留下了三篇毕业作文，他写于1835年8月中学毕业时的三篇文章时间相差只有5天，按时间顺序排列，它们是：写于8月10日的论宗教问题作文——《根据约翰福音第15章第1至14节论信徒和基督的一致，这种一致的原因和实质，它的绝对必要及其影响》；写于8月12日的自由选题文章，即中学毕业论文——《青年在选择职业时的考虑》；写于8月15日的拉丁文作文——《奥古斯都的元首政治应不应当算是罗马国家较幸福的时代？》。这些文章都十分难得和重要。

1835年10月13日左右，马克思遵从父命离开特利尔去波恩，怀着

---

① 《马克思恩格斯全集》第40卷，北京：人民出版社1982年版，第827—829页。
② 〔英〕麦克莱伦：《马克思主义以前的马克思》，李兴国等译，北京：社会科学文献出版社1992年版，第33页。

探索真理、掌握科学和艺术的理想与愿望，进入波恩大学法律系。10月15日他被波恩大学录取了。大学第一年，马克思学习很用功，读了不少科学专著。他选修了法律，是因为父亲希望他以后能执业律师工作。1836年8月22日，波恩大学给马克思发放了"盖有大学印鉴和有现任校长及法律系和哲学系主任亲笔签署的"肄业证。保存下来的肄业证书是一份不知由何人缮写的副本，曾同其他文件一起被交给耶拿大学。这些文件是马克思送到该校的，以便就他的有关古希腊罗马哲学史的著作提出授予他博士学位的申请。证书中列出马克思1835—1836年度冬季学期的课程和评语："1. 法学全书，**普盖**教授讲授——十分勤勉和用心。2. 法学纲要，**伯金**教授讲授——十分勤勉和经常用心。3. 罗马法史，**瓦尔特**教授讲授——同上。4. 希腊罗马神话，**韦尔凯尔**教授讲授——极为勤勉和用心。5. 荷马研究诸问题，**冯·施勒格尔**教授讲授——勤勉和用心。6. 现代艺术史，**道尔顿**教授讲授——勤勉和用心。"1836年度夏季学期的课程和评语："7. 德意志法学史，**瓦尔特**教授讲授——勤勉。8. 普罗佩尔提乌斯的哀歌，**冯·施勒格尔**教授讲授——勤勉和用心。9. 欧洲国际法和10. 自然法，**普盖**教授讲授。以上两门课程，因普盖教授于8月5日突然逝世而未加评语。"证书中还写道："关于该生的操行，应该指出，他曾因夜间酗酒吵嚷，扰乱秩序，受罚禁闭一天；除此之外，他在道德和经济方面，未发现有什么不良行为。该生事后被人告发，据云曾在科伦携带违禁武器，此事尚在调查中。该生没有参加被禁止的大学生团体的嫌疑。"① 他在波恩加入了青年诗人小组。该小组创始人之一特利尔中学学生约翰·米夏埃尔·比尔曼因创作革命歌曲而被起诉。② 原来马克思希望在这里能够认真地学习专业，谁知道，受当时社会环境的影响，波恩大学已经没有良好的学习气氛，学生整日追求的是吃喝玩乐，无所事事，根本不像一所学校。父亲对马克思也有所不满，写信给他说："我希望你要变得聪明一点，往

---

① 《马克思恩格斯全集》第40卷，北京：人民出版社1982年版，第844—845页。
② 同上书，第950页注178。

后也要多注意一些日常琐事,因为,天晓得,尽管有各种哲学,但这些日常琐事却会把许多人折磨得两鬓斑白。难道决斗也与哲学密切有关吗?要知道这是对舆论的迁就,甚至是对它的恐惧。而那是谁的舆论呢?决不总是正经人的,可你还是!!!无论何处人们总是很少前后一贯的。你得设法不让这种爱好,即使不是爱好,也是欲望,在你的心里扎下根。否则,你终究会使你自己和你父母的最美好的愿望遭到毁灭的。我相信,一个有理智的人,是能够很容易地、体面地对这一套不予理睬的,让人尊重自己。"① 马克思感到,不能再在这里待下去了。父亲也允许和建议马克思转入柏林大学继续学习在波恩选修的法律和官房学。②

随后(1836年10月22日),马克思转入柏林大学法律系学习。大学期间的课程有:《罗马法全书》、刑法、人类学、教会法、德国普通民事诉讼、普鲁士民事诉讼、刑事诉讼、逻辑学、普通地理学、普鲁士法、遗产法、《以赛亚书》等。柏林大学在当时不仅学习气氛浓厚,而且学术方面在思想学术领域都处于领先地位。在1841年3月30日颁发的柏林大学毕业证书上,老师的评价都是勤勉和极其勤勉,证明"该生在本校期间在遵守纪律方面没有过失和不良行为,经济上应指出的是曾多次被控欠债。该生至今未曾被控在本校参加被禁的学生团体"③。在现在仅存的一封马克思写给父亲的信中,马克思向父亲汇报了自己的读书内容和学习生活,其兴趣之广泛,内容之丰富,阅读之深入,见解之独特,超乎一般人,可能也是我们没有想到的。而且这仅仅是1837年马克思读大学才两年时候留下的一封信,其后的学习和写作更可想而知。

这封信中的一部分说道:

> 先前我读过黑格尔哲学的一些片断,我不喜欢它那种离奇古怪的调子。我想再钻到大海里一次,不过有个明确的目的,这就是要

---

① 《马克思恩格斯全集》第40卷,北京:人民出版社1982年版,第840—841页。
② 同上书,第843页。
③ 同上书,第898页。

证实精神本性也和肉体本性一样是必要的、具体的,并且具有同样的严格形式;我不想再练剑术,而只想把真正的珍珠拿到阳光中来。

我写了一篇将近二十四印张的对话:《克莱安泰斯,或论哲学的起点和必然的发展》。彼此完全分离的科学和艺术在这里在一定程度上结合起来了。我这个不知疲倦的旅行者着手通过概念本身、宗教、自然、历史这些神性的表现从哲学上辩证地揭示神性。我最后的命题原来是黑格尔体系的开端,而且由于写这部著作需要我对自然科学、谢林、历史作某种程度的了解,我费了很多脑筋,而且写得非常[……](因为它本来应当是一部新逻辑学),连我自己现在也几乎想不起它的思路了;这部著作,这个在月光下抚养大的我的可爱的孩子,像欺诈的海妖一样,把我诱入敌人的怀抱。

由于烦恼,我有几天完全不能够思考问题,就像狂人一样在"冲洗灵魂,冲淡茶水"的肮脏的施普雷河水旁的花园里乱跑,我甚至和我的房东一块去打猎,然后又跑到柏林去,想拥抱每一个遇见的人。

此后不久,我只从事一些正面的研究。我研究了萨维尼论占有权的著作、费尔巴哈和格罗尔曼的刑法、克拉麦尔的《论词义》、韦宁-英根海姆关于罗马法全书体系的著作和米伦布鲁赫的《关于罗马法全书的学说》,后者我现在还在研究;最后我还研究了劳特巴赫文集中的某些篇章、民事诉讼法、特别是教会法,后者的第一部分,即格拉齐安的《矛盾宗规的协调》,几乎全部在《[法典]大全》中读完了,并且作了摘要;我也研究了附录——朗切洛蒂的《纲要》。后来,我还翻译了亚里士多德《修辞学》一部分,读完了著名的维鲁拉姆男爵培根的《论科学的发展》,对赖马鲁斯的著作下了很大功夫,我高兴地细读了他的著作《关于动物的复杂本能》。我还研究了德国法,但是我研究的主要只是法兰克王的敕令和教皇给他们的信。

由于燕妮的病和我的徒劳无益的脑力劳动引起烦躁心情,由于不得不把我所憎恶的观点变成自己的偶像而感到苦恼,我生病了,这是我以前已经告诉过你的,亲爱的父亲。病好以后,我便把所有的诗和小说草稿等等都烧了,我认为我能把它们丢得一干二净;直到现在,我丝毫没有出现与此相反的情况。

在患病期间,我从头到尾读了黑格尔的著作,也读了他大部分弟子的著作。由于在施特拉劳常和朋友们见面,我接触到一个"博士俱乐部",其中有几位讲师,还有我的一位最亲密的柏林朋友鲁滕堡博士。这里在争论中反映了很多相互对立的观点,而我同我想避开的现代世界哲学的联系却越来越紧密了;但是一切声音都安静下来,我陷入了真正的讽刺狂,而这在如此多的东西遭到否定以后,是很容易发生的。①

可以看出,马克思阅读和研究从来没有局限于当下,他对黑格尔哲学表现出了重视但决不是好感,它是马克思终生批判的对象。

紧张的工作,过度的用功,严重损害了马克思的健康。1836年底,他的健康状况已经不好。1837年4月,在医生的坚持下,他不得不放下工作,到柏林郊外一个小村子休养。当健康稍微恢复,他就回到柏林,重新投入紧张的学习和工作之中。马克思虽然遵从父命上了大学,也学了法律的专业,但如他后来所说,"只是把它排在哲学和历史之次当作辅助学科来研究"②。因此马克思的博士论文没有以法律而是以哲学作为研究对象,他提交了博士论文《德谟克利特的自然哲学和伊壁鸠鲁的自然哲学的差别》并顺利地通过了。马克思终生也没有从事他父亲所希望的律师职业,而是坚持了他中学时代的选择,"不是干预生活本身,而是从事抽象真理的研究"③,终生研究理论,实现了人类历史上伟大的哲学革命,为无产阶级和全人类的彻底解放提供了科学的理论武器。而这一切,确定于马克思的中学时代,奠基于马克思的博士论文,

---

① 《马克思恩格斯全集》第40卷,北京:人民出版社1982年版,第15—16页。
② 《马克思恩格斯全集》第13卷,北京:人民出版社1962年版,第7页。
③ 《马克思恩格斯全集》第40卷,北京:人民出版社1982年版,第6页。

应用于马克思的全部研究,贯穿于他的伟大一生。马克思在答女儿的自白中曾经说过,他最大的特点是目标始终如一,正因为他的确是这样做的,因而他才能够这样说。

二 博士论文的写作背景:马克思中学时代重视和研究伊壁鸠鲁哲学的继续

马克思博士论文研究德谟克利特的自然哲学和伊壁鸠鲁的自然哲学的差别,绝不是偶然的,不是受任何别人的影响而为之,而是他中学时代就重视和研究伊壁鸠鲁哲学的继续。

研究马克思博士论文的写作,必须和在此之前他的学习和学术联系起来,而此前留下的文章不算诗歌虽然只有四篇,特别是三篇中学毕业作文,其中却有很多值得我们重视的问题,可以说包含着马克思的博士论文、马克思哲学和全部学说,甚至马克思毕生生命活动的密码,他的一切都与中学毕业论文时的选择和认识有着直接的关系。他的博士论文和终生职业都是中学选择的践行,马克思及其学说与伊壁鸠鲁哲学有着与任何人不曾有的密切联系。

马克思在中学时代的学习中就表现了他视野的高远和思考的深刻,他的思考和研究从来不曾局限于当下的问题和人物,而是"把自己的视线移向历史这个人类的伟大教师"[①]。校方评语中对他的"宗教知识"评价颇高,更认为在"历史和地理方面,一般来说他具有相当令人满意的知识",他的《论宗教问题的作文》和《拉丁文作文》写得功底深厚,见解深刻。在《论宗教问题的作文》中,马克思提到了"古代最伟大的哲人、神明的柏拉图"、"斯多葛学派哲学",尤其是提到了伊壁鸠鲁及其快乐哲学:"和基督一致所得到的是这样一种快乐,这种快乐是一个伊壁鸠鲁主义者在其肤浅的哲学中,一个比较深刻的思想家在未

[①] 《马克思恩格斯全集》第40卷,北京:人民出版社1982年版,第818页。

被发现的知识奥秘中想要找到而没有找到的"①。这不但说明马克思非常热爱历史,而且说明他这时就非常重视古希腊哲学,对伊壁鸠鲁哲学非常熟稔。1835年的马克思就熟知希腊哲学和尊崇伊壁鸠鲁,这可能是研究者们都没有注意到的,因此才煞费苦心地为博士论文的选题和写作寻找其他来源,博士论文固然不能说与德国的哲学大师和马克思同时代的大学师生们没有一点联系,但绝不是像研究者们所说,这是"博士俱乐部"的青年黑格尔派们关心的话题,因而马克思如有些人所说,是在布鲁诺·鲍威尔或者还有其他什么人的"指导或授意下完成了自己的博士论文"。如果说马克思与那些"青年黑格尔派"的师生、与德国的哲学家们有联系,他们也只是马克思哲学批判的对象,马克思批判德意志意识形态和一切旧哲学的武器就是马克思在中学论文等著作中就体现的哲学倾向和博士论文中实现的哲学革命。这些思想在马克思一生中不断丰富充实和运用发展但从来没有被改变和否定过,体现了他作为天才的早熟的伟大思想家的坚定性、深刻性、创造性。马克思只留下这几篇最早的文章是偶然的,但这些文章就几乎全息地包含着马克思学说的全部基因,非常有利于我们从根源上理解和阐释原著。一粒种子和参天大树看似没有多少相像之处,但后者正是由前者发展而来的,后者的密码和信息就存在于前者之中。马克思学说是一个有机的整体,所追求的目标是不变的,"他把自己的精神的心血一直浇灌到科学的最遥远的边缘"②,每一个(重要)观点都是他理论体系的组成部分,观点和体系二者密不可分,只有接受和理解每一个观点才能理解和接受马克思学说的体系;排斥了它们中任何一个观点更不用说众多观点也就使体系质变、碎片化从而否定了整个体系,理解和接受马克思学说根本不可能。哪怕有着良好的动机和坚定的声明也是枉然,人们对一个理论体系的接受和排斥基本上都是整体的。排斥马克思的许多观点绝对不可能理解和接受马克思的学说。同样,马克思那样激烈地批判黑格尔和德意志意识

---

① 《马克思恩格斯全集》第40卷,北京:人民出版社1982年版,第822页。
② 同上书,第257页。

形态，却说德国古典哲学是马克思学说的来源也是根本不正确不可能的。

说古希腊和伊壁鸠鲁哲学对中学时期的马克思有着巨大影响，我们有着非常充分的理由。

第一，马克思的职业选择与伊壁鸠鲁密切相关。

马克思的中学毕业论文《青年在选择职业时的考虑》，既是他中学学习能力的体现和总结，更是他对未来职业的选择和安排，是他人生观、价值观的宣示和抒发。固然，马克思在选择职业时指出应当选择"最能为人类福利而劳动的职业"，指出"在选择职业时，我们应该遵循的主要指针是人类的幸福和我们自身的完美。不应认为，这两种利益是敌对的，互相冲突的，一种利益必须消灭另一种的；人类的天性本来就是这样的：人们只有为同时代人的完美、为他们的幸福而工作，才能使自己也达到完美。如果一个人只为自己劳动，他也许能够成为著名学者、大哲人、卓越诗人，然而他永远不能成为完美无疵的伟大人物。历史承认那些为共同目标劳动因而自己变得高尚的人是伟大人物；经验赞美那些为大多数人带来幸福的人是最幸福的人"①。人们普遍对于马克思立志为全人类工作，选择最能为人类谋利益的职业，甚至勇于自我牺牲这些给以高度评价，这是正确的，然而这也只应在思想境界上高度赞扬而不应在职业上过高评价。因为其一，这只是选择职业时"应该遵循的主要指针"而不是具体职业，人们所操的职业总是具体的而不是抽象的，马克思也列举了"著名学者、大哲人、卓越诗人"等等这样的职业，世界上并没有一种叫做能够达到"人类的幸福和我们自身的完美"的职业，从这些话里并不能看出马克思选择了什么职业。研究者们普遍对这种精神评价很高，但并没有深入探讨马克思所说的职业，有的甚至直接说这就是马克思所选择的职业，比如一位苏联研究者就说，"这就是马克思所选择的生活道路，这就是他在一八三五年，当他还只有十七

---

① 《马克思恩格斯全集》第 40 卷，北京：人民出版社 1982 年版，第 7 页。

岁时，所决定选择了的一切职业中最优美的职业——为人类服务"①。把这说成是职业是不对的。其二，中学时期的马克思的确把这作为青年在选择职业时应该遵循的主要指针，然而把"人类的幸福和我们自身的完美"作为应当遵循的指针的，这并不是马克思特有的，也不是任何其他人所特有的。因为为全人类而工作，希望大众幸福甚至世界大同，古今中外一切有这种宏大理想和高远抱负者代代相传，史不绝书。比如中国宋代伟大的政治家、文学家范仲淹的"先天下之忧而忧，后天下之乐而乐"的襟怀和表述就与此异曲同工、毫不逊色，欧洲乌托邦主义者们的理想和抱负也很高。那么什么是马克思选择的具体的职业？什么是他在选择职业时也作为原则的特殊性的东西呢？这职业就是"主要不是干预生活本身，而是从事抽象真理研究的职业"，这特殊性的考虑就是心灵宁静和使人快乐。这两点都是马克思中学毕业论文最重要的内容，而这恰恰与伊壁鸠鲁密切相连。中学生时期的马克思选择"主要不是干预生活本身，而是从事抽象真理研究的职业"献身理论事业，这是非常特殊非常难得的。并且他这样选择时深深地知道，职业选择"对于还没有坚定的原则和牢固、不可动摇的信念的青年是最危险的。同时，如果这些职业在我们心里深深地扎下了根，如果我们能够为它们的支配思想牺牲生命、竭尽全力，这些职业看来似乎还是最高尚的。这些职业能够使才能适合的人幸福，但也必定使那些不经考虑、凭一时冲动就仓促从事的人毁灭"②。酷爱理论献身哲学，这使人们想到了伊壁鸠鲁，因为"（伊壁鸠鲁）偶然发现了德谟克利特的著作，他便献身于哲学了"③。这里特殊的还不只在于马克思像伊壁鸠鲁那样重视理论研究工作，更重要的是他对理论与实践关系的看法，他认为思想家哲学家"主要不是干预生活本身，而是从事抽象真理的研究"，这种看法惊世骇俗，与我们通常理解的理论与实践的关系根本不同，而这与伊壁鸠鲁一脉

---

① 〔苏〕瓦尔特·维克多：《卡尔·马克思》，马度译，北京：中国青年出版社1954年版，第19页。
② 《马克思恩格斯全集》第40卷，北京：人民出版社1982年版，第6页。
③ 同上书，第27页。

相承非常类似。"伊壁鸠鲁在**哲学**中感到**满足**和**幸福**。"德谟克利特不满足于哲学而投身于经验知识的怀抱，**而伊壁鸠鲁却轻视实证哲学**；不平静的心情驱使德谟克利特走遍世界各地，但伊壁鸠鲁却只有二三次离开他在雅典的花园到伊奥尼亚去，这还不是为了研究而是为了访友。他在感到死亡临近之时洗了一个温水澡，讨一杯醇酒，并且勉励他的朋友们忠实于哲学。① 马克思后来在博士论文中又特别指出"哲学的实践本身是理论的"②，并批判了实证哲学，认为只有自由派才能带来真实的进步，而实证哲学只能产生一些这样的要求和倾向，这些要求和倾向的形式同它们的意义是互相矛盾的。③ 中学时期的马克思在选择职业的毕业论文中就这样献身哲学和看待理论与实践的关系，与伊壁鸠鲁是多么相像啊！

第二，马克思的中学毕业论文还特别使用几乎是伊壁鸠鲁哲学特有的一些范畴，如平静和快乐，而其观点和口气有些也与伊壁鸠鲁非常相像。比如伊壁鸠鲁认为"**身体健康，内心平静（心灵的宁静）**""**正是幸福生活的目的**"。"宁静将……永远……不受干扰"，"伊壁鸠鲁……是这么说的：'**内心的宁静和没有痛苦是静止的快乐，而欢乐和愉快是通过自己在运动中的能动性才显示出来**'"。④ 再如伊壁鸠鲁把"虚荣或暴怒"看作比"悲伤无动于衷乃至达到麻木不仁"是"一种更大的恶"⑤；至于欢乐即快乐更是伊壁鸠鲁哲学的核心范畴。哲人不关心实体的生活，不参与公共的政治活动，不在公共场所表现自己的卓越才能，而是远离这种生活，对世界的各种诱惑不动心，选择消极无为、清心寡欲的安宁生活。哲人"关心灵魂的健康"，他要认清造成人们心灵痛苦的根源，反对宗教迷信等虚假观念，医治人们心灵的创伤。为此，伊壁鸠鲁倡导学习哲学、研究自然，认为这是获得快乐的最好途径。

---

① 《马克思恩格斯全集》第40卷，北京：人民出版社1982年版，第202—203页。
② 同上书，第258页。
③ 同上书，第260页。
④ 同上书，第30、32页。
⑤ 同上书，第80页。

"在学习哲学中,快乐会一直伴随着知识的增长过程……学习和快乐一道前进。"① 马克思认为个人选择职业时要有这样的原则和方向:深思熟虑——听从"内心深处的声音","安静地从事活动",因为"只有从安静中才能产生出伟大壮丽的事业,安静是唯一生长出成熟果实的土壤";"我们的使命决不是求得一个最足以炫耀的职业",要不为名利不为"虚荣心"所驱使,"虚荣心能够引起对这种或那种职业突然的热情","伟大的东西是光辉的,光辉则引起虚荣心,而虚荣心容易给人以鼓舞或者一种我们觉得是鼓舞的东西;但是,被名利弄得鬼迷心窍的人,理智已经无法支配他,于是他一头栽进那不可抗拒的欲念驱使他去的地方;他已经不再自己选择他在社会上的地位,而听任偶然机会和幻想去决定它"。"我们的使命决不是求得一个最足以炫耀的职业,因为它不是那种使我们长期从事而始终不会感到厌倦、始终不会松劲、始终不会情绪低落的职业,相反,我们很快就会觉得,我们的愿望没有得到满足,我们的理想没有实现,我们就将怨天尤人。但是,不只是虚荣心能够引起对这种或那种职业突然的热情。""如果我们选择了力不胜任的职业,那么我们决不能把它做好,我们很快就会自愧无能,并对自己说,我们是无用的人,是不能完成自己使命的社会成员。由此产生的必然结果就是妄自菲薄。还有比这更痛苦的感情吗?还有比这更难于靠外界的赐予来补偿的感情吗?妄自菲薄是一条毒蛇,它永远啮噬着我们的心灵,吮吸着其中滋润生命的血液,注入厌世和绝望的毒液。"② 前已指出,伊壁鸠鲁早就进入马克思的视野,因而伊壁鸠鲁关于反对虚荣追求内心宁静的观点、关于幸福和欢乐的观点、关于献身哲学等众多观点对少年马克思影响至深,并且成为马克思中学毕业论文的主调。"伊壁鸠鲁还认为,功名心重的追求荣誉的人不应该沉湎于平静,而是应该根据自己的天性参与国家大事和社会活动,因为他们生来就是这样一种性格的人,如果他们达不到所追求的目的,就会由于无所事事而更加担忧

---

① 〔古希腊〕伊壁鸠鲁、〔古罗马〕卢克来修:《自然与快乐》,包利民等译,北京:中国社会科学出版社2004年版,第46页。

② 《马克思恩格斯全集》第40卷,北京:人民出版社1982年版,第4—5页。

和难受。然而，这样的一种人是愚蠢荒诞的，他吸收的不是那些能够为公共谋福利的人，而是一些不能无所作为的人；须知精神的平静或不安不是以所做的事情的多寡为转移，而是取决于行为的善恶。"① 伊壁鸠鲁反对虚荣心和追求精神的平静，马克思同样也是如此。我们不知道马克思这样说时是否想到了伊壁鸠鲁，但我们发现这与伊壁鸠鲁思想非常一致，而与其他任何人、比如人们兴致勃勃或辛辛苦苦考究的康德、费希特、卢梭、黑格尔、费尔巴哈等都没有这种一致性。"心灵宁静""快乐"几乎是伊壁鸠鲁哲学特有的范畴，一个成年人重视它也许不太令人惊奇，一个中学生这样重视就很令人惊奇了。马克思中学毕业论文那最为著名的结尾"如果我们选择了最能为人类福利而劳动的职业……"就更加像是对伊壁鸠鲁言行的回应。因为伊壁鸠鲁这个快乐学说的著名导师有一些日子以简陋的食物充饥，目的是要观察在快乐的尽善尽美和细致入微方面是否会有所减少、减少多少以及这种减少是否值得每一个人为此而付出沉重的劳动。他至少在写给哈林执政官波利安的那些信中谈到这件事，"甚至还炫耀他自己用在饮食上的钱不到一阿司，而梅特罗多罗斯［在限制自己的需求方面］还没有获得这样大的成绩，他得花上整整一阿司。你想想看这样的饮食可以吃饱吗？可以，甚至还能得到快乐，——不是那种微小的、转瞬即逝的快乐，亦即经常需要重新开始的快乐，而是持久的真实的快乐"②。马克思学说的研究者们都喜欢追溯马克思思想、"术语"的来源，但如果要追溯马克思的思想来源，往哪里追溯也不如往古希腊、往伊壁鸠鲁那里追溯更有根据，马克思在这里谈职业选择，谈为人类谋福利、谈安静、谈快乐等问题，与谁的联系都不如伊壁鸠鲁更为紧密、一致和相像，而且是马克思自己承认的。请人们也举出个相反的例子，比如和卢梭、费希特比较一下！如果马克思与伊壁鸠鲁的联系是偶然的、无关紧要的，那博士论文为什么以此为题而不以德国哲学为题？如果说博士论文是无足轻重的随意之作，

---

① 《马克思恩格斯全集》第40卷，北京：人民出版社1982年版，第157页。
② 同上书，第151页。

那马克思后来为什么不纠正检讨自己？为什么他终生都推崇敬重伊壁鸠鲁？没有任何证据表明他批判或改变过博士论文中的观点和对伊壁鸠鲁的态度，相反的证据倒比比皆是。

第三，马克思中学时代就思考人与动物的区别，即人的本质等哲学问题，这与伊壁鸠鲁哲学相一致。马克思在比毕业论文《青年人在选择职业时的考虑》早两天的作文中就写道："人是自然界唯一达不到自己目的的存在物，是整个宇宙中唯一不配做上帝创造物的成员。"① 思考人的本质、人与动物的区别，即人之所以为人、人的本质何在这样真正的、重大的哲学的问题不是马克思偶然思索的问题。两天之后他中学毕业论文的开头第一句话就是："自然本身给动物规定了它应该遵循的活动范围，动物也就安分地在这个范围内活动，而不试图越出这个范围，甚至不考虑有其他什么范围存在。……能这样选择是人比其他生物远为优越的地方，但是这同时也是可能毁灭人的一生、破坏他的一切计划并使他陷于不幸的行为。……但是，我们并不总是能够选择我们自认为适合的职业；我们在社会上的关系，还在我们有能力对它们起决定性影响以前就已经在某种程度上开始确立了。"② 如何理解这种矛盾的现象？这是无数哲学家甚至任何普通人都看到了的事实：人和万物一样是自然界的一部分，遵循着自然界的规律；但又显然不同于万物。高于万物，这既是尽人皆知的现象，但又是无人解决的问题。解决这个问题看似容易，实际很难。唯物主义把人当作物，否定了人的能动性；而唯心主义肯定人的能动性又抽掉了唯物主义基础。这是前人根本没有解决的问题，马克思思考人与动物的差别、人与社会的关系，即"人何以为人"这个问题才是哲学最根本的问题。而这也恰恰是伊壁鸠鲁哲学所关心和解决的问题。因为"对于伊壁鸠鲁宇宙观的方法来说，具有代表性的是**创造世界**的问题，——这是一个永远可以用来搞清哲学观点的问题，因为它表明，在这种哲学中精神是如何创造世界的，这种哲学与世界的关

---

① 《马克思恩格斯全集》第40卷，北京：人民出版社1982年版，第819页。
② 同上书，第3—5页。

系是怎样的，哲学的精神即创造潜力是怎样的"①。马克思在伊壁鸠鲁哲学这里找到了知音，找到了根据。中学时期的马克思就选择了终生从事理论研究的职业，把目光投向古希腊最伟大的哲学家伊壁鸠鲁，所以他在大学时期，在写博士论文时，继续先前的志向情趣、学术方向和根本问题，研究古希腊哲学，在德谟克利特和伊壁鸠鲁这两个唯物主义哲学家中更欣赏后者，从而在唯物主义的基础上解决了人的能动性这个前人不能解决的问题，实现了哲学革命。

总而言之，由中学毕业作文可见少年马克思宏阔的器宇与大气的格局。在哲学观上他自然会去追寻历史上的哲学高峰和巨人，而伊壁鸠鲁就是这样的人类哲学史上的高峰和巨人。马克思中学作文和博士论文的意义在于提供确凿的证据证明马克思哲学的源头活水必须上溯到古希腊伊壁鸠鲁哲学。正如牛顿所说，我看得更远，只是因为我站在巨人的肩膀上。马克思脚下的巨人就包括被人们长期忽视、估计不足的古希腊伊壁鸠鲁哲学。正是伊壁鸠鲁的思想构成马克思哲学体系的奠基石。

我对博士论文写作前的马克思著作给以了高度评价，自然我更要指出，人们多数对马克思的博士论文持忽视、轻视或否定的态度，对此前马克思的著作就更不用说了。麦克莱伦被称为对马克思最有研究的西方哲学家之一，不过这个人的研究有一个特点：就是马克思的任何一个观点他都能够找出来源——当然是以选择性和无中生有的方法——以证明马克思的思想来自于德国哲学或者老师和同学，或者任何一个人们闻所未闻的无名小卒，所以麦克莱伦的研究并没有什么特殊之处，要说特殊就在于特别的荒唐。马克思中学作文一开头就说，历史"这个人类的伟大教师"使我们看到，从古至今人性一直在试图把自己提高到一个更高的道德水准，"由此可见，各民族的历史告诉我们同基督一致的必要性。但是，在我们研究各个人的历史，人的本性的时候，我们虽然也看到他心中有神性的火花、好善的热情、求知的欲望、对真理的渴望"②。麦

---

① 《马克思恩格斯全集》第40卷，北京：人民出版社1982年版，第53页。
② 同上书，第819页。

克莱伦说这篇文章不仅写得相当动人，非常甜美虔诚，而且结构基本合理，解释了基督教的产生对于人类道德的全面发展是多么必要。马克思对上帝抱有一种非常疏远和没有什么色彩的自然神论的观念。这与他父亲的观点相似，是在学校负责讲授宗教课的库珀牧师的观点。马克思的文章的格调在很多方面像他的老师，并受到老师的赞扬。这里麦克莱伦轻描淡写地说了句"这些观点是马克思的父亲和自己老师库珀的观点"，这只是开始。接下来麦克莱伦就为我们列出了详细的证据。

他说：那篇德文作文的题目是《青年在选择职业时的考虑》，它显得更富有独创性。马克思的论点是：虽然人并不能任意地选择，然而正是这种自由把人与动物区分开来。一个人不应该让野心被转瞬即逝的热情左右，重要的是要抓住为人类服务的机会，避免沉溺于抽象的真理。他在文章的结尾，热情奔放地表示坚信人生的价值就在于为人类的幸福而牺牲。就主题结构而言，这篇文章与马克思的同学们的文章都非常相似。它的思想基础是德国启蒙运动和古典时期的人道主义理想，这种理想是：个人的全面发展和人类社会的全面发展是相互依存的（对马克思的文章与卢梭的《爱弥儿》之间所作的令人惊奇的比较，请看希尔曼的《马克思和恩格斯》一书的详细评论）。

麦克莱伦说马克思的中学毕业论文"就主题结构而言，这篇文章与马克思的同学们的文章都非常相似"有证据吗？难道他手头有许多篇马克思同学的中学毕业论文？那么多同学选择了理论研究作为职业？马克思的同学中有那么多天才和伟大的马克思主义者？我们都还没有听说过。马克思的中学生活和同学人们知之甚少，麦克莱伦凭什么这样说？说中学毕业生都有献身人类的豪情壮志我们相信，但说都有清晰正确的职业选择，特别是选择理论研究并终身从事，我们很难相信！至于麦克莱伦说"它的思想基础是德国启蒙运动和古典时期的人道主义理想，这种理想是：个人的全面发展和人类社会的全面发展是相互依存的"，他又在注释中说，"对马克思的文章与卢梭的《爱弥儿》之间所做的令人惊奇的比较，请看希尔曼的《马克思和恩格斯》一书的详细评论（美因河畔的法兰克福，欧洲出版社，1966年）33页"。他或许不难证明马克思思想与卢梭思想某一方面的一致性，因为如果我们把一种思想高度抽象后，可以说它与任何思想都一致，比如追求幸福、公平正义、努力学习，我们可以在任何国家和民族那里都能找到包含这些内容的理论。只要不是词句大量引用，说两种思想的一致性就没有任何意义。再说，即使与卢梭思想相近，那我们照此考察，这一定不是卢梭独有或最早提出的思想，卢梭思想又来自哪里，为什么不去考察？真奇怪，马克思不能说话了，他说什么话都有前人说过，都有人要千方百计地证明前人（当然是他们指定的前人）说过这样的话！而马克思与之更为接近，甚至马克思自己明确指出的来源他们倒视而不见！这是什么逻辑和方法？！马克思是最伟大深刻的思想家，因为他同伊壁鸠鲁一样反对整个前人的世界观；他批判了一切前人，一切前人竟然成了他的思想来源！放肆的麦克莱伦！荒唐的思维逻辑和研究方法！他们就是这样把马克思说成了最无新意无主见甚至无节操的哲学探索者！

麦克莱伦说：每个人都有自己的人生目标，一个为内心深处"轻声而坚定"的声音所启示的目标。这一目标容易被野心和渴望引入歧途，因此有必要认真思考，弄清楚你到底适合做什么。一旦冷静地考虑过各种因素，那么就应该热切地从事所选择的职业。"但是，我们并不总是能够选择我们自认为适合的职业；我们在社会上的关系，还在我们有能力对它们起决定性影响以前就已经在某种程度上开始确立了"，这句话曾被当作马克思后来历史唯物主义理论的萌芽而受到推崇（梅林《马克思传》P.5），卢因 - 多斯赫对这句话说，"这恰恰就是历史唯物主义，它觉醒在这短短的句子之中，第一次睁开了眼睛。它是一个火花，它的光芒一年一年增长，直到最终发出了耀眼的光辉"，然而人的活动一直受到先前形成的环境限制这一思想至少像启蒙学派和百科全书派一样古老。假如历史唯物主义的萌芽已经存在于一个17岁中学生的头脑中，这倒是很惊人的。认为马克思在他早年的文章中一直在提出他后来得出了答案的问题，即认为在马克思早期作品中，他就提出了他后来给出答案的一些问题；他后来的著作，是在受了黑格尔和黑格尔派的强烈冲击后形成的，包括很多全然不同的问题,因此有着完全不同的答案,这样看是错误的——这里要避免这样的错误,以后也要避免。认为青年马克思的发展是一个趋于一个确定目标的过程,这是一种误解,这是从后来归向的目标来观察各个阶段,从而误解这一过程的各个阶段:马克思"尚未"达到这一目标,而仅仅是显示出一些"先兆"。无论如何,马克思这篇文章随后的一段话提到了身体或精神的限制,这表明马克思在这里的意思仅仅是:一个人在选择职业的时候应该考虑到他所处的环境。①

麦克莱伦这里还是故伎重演。首先我要指出,他和梅林用推崇马克思从来没有说过和同意过的"历史唯物主义"来界定马克思的思想,这是错误的、没有根据的。说唯物史观是马克思的伟大发现是恩格斯而不是马克思的说法,现在全世界的人也都差不多这样说。通过本书我将证明用唯物史观来概括马克思的伟大发现并不确切。以这个并不存在而要由他们来界定的东西作标准,马克思的所有著作就都被他们纳入了任其解说的轨道。麦克莱伦果然不出所料地指出,"人的活动一直受到先前形成的环境限制这一思想至少像启蒙学派和百科全书派一样古老"。何止启蒙学派,实际上这是古今中外就有的思想,甚至是人的常识。如同志向远大、献身人类并无特殊之处而马克思特殊在选择了自己认为能实现理想的职业而不是表态说大话,在这里马克思的深刻之处不在于指出人有能动性,也不在于人受环境的制约,而在于他同时提出并着手解决这两个问题的一致性,在哲学上指出人的本质,在唯物主义的基础上发扬人的能动性。青年马克思的发展是不是"一个趋于一个确定目标的过程"不能由我们说了算,要由马克思说了算,要用事实来说话。如果这样说是误解,那难道说马克思的发展不是"一个趋于一个确定目标的过程"才正确,马克思思想和经历是前后矛盾、自我否定才是事实?马克思的中学毕业论文,他对于青年在选择职业时的考虑难道只是心血来

---

① 〔英〕麦克莱伦:《马克思主义以前的马克思》,李兴国等译,北京:社会科学文献出版社1992年版,第34—36页。

潮的信笔所至，而其后的思想和生活历程都与此无关甚至相反？其实这样的天方夜谭正是麦克莱伦们的观点。他说："马克思第一次进入大学后，曾在他的中学毕业论文中表现出来的观点发生了极大的变化。他不再被那种为全人类服务的思想所鼓舞，也不再考虑寻找一个合适的位置去为崇高的理想而献身。"① 怎么，马克思放弃了"为全人类服务的思想"，不愿意"为崇高的理想而献身"从事理论研究了？是事实吗？对于这样武断和放肆的结论，相信很少有人信服。麦克莱伦们贬低马克思的水平同抬高他人的水平一样高。他们给马克思划定了一个在某年某篇文章中才成熟的界限，此前的马克思当然是不值得重视的。所以他说，马克思"尚未"达到这一目标，而仅仅是显示出一些"先兆"。无论如何，马克思这篇文章随后的一段话提到了身体或精神的限制，这表明马克思在这里的意思仅仅是：一个人在选择职业的时候应该考虑到他所处的环境。② 麦克莱伦用一个"仅仅是"就把马克思对人与动物的差别、人的能动性与环境的关系深刻思考贬低成了一个肤浅的常识。这是非常不道德和不能令人信服的。

麦克莱伦写道：马克思继续说，一个经过选择的事业使人能够获得最有尊严的职业，这是"建立在我们深信其正确的思想上的职业；选择一种能给我们提供广阔场所来为人类进行活动、接近共同目标（对于这个目标来说，一切职业只不过是手段）即完美境地的职业"。这种关于完美境地的观念是主要决定职业选择的东西。永远都要牢记：那些主要不是干预生活本身，而是从事抽象真理研究的职业，对于还没有坚定的原则和牢固、不可动摇的信念的青年是最危险的。同时，如果这些职业在我们心里深深地扎下了根，如果我们能够为它们的支配思想牺牲生命、竭尽全力，这些职业看来似乎还是最高尚的。麦克莱伦说，评论家们在这里也试图发现马克思后来的"理论与实践结合"这一思想的征兆。这又是想在马克思的文章中找出比它本身所具有的更多的内容。马

---

① 〔英〕麦克莱伦：《马克思主义以前的马克思》，李兴国等译，北京：社会科学文献出版社1992年版，第36—37页。
② 同上书，第36页。

克思所说的是，在从事研究抽象思维的职业时应该特别谨慎，因为"这些职业能够使才能适合的人幸福，但也必定使那些不经考虑、凭一时冲动就仓促从事的人毁灭"。首要的问题是实践，而不是以理论的只言片语来装点门面。麦克莱伦一点也不高明，对马克思来说什么叫实践，怎么实践？罢工起义、扛枪打仗，可能麦克莱伦只知道这叫实践。他又说："在这里值得注意的是马克思在对立中思考的习惯，他研究对立面直到其最终的结果，同时又试图把对立面作为一个整体中不同的侧面来理解。"同他对马克思的诬蔑相比，麦克莱伦这些空洞的说法云里雾里不着边际，让人不知所云。麦克莱伦的态度是轻浮的。我们看到：马克思的任何一句话都有人要煞费苦心地拉到前人那里去，说某某人说过类似的话，他们经常用某一个词汇的相同相似来断定马克思来源于某某人。而对马克思的创新、马克思对他们的批判置若罔闻。这是十分可笑的。难道因为伟大作家的每个字前人都用过就说他没有创造了吗？人的活动和思想受环境限制，这并不是深刻和新鲜的思想，"启蒙运动和百科全书学派"之前的人们也知道这一点，谁不知道人不能随心所欲？但马克思并不只是思考这一点，他还在思考着相反的问题，即人又不完全受这种限制而能有选择地生活和改变环境，这也是人们的常识。问题是如何说明这两种完全相反的论断则是前人没有解决的。马克思就是在思考和解决着这样的问题，不久后他在《关于费尔巴哈的提纲》的第六条中就回答了这个问题，指出"环境的改变与人的活动的一致，只能被看作是并合理地理解为**革命的实践**"[①]。只有人在实践中才能既改变环境又改变自己，这就解决了看似悖论的问题。果然，麦克莱伦没有逃脱窠臼，接下来如我所料地说马克思"后来的著作，是在受了黑格尔和黑格尔派的强烈冲击后形成的"。因此他对于马克思最早著作的理解和评论，其方法和论点都是建立在贬低和排斥马克思之上的，因而都是错误的、贬损马克思哲学的。我们应当按照马克思所说的来研究马克思。马克思在中学时代的职业选择、阅读重点、思考问题已经很

---

① 《马克思恩格斯全集》第3卷，北京：人民出版社1960年版，第4页。

有特色并基本确定了,大学和他一生都是对这些的继续和发展而没有改变。虽然不能绝对地说马克思此后一生不会再发生丝毫变化,但不应该有较大的根本性的变化,否则《青年在选择职业时的考虑》就是轻率的、肤浅的,说明马克思一生的经历及其思想的一贯性深刻性也将更加困难。然而人们陷入这样的困境而不觉,通过否定马克思早期思想当然可以随心所欲地解释马克思哲学,然而这样的研究是科学的、道德的态度吗?这样研究出来的马克思还是马克思吗?

第二章 国外的出版与传播

一 西欧的出版与传播

关于马克思时代的博士学位和博士论文答辩,还有着一些与我们今天不同的含义和制度。这里作一介绍,对于我们理解和研究马克思也许不是多余的。

博士学位在德语中被称为 Doktor,与英语 Doctor 同源于拉丁语词根 docere,即"讲授"之意;其形容词形式 doctus 意指博学的;其名词形式 Doctor 意即博学的讲授者、博学之士。从其语源上来看,博士有两个属性,一是博学多才,二是从事学术教育事业。然而在古罗马时代,博士还没有获得我们现在所理解的属性,即学位。自中世纪第一所大学博洛尼亚大学诞生之后,现代意义上的学位制度也就开始处在酝酿之中了。有据可查的第一个博士学位正式诞生于博洛尼亚大学,在 1219 年教皇 Papst Honorius III. (1160—1227) 批准了博士学位条例之后。当时最低级的学位称为 Baccalaureus,相当于我们现在的本科学位 Bachelor,该词也正是由此演化而来。拿到了这个学位之后,为了获得授课资格,必须进一步学习几年的时间,之后通过一项答辩或由授课教师布置一项正式的考试,本科学位获得者就获得了授课许可(Lizenz),自此他就获得了 Lizentiat(不同于现在所谓的大学神学专业硕士毕业)的头衔,持有者原则上可以在所有欧洲大学授课。然而此时他获得的依然不是完全的授课能力。只有获得 Magister 和 Doktor(直到 16 世纪一直被同义使用)的头衔之后他才获得完全的授课能力,当时这两种头衔并没有我们现在的明确区别。之后只有再通过几年的授课以及昂贵的庆祝活动之后才能够被纳入相当于行会一样的授课共同体之中，从此才正式获得博士头衔。这样的庆祝活动是如此的昂贵，使得很多人只能满足于 Lizentiat 的荣誉。获得博士学位在当时虽然意味着身份的重大提升，却同时意味着大笔的开支，这种开支对于大学也意味着一大笔收入，因此大学也想方设法尽量使得在本校获得 Lizentiat 头衔者进一步在本校获得博士学位。这一点主要是通过宣誓来得到保障的。攻读博士德语称之为 Promotion，该词在现代的用法意义非常明确，就是获得博士学位。然而在 19 世纪之前，这个概念并不与博士学位紧密相关，而只是一般的表示"在学习上作出进展"、"前进"或者"获得随便什么学位"，因此在 19 世纪当人们谈论获得博士学位之时还会使用"Doktorpromotion"（攻读博士学位）这样的用语。从语源上讲，这个词的动词型态 promovieren 来源于拉丁语 promovere，意即向前前进。从这个词源学角度来看，我们可以得到博士学位的另一个特点，就是它与学术的创新相关，它不仅意味着博士学位获得者个人有所前进，同时也意味着他通过博士论文在学术上有所创新。为了获得博士学位，最初并不需要撰写博士论文，考官通过和考生口头论辩来测评考生的实际能力，这种测评可以持续很久，不似现在的博士论文答辩过程只有一两个小时。这种持续时间的长短其实正显示了答辩在历史上的不同功能。随着历史的发展，慢慢地产生了博士论文的制度。博士论文的最初目的是服务于答辩的，其考核的落脚点并不在博士论文本身，而是在于考生如何答辩。这点最明显地体现在，博士论文有一段时间并不是由博士生撰写，而是由导师撰写，甚至于撰写博士论文本身就是导师的一项任务。这一习惯直到 19 世纪甚至 20 世纪个别大学还有留存。这看起来是很荒谬的事情，在当时却是理所当然的，因此有很多导师一生撰写过很多博士论文。由导师撰写博士论文，然后由博士生对此予以答辩，通过这种答辩来考评其能力。导师对于论文承担所有的责任，这一观念直到今日依然有其影响，尤其是当论文有抄袭等事情之时，因为导师是论文的直接把关人，也就理所当然地需要承担责任。当博士生自己撰写论文的传统形成之后，无疑意味着对于博士生能力的考评已经开始由答辩演化到论文本身。也正是这种发展，使得历史上一度可以不需要答辩（in absentia），即不需要在场即可获得博士学位，正因为如此，马克思的博士论文才可以没有经过答辩而通过，而这是很多人可能有疑问的。然而后来随着抄袭丑闻的出现，人们发现，没有对论文的答辩制度，就无法确定论文是否为博士生本人所撰写。有鉴于此，柏林大学在1858年向所有德国高校发起倡议，希望在全德国引入统一的攻读博士学位的规定，要求获得博士学位必须要经过口头考试、需要予以发表的博士论文和对于论文的公开答辩。柏林大学发出的倡议虽然当时没有得到贯彻，但是无疑影响了历史的发展。事实上我们当代的博士学位获得制度正是立基于此。现代的博士学位获得至少需要两项实质要件，即博士论文的撰写和答辩，有些大学还要求一项口试，可以说完全符合当年柏林大学的倡议。通过这种史的素描，我们可以确定如下几点：博士学位的本质是与一项授课资格相关联，也是在这个意义上被称为最高学位，当然这并不意味着获得博士学位者必然会去授课；也因此博士学位与学术能力有着直接相关，没有相应的学术能力，当然就不能够去授课；而这种能力最初主要是通过口头考试来予以测评，后来则演变为对博士生自己撰写的论文的答辩来测评。博士论文、答辩这种二元主义已经根深蒂固。①

现存的马克思的博士论文本身是一份由不知名的缮写者抄录的，经马克思校订与补充的不完全的副本。这个文本的原稿应是马克思的手稿。然而它没有留传下来。马克思个人的工作方法和留传下来的文稿的片断性质可以使人作出推断，这样的手稿是存在过的。这一手稿的写作大概在1841年3月底结束。马克思本来打算把论文付印后拿去申请博士学位。他开头即把它送呈柏林大学，然而迟到1841年3月他决定在耶拿大学哲学系取得博士学位。② 马克思选择耶拿，可能是由于在这个位于普鲁士之外的大学，通过博士学位的手续非常简便。此外马克思在

---

① 袁治杰：《德国博士学位法律制度研究及其对我国的启示》，载《比较法研究》2009年第6期。
② 鲍威尔3月31日和4月12日致马克思的信，MEGA² 第三部分第一卷，第355页和第357—358页。

耶拿大学还有文学教授伯恩哈特·沃尔弗作为代言人。① 马克思在短期内不得不决定，中断计划付印的准备工作并把手抄本送交耶拿大学哲学系主任。这个原稿没有留传下来。耶拿大学法律系主任巴赫曼博士的推荐书对马克思评价很高，也非常有趣和细致，他写道："谨向诸位推荐特利尔的卡尔·亨利希·马克思先生这位极有资格的候选人。该候选人寄来1、申请书（a件）；2、波恩和柏林两大学签发的学业证明（b件、c件）。证件中指出的违反纪律一节吾人可不必在意；3、拉丁文申请书、自传和题为《德谟克利特的自然哲学和伊壁鸠鲁的自然哲学的差别》的博士论文抄本（d件）；4、十二个弗里德里希斯多尔，（超过规定的）余额将予以退还候选人。该博士论文证明该候选人才智高超，见解透彻，学识渊博，本人认为该候选人实应授予学位衔。在该候选人德文申请书中表示仅希望获得博士学位，而其拉丁文申请书中却提到硕士学位，这显然是不熟悉我系章程而产生之误会。可能他以为此两学位等级相当，本人确信，此节一经澄清，即可满足其要求"。② 马克思顺利获得了耶拿大学的哲学博士文凭。

马克思致哲学系主任的书信和这位主任致系里的信件表明，马克思呈交的论文题目是《德谟克利特的自然哲学和伊壁鸠鲁的自然哲学的差别》③，在留传下来的文本目录上写的是"关于……差别"，而在博士学位获得后写的标题是"……的差别"。此外，在上述书信中没有提到附录。这还意味着1841年3月的序言同样不可能属于送呈的文本。也许马克思给大学当局写了一个特别的前言。此外，人们可以断定，留传下来的文本的结构与正文，就现存状况来说同送呈文本的结构与正文是一致的。然而细节上的差异是完全可能的。显而易见，博士论文留传下来的文本是取得学位前准备付印的稿本。它可能早在3月底之前就完稿

---

① 马克思致沃尔弗的信，1841年4月7日，MEGA² 第3部分第1卷，第20页。
② 《马克思恩格斯全集》第40卷，北京：人民出版社1982年版，第898—899页。
③ 马克思致巴赫曼的信，1841年4月6日。《马克思恩格斯全集》第40卷，北京：人民出版社1982年版，第287页。巴赫曼致哲学系的信，1841年4月13日，MEGA² 第1部分第1卷下册，第254—255页。

了。这一点由下述情况得到证实：序言的日期是1841年3月，第一部分补充了带有"哲学博士"头衔的封面后页次作了变动。这个封面同时证明，马克思在获得博士学位后还想实现付印计划。然而由于不为人知的原因他中断了这项工作。付印的稿本始终只留下了片断。在现存的文本里，博士论文的正文还缺少如下部分：

第四节：德谟克利特的自然哲学与伊壁鸠鲁的自然哲学的原则差别
第五节：结论
附录：批判普卢塔克对伊壁鸠鲁神学的论战

附录第二部分的注释完全缺少。

缺少第四、五节和附录第二部分的注释就可以证明，现存的准备付印的文稿还没有写完。但也可能是文稿和附录还没有转移过来，同样也可能的是，载有附录原文的笔记本丢失了。一段时间以后，马克思重新计划出版博士论文。一篇新序言的片断对此提供了最重要的证据。因为他在其中提到"我献给公众的这篇论文，是一篇旧作，它当初本应包括在一篇综述伊壁鸠鲁、斯多葛派和怀疑派哲学的著作里，鉴于我正在从事完全不同性质的政治和哲学方面的研究，目前我不能指望完成这一著作"。在"鉴于"之前马克思删去了这一句话，"但是，由于从事更能引起直接兴趣的政治和哲学方面的著作，现在还不允许我完成对这些哲学体系的综述，由于我不知道何时才有机会重新回到这一题目上来，我限于……"① 这个序言写于1841年底至1842年初。马克思在写作新序言的时候是否修改了正文我们无法得知，但由于马克思打算把博士论文作为"旧作"发表，因而不能设想他会去作较大的增补。这些都证明，马克思博士论文中的观点是他深思熟虑的哲学思考，从来没有考虑过改变或者否认它。因而种种对博士论文的否定、贬低是没有任何理由的。

---

① 《马克思恩格斯全集》第40卷，北京：人民出版社1982年版，第286页。

马克思的博士论文第一次发表于《卡尔·马克思、弗里德里希·恩格斯和斐迪南·拉萨尔的遗著》1902年斯图加特版第1卷。出版者弗兰茨·梅林。在第一次发表时，作者注除了少数几个之外，几乎全都删掉了，上述残页也删掉了。第一次全文（根据残存的那部分手稿）发表于《马克思恩格斯全集》1927年国际版第1部分第1卷第1分册。署名：哲学博士卡尔·亨利希·马克思。原文是德文、古希腊文和拉丁文。

在本人的研究和本书"经典著作选编"中，内容都包括现存的马克思的博士论文和马克思为准备博士论文而写的七本《关于伊壁鸠鲁哲学的笔记》。马克思1839起所写的这七本笔记在他的博士论文中得到了广泛的利用。这些笔记是马克思对古希腊罗马哲学所作的研究结果。笔记里除了阐述他自己的观点外，还有大量主要和伊壁鸠鲁哲学有关的一些古代作家的著作的希腊文和拉丁文摘录。留传至今的手稿有七本笔记，其中五本（笔记一至笔记四和笔记七）的封面上标有《伊壁鸠鲁哲学》的标题。笔记二至笔记四的封面上注有"1839年度冬季学期"的字样。笔记五和笔记六的封面没有保存下来。笔记六还缺少数页。笔记五的最后五页全是黑格尔的著作《哲学全书》的摘录，标题是：《自然哲学提纲》。这些笔记一方面，它们是马克思为写一篇比博士论文内容更广的著作的准备材料，因而不要说因博士论文现已残缺不全更显得与此有关的资料弥足珍贵，即使博士论文原文一字不少，如果只看博士论文时其中的许多观点和结论也难以比较全面准确地理解，因为《笔记》较多谈论的是伊壁鸠鲁哲学，而博士论文则主要谈的是伊壁鸠鲁哲学与德谟克利特哲学的差别，前者涉及问题更为广泛，而后者涉及问题则更为集中；另一方面，对马克思哲学研究的分歧和根源在马克思早期著作中表现最多最大，马克思早期著作本来就少之又少，而研究者们对之不仅否之又否，而且删之又删，因而这些著作就更加值得珍惜和重视，更加有必要保留和研究它们。

二 苏联的出版与传播

苏联人对于收集和出版马克思恩格斯著作不惜重金,花费了巨大心血,这是值得肯定和感谢的。然而由于他们对于马克思恩格斯的思想有他们自己的理解和评价,这就影响着马克思恩格斯著作的出版和研究,这主要体现在对他们早期著作的出版和研究上,而马克思的著作尤其为甚。

马克思恩格斯全集第一版始于1924年,由梁赞诺夫主持,苏联政府在十月革命后不惜花费重金收购马克思恩格斯的手稿和文献,着手出版马克思恩格斯全集俄文第一版,《马克思恩格斯全集》历史考证版(MEGA¹)同时开始编辑。马克思恩格斯全集历史考证版(Karl Marx \ Fridrich Engels Gesamtausgabe,简称MEGA),又称国际版或原文版。西方学术界有编纂其著述"历史考证版"的传统,即"按原始文稿刊出全部著述",特别着眼于定稿以外的准备稿、过程稿、修正稿和补充稿等。马克思恩格斯著述的历史考证版第1版是与俄文第1版同时开始编辑,但两者的编纂原则、方针不同,后者"是供广大读者阅读的,它并不是供学术研究的包括卡·马克思和弗·恩格斯全部著作的完整的版本";前者则力图"以最大的准确性有系统地再现马克思恩格斯的全部精神遗产"。《马克思恩格斯全集》中文第1版第1卷的说明,引用了苏共中央马克思列宁主义研究院的说明谈到:"本版第一卷没有包括卡·马克思和弗·恩格斯用唯心主义的、黑格尔左派分子的观点写的一些早期著作,如马克思的博士论文《德谟克利特的自然哲学和伊壁鸠鲁的自然哲学的区别》,恩格斯的反对谢林的哲学小册子以及一些政论文章。卡·马克思的未完成的著作《1844年经济学哲学手稿》也没有收入本卷。在马克思和恩格斯的早期著作中,只有少数专门研究者才感兴趣的那些著作将以单行本出版。"① 我们看到,马克思著作能否出版完

---

① 《马克思恩格斯全集》第1卷,北京:人民出版社1956年版,第XVII页。

全是由出版者的判断和定性决定的。这是非常不正常不应该的，研究者和出版者都做了他们不应该做的事情。历史考证版第1版1927年开始出版，到1935年，9年内共出版了12卷13册（其中第1卷为两册）。但由于苏联在20世纪20年代后期的清洗运动，一批编辑和研究人员被捕和遭流放，加上"二战"爆发，马克思恩格斯全集第1版夭折了。到20世纪60年代末苏共中央马列研究院和德国统一社会党中央马列研究院达成协议，共同编辑出版历史考证版第2版（MEGA^2）。1972年出试编本，1975年正式出版了第1卷，到1990年共出版43卷。苏东剧变使"马克思恩格斯全集2"也面临夭折的危险，主持这个项目的苏联和东德两个马列研究院不存在了，大批翻译和研究人员流失。

第三章　国内的译介与传播

一　博士论文等最早被提及

马克思主义在中国的传播,有相当悠久的历史。一百多年前,"马克思"这一译名出自上海蔡尔康的手笔,马克思主义和共产主义运动的概况首次发表于《译书汇编》。据有关资料,1899 年 2 月,由上海基督教广学会主办的《万国公报》(2 月 15 日出版,第 121 卷)刊载了由英国人李提摩太节译、上海人蔡尔康撰写的题为《大同学》的文章。其中写道:"以百工领袖著名者,英人马克思(实为德国人)也。马克思之言曰:'纠股办事之人,共权笼罩五洲,突过于君相之范围一国。'"① 这里援引的《共产党宣言》中的一段话,现译为:"资产阶级,由于开拓了世界市场,使一切国家的生产和消费都成为世界性的了。"在第 123 卷第三章中还说"今世之争,恐将有更甚于古者。此非凭空揣测之词也,试稽近代学派,有讲求安民新学之一家,如德国之马克思,主于资本者也"②。《大同学》译自英国社会学家本杰明·颉德的《社会演化》一书,由英国来华传教士李提摩太译、中国人蔡尔康撰文,先在《万国公报》分期刊发,后于 1899 年 5 月成书出版。

在中国,马克思的中学毕业论文和博士论文最早是谁翻译和介绍的,我手中还没有最权威的证据。但找到一些较早期介绍马克思青年时代时提到的马克思文章内容的几本书,作者看到了马克思文章的全文,

---

① 蔡尔康:《大同学》,载《万国公报》,1899,(121)。
② 同上,1899,(123)。

但书中没有刊登全文。如1949年7月明之著的《马克思传》第一节就是马克思"学生时代"，书中提到马克思在居里（特利尔）城上中学，说有一次，这个学校的德文教师，出了一个题目，要学生作文。题目是"青年人怎样选择自己的职业"。其中一个学生这样写道："我们往往不能自由选择我们觉得适合于自己的职业，因为客观环境在我们能够决定它们以前，就已经决定了我们。"德文教师看了这篇文章，觉得非常奇怪。这篇文章不但写得很好，而且有许多地方非常新奇而特出，不是普通学生写出来的。下次上课的时候，他介绍这篇文章给同学知道，并且叫它的作者站起来。这个学生长了一头又黑又厚好像羽毛一样的头发，一对锐利的黑眼珠，面孔很阔，眼稍微短了一点，但身体强健极了，简直像一个体育家。他还没有站起来，同学们便立刻知道这一定是马克思的作品，因为在这一班里，许多困难的问题常常都是他回答出来的。马克思在中学里的情形，没有多少材料遗留下来，但遗留下来的这篇作文中的几句话却是很值得注意的。大家知道，唯物史观的科学理论是马克思的理论贡献中的主要一项。这个理论的最初的雏形，在少年马克思的心头已经闪现了。作者也提到了马克思后来的大学生活，但是没有谈到博士论文，不过作者对马克思中学生活的描述和对中学毕业论文的高度评价倒是很有趣的。①

几乎同时，另一本李季著《马克思传》（全三册）在上册第二章"学校教育"中写道，马克思的中学毕业论文《青年人对于选择职业的审察》，这个题目作得出色。主试人的批语如下："颇好"。此文显示思想的丰富和结构的周密。但作者于此又犯下了平常一种好用僻语丽词的毛病，因此许多节段中词句之间，常有欠明了之处。内中有一句话很有趣味：就是"我们自己相信可以应命而往的职业，常是得不到手；在我们预备决定自己在社会中诸关系之前，此种关系已经有几分开始存在了（见新时代杂志第二十九年度一卷第五页，黑尔林《马克思传的麟爪》）。马克思这句话不是本书第一章起首所引《〈政治经济学批评〉序言》中一句话

---

① 明之：《马克思》，北平：新中国书局1949年7月再版，第3—6页。

的影子吗？一个 17 岁的学生在试场中所发的议论，居然含有唯物史观的种子，这可以证明马克思是一个天才，是一个大思想家，而资产阶级的所谓学者如施班（维也纳大学有名的经济学教授）等动辄斥马氏非天才、非大思想家的话简直是违心之论了。李季如此重视和高度评价马克思的中学论文，真是出人意料，让我们感慨万千。作者对马克思的博士论文作了非常深入细致的分析，马克思写给父亲的信，李季也提到了并作了详细分析。李季显然见到了载于《马克思与昂格斯文汇》一卷中的马克思的博士论文《德谟颉利图与伊壁鸠鲁自然哲学的异点》。他说，马克思的论文分两部分，第一部分是泛神论德伊两氏自然哲学的异点，第二部分是详论这种哲学的异点。他在第一部分中说："两个哲学家以同一的方法而倡导完全同一的学说，可是——何等不一致到底啊！——他们对于这种学说的真理，正确，和应用，以及思想与实际的关系，处处立于正反对的位置。"（见《马克思与昂格斯文汇》一卷七五页）李季说，马克思这篇论文颇不完全，第一部的四、五章以及全部附录都已遗失，故我们不能窥得全豹。他指出，这篇文章只是马克思拟著的一大部书中的一部分，所以马克思说："大家只能视此文为一种更大著作中的先驱，我将在此大部头著作中详细描写伊壁鸠鲁，斯托伊克和怀疑派的哲学，以及他们对于希腊全部空论哲学的关系。"（见《马克思与昂格斯文汇》一卷六七页）可是马克思对于这种大著作，后来毕竟没有动手；拉花尔格在《回忆马克思》一文中说"马氏晚年犹有著哲学史的计划，可惜终究未能实现"。① 李季依据的是当时一本《马克思与昂格斯文汇》一卷。当时已有人研究马克思的这些文章，看法也非常可取，没有受苏联研究者的影响。李季的《马克思传》全三册我在中国社会科学院哲学所图书馆都已看到。可惜我还没有找到载有马克思博士论文的《马克思与昂格斯文汇》一卷等著作。

---

① 李季：《马克思传》（全三册 上），上海：神州国光社 1949 年 8 月版，第 13 页，第 32—37 页。

二　博士论文的中文版本出版

现在我见到的马克思的博士论文的完整版，是 1961 年 11 月出版的老一辈哲学家贺麟（1902—1992）先生的译作。贺麟先生出生于四川金堂，其父是晚清秀才，士绅家庭背景使他很早就接触了那个时代的哲学思想——宋明理学。他少年时期对哲学的学习，为日后在哲学领域取得成就打下了坚实的基础。18 岁那年，贺麟考入北京清华学堂，开始了长达七年的求学，并确立了"以介绍和传播西方古典哲学为自己终身的志业"。正是在这种志向指引下，才有了他对德国古典哲学、对马克思哲学的译介。他先后赴美欧求学，对于我国深入研究马克思哲学作出了杰出贡献。他多年来通过直接翻译黑格尔多部著作为人们借助黑格尔哲学理解和研究马克思哲学创造了条件，并通过翻译马克思的著作来推进人们对马克思哲学的研究。为更好适应人们学习马克思哲学的需要，1955 年 11 月，贺麟译著、马克思原著的《黑格尔辩证法和哲学一般的批判》一书，由人民出版社出版。1961 年 11 月他所译马克思的博士论文由人民出版社以单行本形式出版，这为人们在原有的马克思著作的基础上进一步拓展了马克思哲学研究视野。贺麟先生的译文基本上被《马克思恩格斯全集》第 40 卷原文收入，只是作了个别字词上的修改：如把"把德谟克里特的自然哲学与伊壁鸠鲁的自然哲学等同起来所引起的困难"中"引起的"改为"产生的"；"始基的原子和元素的原子"改为"不可分的本原和不可分的元素"；"第五章　星辰"改为"第五章　天体现象"；"普鲁泰克"改译为"普卢塔克"等。我认为贺先生的译作还是很好的。贺作单行本目录中列出了马克思关于伊壁鸠鲁、斯多葛派及怀疑派哲学史的笔记，但译者注明说："马克思的这些笔记，拟另行翻译出书，暂时不收入博士论文中。"①

《马克思恩格斯全集》中文版翻译工作，在我国是由中共中央马恩

---

① 《马克思　博士论文》，贺麟译，北京：人民出版社 1961 年版，第 1 页。

列斯著作编译局从1955年开始的,《马克思恩格斯全集》版本依据苏共中央马列主义研究院编辑的《马克思恩格斯全集》俄文第三版。俄文版原定出39卷（共41册）。后来1968年起苏联又出了11卷补卷（共12册）。正卷加补卷共50卷。中共中央编译局的《马克思恩格斯全集》第40卷于1982年2月由人民出版社出版，收集了马克思最早的著作：中学毕业论文、马克思和父亲相互的通信、诗作、博士论文等，包括了马克思写作的哲学笔记。这是中国人第一次看到包括马克思七本哲学笔记在内的相对完整的马克思博士论文和中学毕业论文等权威版本，这为研究马克思的博士论文和马克思早期思想提供了十分完整的资料。

为了更加全面、完整地反映马克思恩格斯科学理论体系，更加准确、忠实地传达原文的思想和意蕴，1986年，经中共中央书记处批准，《马克思恩格斯全集》中文第二版的编译工作正式启动。中共中央编译局以国际马克思恩格斯基金会正在编撰的《马克思恩格斯全集》历史考证版为蓝本，同时参考德、英、俄等其他版本开展编译工作。马克思的博士论文、中学毕业作文都被收入新版第1卷。

第二部分 研究状况

第四章 国外研究状况

一 马克思的学生和苏东学者关于博士论文的研究

关于恩格斯与伊壁鸠鲁哲学的关系以及他对马克思的博士论文的评价，现有资料虽然有一些但使我们很难作出肯定的判断。不错，在马克思恩格斯合著的《神圣家族》、《德意志意识形态》中提到伊壁鸠鲁的篇幅不少，但看来反映的应该只是马克思本人的观点。关于恩格斯哲学的来源和与马克思哲学的差别，附录中拙作已有论述。

被称为马克思学生的梅林根本不懂因而也不同意马克思哲学，对马克思的博士论文采取一种十分轻佻固执狂妄无理的态度，不用说，他更是德国哲学的继承者，是拉萨尔、叔本华的膜拜者，当然他也处处用并且也只能用马克思所批判过的观点批判伊壁鸠鲁和反驳马克思。他的《保卫马克思》一书①，他在谈到马克思博士论文时说：这篇著作的实际弱点在于，如献词中已显示出来的，马克思还整个儿站在唯心主义立场上！马克思的博士论文献词区区300多个字，梅林有什么根据说献词显示出"马克思还整个儿站在唯心主义立场上"？看来只能是"理想主义"这个词抑或是"幽灵"和"神医"这两个词了？我们实在从这几句话几个词中看不出"马克思还整个儿站在唯心主义立场上"。甚至连一星半点的影子也找不到，我们感受到的是马克思的激情和对他岳父大

---

① 〔德〕梅林：《保卫马克思主义》，吉洪译，北京：人民出版社1982年版。

人的挚爱，感受到的是他对生命、理想、精神的歌颂和追求。这贯穿于马克思的一生，哪里有丝毫唯心主义的影子？但梅林们实际上就是这样认识的，他就是这样的"唯物主义者"！他评论说：在马克思看来，哲学还是以这样的程度和科学等同的，使他认为伊壁鸠鲁的光荣在于建立了原子论科学，实际上伊壁鸠鲁只是建立他的哲学。就原子论变成了科学，就现代自然科学家从原子论中引出了声音、光、热、事物的化学变化和物理变化的规律来说，它的先驱者不是伊壁鸠鲁，而是德谟克利特。当然，马克思的这一地方，只能被看作具有特色的误笔，因为在其他地方，马克思总是以适当的方式，指出伊壁鸠鲁在说明自然现象方面表现出漫无边际的不谨慎，因为，当伊壁鸠鲁必须和并未在自然本身中被孤立起来的现象打交道时，他的研究就没有一点真正科学的影子了。但是，总的说来，在马克思对于德谟克利特和伊壁鸠鲁所作的对比中透露出来，虽然他已开始采取反对黑格尔的立场，但他仍旧深深地陷在概念哲学里，他仍旧离自然科学那么远。关于德谟克利特对人类认识的可信程度所持的"怀疑的、不确定的、内部矛盾着的"态度，他的说法本身是相当不妥当的。如果马克思对德谟克利特的这个二律背反作冗长的抽象的推论，决不能穷尽，所以他只对康德的批判略一浏览，就足以理解德谟克利特和伊奥尼亚自然哲学家中最著名的几位对于直接感性认识的怀疑，乃是从纯粹哲学上高出伊壁鸠鲁的天真假设的问题。在这方面，拉萨尔和叔本华的推论要明白得多、简明得多。不错，马克思不可能在1841年预见到这门科学的全部发展进程，但就在那时候，正好是在德国文献中康德的《宇宙自然史》指出，德谟克利特的原子论如何建造了宇宙的无限体系，如何全靠这个假说对自然的实际研究才获得许多伟大的发现。①

梅林这样评价德谟克利特和伊壁鸠鲁哲学以及马克思，不仅是对马克思的博士论文的根本否定和批判，而且更说明了他根本不懂哲学

---

① 〔德〕梅林：《保卫马克思主义》，吉洪译，北京：人民出版社1982年版，第182—184页。

与自然科学的关系,梅林是用对哲学纯粹外行和无理的话来研究和评判哲学。梅林对伊壁鸠鲁的偏见、对科学与哲学的关系只是重复了几千年来的传统观点,是马克思鄙视和驳倒了的陈词滥调,而只有马克思对伊壁鸠鲁的评价是正确的。梅林强调德谟克利特和康德对自然科学研究的意义,从而贬低、讥讽和嘲笑伊壁鸠鲁和马克思,并没有任何道理和意义,只是暴露了自己的浅薄无知和对方的伟大深刻。德谟克利特和康德作为自然科学家对自然科学的研究和发展作出了贡献,而伊壁鸠鲁和马克思不是自然科学家而是哲学家,他们没有这样研究自然科学和影响、推动自然科学发展,这有什么值得奇怪和责备的?作为哲学家的唯物主义者"离自然科学那么远"是正常的必需的,"离得近"、"管得多"才是不正常的。哲学家既不需要也不可能面对自然界来深入研究物质的自然形态,这是自然科学家的使命,哲学家承认事物"物质性的一面"但更重要的是他面向社会,深入研究人与物的本质及二者的关系,不是从自然而是从社会方面来研究物。不如此他就不是哲学家了!马克思是唯物主义者不是自然科学家,梅林也不例外。梅林作为唯物主义者,也没有听说他在物理学方面有什么贡献,甚至连是否涉足都没有听说过;就连他极力推崇的拉萨尔和叔本华也没有听说有什么自然科学的建树,近代现代哪方面的自然科学研究和发现受了叔本华和拉萨尔的影响?思想家、政治家与自然科学家不同,不研究自然科学但可以理解和管理自然科学是正常的,不这样而去研究自然科学才是不正常的。农业部长未必是种田能手,冶金部长可能从来没有炼过一炉钢,体委主任可能根本没有参加国际国内体育大赛的资格,唯物主义哲学家考不上任何一门自然科学的博士生,难道因此他们就都是不称职的了吗?自己荒地不种却去耕人家的熟田,这不仅是不务正业搞不好哲学研究,而且是谬种流传贻害自然科学研究。他们这样的责难是内行还是外行、有理还是无理、深刻还是肤浅、善意还是恶意、可敬还是可耻,难道不是很清楚了吗?不是马克思"离自然科学那么远",而是他们离哲学那么远,倒退到旧唯物主义、自然哲学那里去了。区分哲学与自然科学的不同是伊壁鸠鲁与德谟克利特的根本差别,把唯物主义引入社会、引入对人的研究是马克思实现的哲学革命,这些是梅林和众多马克思的博士论文的研究者们不懂和反对的。其实唯物论、辩证法本来就是一种朴素自然观而不是哲学,硬要把它当成哲学必然坚持自然观的那些东西而反对真正的哲学。梅林这样的立场和态度对马克思的博士论文的研究能有什么意义,这样的"马克思主义者"能搞出什么样的马克思主义,是十分令人怀疑的。不幸的是,梅林这个如此武断的结论影响甚广,又成为后来研究者们的论据,列宁在《卡尔·马克思——传略和马克思主义概述》中说,马克思"1841年大学毕业时提出了一篇论伊壁鸠鲁哲学的学位论文。马克思按其观点来说,当时还是一个黑格尔唯心主义者。在柏林,他加入过'黑格尔左派'(布鲁诺·鲍威尔等人)的小组,这派人想从黑格尔哲学中作出无神论和革命的结论"。① 自此梅林和列宁的论断就成了马克思主义者们直接引用不须证明的根据,我们将会无数次地看到这种现象。

代表苏联立场和水平的《马克思恩格斯全集》德文版补卷第1卷"前言"中说:迄至1837年为止,马克思尚未牢固确立一定的哲学观点。当时他哲学思想的形成多少带有如下特征:在他的父亲和他的老师维滕巴赫的影响下,对法国的启蒙思想和康德哲学的某些命题,以及黑格尔的其他先驱者的某些论断产生同感。1837年11月10日的信表明,在经历严重的内心斗争之后,他正在转向一定的哲学。马克思信奉了黑格尔哲学,这种哲学的确不断丰富了他的思想。他从来不是教条地对待黑格尔哲学,这种哲学成为他在哲学上发展为革命的世界观即辩证唯物主义的出发点。他们说,马克思"属于黑格尔左派集团,这派人想从黑格尔哲学中得出无神论和革命的结论";他们力求通过他们对宗教和普鲁士国家的批判来促使社会进步。马克思同鲍威尔、科本和其他人一样,对于伊壁鸠鲁、斯多葛派和怀疑派哲学流派,具有青年黑格尔派一般的兴趣。黑格尔左派在这些学说中发现了共和—民主主义思想的因

---

① 《列宁全集》第2版第26卷,北京:人民出版社1988年版,第48页。

素，和使思想摆脱宗教监护的要求。马克思企图通过研究这些哲学流派来论证青年黑格尔派的基本观点。虽然在这些笔记和博士论文中，马克思"还完全站在黑格尔唯心主义立场上"（列宁语），但是在这些著作中他基于自己的青年黑格尔派的立场，已表现出对黑格尔哲学批判的研究，这种研究在个别问题上还部分地超过了他的黑格尔派朋友们的观点。① 看，他们闭眼不看马克思的唯物主义而且是能动唯物主义的立场，而喋喋不休地纠缠在与那几乎不存在的与黑格尔等人的关系上，表面上也赞扬了马克思，但实际上把马克思贬低到了极点！

《马克思恩格斯全集》新编百卷本第一部分第1卷的"导言"老调重弹地断定：马克思离开特利尔中学，"在波恩与柏林开头学习法律，而后学习哲学。在这些学年里，马克思开始为确立自己政治的与哲学的立场而斗争。其结果是信仰了黑格尔哲学，加入了以布鲁诺·鲍威尔为首的青年黑格尔派集团"，而我已证明，说马克思信仰黑格尔哲学没有任何根据，至于加入青年黑格尔派集团是否存在、即使加入也不等于他信仰其哲学。"导言"接着毫不留情地径自把马克思打成黑格尔主义者，说："青年黑格尔主义者马克思已经用他的这一论文表明了他世界观发展的独特道路。""导言"说，博士论文产生于1840年中与1841年之间。"在这一时期里，他由于探求一种政治立场和科学地说明世界而信仰了黑格尔哲学，并成为了青年黑格尔主义者。博士论文主题的研究是以布鲁诺·鲍威尔为首的青年黑格尔派的如下政治—理论的需要作为基础：它利用亚里士多德以后的体系，即伊壁鸠鲁哲学、斯多葛哲学、怀疑派哲学，来论证它的自我意识哲学，它的无神论观点和资产阶级民主主义的观点。"马克思对他们的钻研，"反映出他对哲学史的特别兴趣，这种兴趣是因他受黑格尔的感染而产生的，并与他的青年黑格尔派朋友所共有"。这是早被我们驳倒的老调重弹：马克思是一个黑格尔主义者，博士论文是受鲍威尔等人影响而作的。1835年就熟悉和尊崇伊

---

① 《马克思早期思想研究译文集》，熊子云、张向东译，重庆：重庆出版社1982年版，第3—4页。

壁鸠鲁的马克思，1839年怎么受鲍威尔等人的影响才了解伊壁鸠鲁？"导言"更放肆地说："从马克思当时的青年黑格尔派的立场完全可以说明，为什么他对伊壁鸠鲁的和德谟克利特的唯物主义没有发生兴趣。因而马克思也不能了解德谟克利特的历史意义，他只能做到有限地理解伊壁鸠鲁原子说的独创性。然而无神论者和辩证法者马克思获得了这样的认识，这种认识保持着恒久的价值并促使他作出结论：伊壁鸠鲁是最伟大的希腊启蒙思想家"。刚说了马克思"对伊壁鸠鲁的和德谟克利特的唯物主义没有发生兴趣"，怎么又承认马克思说"伊壁鸠鲁是最伟大的希腊启蒙思想家"了！这样赞扬伊壁鸠鲁的马克思是对伊壁鸠鲁"没有发生兴趣"吗？他们说："当马克思离开柏林大学，以便准备为自己在波恩大学谋取一席教职时，他还是站在哲学唯心主义立场上；在哲学的大多数原则问题上同他当时最亲密的同路人布鲁诺是一致的。"这样没有主见的唯心主义者马克思能实现转变，实现伟大的哲学变革，简直是不可思议的！！马克思追溯了历史上最早的唯物主义者之间的差别，给伊壁鸠鲁哲学以前无古人的最高的评价，认为伊壁鸠鲁哲学自产生以来还从来没有被人理解过，导言竟然说马克思对他们的哲学不感兴趣，这真能说得出口，连没有读过马克思的博士论文而只知其题目的人都不会相信这种说法，这种逻辑和断言只能是他们这些创建没有马克思的"马克思主义哲学家"才能想得出说得出！看来马克思对两位哲学家们的理解都不正确不深刻，只有他们的理解才是正确的。看到和想到马克思主义哲学研究者们这样对待马克思，我有种对人类对世界的使命感责任感和悲剧感！

苏东哲学家所做的一切就是无条件地证明列宁在哲学上所说的一切都是正确的。苏共中央马克思列宁主义研究院在出版《马克思恩格斯全集》俄文第2版第1卷时，马克思的博士论文早已被发现和研究，但由于他们认定其为唯心主义，不符合他们认定的马克思主义，不值得进入全集因而没有入选。在后来出版马克思的博士论文时他们依然故我："博士论文是马克思思想发展的一个重要阶段，当时马克思总的来说还是一个黑格尔派，但是他公开表明了无神论的观点，宣布了哲学应该积极地对待现实的原则"①。连《1844年经济学哲学手稿》、《神圣家族》、《德意志意识形态》都被他们视若敝屣痛加贬斥，对马克思的博士论文就不要指望他们能有什么公道的评价了。

　　苏联彼·费多谢耶夫等在《卡尔·马克思》中对马克思博士论文的研究，是一个主题先行、论证矛盾、结论牵强的代表。他们在介绍和分析马克思论文时还比较客观实际，认为马克思"选择这个题目不仅是因为青年黑格尔派对这些哲学体系都感兴趣，而且主要是因为马克思本人感兴趣"。说马克思正是根据积极干预生活的哲学，批判了一些人认为"中庸是绝对精神的正常表现"的黑格尔追随者，说马克思坚决认为，哲学具有最广泛的认识的可能性，能够对世界起巨大影响，人的理性是有威力的，同时他还尖锐地讽刺那些宣扬人的精神不能认识事物本质并鼓吹盲目崇拜所谓不可认识的现象世界的哲学体系的代表人物。说马克思也把康德不可知论者归入这些哲学家，按照他的说法，这些人是无知的职业祭司，他们"每天干的事情就是哭诉自己的无能和事物的强大"。说就马克思博士论文"题目本身来说，就是同对于德谟克利特、伊壁鸠鲁、卢克莱修的古代原子论和唯物主义有明显偏见的黑格尔的论战"。说马克思"实质上谴责了黑格尔对这些哲学体系没有足够的认识，他指出这些体系'是理解希腊哲学的真正历史的钥匙'。说马克思的博士论文特别强调伟大的希腊原子论者德谟克利特和伊壁鸠鲁的哲学观点对人类精神发展的重要性"，等等。虽然他们似乎刻意回避马克思博士论文的题目，特别是不提马克思所概括的两个唯物主义者之间的差别，但他们已经作了这样的分析，说马克思是一个唯物主义者是自然的必然的，至少不能有任何理由说马克思是一个唯心主义者。但他们令人惊奇却又必然地总结说："博士论文是马克思的思想发展的一个重要阶段。当时马克思总的说来尽管还是一个唯心主义黑格尔派，但他公开表明了无神论的观点，宣布了哲学家应该积极地对待现实的原则。"②

---

① 《马克思恩格斯全集》第40卷，北京：人民出版社1982年版，第Ⅲ页。
② 〔苏〕彼·费多谢耶夫：《卡尔·马克思》（内部发行），北京：生活·读书·新知三联书店1980年版，第20页。

东德的格姆科夫等著《马克思传》中说：马克思尽管他在自己的博士论文中仍然持有黑格尔的、因而也是唯心主义的观点，但他绝不是黑格尔的盲目追随者。马克思虽然对黑格尔的唯心主义辩证法给予很高的评价，但仍然认为它绝不是哲学发展的终极，而是哲学向前发展的出发点和基础。①

东德人克莱恩说："马克思还是从黑格尔唯心主义立场回答了思维与存在、精神与环境之间的关系这一基本问题。但是，他已经超过了黑格尔。""马克思在他的博士论文中还没有超出哲学的唯心主义"。②

用不着举出更多的例子，我们就可以断定这些人对马克思的博士论文的偏见和研究水平了。

二 西方马克思主义和"马克思学"关于博士论文的研究

法国学者阿尔都塞以轻蔑的口吻指认马克思的博士论文"还只是学生的习作"；苏联的一些研究者则从固有的观念出发，采取"掐头去尾"的做法，将马克思早期的著作简单贬斥为"不成熟著作"；英国学者麦克莱伦认为，马克思的博士论文"本身没有多大意思"。③ 不过麦克莱伦倒是对马克思的博士论文进行了较多的研究，他在谈到"题目的选择"时说："马克思对伊壁鸠鲁的兴趣好像是在与青年黑格尔派的伙伴们的讨论中激发起来的"。④ 他含含糊糊地用"好像"这个词是在打

---

① 〔东德〕海因里希·格姆科夫等：《马克思传》，易延镇等译，北京：生活·读书·新知三联书店1978年版，第23页。
② 〔东德〕克莱恩等：《马克思主义哲学史》，熊子云、俞长彬译，北京：中国人民大学出版社1983年版，第96、110页。
③ 孙熙国：《地道的唯心主义哲学还是唯物史观的秘密诞生地——马克思〈博士论文〉与唯物史观的创立》，载《学术月刊》2013年5期。
④ 〔英〕麦克莱伦：《马克思主义以前的马克思》，李兴国等译，北京：社会科学文献出版社1992年版，第55页。

马虎眼，而关于这种说法的错误性，我已经作出了证明，说明 1835 年就对伊壁鸠鲁很有好感和研究的马克思不可能受 1839 年才遇到的"伙伴们"的影响才研究伊壁鸠鲁，马克思无论是在中学论文中还是在博士论文中，都明确地表现了和指出了自己与伊壁鸠鲁的关系，前人对伊壁鸠鲁哲学的研究没有多少参考价值而只是自己批判的对象。麦克莱伦自己也知道自己的说法没有把握而只是揣测，因而他后面说"马克思选择了这个题目，就是要通过考察希腊哲学史上类似的时期，来阐明当代黑格尔之后的学派的状况"①，这就是没有多少实质性内容的空话了。他的研究还是指向马克思哲学与黑格尔哲学的联系这个他设定的问题，而马克思哲学同前人哲学的根本对立和对其超越，马克思揭示两个唯物主义者的差别而更加赞同能动的唯物主义者伊壁鸠鲁的哲学，认定希腊争取自由、高扬人的能动性这个希腊哲学和哲学史精神的实质，从而为人的彻底解放、自由全面发展提供理论武器这个最重要最根本最明显的问题他却不懂和回避了。麦克莱伦时刻不忘把马克思与黑格尔等联系起来，让马克思几乎很少提到的黑格尔等人出场。马克思的什么话都能追溯到前人或别人那里去。他说：马克思这篇笔记中的语言，虽然通篇是很生动的，但却非常晦涩难懂。笔记中弥漫的那种总危机的气氛是当时所有青年黑格尔派共有的。黑格尔自己曾声明："人们无需费力就可以看到我们的时代是一个正在形成并向新时期过渡的时代。时代精神已经同迄今它生存和幻想的世界决裂了，并且还准备淹没过去的一切；它现在正在赋予自己一个新的形式。"任何人都会觉得自己所处的时代伟大，21 世纪的我们也这样认为，这与黑格尔有什么关系？难道只有和只许黑格尔这样说？马克思在撰写论文期间曾同布鲁诺·鲍威尔保持经常不断的通信联系，鲍威尔在 1840 年写道："巨变将是惊人的并且应该是伟大的。我几乎敢于说，它将会比那次预示着基督教来到世界上的剧变更伟大更神奇。"麦克莱伦能从马克思的语言气氛追溯到黑格尔和鲍威尔

---

① 〔英〕麦克莱伦：《马克思主义以前的马克思》，李兴国等译，北京：社会科学文献出版社 1992 年版，第 57 页。

著作的哪篇哪句,但就是不去研究马克思指出的德谟克利特与伊壁鸠鲁自然哲学的差别和实质,马克思的概括是对是错,你自己到底同意还是反对!麦克莱伦又说,"马克思形成了自己的青年黑格尔派思想,对大师把哲学与宗教调和在一起的做法进行了批判","马克思强调指出,对神的信仰乃是出于将人类的美德与它们本来的主体——人——分离开来,并使之依附于一种幻觉的主体。同样,灵魂不朽也归结为要求有万古不死的个人。马克思所有这些观点,很明显是受了费尔巴哈最初的著作的鼓舞,费尔巴哈早在 1839 年就开始从人道主义的观点批判黑格尔的辩证法了"。在这里他竟然又说 1835 年就有这种观点的马克思受到了 1839 年费尔巴哈著作的影响。他又说,谢林关于"启示哲学"的演讲"被大肆宣扬,并在一开始就引起了广泛的注意,恩格斯、基尔凯戈尔和巴枯宁都去听了谢林的首次讲演。黑格尔派的反应是强烈的,马克思的反应也不小。他在这里的方法是拿谢林当时正在说的东西同他自己以前的著作进行对比。青年黑格尔派的著作中经常有一些因素看起来好像是退回到黑格尔之前,特别是回到费希特的关于人的辩证的自我创造思想去:科本公开宣称自己是费希特的信徒,鲍威尔和赫斯二人则是把费希特的原理渗进了他们的思想中。马克思的笔记是以摘录谢林早期著作的三段话为开头的,这三段与费希特思想非常接近"。麦克莱伦又毫不费力地为马克思哲学找到了一个费希特的来源。他自己也毫不掩饰自己相信马克思哲学与前人哲学相似的断言,他在这段话后注释说:有一种关于马克思主义起源的论述,强调费希特的贡献,见伽罗迪《卡尔·马克思:他的思想发展》(伦敦,劳伦斯和威沙特,1967),麦克莱伦说"马克思在为黑格尔辩护时提到要区别黑格尔这位哲学家的内在思想和他用以表达自己思想的外在形式"。马克思批判黑格尔的学生不懂黑格尔竟然也成了为"黑格尔辩护",他还说:"隐秘的黑格尔和公开的黑格尔之间的这种差别是青年黑格尔派普遍承认的。布鲁诺·鲍威尔甚至发展到了断言黑格尔的真正要旨是无神论、共和主义和革命。与此相仿,马克思也希望用黑格尔派的原则来解释黑格尔。"照他这样说,马克思是一个黑格尔派就基本被坐实了。以上见解我们还不太惊奇,因为说黑格尔、费尔巴哈哲学是马克思哲学的理论来源已经成为马克思哲学研究者们的共识,再加上个康德、谢林、费希特也不足为奇,麦克莱伦更为骇人听闻的结论还在后面。

麦克莱伦在引用马克思"不过哲学的实践本身是理论的。正是批判从本质上衡量个别存在,而从观念上衡量特殊的现实。但是哲学的这种矛盾直接的实现,从其内在本质来说是充满矛盾的,而且它的这种矛盾的本质在现象中取得具体形式,并且给现象打上它的烙印"后说:"这是马克思第一次提到后来成为他的思想核心的实践概念。这一概念最初是由奥古斯特·冯·希茨柯夫斯基提出的,此人是一名波兰伯爵,曾在柏林学习哲学,师从正统黑格尔派米谢莱特。他也曾到过巴黎,并了解了社会主义思想。1838年,他出版了一本题为《历史科学引论》的小册子,试图证明青年黑格尔派学者们的创新。因为希茨柯夫斯基是第一个严肃地谈论从思想到实践的转变这一问题的。"麦克莱伦这里又给了我们一个马克思哲学的理论来源,一般人从来没有听说过的希茨柯夫斯基,而且他这种观点也不是最早和独自的观点,他在注解中诚实地告诉我们,"有一篇关于马克思博士论文的评论,强调希茨柯夫斯基的巨大影响,见 R. 劳特《斯拉夫思想家对马克思世界观之形成的影响》,载《东方基督教时代》第22卷(罗马,1955)第399页以下诸页"。麦克莱伦说希茨柯夫斯基"他的这本书的主要论点是,尽管黑格尔只论述了现状与过去,但是哲学现在应谈论未来,很大程度上,就像居维叶通过一颗牙齿可以再现出一只全兽那样,哲学应该力图建造未来。这种关于未来的哲学应该是面向全社会,从而将成为实践的哲学","马克思在写这篇笔记时,按自己所见到的样子写了一段关于哲学和世界的关系的话,他看到这一问题的两方面。关于客观的一面,即哲学的客观"。"这里有趣的是哲学的丧失这一论题,采什科夫斯基已经称黑格尔体系的哲学结束的起点,而马克思的这些思想则同他后来关于无产阶级废除哲学的思想非常相似"。他说,"马克思的博士论文和为此作的笔记,典型地反映了他撰文时所处的思想环境。马克思后来用他那独一无二的方法阐述的许多论题——特别是关于实践的观点和废除哲学的观点,在这里都第一次出现了。不过这些观点是以马克思和他的同时代的人所共同采用的形式出现的"。① 麦克莱伦对马克思世界观的形成给了越来越多的来源——希茨柯夫斯基，采什科夫斯基以及马克思的"同时代的人"。麦克莱伦的书名就是《马克思主义以前的马克思》，其前提和结论就是认为马克思的早期著作是非马克思主义的，且不说一个人的思想如果受到所有人的影响、许多人的思想都是某人思想的来源也就不成其为来源了，这里仅指出其资料来源和论证方法就是别有用心、不严肃的。

麦克莱伦说，成为马克思的思想核心的"实践概念"，"最初是由奥古斯特·冯·希茨柯夫斯基提出的"这个论断是极其武断和任意、不符合事实和常识的。"实践"最早是谁提出的我不知道，但至少比希茨柯夫斯基要早得多的康德、黑格尔等人就使用过这个概念，谁不知道《实践理性批判》是康德的著作！麦克莱伦的论证一向如此，他的出发点就不是善意和负责的，其举例和论证也非常任意和武断，其他人也是这样。人们只要否认马克思一个观点一篇著作，就必须去否定他更多的、所有的观点和著作。既然认为存在着"马克思主义以前的马克思"，这时的马克思与"马克思主义"不相容，那么他们所说的"马克思主义"也就和马克思不相容，他们的"马克思主义"与马克思始终没有任何关系，二者也的确是根本对立的。

---

① 〔英〕麦克莱伦：《马克思主义以前的马克思》，李兴国等译，北京：社会科学文献出版社1992年版，第60—70页。

第五章 国内研究状况

一 对博士论文的贬损和否定

马克思曾经说过一句也许让我们意想不到的话:"中国的社会主义跟欧洲的社会主义像中国哲学跟黑格尔哲学一样具有共同之点。"① 的确如此,中外哲学家们几千年来都是只懂得和接受唯物论、辩证法这些朴素自然观,在外国出现的问题在中国也没有避免。马克思(主义)哲学之所以被中国人容易地接受,是因为被说成是唯物论、辩证法这些古已有之、毫不稀奇的东西,中国人和外国人一样很容易接受;马克思本人的哲学之所以在中国不被一些人接受和遭受批判,是因为唯物论、辩证法的确不是什么了不得的东西,而马克思则被说成起先还不懂这些,既然如此马克思及其哲学并不值得尊重;而真正的马克思哲学则是大大超越了唯物论、辩证法这些东西的革命哲学。马克思哲学在世界范围内遭到排斥、误解的命运是共同的,这是因为人们还没有真正理解马克思。

中文版《马克思恩格斯全集》的观点和我的评论前面已经说过了,基本上是对苏东观点、实际上是传统哲学的重复,众多研究者们的观点也同样如此。

黄楠森主编全套书、施德福等主编本卷的《马克思主义哲学史》第1卷说:"写作博士论文时期的马克思还是一个唯心主义者。列宁曾指出,在1841年马克思发表的论伊壁鸠鲁哲学的学位论文中,'马克思所持的还完全是黑格尔唯心主义的观点'。不过,这只是问题的一方面,

---

① 《马克思恩格斯全集》第7卷,北京:人民出版社1959年版,第256页。

对马克思思想发展具有决定意义的，是这篇论文所体现出的马克思的独立创新的精神。正如恩格斯所指出的，在写作博士论文时，马克思已经精通黑格尔的辩证法。不过在自己的研究过程中还没有迫切感到用唯物主义辩证法来代替它。"黄楠森等是我们所尊敬的中国上一代马克思主义哲学工作者，像那个时代的多数人一样，在马克思主义哲学原理、哲学史、哲学范畴等方面基本上是继承和强化着苏联哲学体系，因而他们编写的马克思主义哲学史中评论马克思的博士论文等早期著作，也与苏联东欧人在思路、材料、论证、结论、缺陷、困境和矛盾上没有多大区别。因为马克思的博士论文在那里放着，任何人想从此得出马克思是个唯心主义者的结论都是矛盾的困难的，但列宁的结论也在那里放着，人们似乎更必须遵循，所以研究者们的论证就矛盾重重非常吃力，本书作者提出的问题的两个方面，即列宁的结论与"马克思的独立创新的精神"根本无法统一起来。作者和苏联学者一样，即使有意或无意回避最重要的证据而大谈次要或不存在的问题，也难以把这两个方面统一起来。作者说："马克思早在特利尔中学读书时，他就接触过古代哲学史的著作，他在阅读了柏拉图的著作后，曾写下了'对一种更高本质的深切追求，是柏拉图在哲学的重要贡献'的批注，这个评价是很有见地的。"作者看到了马克思的这句话一定也看到了马克思中学毕业的三篇作文，尤其是在谈到柏拉图时也谈到伊壁鸠鲁的这一篇作文，如果注意到了伊壁鸠鲁，作者对马克思写作博士论文的缘由和态度会有更深刻的认识。作者说："马克思对德谟克利特和伊壁鸠鲁自然哲学关系的批判考察是深刻而独到的，并彻底改变了历史上人们对伊壁鸠鲁哲学的贬低和误解。马克思深入揭示了伊壁鸠鲁哲学所具有的独特革命意义，高度赞扬了伊壁鸠鲁所确立的原子偏斜运动产生的重大影响。"作者还提到了马克思在1857年和1858年写给拉萨尔的信，信中马克思明确地指出自己研究的动机，指出伊壁鸠鲁虽然是以德谟克利特的自然哲学为出发点，但是他到处都把问题要点颠倒过来。不仅西塞罗和普卢塔克，连培尔甚至黑格尔这样聪明的人都没有想到。可见作者对马克思尊敬、坚持和发展伊壁鸠鲁哲学是清楚的。作者同样没有直面马克思论文题目就提出的最重要的问题：德谟克利特和伊壁鸠鲁两个唯物主义者的差别何在！马克思认为二者中后者更为高明因而马克思更为赞同后者！所以无论如何也难以得出马克思是唯心主义者的结论。但作者还是坚持说马克思此时是一个唯心主义者。这样说既在博士论文中找不到证据，而且也与作者提出的马克思"独立创新精神"相矛盾，马克思如果这样还能称得上有什么"独立创新精神"？作者后面探讨定在与自由，探讨哲学的世界化与世界的哲学化，探讨与黑格尔辩证法的关系，不能说没有意义和依据，但这是"顾左右而言他"，回避了最重要的问题而研究次要的问题，与本来可以在马克思哲学来源和性质上正本清源实现突破的机会只有一步之遥时但却失之交臂，这是令人非常遗憾和可惜的。其实这也是整个马克思哲学研究存在问题的一个缩影。①

孙伯鍨说："诚如列宁所指出的：在写博士论文时，'马克思按其观点来说，当时还是一个黑格尔唯心主义者。'然而，马克思这时却试图在唯心主义的基础上冲破黑格尔哲学体系。"②

吴振海说："列宁说，在博士论文中，'马克思按其观点来说，当时还是一个黑格尔唯心主义者。'他把精神看作世界的本质，把理性看作万物的权衡。"③

李茂说："这篇论文表明，马克思当时还是一个黑格尔唯心主义者。""原子偏斜运动的意义，就在于它打破了'命运的束缚'。当时他是按照黑格尔唯心主义的哲学观点来解释这个问题的。"④

连以思想解放著称并因此经历坎坷的张奎良教授也不知从哪里找到的证据硬把马克思说成唯心主义者：1841年马克思在自己的博士论文中特别强调自我意识的决定作用。他在谈到哲学所承担的历史使命时，他把精神力量提到第一位，认为能够消灭宗教压迫和社会压迫的唯一力

---

① 上引均见黄楠森等主编：《马克思主义哲学史》第1卷（主编施德福、靳辉明），北京：北京出版社1991年版，第102—117页。
② 孙伯鍨等著：《马克思主义哲学史》第1卷，太原：山西人民出版社1982年版，第39页。
③ 吴振海主编：《马恩列斯哲学发展史》，天津：南开大学出版社1988年版，第46页。
④ 李茂主编：《马克思主义哲学发简史》：郑州：河南人民出版社1985年版，第5页。

量只能是自我意识和精神活动。他还用理性和自我意识来分析宗教，认为只要发扬人所固有的理性和自我意识，就可以战胜宗教和愚昧，推动历史前进。十分明显，马克思博士论文遵循的正是黑格尔的绝对精神创造世界的唯心主义原则。①

马泽民说：当时，马克思还是一个青年黑格尔主义者。他的观点是辩证的又是唯心主义的。而德谟克利特和伊壁鸠鲁却都是古希腊伟大的唯物主义哲学家。博士论文中所描绘的德谟克利特和伊壁鸠鲁只是青年黑格尔主义者——马克思眼睛里反射出来的德谟克利特和伊壁鸠鲁，并不一定就是他们的本来面目。我们研究马克思的博士论文只是为了如实地了解马克思当时的哲学思想状况，弄清他对青年黑格尔派的理论贡献，以及这些贡献对他以后的思想发展的意义。② 既然人们认为"马克思眼睛里反射出来的德谟克利特和伊壁鸠鲁，并不一定就是他们的本来面目"，他们当然有权不同意马克思的观点，也有权利任意地解释一切。但倘若如此，你说的马克思主义就与马克思没有任何关系，你也没有必要和没有权利自称马克思主义者！实际上，这也是所有这类研究者们的尴尬和悖谬！接受苏联影响的中国哲学研究者比新中国成立前未受苏联影响的学者们差得太多了。

这些年来，国内很多知名学者对马克思哲学的来源特别是与德国哲学的关系进行了很多的研究，如俞吾金、张一兵、王南湜、韩庆祥、贺来、杨耕等，我觉得他们可能没有看过或者没有重视马克思的博士论文，而博士论文是马克思哲学基础的基础、来源的来源，不知或不赞同博士论文，可以把论文和研究写得很深很玄很复杂，但都是无本之木无源之水，把存在的东西视为不存在，必然把不存在的东西视为存在，因而他们或者更加强化了传统看法，或者即使对传统观点提出了有分量的质疑，但都没有认识到伊壁鸠鲁哲学对于马克思哲学的伟大作用，有的还把德国古典哲学对马克思的影响说得更大，结论更错误更危险，因而

---

① 《张奎良集》，哈尔滨：黑龙江教育出版社1988年版，第93页。
② 马泽民：《自我意识哲学探源——关于马克思〈博士论文〉的一点思考》，载《马克思主义研究》1988年第3期。

都不能解决问题甚至离真理更远。

我以俞吾金教授为例说明问题。从恩格斯开始的对德国哲学的崇拜、认定马克思学说来源于德国哲学深深地影响了全世界的马克思哲学研究者,特别是马克思主义者,而马克思再多再强的反对意见都不能使人们有丝毫醒悟,这真是人类思想史上的怪事!关于这一点,复旦大学的俞吾金教授作了比较细致深入的分析。但可惜的是俞教授只是认为研究者们遮蔽了黑格尔、费尔巴哈和马克思哲学,而他却把马克思哲学与黑格尔、费尔巴哈哲学更加紧密地联系起来,对黑格尔、费尔巴哈等德国哲学的评价更高,更把马克思极少理睬的康德也拉了进来,而没有把马克思哲学与伊壁鸠鲁哲学联系起来,看起来可能马克思的博士论文等没有进入他的阅读和研究视野,这是非常令人遗憾的。他是这样说的:长期以来,人们在探讨马克思哲学的理论渊源时,总是把舞台灯光集中在德国古典哲学上;在论述德国古典哲学时,又把舞台灯光集中到黑格尔身上;而在具体分析黑格尔对马克思的影响时,又把舞台灯光进一步聚焦到黑格尔的辩证法上。人们习惯于把黑格尔的辩证法称作"合理内核",然而,辩证法毕竟是从属于方法论的,光凭方法论,马克思是无法创立自己的哲学体系的。于是,人们又引入了所谓"基本内核",即费尔巴哈的唯物主义理论。这样一来,一个叙述马克思哲学思想来源的"神话"也由此而诞生了,即马克思哲学 = "合理内核"(黑格尔的辩证法) + "基本内核"(费尔巴哈的唯物主义)。经过苏联、东欧和中国的马克思主义哲学教科书的不断的修正、提炼和概括,上述神话已经内化为人们心目中的权威性结论,甚至变得神圣不可侵犯的了。然而,历史的吊诡在于,这个权威性的结论既不符合历史的事实,也不符合马克思的本意。其实,恩格斯在1890年8月5日致康·施米特的信中早已告诉我们,马克思生前已经感受到其追随者与自己之间存在着的遥远的思想距离。当恩格斯提到马克思的历史唯物主义理论的"讨厌的朋友"莫里茨时,这样写道:"正像马克思就70年代末的法国'马克思主义者'所曾经说过的:'我只知道我自己不是马克思主义者'。"马克思的这句名言至少为我们提供了对上述权威性结论进行质疑的可能性。

本文的研究结论是：尽管马克思哲学在其方法论上更多地受益于黑格尔，但从本体论上看，马克思哲学中的核心概念，如实践、自由、社会生产关系等，却更多地受惠于康德。康德才是通向马克思的桥梁。在正统的阐释者们的视野里，不但康德是不存在的，康德与马克思的思想关系是不存在的，而且作为思想家的马克思也正在离我们而远去。事实上，实证主义思潮对马克思哲学研究领域的侵蚀远比人们想象的要严重得多。为了捍卫马克思思想的纯洁性和它原本的高度，我们必须深入反省马克思本人与他置身于其中的伟大思想传统的关系，尤其是反省马克思与康德哲学传统的关系。马克思和康德才是我们这个时代的涤罪所！① 不过这个结论更加"既不符合历史的事实，也不符合马克思的本意"。因为马克思对康德更是很少理睬不屑一顾。《关于伊壁鸠鲁哲学的笔记》已告诉了我们原因何在："康德派可说是无知的职业祭司，他们每天干的事就是哭诉自己的虚弱和事物的强大"②，把康德哲学引进马克思哲学纯粹是向壁虚造的无稽之谈。而马克思哲学的革命就是在唯物主义基础上说明和高扬了人的能动性。马克思与黑格尔、更不用说黑格尔辩证法的关系并不是那么重要，马克思对之终生严厉批判，我更是一再指出，辩证法不是只有黑格尔才懂的东西。恩格斯的哲学水平代表着多数人的哲学水平，因而他对马克思哲学的理解也为至今的最大多数人所理解和接受。即使很多人看到了恩格斯理解的错误，但由于不懂得伊壁鸠鲁哲学与马克思哲学的关系，因而也根本不能对马克思哲学作出正确的理解，他们的质疑并没有推进马克思哲学的研究，离马克思哲学依然十分遥远。

二 近年来学界对博士论文研究的新现象

苏联解体和东欧剧变之后，苏东显然很少有人再研究马克思哲学了，因而中国人的研究就更加值得重视。国内近年出版了几本研究马克

---

① 俞吾金：《康德是通向马克思的桥梁》，载《复旦学报》2009年第4期。
② 《马克思恩格斯全集》第40卷，北京：人民出版社1982年版，第59页。

思的博士论文的专著和很多的论文,但多数并没有多少新的方法新的观点,相反是在用老的方法把马克思和黑格尔哲学等德意志意识形态强行联系起来在强化着传统研究的错误。

高光教授等人把自己多年授课内容编撰成册,出版了《马克思恩格斯早期著作研究——从〈博士论文〉到〈德意志意识形态〉》一书。他们研究较细,但结论仍然是传统的。比如,他们在研究马克思为什么写这个题目或者说马克思为什么十分重视伊壁鸠鲁等哲学时说:"首先,这不是因为德谟克利特和伊壁鸠鲁都是古希腊的唯物主义哲学家之缘故,马克思当时还不是唯物主义者,而是黑格尔唯心主义者。费尔巴哈的《基督教的本质》,是在马克思的博士论文几个月后才出版的。因此,费尔巴哈的唯物主义思想在当时对马克思写作博士论文有多大影响,还待进一步研究。"看来在高光等人眼里,费尔巴哈不出场,马克思就成不了唯物主义者,也许世界上只有费尔巴哈是唯物主义者。"其次,也不能仅仅用马克思个人的兴趣和爱好来说明这个问题。"用什么?马克思自己的思想不是他研究伊壁鸠鲁的原因,青年黑格尔派的观点才是!他们又说,"《博士论文》的哲学思想,表明马克思的世界观源于黑格尔,但又出现了明显的超越黑格尔的趋向"。他们上来就引用列宁说马克思"按其观点来说,当时还是一个黑格尔唯心主义者"的话,然后煞有介事地说马克思在对伊壁鸠鲁哲学的评价上、在哲学和现实世界的关系上明显超越黑格尔。如果黑格尔是马克思世界观的来源,那马克思就很难超越;如果实现了超越,这要么说明超越是微不足道的,要么说明黑格尔不是马克思世界观的来源。在洋洋洒洒地写了几十页之后,他们总结说:"博士论文是马克思青年时期的第一个哲学成果;博士论文是马克思从黑格尔的唯心主义向新世界观前进的起点;博士论文是马克思思想发展的第一次自我深化;博士论文是革命民主主义的战斗宣言。"他们总是忘不了把马克思打成唯心主义者。①

---

① 高光、闫树森、马迅:《马克思早期著作研究——从〈博士论文〉到〈德意志意识形态〉》,北京:中共中央党校出版社1992年版,第21—51页。

《马克思博士论文研究》作者鲁路在坚持传统观点特别是把马克思与德国哲学联系起来上走得很远。他上来就说:"尽管博士论文既不像《德意志意识形态》以及《关于费尔巴哈的提纲》那样,提出了唯物史观思想,也不像《资本论》及其各份手稿那样,提出了剩余价值理论,但博士论文充分显示了马克思的哲学造诣。"① 我已指出这样的说法和标准是错误的,说唯物史观和剩余价值理论是马克思的两个发现是恩格斯的概括,人们都不加分析地接受了马克思从来没有承认过的说法,马克思的说法根本与此不同,坚持这种标准就割裂了马克思学说的联系,大大贬低了马克思博士论文的意义。而且即使果真如此这样说也没有任何意义和善意:不能把一个深刻的结论和先前的研究割裂开来,不能用一个否定另一个,因为前者来源于后者,没有后者就没有前者而不是相反,能因为这样我们突出后者而贬低前者吗?马克思哲学研究者们的这种论证方法是极不科学的。鲁路把马克思受前人影响之大之多说得令人更加惊奇。比如:"马克思写作博士论文时表露的宗教批判思想,受惠于同自我意识哲学密切相关的宗教批判思想"②。"马克思1835年至1837年主要受康德、费希特哲学的影响,1837年至1839年间主要受黑格尔哲学的影响,1840年至1842年间主要受布鲁诺·鲍威尔自我意识哲学的影响。关于马克思受当时德国哲学影响的后两个阶段,国内学术界基本上已形成共识。只是关于第一阶段,国内学术界论述得不是很多"③,随后他"专辟章节,论述马克思博士论文从历史上与同时代能够汲取的各种重要思想来源",并认可和学习了库诺研究马克思时论述别人思想占了全书三分之二的做法④,处处把马克思与他们联系起来。另一本研究专著《马克思与伊壁鸠鲁——马克思〈关于伊壁鸠鲁哲学的笔记〉和〈博士论文〉研究》⑤ 也与此类似。且不说中外这些关于马

---

① 鲁路:《马克思博士论文研究》,北京:中央编译出版社2007年版,第1页。
② 同上书,第12页。
③ 同上书,第15页。
④ 同上书,第47页。
⑤ 罗晓颖:《马克思与伊壁鸠鲁——马克思〈关于伊壁鸠鲁哲学的笔记〉和〈博士论文〉研究》,上海:华东师范大学出版社2010年版。

克思受同时代人影响的说法多是生拉硬扯牵强附会的，纵然马克思众多观点与前人或别人类似，但决不限于当下的前人和别人，因为他们并不是这些观点的首创者，许多观点早已是人类和哲学的常识；即使是真实的，也应当承认谁对马克思的影响也不如伊壁鸠鲁大，马克思对谁的评价也不如对他的评价高，马克思用伊壁鸠鲁哲学剖析他们而不是相反，是伊壁鸠鲁哲学而不是他们的哲学是马克思学说的理论来源！马克思博士论文的题目就说明了这一切。

而且这种对马克思哲学真正来源的误解和背离在中国日益发展着，2013年年底有报纸报道说，在《交融与交锋：关于马克思与德国古典哲学的对话》的长篇学术对话中，来自国内外的专家学者围绕"马克思与德国古典哲学的关系"问题进行了富有成效的交流，它也集中反映了近年来我国学界关于这一问题研究的最新进展。其集中体现在两条什么样路径之争上：通过康德还是黑格尔来理解马克思，即马克思思想的来源究竟是康德还是黑格尔。① 一个根本不存在的东西被说得越来越煞有介事了，这只能离马克思哲学、离真理越来越远。其实，如果人们只知道或者只承认康德和黑格尔，那么他们会说马克思的一切都来源于他们；如果人们不知道或者不承认马克思与伊壁鸠鲁的关系和对其评价，那么他们会不看或彻底否认伊壁鸠鲁哲学与马克思哲学的联系和是其来源。马克思终生批判德意志意识形态，终生赞扬伊壁鸠鲁哲学并以此作为自己博士论文的研究对象，说伊壁鸠鲁哲学是马克思哲学的理论来源有什么困难，而说德国古典哲学是马克思哲学的理论来源又是多么困难、费力和荒唐啊！

当然，中国马克思哲学研究者们也不是没有丝毫不同声音和新鲜见解，可以说，近年来研究出现了一些"热"的苗头。进入21世纪以来新一代中青年学者研究马克思博士论文的兴趣和论著大增，也许是觉得研究马克思其他著作似乎难有什么新的突破吧！有两位青年学者几乎同

---

① 《哲学是最贴近时代的理论——2013年中国马克思主义哲学研究热点回顾》，见2013年12月25日《中国社会科学报》B-01版《马克思主义月刊》头条。

时对国内学界马克思博士论文研究情况作了综述。北京大学马克思主义学院博士研究生裴植指出：长期以来，与对马克思其他经典著作的研究相比，有关他的博士论文的研究是微不足道的，这种情况直到最近几年才得到一定程度的改观，当前学术界围绕博士论文的探讨主要集中在以下几个方面：第一，马克思写作博士论文时期的思想倾向；第二，有关博士论文对伊壁鸠鲁哲学和德谟克利特哲学的探讨；第三，博士论文中体现的自我意识哲学；第四，博士论文中的政治学思想；第五，关于宗教的批判；第六，博士论文关于人的问题的讨论；第七，博士论文体现的辩证法思想；第八，本体论解读。这些学术成果丰富了有关马克思思想的认知，填补了部分学术空白，但也存在着偏重微观研究、宏观考察欠缺等不足。2000年以来以马克思博士论文为对象的研究论文已发表近百篇。[①] 福建师范大学硕士董浩玉总结说：博士论文作为马克思早期思想的研究成果，是马克思终生著作的思想起点。她通过对当前学术界有关马克思博士论文的研究成果进行对比分析，得出当前学术界对马克思博士论文的研究主要集中在：博士论文的文本注释研究，博士论文的具体思想研究，马克思与黑格尔、鲍威尔等人的区别研究，并对当前研究进行了评价。[②]

对马克思博士论文的研究只要继续，就有可能深入。在把马克思哲学与伊壁鸠鲁哲学联系更紧密、把伊壁鸠鲁哲学看作马克思哲学的起点方面，北京大学聂锦芳教授的论点是较为接近真相的一个。他指出：如果把马克思主义哲学看作一个不断演化的过程，需要讨论的一个前提问题是：马克思本人哲学思想的起点何在？《马克思恩格斯全集》历史考证版（以下简称 MEGA）第 4 部分第 1 卷刊出的文献提供了答案。通过对"关于伊壁鸠鲁哲学的笔记"的解读，可以知道，无论是就表征伊壁鸠鲁思想文献的选择、理论源流的追溯，还是其思想中的"准则学"和"主要原理"的概括，乃至"原子论"哲学由本体论向认识论的转

---

① 裴植：《国内学者研究马克思"博士论文"成果综述》，载《长沙理工大学学报（社会科学版）》2014 年第 29 卷第 1 期。

② 董浩玉：《马克思〈博士论文〉研究综述》，载《延边党校学报》2013 年第 29 卷第 6 期。

换逻辑的探究,以及对"原子"的抽象性质与古代原子论的思维特征的揭示,都表明处于起点上的马克思哲学思想所具有的水准;这就要求我们也必须以此为基础来估量他之后哲学思想的发展,而不能再出现"低于起点""起点之前"乃至偏离起点的理解、诠释和发挥等情况了。为什么伊壁鸠鲁哲学会成为马克思哲学的起点呢?普遍流行的解释是,这时的马克思加入了青年黑格尔派的俱乐部,而这一俱乐部的主将们(比如,布鲁诺·鲍威尔)对古希腊晚期哲学很感兴趣,马克思是受其影响而作出这一选择的。尽管从现在留存下来的青年黑格尔派成员的文献中似乎并没有发现其他人写过关于伊壁鸠鲁的文章或著作,但从当时德国思想界的情形和马克思登上思想论坛的经历来推测,上述因素是可能存在的;然而,这至多只能算是一种外部的诱因,内因还在于伊壁鸠鲁哲学本身的思考框架、意旨以及马克思的领会和掌握,使在激情和迷茫中寻求对世界的理解的马克思有了参照系、思考支点,为其之后哲学思想的发展确立了初步的视界、意旨和基础,蕴含着某种程度上较为接近的价值追求和趋向,同时也明白了包括伊壁鸠鲁哲学在内的古代原子论的逻辑困境和必须超越的局限性,因而产生着不可忽视的影响。① 他已经看到了这种说法的荒谬性:马克思研究伊壁鸠鲁是受到别人的影响,但是这些所谓影响者自己却没有对伊壁鸠鲁有什么研究。很显然,如果知晓、研究和重视马克思中学毕业论(作)文中马克思对伊壁鸠鲁的熟悉和关系,自然洞悉博士论文与中学毕业论文的关系和联系,伊壁鸠鲁哲学与马克思哲学的关系这个问题并不难解决,这自然而然地对马克思哲学的来源、历史、原理、实质等问题的研究和理解产生革命性的变革,对马克思主义和国际共产主义运动的理论和实践,对中国特色社会主义的革命、建设和改革的理论和实践、历史和现实产生不可估量的影响。马克思哲学是最深刻、最年轻、最有活力的哲学,社会主义有着比资本主义更为深厚和科学的历史渊源和古老的基础。

---

① 聂锦芳:《作为马克思哲学思想起点的伊壁鸠鲁哲学》,载《北京大学学报(哲学社会科学版)》2014年第5期。

第三部分 当代解读

第六章　博士论文的基本结构

一　马克思关于伊壁鸠鲁哲学的笔记是博士论文的重要组成部分

我所研究的《博士论文》包括马克思七本《关于伊壁鸠鲁哲学的笔记》和他的博士论文《德谟克利特的自然哲学和伊壁鸠鲁的自然哲学的差别》。写于1839年的《关于伊壁鸠鲁哲学的笔记》，是马克思对古希腊罗马哲学特别是伊壁鸠鲁哲学所作的研究结果。

第一次发表于1927年出版的《马克思恩格斯全集》俄文版第1卷中的《笔记》，基本上是马克思本人所写的东西，没有他所作的摘录及对摘录的简短注释。全文于1956年第一次用俄文发表于《马克思恩格斯早期著作选》。全文第一次按原文（附有拉丁文和希腊文引文的相应的德文译文）刊载于1968年柏林出版的《马克思恩格斯全集》补卷上册。

德谟克利特（约公元前460—前370年或前356年）和伊壁鸠鲁（公元前341—前270年）是古希腊著名的唯物主义哲学家。在古罗马时期，伊壁鸠鲁派成了最有影响力的古希腊哲学派别之一，与廊下派旗鼓相当，这两个派别都重视哲学的修身性质。西方古典文学中的哲理散文，就是从这两个当时非常流行的哲学派别中发展出来的——所谓"哲理散文"，不仅是在传扬一种生命感觉，也是在劝谕热爱哲学。在伊壁鸠鲁那里，搞哲学说到底是一种生命方式，但与苏格拉底的哲学生活方式不同。能够以沉思自然"原子"为生的人，在任何时代、任何国家都不可能很多——近代启蒙哲学的奠基人之一斯宾诺莎在给朋友的信中写道：柏拉图、亚里士多德和苏格拉底的权威，对我来说并没有多大分量，要是你提到伊壁鸠鲁、德谟克利特、卢克莱修或任何一个原子论者，或者为原子作辩护的人，我倒会感到吃惊。[①]伊壁鸠鲁哲学对西方思想的影响持续而又深远，他是任何哲学史都不能回避的人物，人们都承认他和德谟克利特一样是唯物主义者，但又都认为他抄袭了德谟克利特的哲学，而且连抄袭都错了，充满了对他的误解和诬蔑。而哲学史上留下的资料又非常少，只是一些断简残篇。马克思用了极大的精力几乎找出了当时他所能找到的一切资料，来了解伊壁鸠鲁和批判人们对他的误解和诬蔑，并论证自己的哲学观点。这是当时和后来无人做过的事情。这些笔记等资料马克思用了1839年全年和1840年部分时间，凝聚着马克思的心血，从资料的全面、笔记的细致、评论的独特和深刻，可以看出马克思哲学思维宏大深远，研究态度严谨认真。马克思博士论文本身论证严密、见解独特得到了评委们高度的评价，仅仅是其准备材料和引证的资料之丰富全面，就使评委们十分赞赏，其中一个人写道，"看到他考虑了当时可以得到的如此多的材料几乎令人震惊"，许多在其他人著作中只提到过一次的伊壁鸠鲁某句话马克思都引用了。在那个时代能够这样，确实是太难得了，是马克思使我们看到了一个丰富、深刻、生气勃勃的古希腊最伟大的启蒙思想家。马克思哲学研究者们说马克思研究伊壁鸠鲁哲学是受他人影响很难站得住脚，我们没有看到马克思的任何同时代人对伊壁鸠鲁的任何有分量的研究。而马克思中学时代就熟悉和尊崇伊壁鸠鲁，博士论文研究伊壁鸠鲁哲学确实不是偶然的。

我们回看历史，伊壁鸠鲁哲学在古代可能很长时期地位显赫影响巨大。马克思可能也是这样认为的，所以他才如此重视和高度评价伊壁鸠鲁哲学。这从马克思笔记中引用最多也是最权威最丰富的记载伊壁鸠鲁哲学的两本著作——1649年在里昂出版的《比埃尔·伽桑狄

[①] 刘小枫：《伊壁鸠鲁与宗教》，见刘小枫：《西学断章》，上海：华东师范大学出版社2016年版。

评第欧根尼·拉尔修》卷十"论述伊壁鸠鲁的生平、习惯和见解"和卢克莱修的《物性论》——中可以看得出来。第欧根尼·拉尔修（约200—约250年）是古希腊犬儒学派的主要代表，但在智慧方面却受到雅典人的尊敬。他的《名哲言行录》共10卷，包括200余位哲学家与300余篇作品。它将古希腊哲学按哲学家籍贯分为两大学派：爱奥尼亚派与意大利派，再按哲学流派来划分。卷一至卷七讲的是"爱奥尼亚"哲人（包括苏格拉底、柏拉图师徒），卷八至卷十讲的是"意大利"哲人（包括压卷的伊壁鸠鲁）。《名哲言行录》中伊壁鸠鲁几乎占了一半的篇幅，苏格拉底加柏拉图大概还不到他十分之一篇幅，整个柏拉图学园派估计也不到他的四分之一。后来的尼采说罗马时期有修养的人全都是伊壁鸠鲁主义者，尼采说愿意用现在一半的书去换伊壁鸠鲁的一本书，等等；看来伊壁鸠鲁在当时的地位与后来和现在似乎有天壤之别。该书用的多数是间接材料，但其中也不乏有价值的文献。据说伊壁鸠鲁写过100多本书，可惜多半在罗马后期基督教焚书的时候被毁，不知道有多少流传下来了，所以像《名哲言行录》这样距他较近的二手资料也能够帮助人们有所了解，卷十介绍伊壁鸠鲁及其弟子的思想极为详尽，伊壁鸠鲁主要箴言及致友人书3篇几乎全部引录在内。《名哲言行录》一直在古代流传，但并不有名，到了文艺复兴时期，该书开始有印刷本，也有拉丁文译本的出现，变得为人熟悉。

图斯·卢克莱修·卡鲁斯（约前99—约前55年），罗马共和国末期的诗人和哲学家，以哲理长诗《物性论》著称于世。关于卢克莱修的生平，历史学家所知甚少。唯一可以确定的是他是当时在罗马上层很有影响力的贵族诗人盖乌斯·梅米乌斯的朋友或门客，《物性论》一书就是献给梅米乌斯的，是卢克莱修的唯一传世作品。与不少前苏格拉底时期的哲学家一样，他用诗歌的方式来阐述哲学思想。《物性论》一诗分为6卷，用抑扬六步格写成，其内容主要是阐明伊壁鸠鲁的哲学，尤其是原子论学说。由于伊壁鸠鲁本人著作大量散失，卢克莱修的《物性论》对研究伊壁鸠鲁学派的思想具有重大意义。此书名为 De Rerum Natura，直译当为"论事物的本质（自然）"，中译本译作《物性论》，显得非常哲学，十分恰切。卢克莱修写的是形而上学式的理论著作，但为什么要用诗体形式呢？在亚里士多德之后，卢克莱修仍然用诗体来论说"自然"可能有两个原因：要么是刻意模仿苏格拉底之前的自然哲人的表达，要么他的写作意图不是探究形而上学问题，而是传扬形而上学，以便让一般的读书人能够掌握形而上学，也就是如今所谓的哲学启蒙。《物性论》卷一开始不久，就出现了一段对伊壁鸠鲁的赞颂（卷一，行 62—79）。这也是马克思博士论文引用了的。① 由此可以断定，卢克莱修仍然用诗体来论说"自然"，为的是通过诗体这一易为人们理解的形式，使得与他相距两百年的古希腊哲人伊壁鸠鲁的哲学观在罗马共和国广为流传——可以说，卢克莱修的《物性论》是现存西方启蒙哲学最早的范本。卢克莱修花了很长时间写作《物性论》，据说直到去世还没杀青，古罗马共和国的大哲人西塞罗从卢克莱修的遗物中发现了这部未竟稿，经整理后刊行，成为当时和后世读书人的必读书，包括后来的基督教徒学者。②

普卢塔克（约 46—120 年）是罗马帝国时代的希腊作家、哲学家、历史学家，以《比较列传》（又称《希腊罗马名人传》或《希腊罗马英豪列传》）一书闻名后世。后人把他现存的这些作品分编成两本集子：《道德论集》和《传记集》。《道德论集》包括 60 多篇论文和语录，广泛地探讨了伦理、宗教、哲学、科学、政治、文学等方面的问题，是了解普卢塔克的生平和思想的重要文献。准确地说，他主要不是一位历史学家，而是一位道德学家。普卢塔克的哲学观点也是他所处时代的典型的折中物。他兼取柏拉图、亚里士多德、斯多葛以及毕达哥拉斯等各派之说，尤其重视伦理道德问题。普卢塔克认为：人生应当以道德为准绳，应当受理性的节制，要中庸克己、符合人道、不慕荣华、不图虚誉。他为希腊和罗马的古代名人立传，主要不

---

① 《马克思恩格斯全集》第 40 卷，北京：人民出版社 1982 年版，第 242 页。
② 刘小枫：《卢克莱修的诗性启蒙——〈物性论〉卷三行 978—1023 绎读》，见 https://site.douban.com/139215/widget/notes/6434767/note/217900680/。

是写历史，而是为了通过对传主进行伦理上的评价并以此来阐发自己的伦理思想，最终目的还是为了垂训世人。但马克思对普卢塔克的观点并不认同，对他的剖析和批判是深刻和严厉的。

马克思在作笔记时是以伊壁鸠鲁哲学为主，对包括斯多葛派和怀疑主义在内的这三派哲学作出研究来论述整个希腊哲学的，笔记中德谟克利特哲学的分量并不重。但由于这个计划过于庞大和有别的任务，马克思的博士论文就集中为只研究德谟克利特的自然哲学和伊壁鸠鲁的自然哲学的差别这个问题。我由衷地认为，马克思这个集中和减缩很好，问题变小了，但更明确了，让我们更清楚地看到和理解了马克思哲学不仅是唯物主义而且是能动的唯物主义，他批判了"只是坚持了物质的一面"，只是把矛盾一个方面客观化的唯物主义，而像伊壁鸠鲁那样，把"矛盾两个方面客观化"，从而在唯物主义的基础上说明了人的能动性。马克思和伊壁鸠鲁一样，是对整个前人世界观的颠覆和发展——如他后来又指出的，处处都是把"要点颠倒"过来，我深深地感动于马克思哲学研究的勇气、认真和伟大深刻。

我借助电子计算机粗略统计，这七本笔记全文约 10 万多字，其中马克思的评论约 34000 字。如果再加上附注和附录中马克思的评论 5100 多字，马克思在笔记中的评论总计 39000 多字。须知现在留存的马克思博士论文《德谟克利特的自然哲学和伊壁鸠鲁的自然哲学的差别》本身才 32000 字左右，因此马克思结合具体问题评论的这 39000 多字就更加可贵了。

马克思的笔记七后面的《自然哲学提纲》是黑格尔《哲学全书》中论述自然哲学的一些章节的简明摘要，是马克思于 1839 年在《关于伊壁鸠鲁哲学的笔记》中即在第五本笔记的最后五页上所作的札记。可能此提纲系马克思在第五本笔记中研究伊壁鸠鲁自然哲学的性质和特点时编写的，旨在把它和当时包括黑格尔在内对自然哲学的各种解释相对比。马克思的提纲有三个方案。第一方案包含黑格尔《哲学全书》第 252—334 节的内容，并且最接近于再现黑格尔对事物的阐述方式和表达方式。第二方案所概括的有关自然哲学的章节数目较少，但它的特点是在系统化和术语方面具有较大的独立性。在这个意义上讲最独特的是第三方案，它在更大程度上摆脱了黑格尔的专门术语，而且尽管很简要，却最充分地反映了黑格尔自然哲学的内容。①

笔记里马克思阐述的这些观点不仅在博士论文中得到了大量的应用，而且远远超出了博士论文的研究范围，对古希腊罗马和近代众多哲学家发表了看法，提出了许多重要的哲学观点，有许多闪光思想和精辟警句（如"冒充为绝对物的经常表现的适度，本身变成一种无度的东西——即无度的要求"②）意味深长，有的只在这里出现一次（如人应当关于追求现世幸福的思想。马克思批判普卢塔克的"这些好人和聪明人就指望着死后得到对生命的奖赏。但是，既然对他们来说对生命的奖赏是一种与生命有着质的差别的东西，那么在这种情况下指望得到延长生命的奖赏是多么不合逻辑。这种质的差别仍然披着虚构的外形，因为生命并没有上升到更高的领域，而是转移到另一个地方。于是，他们只是装作轻视生活的样子，无论什么更好的东西他们连想都不去想，他们只是以要求的形式来表示自己的希望。他们轻视生活"，然而，"如果在他们看来整个生活是一种幻影，一种坏的东西，那么他们认为他们是好人这种想法究竟从何而来呢？""这些好人感到高兴的是：他们死后，那些迄今为止轻视他们的人现在确实看到他们是好人了，现在不得不承认这一点，并且必将为他们曾经不承认他们是好人而受到惩罚了。这是什么要求！坏人必须承认他们生前是好人，而他们自己却不承认生活的普通力量是幸福！这不是原子的傲慢达到登峰造极了吗？"③），马克思后来再没有回到这些问题上来，这些都非常值得我们珍视和学习研究。既可以说这些笔记是马克思博士论文的组成部分，更可以反过来说，博士论文是马克思这些研究的组成部分。

马克思对古希腊哲学一往情深，在中学毕业作文中就表示了对伊

---

① 《马克思恩格斯全集》第40卷，北京：人民出版社1982年版，第921页注释43。
② 同上书，第136—137页。
③ 同上书，第90—91页。

壁鸠鲁和古希腊哲学的钻研和敬仰，与伊壁鸠鲁的众多观点（如关于安静）和语句（如关于虚荣心和满足）高度一致。博士论文以现在的这种形式和内容发表不是马克思的初衷，序言第一句话就说："这篇论文如果当初不是预定作为博士论文，那么它一方面可能会具有更加严格的科学形式，另一方面在某些叙述上也许会少一点学究气。但是由于一些外在的原因，我只能让它以这种形式付印。""必须把这篇论文仅仅看作是一部更大著作的导论，在该著作里我将联系整个希腊思辨来详细地分析伊壁鸠鲁、斯多葛和怀疑论这三派哲学的相互关系。这篇论文在形式方面和其他方面的缺点在那里将被消除。"① 在1841年底至1842年初，马克思再次试图发表他的博士论文，为此他在草拟的新序言开头部分再次强调，"我献给公众的这篇论文，是一篇旧作，它当初本应包括在一篇综述伊壁鸠鲁、斯多葛派和怀疑派哲学的著作里"，马克思认为"只是现在，伊壁鸠鲁派、斯多葛派和怀疑派体系为人理解的时代才算到来了。他们是**自我意识哲学家**"，然而"迄今为止这项任务解决得"非常不够，他们并没有为人理解。② 马克思"联系整个希腊思辨来详细地分析伊壁鸠鲁、斯多葛和怀疑论这三派哲学的相互关系"的这个愿望虽然终生没有实现，但他还是不断地回到这个问题上来，他此时奠定的基本哲学观点终生运用不曾改变，任何对马克思博士论文的贬低和否定都是对马克思全部哲学的贬低、否定和歪曲。伊壁鸠鲁派、斯多葛派和怀疑派这三种体系、尤其是伊壁鸠鲁哲学迄今为止并没有为人理解，我们面临着和马克思写作博士论文时相同的环境、问题和任务。

马克思最早的计划是要"联系整个希腊思辨来详细地分析伊壁鸠鲁、斯多葛和怀疑论这三派哲学的相互关系"写出一本书来，这个计划宏伟内容丰富，而无论从哪个方面来说，伊壁鸠鲁哲学都是马克思最为看重和关心的问题，《关于伊壁鸠鲁哲学的笔记》自然是其首先和着重

---

① 《马克思恩格斯全集》第40卷，北京：人民出版社1982年版，第188页。
② 同上书，第286页。

的准备材料,所以这些笔记内容广泛,不只限于这些,由于是笔记,写得也更加自由和广泛,马克思对于许多哲学问题的看法在这里也涉及了,出现了许多精彩的思想的火花。而由于我们不知道的原因,原来的写作计划已经不能实现,于是马克思把问题缩减为只研究德谟克利特的自然哲学和伊壁鸠鲁的自然哲学的差别,通过对二者一般和细节上差别的考察,指出了两个唯物主义者差别的本质,赞扬和肯定了后者,在唯物主义的基础上高扬了人的能动性本质。马克思自己对博士论文评价甚高,"我认为在这篇论文里我已经解决了一个在希腊哲学史上至今尚未解决的问题",并以此实现了人类认识史上最伟大的哲学革命。马克思的笔记和博士论文是不可分割相互论证的有机整体,因此我也把二者放在一起研究和分析。

二 博士论文的基本结构和内容提要

马克思博士论文包括献词、序言、第一部分、第二部分和附录(片断)。

马克思的献词写得激情澎湃文采飞扬,把论文作为礼物,献给他最崇敬的父亲般的朋友、未来的岳父、政府枢密顾问官威斯特华伦先生,"借以表达子弟的敬爱之意"。我认为贺麟和《马克思恩格斯全集》第1版译稿中说这位老人怀有"理想主义"是确切的,《马克思恩格斯全集》第2版中译为"唯心主义"则非常不妥,因为无论对"唯心主义"或褒或贬,这都不仅错误表达了马克思对老人的评价,而且更会颠覆马克思哲学和我们整个哲学的范畴体系。

序言对论文作了高度概括:讲了论文的缘起("如果当初不是预定作为博士论文")和不足("学究气");自己对论文评价很高("已经解决了一个在希腊哲学史上至今尚未解决的问题");对古今轻视伊壁鸠鲁哲学的人们极为不满("没有任何可供参考的前人的著作"),对攻击伊壁鸠鲁者极为蔑视(称他们说的是"废话"),善意地指出了尊崇伊壁鸠鲁者的不足;指出黑格尔的思辨哲学不懂伊壁鸠鲁,而伊壁鸠鲁哲学等体系"是理解希腊哲学的真正历史的钥匙";马克思赞誉"普罗米修斯是哲学日历中最高尚的圣者和殉道者",实际上也是以此自勉和自许。读过序言①,就应当理解马克思对伊壁鸠鲁的肯定和博士论文的价值,不应简单理解和轻率否定这篇论文,也不应避开这些根本问题而言他。

第一部分论述了德谟克利特和伊壁鸠鲁二者自然哲学的一般差别。第一节——研究的对象。马克思见解特殊迥异前人,认为作为希腊哲学结局的伊壁鸠鲁派等哲学体系,本质永恒意义巨大,不应被遗忘和轻视。马克思要从结局追溯既往,研究希腊哲学史和整个希腊精神;第二节——判断二者的关系。马克思开宗明义就告诉人们,"我的见解同前人见解的关系怎样"(不同),就同前人对伊壁鸠鲁哲学的关系一样(不同),不同意前人攻击和诬蔑伊壁鸠鲁抄袭的观点,并列出了这些观点。第三节——揭示前人说伊壁鸠鲁抄袭德谟克利特哲学的观点自相矛盾站不住脚,因为二人在"科学的真理性、可靠性及其应用,或是涉及思想和现实的一般关系","他们都是截然相反的",马克思从这三个方面作了证明。② 在目录中提到的四、五两节,即"德谟克利特的自然哲学和伊壁鸠鲁的自然哲学的一般主要差别"和"结论"两部分的手稿均未找到,所以五节只剩下了三节。

第二部分论述了德谟克利特和伊壁鸠鲁的物理学在细节上的差别,马克思从伊壁鸠鲁提出原子偏离直线、原子的质、区别作为"始原"的原子和作为原理和基础的"元素"以及时间、天体现象等方面,指出了二者的差别并概括了二者差别的实质。③

---

① 《马克思恩格斯全集》第40卷,北京:人民出版社1982年版,第188—190页。
② 同上书,第192—208页。
③ 同上书,第209—243页。

第七章 博士论文的当代解读

马克思博士论文是马克思自己也认为"学究气"较重的文章,和先前和此后的文章相比,理解难度较大,特别是由于我自己水平有限,因而我虽然阅读此书不下十遍,但我坦率地承认,尽管我每次阅读都有新的体会,但我仍然对许多句、段和观点很难说就正确地理解了。我努力地从总体上把握马克思博士论文的要旨,理解马克思哲学的本质。

一 盛赞伊壁鸠鲁,证明伊壁鸠鲁哲学是马克思哲学的来源

古希腊是西方历史上的黄金时代,然而令人感到无比遗憾的是,"希腊哲学看起来似乎遇到了一个好的悲剧所不应遇到的结局,即暗淡的结局"[①]。希腊内部极盛时期是伯利克里时代,外部极盛时期是亚历山大时代,希腊哲学也在此时的亚里士多德那里到达顶峰,随后便走向了没落。此后产生的"伊壁鸠鲁派、斯多葛派、怀疑派几乎被看作一种不合适的附加品,同他们巨大的前提没有任何关系。伊壁鸠鲁哲学似乎是德谟克利特的物理学和昔勒尼派的道德思想的混合物;斯多葛主义好像是赫拉克利特的自然哲学和昔尼克派的伦理的世界观,多少再加上一点亚里士多德逻辑学的综合产物;最后,怀疑论则仿佛是反对这两派独断主义的必不可免的祸害。这样,人们在把这些哲学学说变成片面而有倾向性的折衷主义时,也就不自觉地把它们和亚历山大里亚哲学联系在

---

① 《马克思恩格斯全集》第40卷,北京:人民出版社1982年版,第193页。

一起。最后,亚历山大里亚哲学则被看成是一种完全的幻想和混乱,——一种紊乱,在这种紊乱里据说最多只能承认意向的普遍性"①。总之,说它们是没落时代没落哲学的代表,没有多大的价值,这几乎成为前人根深蒂固的偏见,这些哲学派别受到包括黑格尔在内的哲学家们的轻视或唾弃,马克思则对这些定论持怀疑和批判的态度。

马克思评论说,虽然黑格尔大体上正确地规定了各种哲学体系的一般特点,但他的研究也有着致命的不足,这一方面是"由于他的哲学史——一般说来哲学史是从它开始的——的令人惊讶的庞大和大胆的计划,使他不能深入研究个别细节。另一方面,黑格尔对于他主要地称之为思辨的东西的观点,也妨碍了这位伟大的思想家认识上述那些体系对于希腊哲学史和整个希腊精神的重大意义",唯心主义者黑格尔难以对唯物主义哲学作出客观的评价。而在马克思看来它们并非微不足道,"这些体系是理解希腊哲学的真正历史的钥匙"。② 黑格尔这个庞然大物是别人心目中的"哲学之王",但马克思从未对之顶礼膜拜,说他的哲学史观影响马克思更没有根据。在现存最早提到黑格尔的文献中,马克思就对他有着一种不悦和警惕,"不喜欢它那种离奇古怪的调子",当然,马克思不喜欢并不等于不重视,相反正因为对之不满才深入对之进行研究,可以说只有马克思把黑格尔哲学啃透了,因而才能从根本上批判它和超越它。通过研究古希腊哲学,马克思认为包括黑格尔在内的前人对希腊精神的把握并不深刻准确,因而"为了唤起对于这些体系的历史重要性的记忆",为了澄清前人的误解和建立自己的哲学,博士论文就选取了《德谟克利特的自然哲学和伊壁鸠鲁的自然哲学的差别》这个题目,研究了伊壁鸠鲁等哲学"与古代希腊哲学的联系",认为它们"是罗马精神的原型,即希腊迁移到罗马去的那种形态","充满了特殊性格的、强有力的、永恒的本质,以致现代世界也应该承认它们的充分的精神上的公民权"。③ 马克思与前人根本不同,他从来都不是一

---

① 《马克思恩格斯全集》第40卷,北京:人民出版社1982年版,第193—194页。
② 同上书,第189页。
③ 同上书,第194页。

个黑格尔分子,更不曾用费尔巴哈的唯物主义批判过黑格尔,也没有用黑格尔的辩证法批判过费尔巴哈,马克思掌握了"理解希腊哲学的真正历史的钥匙",形成了自己根本的观点和方法,批判和超越了前人的哲学,不需要也不可能追随当下的哲学尤其是德意志意识形态并且变来变去了。

  黑格尔颇有成败论英雄的味道,但这并没有成为马克思的标准,"如果根据黑格尔的意见,以客观成就作为评价的标准时,伊壁鸠鲁的自然哲学不值得特别称赞的话,——那么从另一方面,即从历史现象不需要称赞这方面来看,那种毫不掩盖的、纯哲学的彻底性是令人惊讶的,因为随着这种彻底性,原则本身中所固有的不彻底性却全面发展起来了。由于这种异常的客观的素朴性,希腊人将永远是我们的老师,因为这种素朴性把每一个事物可以说是毫无掩饰地、在其本性的净光中亮出来……特别是我们这个时代甚至在哲学方面也产生了一些罪恶现象,暴露出其严重的罪过——反对精神和真理,因为在这里被掩盖着的意图隐藏在解释后面,而被掩盖着的解释又隐藏在事物后面"[①]。马克思对伊壁鸠鲁哲学的评价标准与黑格尔不同,并不认为哲学大人物的观点就是重大的深刻的,亚里士多德、柏拉图是哲学上的大人物,马克思在这里、在他所有的哲学研究里也没有给以过更高的评价和研究,没有把他们放在首位,没有说过从他们的著作中吸取过多少有益的东西,康德、费希特、黑格尔等当下的人物就更不用说了,他们主要是马克思批判的对象。顺便说说,马克思哲学研究者们之所以咬定康德、黑格尔、费尔巴哈等人的哲学是马克思哲学的理论来源,也正因为他们使用的是黑格尔的标准,"以客观成就作为评价的标准"。人们认为黑格尔、费尔巴哈,再加上康德、谢林、费希特(这个名单还在被研究者们在无限地加长着)等是当时最重要的哲学家,所以他们就想当然和不顾一切地把马克思哲学与德意志意识形态、和整个前人哲学联系起来杜撰其来源,而很少有研究者想到伊壁鸠鲁哲学,即使马克思在博士论文中明确指出了

[①] 《马克思恩格斯全集》第40卷,北京:人民出版社1982年版,第147—148页。

这一点，人们也总是颠覆和解构马克思哲学，恰恰说明了人们评价标准和思想体系的黑格尔化。如果依照他们的方法和标准，把比黑格尔、费尔巴哈等人重要的哲学家列举出来，说马克思哲学来自于苏格拉底、柏拉图、亚里士多德、英国法国的大哲学家们，并以此批判黑格尔、费尔巴哈，我想可能也非常有道理。不信人们可以试试！这正是马克思所反对的标准，人们对马克思的误解几乎表现在一切方面一切问题上。任何人都可以不同意马克思的观点，但你决不能说这不是马克思的观点、马克思的观点不成熟，而把自己的观点强加于马克思。

一种哲学所解决的问题远不如它提出的问题和为解决问题所提供的方式方法更为重要，马克思把古希腊末期产生的伊壁鸠鲁哲学看作"英雄之死与太阳落山"。他批判说，"有一种老生常谈的真理，说发生、繁荣和衰亡形成一个铁环，一切与人有关的事物都包含于其中，并且必定要绕着它走一圈。所以说希腊哲学在亚里士多德那里达到极盛之后，接着就衰落了，这也没有什么可惊奇之处。不过英雄之死与太阳落山相似，而和青蛙因胀破了肚皮致死不同。此外，发生、繁荣和衰亡乃是极其一般、极其模糊的观念，要把一切东西都塞进去固然可以，但要借助这些观念去了解什么东西却办不到。死亡本身已预先包含在生命里面，因此对死亡的形态也应像对生命的形态那样在其特殊性中加以考察"①。伊壁鸠鲁等人的哲学虽然其客观成就不高，但却有一种悲壮的崇高、深刻、伟大和美。马克思认为在这哲学的结局中蕴涵了哲学发展过程的全部矛盾，他要通过对结局的分析来研究整个希腊哲学，"就像根据英雄的死可以判断英雄的一生一样。我认为伊壁鸠鲁哲学所占的地位正是希腊哲学的这种形式，——再者，这点应该可以说明，为什么我不把以前的希腊哲学中的这个或那个因素放在首位，并且不把它们说成是伊壁鸠鲁哲学发展的条件，而是相反，从伊壁鸠鲁哲学追溯希腊哲学，从而证明他本身表现自己的特殊地位"②。"就体系的广博程度来说已接近完成

---

① 《马克思恩格斯全集》第 40 卷，北京：人民出版社 1982 年版，第 194 页。
② 同上书，第 138 页。

的柏拉图和亚里士多德哲学体系"是比伊壁鸠鲁客观成就大得多的哲学，但马克思终生也没有给他们以多高评价，像伊壁鸠鲁等这些"新哲学体系，它们不以这两种丰富的精神形态为依据，而是远远往上追溯到最简单的学派：在物理学方面转向自然哲学家，在伦理学方面转向苏格拉底学派"①一样，马克思也越过当下的哲学家而追溯到古希腊，把伊壁鸠鲁哲学看作希腊哲学的完成形态，具有某种空前地位，并把自己看作是他的哲学继承和光大者。马克思这种态度和方法本身就是迥异常人，具有革命性的。

马克思对伊壁鸠鲁非常敬仰，认为"伊壁鸠鲁哲学之所以重要，是由于它的朴素性，具有这种朴素性的结论在表述时没有近代所固有的偏见"②，赞扬"他的观点和结论的坚定的彻底性"③。他坚决回击古今哲学家对伊壁鸠鲁的诬蔑，澄清各种误解，这是对其他任何人不曾有过的。轻视和误解伊壁鸠鲁是一种根深蒂固的偏见，"这种偏见是和哲学的历史同样的古老"④，从古代的尼古拉、普卢塔克、西塞罗到近代的莱布尼茨、黑格尔莫不如此。斯多葛派的尼古拉和索蒂昂指责伊壁鸠鲁，说他把德谟克利特关于原子的学说和亚里斯提卜关于快乐的学说当作他自己的学说加以宣扬。学院派的科塔问西塞罗：在伊壁鸠鲁的物理学中究竟有什么东西不是属于德谟克利特的呢？伊壁鸠鲁诚然改变了一些地方，但大部分是重复德谟克利特的话。西塞罗自己也说：伊壁鸠鲁在他特别夸耀的物理学中，完全是一个门外汉，其中大部分是属于德谟克利特的；在伊壁鸠鲁离开德谟克利特的地方，在他想加以改进的地方，恰好就是他损害了和败坏了德谟克利特的地方。但是虽然有许多人指责伊壁鸠鲁，说他诽谤过德谟克利特，然而与此相反，据普卢塔克说，莱昂泰乌斯断言，伊壁鸠鲁很尊敬德谟克利特。普卢塔克在他的著作《科洛特》里走得更远，他力求得出这样的结论：伊壁鸠鲁从整个

---

① 《马克思恩格斯全集》第40卷，北京：人民出版社1982年版，第194—195页。
② 同上书，第39页。
③ 同上书，第48页。
④ 同上书，第196页。

希腊哲学里吸收的是错误的东西,而对其中真正的东西他并不理解。在《论信从伊壁鸠鲁不可能有幸福的生活》中也充满了类似的敌意的暗讽。较古的著作家的这种不利的见解,在教会神父那儿仍然保留着。人们一般都倾向于指责伊壁鸠鲁犯了剽窃罪。近代作家大体上也同样认为伊壁鸠鲁,就作为一个自然哲学家而论,仅仅是德谟克利特的剽窃者。如果说西塞罗认为,伊壁鸠鲁败坏了德谟克利特的学说,但他至少还承认伊壁鸠鲁有改进德谟克利特学说的愿望,还想看一看这个学说的缺点;如果说普卢塔克说他的思想不一贯,并说他对坏的东西有一种天生的偏爱,因而对他的愿望表示怀疑,那么,莱布尼茨更为过分,甚至连他善于摘录德谟克利特的能力也都否定掉了。不过大家一致认为,伊壁鸠鲁的物理学是从德谟克利特那儿剽窃来的。[1] 马克思同古今各种偏见作斗争,捍卫伊壁鸠鲁也是间接捍卫自己,在他"不得不去作一些看起来好像是咬文嚼字的琐事"[2] 的博士论文中,很少有人看出了马克思的写作动机和伟大思想。

前人中被马克思批判和"讥讽"[3] 者甚众,据我所知最多最重者当是黑格尔,其次就是诬蔑伊壁鸠鲁的普卢塔克了。马克思愤怒地批判说,专家们知道,关于这篇论文论著的对象,没有任何可供参考的前人的著作——我认为马克思这句话也是对研究者们说博士论文写作是马克思受某某人影响的驳斥——西塞罗和普卢塔克所说过的废话,直到现在还为人们所重复着[4],马克思对他们无情地冷嘲热讽异常鄙视。比如,"不言而喻,普卢塔克这篇论文很少可取之处。只须读一读那篇反映他对伊壁鸠鲁哲学的拙劣吹嘘和荒谬解释的前言,就足以相信他完全无能力进行哲学批判","这半点也不像伊壁鸠鲁的学说","很清楚,普卢塔克不理解伊壁鸠鲁哲学的连贯性";[5] "普卢塔克是在瞎说,他评论起

---

[1] 《马克思恩格斯全集》第40卷,北京:人民出版社1982年版,第196—198页。
[2] 同上书,第196页。
[3] 同上书,第139页。
[4] 同上书,第188页。
[5] 同上书,第62页。

来像个学徒工"①;"这里普卢塔克也同样暴露出他不理解伊壁鸠鲁的一贯性"②;"这个意见对伊壁鸠鲁的快乐辩证法具有重要的意义,尽管普卢塔克对它也作了错误的批评"③;"如果普卢塔克说必须关心保护肉体健康,那么,对这一毫不新奇的东西伊壁鸠鲁也在关心着,而且更为深切,因为感觉到普遍状况是真实的人,必定最关心对它的保护。这就是正常的人类理智。他以为他有权把他的最荒谬的无稽之谈和鄙俗之言冒充为未知领域,来和哲学家抗衡。他以为,如果他把鸡蛋竖立起来,他便成为哥仑布了","在这一点上一般说来伊壁鸠鲁是正确的……同这个坚定的、健康的个人相比,一个叫普卢塔克的人显得多么可怜啊";④"普卢塔克下述反驳也是同样不正确的","实际上发生的情况正好与普卢塔克的假定相反";"由此可见,普卢塔克的下述反驳是多么缺乏根据";"普卢塔克认为,伊壁鸠鲁就该按照自己的基本论点来论述。他没有想到,伊壁鸠鲁也许会不以那些他强加给他的基本论点为出发点";"'呸!'——普卢塔克在这里大声啐道";"普卢塔克断言,动物除了避开恶的需要外,还竭力追求在避开恶的彼岸的善;他把这当作莫测高深的道理";⑤"在伊壁鸠鲁那里,这一切被单独地表现出来的东西,都是根据他的哲学原则得出来的,而这一哲学又是他根据该哲学的一切结论来表述的;普卢塔克的含糊不清的、毫无意义的说法并不能推翻这些论断"⑥;"比普卢塔克上述肤浅的道德上的责难更值得注意的是他对伊壁鸠鲁神学的论战"⑦;"普卢塔克全然不理解伊壁鸠鲁关于惧怕神的论断的含义;他不理解,哲学意识多么希望摆脱这种恐惧。普通人是不理解这一点的。因此,普卢塔克举出庸俗的经验主义的

---

① 《马克思恩格斯全集》第40卷,北京:人民出版社1982年版,第63页。
② 同上书,第73页。
③ 同上书,第74页。
④ 同上书,第75页。
⑤ 同上书,第76—77页。
⑥ 同上书,第78页。
⑦ 同上书,第79页。

例子,来证明这一信仰对群众来说并不很可怕"①;"普卢塔克在和伊壁鸠鲁论战时所坚持的神性的东西的差别,就是这么可悲";"如果普卢塔克说国王从他们的公共宴会和免费发肉所得到的快乐不如从祭餐得到的快乐多,那么这仅仅意味着在那里快乐被看作是一种人的、偶然的东西,而在这里则被看作是神的东西,意味着个人的快乐被看作神的东西,而这恰好是伊壁鸠鲁的观点";②"于是,在普卢塔克那里就出现了——但只是作为形象,作为表象出现——伊壁鸠鲁作出的那个规定"③;"普卢塔克取消了'天意',因为他把恶、差别同神对立起来。他以后的论述是完全不合逻辑和含混的";"总之,普卢塔克思想的内在辩证法迫使他不是去谈论神性的东西,而是去谈论个人的灵魂","普卢塔克的动人言词不应使我们产生误解。我们会看到,他否定自己的每一个规定。单是'痛苦的终结',以及作为对立面的'死亡'、'毁灭'和'化为乌有'这种人为的狡计就已经表明重心何在,表明一边是多么地轻,另一边则重达三倍";"这种用固定的质的区别进行分类的做法就已说明,普卢塔克对伊壁鸠鲁的不理解达到了何等地步,因为伊壁鸠鲁作为哲学家一般地考察了人类灵魂的本质关系。如果说伊壁鸠鲁认为灵魂是暂存的因而仍继续相信'快乐',那么普卢塔克就应当看到,不管哪一个哲学家都会情不自禁地赞美'快乐'。普卢塔克由于自身的局限性,与这种快乐是格格不入的";④"照普卢塔克的看法,'变化'一词听起来要比'完全不复存在'更舒服些。但是,按照普卢塔克的看法,这个变化不应是质的变化,个别的'我'应该常住在他的个别的存在中;这样一来,这个名词仅仅是它所指的事物的感性表象,但它应当表示某种相反的东西。因此,这是骗人的虚构"⑤;"普卢塔克在对伊壁鸠鲁的论战中所阐述的就是伊壁鸠鲁的学说。不过他没有忘记

---

① 《马克思恩格斯全集》第40卷,北京:人民出版社1982年版,第80页。
② 同上书,第83页。
③ 同上书,第84页。
④ 同上书,第84—85页。
⑤ 同上书,第87页。

处处把'不存在'描绘成最可怕的东西"①;"如果普卢塔克说伊壁鸠鲁把群众最甜蜜的希望连同不死一起毁掉,那么要是普卢塔克所说的话像他在另一个地方说过的话那样,那就会正确得多"②;"这样一来,我们就看到,在对伊壁鸠鲁的论战中,普卢塔克每走一步都落到伊壁鸠鲁的怀抱里,但伊壁鸠鲁扼要地、抽象地、真实地和尖锐地阐述自己的论断,并且了解他讲的究竟是什么,而普卢塔克所说的都不是他想说的,而他想说的实际上又不是他所说的。一般说来日常意识同哲学意识的关系就是这样"③,"如果说在前面的对话中普卢塔克是试图向伊壁鸠鲁证明:信从他的哲学'不可能有幸福的生活',那么现在他是在努力维护其他哲学家反对来自伊壁鸠鲁派的同一反驳意见的论点了。我们将看到,这一使命他是否能比前一个使命完成得更好,上一次他的论战实际上可以称为对伊壁鸠鲁的颂扬";"每当伊壁鸠鲁哲学的彻底性一显示出来的时候,普卢塔克总是感到痒痒的";④"对头一件事来说普卢塔克太软弱,对第二件事他则太诚实,太审慎了","普卢塔克说,无论哪一种特性,都应当说它的存在同它的不存在是一样的,因为它是按照感觉到的印象而变化的。但是普卢塔克对问题的提法就已表明,他并不明白这是怎么回事";⑤"下面关于亚里士多德的一段话可以作为普卢塔克的非哲学的思维方式的证明";"这里还有一段话,从中可以看出洋洋得意的普卢塔克的内在的、怡然自满的愚蠢";"这个愚蠢的折衷主义者便不懂得,正是在这一点上应当责备柏拉图";⑥"由此可以看到,柏拉图的迂腐在普通人中间特别容易得到反应,而普卢塔克,我们可以根据其哲学观点将他列入普通人一类","当普卢塔克赞扬柏拉图时,再

---

① 《马克思恩格斯全集》第40卷,北京:人民出版社1982年版,第88页。
② 同上书,第89页。
③ 同上书,第91页。
④ 同上书,第92页。
⑤ 同上书,第93页。
⑥ 同上书,第99页。

没有比这更好的对柏拉图的批评了";①"在这里普卢塔克变得好嘲笑人了"②,"关于科洛特,的确必须承认,他善于摸到对方的弱点,而普卢塔克却没有一点哲学嗅觉,以致谈说的是什么都不知道。当抽象的同一性原理也被视为一切生命的死亡并受到指摘时,普卢塔克却针对这一点提出下面这种愚蠢的、只配由眼光狭小的乡村小学教师来说的反驳"③;"朝气蓬勃的、大胆的、富有诗意的世界主宰者卢克莱修就是这样不同于用道德的冰雪来掩盖自己小'我'的普卢塔克","谁觉得自己更道德和更自由些:是那刚走出普卢塔克的教室,一边思量着善良的人一死也就失去了自己一生的成果实在有欠公允的人,还是那直观永恒的完满境界、用心倾听着卢克莱修那勇敢的、雷鸣般的诗歌的人";④ "比起普卢塔克来,卢克莱修对伊壁鸠鲁的理解要明哲无数倍"⑤;"原子偏离直线"是最深刻的结论之一,并且是根据伊壁鸠鲁哲学的本质而来的。西塞罗可以嘲笑说:哲学之于他,就同北美利坚合众国总统一样陌生;⑥他只是对伊壁鸠鲁充满了"敌意的暗讽"⑦;西塞罗也嘲笑伊壁鸠鲁的原子偏斜学说,但他并不理解它,尽管他"一接触到这个论题,特别有说不完的意见"⑧;一般说来,在所有古代人中卢克莱修是唯一理解了伊壁鸠鲁的物理学的人,在他那里我们可以看到一种较为深刻的阐述;⑨ 培尔依据圣奥古斯丁的权威责备伊壁鸠鲁,"不过这个权威和亚里士多德及别的古代人相比,是无足轻重的"⑩;"**西塞罗**,作为一个**罗马人**,有权嘲笑它们,但是**普卢塔克**,作为一个**希腊人**……当他说这番话时,他已完全忘记希腊人的世界观了。理论上的宁静正是希腊众神性

---

① 《马克思恩格斯全集》第40卷,北京:人民出版社1982年版,第100页。
② 同上书,第101页。
③ 同上书,第103页。
④ 同上书,第111页。
⑤ 同上书,第112页。
⑥ 同上书,第119页。
⑦ 同上书,第197页。
⑧ 同上书,第209页。
⑨ 同上书,第211页。
⑩ 同上书,第214页。

格上的主要因素"①;"普卢塔克在他的马利乌斯传记里提出一个令人厌恶的历史例证,表明这种道德态度如何消灭一切理论的和实践的无私"②。马克思还专门把"批评普卢塔克对伊壁鸠鲁神学的论战"作为博士论文的附录,从文章目录和仅存的片断来看,这部分内容不少也很尖锐。总之,马克思认为伊壁鸠鲁哲学产生以来还没有被人理解过,因而博士论文全篇充满了对误解伊壁鸠鲁的人的嘲讽和批判。

与对不解和攻击伊壁鸠鲁的人给以强烈鄙视和批判形成鲜明对照,马克思对伊壁鸠鲁抱有好感,给他以高度评价和赞扬。上面已提到一些,再比如,他十分钦佩伊壁鸠鲁的"不朽功绩和伟大"③,称赞"伊壁鸠鲁在下述方面比怀疑派站得高"④,认为"伊壁鸠鲁作为表象哲学家在这方面最为精细,所以他更详细地规定基础所应符合的条件。他也是最彻底的,并且——和怀疑派一样,但是从另一方面——完成古代哲学"⑤,"古希腊罗马哲学的没落也在伊壁鸠鲁那里获得充分的、客观的表现"⑥;"伊壁鸠鲁说神并不关心个人,他是相当诚实的"⑦;"伊壁鸠鲁就是这样阐述他的关于不死的学说的,但他从哲学上进行思考,而且十分彻底"⑧;马克思称赞"伊壁鸠鲁是最伟大的希腊启蒙思想家,他是无愧于卢克莱修的称颂的:当大地满目悲凉,/人类在宗教的重压下备受煎熬,/而宗教则在天际昂然露出头来,/凶相毕露地威逼着人们的时候,/是一个希腊人首先敢于抬起凡人的目光/挺身而出,与之抗争。任是神道,任是闪电,或者天空/吓人的雷霆都不能使他畏惧"⑨。马克思视角独特爱憎分明,通过研究伊壁鸠鲁哲学,理解了"希腊哲学史和整个希腊精神",而这与前人根本不同,他赞扬与平反"反对整个希腊

---

① 《马克思恩格斯全集》第40卷,北京:人民出版社1982年版,第215页。
② 同上书,第256页。
③ 同上书,第41页。
④ 同上书,第42页。
⑤ 同上书,第35页。
⑥ 同上书,第63页。
⑦ 同上书,第85页。
⑧ 同上书,第88页。
⑨ 同上书,第242页。

民族的世界观"的伊壁鸠鲁哲学,就是表明自己哲学上的立场、观点、方法,表明和前人的见解彻底决裂的态度。马克思对普卢塔克的讥讽和对伊壁鸠鲁的赞扬,在《笔记》中都比在论文中讲得多讲得具体,对伊壁鸠鲁哲学从而对马克思的博士论文的理解必须结合七本《笔记》才有可能。

我还要特别指出,马克思对希腊精神尤其是对伊壁鸠鲁的崇敬态度终生未变,对德意志意识形态和其他理论家的批判终生未变,伊壁鸠鲁是唯一被他多次提到而从未批判过的哲学家。比如《第179号"科伦日报"社论》指出:"伊壁鸠鲁、斯多葛派或者怀疑论者的哲学学说,正是在罗马的极盛时期才成为有教养的罗马人的宗教信仰。古代国家的宗教随着古代国家的灭亡而灭亡,这用不着特别的说明,因为古代国家的'真正宗教'就是崇拜它们自己的'民族',它们的'国家'。不是古代宗教的毁灭引起古代国家的毁灭,相反地,正是古代国家的毁灭才引起了古代宗教的毁灭。"① 《神圣家族》指出,在法国以笛卡儿为主要代表的17世纪的形而上学,从诞生之日起就遇上了唯物主义这一对抗者。唯物主义通过伽桑狄(他恢复了伊壁鸠鲁的唯物主义)来反对笛卡儿。法国和英国的唯物主义始终同德谟克利特和伊壁鸠鲁保持着紧密的联系。笛卡儿的形而上学所遇见的另一个反对者是英国的唯物主义者霍布斯。伽桑狄和霍布斯正是在他们的敌人已经作为官方势力统治着法国的一切学派的时候战胜这个敌人的,而这已是他们去世以后很久的事了。② 《德意志意识形态》更是充满感情地大力赞扬了伊壁鸠鲁。马克思说:我们的这位朋友对于伊壁鸠鲁派,也像对于斯多葛派一样,只具有中学生的起码知识。他把伊壁鸠鲁派的"快乐"与斯多葛派的和怀疑论派的"不动心"对立起来,他不知道这种"不动心"在伊壁鸠鲁那里也出现过,而且是一种比"快乐"更高级的东西。因此,这种对立就根本不存在。他告诉我们,伊壁鸠鲁派"只教人一种**有别于**斯多葛

---

① 《马克思恩格斯全集》第1卷,北京:人民出版社1956年版,第113—114页。
② 《马克思恩格斯全集》第2卷,北京:人民出版社1957年版,第161页。

派的对世界的**态度**";那就请他给我们指出一个不是"只教人一种**有别于斯多葛派的对世界的态度**"的"古代和近代的"(非斯多葛派的)哲学家吧!圣麦克斯最后还以伊壁鸠鲁派的一句新格言来丰富我们的知识:"世界必须受到欺骗,因为世界是我的敌人";但人们至今仅仅知道伊壁鸠鲁派说过这样的话:世界必须**摆脱欺骗**,即摆脱对神的恐惧,因为世界是我的**朋友**。为了让我们的圣者看看伊壁鸠鲁哲学所根据的现实基础,我们只需提出以下一点就够了:国家起源于人们相互间的契约,起源于社会契约,这一观点就是伊壁鸠鲁最先提出来的。圣麦克斯对怀疑论派的阐述也同出一辙,这可以从他的下述论点看出:他认为怀疑论派的哲学比伊壁鸠鲁的哲学更为激进。怀疑论派把人们对事物的理论关系归结为**假象**,而在实践中让一切保持原状,同时他们顺应这种假象完全像别的人顺应现实一样;他们只是改变了名称。伊壁鸠鲁则相反,他是古代真正激进的启蒙者,他公开地攻击古代的宗教,如果说罗马人有过无神论,那么这种无神论就是由伊壁鸠鲁奠定的。因此卢克莱修歌颂伊壁鸠鲁是最先打倒众神和脚踹宗教的英雄;因此从普卢塔克直到路德,所有的圣师都把伊壁鸠鲁称为头号无神哲学家,称为猪。也正因为这一点,亚历山大里亚的克雷门才说,当保罗激烈反对哲学时,他所指的只是伊壁鸠鲁的哲学。我们由此可以看出,这位公开的无神论者在公然进攻世界的宗教的时候是如何"狡猾、诡谲"和"聪明"地对付世界;而斯多葛派却使古宗教去适应自己的思辨,怀疑论派则是用他们的"假象"概念作为借口,使他们的一切判断都带有〔精神上的保留〕。因此,根据施蒂纳的看法,斯多葛派归根结底是"鄙视世界",伊壁鸠鲁派主张"斯多葛派所主张的那种处世之道",而怀疑论派则是"使世界静止不动,并且根本不去考虑它"。因此,在施蒂纳看来,所有这三个学派最终是对世界漠不关心,"鄙视世界"。这种说法黑格尔早就在他以前有过了:斯多葛主义、怀疑论、伊壁鸠鲁主义"抱的目的是使精神对现实界的一切漠不关心"。① 在1857年写给拉萨尔的信中,

---

① 《马克思恩格斯全集》第3卷,北京:人民出版社1960年版,第146—148页。

马克思特别指出自己研究伊壁鸠鲁的动机有政治需要，"［较晚的］哲学家——伊壁鸠鲁（尤其是他）、斯多葛派和怀疑论者，［我］曾专门研究过，但与其说出于哲学的兴趣，不如说出于［政治的］兴趣"。告诉他自己对于伊壁鸠鲁的根本看法，指出人们都不理解伊壁鸠鲁，"虽然他是以德谟克利特的自然哲学为出发点，但是他到处都把问题要点颠倒过来。未必应该责难西塞罗和普卢塔克没有理解这一点，因为像培尔，甚至像黑格尔本人这样的聪明人都没有想到"①。1858年5月31日马克思又致拉萨尔说：我在病中细读了你的《赫拉克利特》，并且发现，根据保存下来的零星残篇而恢复起来的体系作得很高明；而机智的论战也使我感到不小兴趣。我现在要提出的，主要地只是一些形式上的不足之处。我认为，可以在不损害内容的条件下写得更紧凑一些。其次，我很想在这本书中找到你对黑格尔辩证法采取**批判**态度的证明。既然这种辩证法无疑是整个哲学的最新成就，那么，另一方面，解除它在黑格尔那里所具有的神秘外壳就是极端重要的。最后，在某些细节上，我不同意你的看法，例如，在理解德谟克利特的自然哲学方面。但是这一切都是次要问题。你在写作中必须克服的困难，我尤其清楚，因为十八年前我曾对容易理解得多的哲学家——伊壁鸠鲁进行过类似的工作，也就是说，根据一些残篇阐述了整个体系。不过，我确信这个体系，赫拉克利特的体系也是这样，在伊壁鸠鲁的著作中只是**"自在地"**存在，而不是作为自觉的体系存在。即使在那些赋予自己的著作以系统的形式的哲学家如像斯宾诺莎那里，他的体系的实际的内部结构同他自觉地提出的体系所采用的形式是完全不同的。②

特别是在《资本论》及其手稿中，马克思更是有意和善意地多次提到伊壁鸠鲁。"在古亚细亚的、古希腊罗马的等等生产方式下，产品变为商品、从而人作为商品生产者而存在的现象，处于从属地位，但是共同体越是走向没落阶段，这种现象就越是重要。真正的商业民族只存

---

① 《马克思恩格斯全集》第29卷，北京：人民出版社1972年版，第529页。
② 同上书，第540页。

在于古代世界的空隙中,就像伊壁鸠鲁的神只存在于世界的空隙中,或者犹太人只存在于波兰社会的缝隙中一样。这些古老的社会生产机体比资产阶级的社会生产机体简单明了得多,但它们或者以个人尚未成熟,尚未脱掉同其他人的自然血缘联系的脐带为基础,或者以直接的统治和服从的关系为基础。它们存在的条件是:劳动生产力处于低级发展阶段,与此相应,人们在物质生活生产过程内部的关系,即他们彼此之间以及他们同自然之间的关系是很狭隘的"①。后来这段话基本上原文不动地又在著者亲自修订的《资本论》第一卷法文版片断中出现。②"高利贷好像是生活在生产的缝隙中,像伊壁鸠鲁的神生活在世界的空隙中一样。商品形式越没有成为产品的一般形式,货币就越难获得。因此,高利贷者除了货币需要者的负担能力或抵抗能力外,再也不知道别的限制。"③"古代的商业民族存在的状况,就像伊壁鸠鲁的神存在于世界的空隙中,或者不如说,像犹太人存在于波兰社会的缝隙中一样。大多数独立的、颇为发达的商业民族或城市从事**转运贸易**,这种贸易是以生产民族的野蛮状态为基础。这些商业民族或城市在这些生产民族之间起着货币(中间人)的作用。"④"人们向高利贷要求的并不是资本,而是作为货币的货币,高利贷通过利息把这种贮藏货币为自己转化为资本,转化为自行增殖的价值,转化为它用来部分地占有剩余劳动和部分地占有生产条件本身——即使这些条件在名义上仍然和它相对立——的一种手段。**高利贷**看来存在于生产的毛孔中,就像神存在于伊壁鸠鲁的体系中的情形一样。""古代的商业民族存在的状况,就像伊壁鸠鲁的神存在于世界的空隙中,或者不如说,像犹太人存在于波兰社会的缝隙中一样。"⑤ 马克思就像特别重视关于契约说起源于伊壁鸠鲁而多次提到一样,显然伊壁鸠鲁的这个比喻马克思也特别钟爱甚至偏爱,时时给以提

---

① 《资本论》第 1 卷,北京:人民出版社 1975 年版,第 96 页。
② 《马克思恩格斯全集》第 49 卷,北京:人民出版社 1975 年版,第 195 页。
③ 《资本论》第 3 卷,北京:人民出版社 1975 年版,第 677 页。
④ 《马克思恩格斯全集》第 46 卷(下),北京:人民出版社 1979 年版,第 389 页。
⑤ 《马克思恩格斯全集》第 48 卷,北京:人民出版社 1975 年版,第 358、367 页。

及和赞扬。要知道马克思并不轻易赞扬人，他说过，我执行历史的裁判，给每个人以应得的奖励。他对伊壁鸠鲁的尊敬和重视是由衷的毕生的。尤其是马克思晚年以豪迈坦然的心情迎接死亡，他最喜欢引用的就是伊壁鸠鲁关于"死不是死者的不幸，而是生者的不幸"的格言，足见他对伊壁鸠鲁的喜好。可笑的是《马克思恩格斯全集》的编者在注明这句话"引自伊壁鸠鲁给美寇诺的信《论道德》第 2 章"后面特意注上一句"此处系套用"，[①] 生怕马克思与伊壁鸠鲁有什么联系，似乎重视伊壁鸠鲁哲学有损马克思哲学的伟大，而只有把马克思哲学与黑格尔、费尔巴哈等马克思大力批判的人联系起来才好，人们对马克思哲学和伊壁鸠鲁关系的无知和误解于此可见一斑！伊壁鸠鲁在马克思这里享有殊荣，马克思不曾给其他任何人以这种礼遇，更不用说更高的礼遇了。同样，他对马克思的借鉴作用和影响也是无人可比的，是马克思哲学以至全部学说最主要的来源，马克思从这里获得了同前人的观点彻底决裂、批判和超越一切旧思想家的勇敢的自由的精神和理论武器。即使人们牵强附会地找出几句马克思赞扬黑格尔、费尔巴哈等人的话，那也无法与马克思对伊壁鸠鲁的赞扬相比。如果既被马克思无情批判但也偶尔赞扬的人的理论都能成为马克思哲学的理论来源，那他只大力赞扬而从无批判的那种哲学又是什么呢？可以说，人们只要看看马克思赞扬伊壁鸠鲁哲学的这些话而不需要再继续研究，就值得从根本上反思自己对马克思哲学的态度和研究的正确性：马克思为什么这样说？如果他坚持这样的观点，一生有何体现应用；如果改变了这种观点，那更应当考察他为什么改变，改变到哪里去了……任何贬低马克思博士论文等早期著作的意义，否定马克思自己指出的思想来源而杜撰其德意志意识形态等来源就都是错误的，而这也就从根本上抛弃和反对了马克思哲学。

马克思这样赞颂伊壁鸠鲁，决不是偶然的。

---

① 《马克思恩格斯全集》第 35 卷，北京：人民出版社 1971 年版，第 460 页。

二 指出两个唯物主义者之间的根本差别并更加赞赏伊壁鸠鲁，证明马克思是能动的唯物主义者

伊壁鸠鲁和德谟克利特都是唯物主义者，马克思更为欣赏和赞同前者是明确无误不需争论的。诚然，马克思的博士论文并没有出现唯物主义这个词，马克思也没有说他们是唯物主义者。粗略查询"唯物主义"这个词在马克思那里最早出现于1842年10月《第六届莱茵省议会的辩论》中："林木和林木占有者本身如果要颁布法律的话，那么这些法律之间的差别只是它们颁布的地方和书写的文字不同而已。这样**下流的唯物主义**，这种违反人民和人类神圣精神的罪恶，是'普鲁士国家报'正向立法者鼓吹的那一套理论的直接后果，这一理论认为讨论林木法的时候应该考虑的只是树木和林木，而且总的来说，**不应该从政治上**，也就是说，不应该同整个国家理性和国家伦理联系起来来解决每一个实际任务"①。第二次是两个月以后的《莱茵报》上："如果我们认为空间本身具有这种组织灵魂，特别是各等级现存的隔离状态在委员会会议上也从**空间**上得到承认和表现，那么我们就站到极端的机械唯物论观点上去了"②。可以看出，马克思这时批判的是下流的唯物主义、机械唯物主义而不是唯物主义，这同他后来的思想是一致的。较大量地使用这个词是在《黑格尔法哲学批判》中。而且马克思对旧唯物主义终生都采取严厉批判的态度。不过马克思的博士论文同样也没有使用"唯心主义"这个词，这个词第一次出现在1837年11月他写给父亲的信中："这里首先出现的严重障碍正是现实的东西和应有的东西之间的对立，这种对立是唯心主义所固有的；它又成了拙劣的、错误的划分的根源"③。可以看出马克思对唯心主义采取的也是批判而非赞赏的态度。同时这也证明，新版《马克思恩格斯全集》译者把马克思的博士论文中马克思给

---

① 《马克思恩格斯全集》第1卷，北京：人民出版社1956年版，第180页。
② 《马克思恩格斯全集》第40卷，北京：人民出版社1982年版，第337页。
③ 同上书，第10页。

他敬爱的未来岳父威斯特华伦的献词中，先前译者贺麟翻译成褒意的"理想主义"，现在却改译成贬意的"唯心主义"，是多么不合理！后来马克思再次使用则晚得多，是在1843年写的《论犹太人问题》中："国家的唯心主义的完成同时也是市民社会的唯物主义的完成。消灭政治桎梏同时也就粉碎了束缚市民社会利己主义精神的羁绊。政治解放同时也是市民社会从政治中**得到**解放，甚至是从一切普遍内容的**假象**中获得解放"①。我们不能从马克思此时没有宣布自己是唯物主义者就说他此时不是唯物主义者，而且，如果说他此时不是一个唯物主义者，那就更绝对不能说他是唯心主义者。举世公认德谟克利特和伊壁鸠鲁是唯物主义哲学家，马克思的博士论文已经批评了黑格尔对思辨哲学的爱好，间接说明了伊壁鸠鲁不是思辨的唯心主义者，更何况马克思后来多次把伊壁鸠鲁称为唯物主义者。可能世界上还没有人说德谟克利特和伊壁鸠鲁是唯心主义者。我之所以不厌其详地这样讲，就是说明马克思此时就是一个赞赏伊壁鸠鲁哲学的唯物主义者，一切误解者们说马克思此时是唯心主义者，说黑格尔唯心主义哲学是马克思哲学的理论来源多么荒唐！当然马克思对旧唯物主义，也很少有多高评价，多数持批判态度。对之不满从而对其改造超越，这是从批判德谟克利特、赞扬伊壁鸠鲁开始和完成的，并贯穿马克思的一生。同样他对唯心主义终生持批判态度。说马克思曾是个黑格尔派的唯心主义者，又曾是个费尔巴哈派的唯物主义者，把黑格尔费尔巴哈哲学说成是马克思哲学的理论来源是根本站不住脚的，全世界没有一个人能够证明这一点。他们在研究马克思思想起点时就既对事实又对逻辑的理解出现了根本性的错误！

德谟克利特是唯物主义的原子论者，在他那里原子被规定为万物的始原，但也仅此而已。原子论只具有物理学的意义，如果说"怀疑论者是哲学家中的科学家"②，那么德谟克利特则是科学家中的哲学家，他更像一个面对大自然的科学家而非面向社会和人类的哲学家，如同马克

---

① 《马克思恩格斯全集》第1卷，北京：人民出版社1956年版，第442页。
② 《马克思恩格斯全集》第40卷，北京：人民出版社1982年版，第167页。

思评论德谟克利特的天文学时所说的："**德谟克利特**的天文学见解，就他的时代来说，可算得很敏锐了，不过这些见解却不能引起哲学的兴趣。它们既没有跳出经验反思的圈子，也没有同原子学说发生较为确定的内在联系。"① 他所研究的问题只限于自然科学、自然界的范围内而没有进入现实世界现实社会，当然"不能引起哲学的兴趣"，而且即使就纯粹自然界来说他的原子论也有很大不足。说万物由原子组成，这没有错但又不足，这首先就不能说明现象（实）世界，其次也不能说明人和物的关系：世界上万物都是由原子组成的这可以理解，但为什么万物又有不同呢？这更需要给予说明，不然就是空洞抽象浅薄的。"原子诚然是自然界的实体，一切都从原子产生，一切也分解为原子，但是现象世界的经常不断的毁灭并没有任何结果。新的现象又在形成，但是作为一种固定的东西的原子本身却始终是基础。所以，若就原子的纯粹概念来思维原子，则它的存在就是空虚的空间，被毁灭了的自然；若就原子的进入现实界而言，它就下降到物质的基础，这个物质基础，作为充满多种多样关系的世界的负荷者，永远只以存在于对它漠不相干的和外在的形式中。这乃是一个必然的结果，因为原子既被假定为抽象的、个别的和完成的东西，就不能把自己显示为将这种多样性理想化并且贯穿在其中的力量"②。我理解这是说，德谟克利特说万物由原子组成又回归于原子，世界上事物生灭不已但原子并没有什么变化。然而仔细想来，谁也没有见过这种自己什么事物也不是却又是组成万物的、作为元素作为始原的原子，而见到的只能是变化生成为具体事物的"下降到物质的基础"、以生动的万事万物的形式"作为充满多种多样关系的世界的负荷者"，我们见不到也不可能见到那组成万物的原子，而只能看到那由原子组成的万物，那所谓组成万物的原子只能是一种假定的抽象物，只存在于假设中。它一显示出来就不再是那种始原的原子而是"多样性"的事物了。

---

① 《马克思恩格斯全集》第40卷，北京：人民出版社1982年版，第233页。
② 同上书，第228页。

伊壁鸠鲁发现了德谟克利特的问题，认为只说万物由原子产生这还不够。"在德谟克利特看来，原子仅仅具有一种'元素'，一种物质基质的意义。把作为'始原'的原子和作为原理和基础的'元素'区别开来，这是伊壁鸠鲁的贡献。"① 不可分的原子和不可分的元素在德谟克利特等人那里是一回事；斯多葛派所特别坚持的"始原"和"元素"之间的差别在亚里士多德那里也可以找到，但是亚里士多德也承认两种说法是等同的。他甚至明确地说，"元素"主要是指原子。留基伯和德谟克利特也同样称实和虚为"元素"。② 只有伊壁鸠鲁发现和解决了问题，他的贡献在于"把作为'始原'的原子和作为原理和基础的'元素'区别开来"，这就很容易地自然地"从'不可分的本原'过渡到'不可分的元素'"了。因为"它们是同一种原子的不同规定"。③ 通俗点说，始原的"原子"就是那种将化为但尚未化为万物的原子，而作为原理和基础的"元素"就是已经化作万物的现象世界的具体事物。这样再来理解马克思随后的话就容易了："原子的概念中所包含的存在与本质、物质与形式之间的矛盾，表现在单个的原子本身内，因为单个的原子具有了质，由于质，原子就和它的概念相背离，但同时又在它自己的结构中获得完成。于是从具有了质的原子的排斥以及与排斥相联系的凝聚里，就产生出现象世界。在这种从本质世界到现象世界的过渡里，原子概念中的矛盾显然达到自己的最尖锐的实现。因为原子按照它的概念是自然界的绝对的、本质的形式。**这个绝对的形式现在降低为现象世界的绝对的物质、无定形的基质了。**"④ 把这两段话和直到本章结尾的全部论述联系起来，就可以看出伊壁鸠鲁作出这种区别具有重大的意义，使物质与人、自然科学与哲学发生了联系。固然，伊壁鸠鲁与德谟克利特的自然哲学之间的差别"极其隐蔽，好像只有用显微镜才能发现它们"，这种差别看似细微实际上却是根本的，唯有马克思才理解了

---

① 《马克思恩格斯全集》第40卷，北京：人民出版社1982年版，第227—228页。
② 同上书，第225页。
③ 同上书，第226页。
④ 同上书，第228页。

这些差别及其意义，深刻地指出和研究了"存在于它们之间的极其细微的本质差别"①。德谟克利特认为万物由原子组成，在他的时代诚然是伟大的思想，是唯物主义的观点，对现代也不乏指导和借鉴意义，没有人否认也不应该否认世界的物质性，但世界上万事万物各不相同，现象世界极其生动丰富，这更是一个无可否认的事实，只讲万物由原子构成这并不能解决问题，见到多少事物就说多少次它们都是由原子组成的，这等于什么也没有说，没有指出特殊差别的解释就不成其为解释。既没有区别更无法说明事物，是可笑而肤浅的。这也是马克思的一贯思想和方法，值得我们重视。博士论文开头就把那种"说发生、繁荣和衰亡形成一个铁环，一切与人有关的事物都包含于其中，并且必定要绕着它走一圈"的说法是"一种老生常谈的真理"。马克思批判说，"发生、繁荣和衰亡乃是极其一般、极其模糊的观念，要把一切东西都塞进去固然可以，但要借助这些观念去了解什么东西却办不到。死亡本身已预先包含在生命里面，因此对死亡的形态也应像对生命的形态那样在其特殊性中加以考察。"② 马克思不认为伊壁鸠鲁与德谟克利特的哲学差别微不足道，指出："尽管德谟克利特的物理学和伊壁鸠鲁的物理学之间有着联系，但是指出存在于它们之间的极其细微的本质差别就显得特别重要了。凡是在细节上可以指出的差别，在这些关系以更大范围表现出来的地方就更容易指出了，反之，只作极其一般的考察，就会令人怀疑：所得出的一般结论究竟是否能在每一个别场合都得到证实。"③

博士论文第一部分考察了"德谟克利特的自然哲学和伊壁鸠鲁的自然哲学的一般差别"，指出两个唯物主义者由于哲学的差别，使他们在对待人类知识的真理性和可靠性、在科学活动和生命实践上以及注重必然性还是偶然性上就有了根本的差别；第二部分则考察了"德谟克利特的物理学与伊壁鸠鲁的物理学在细节上的差别"，揭示了两个唯物主义者原子论具体内容上的根本差别；这种以差别区分事物的方法成了马克

---

① 《马克思恩格斯全集》第 40 卷，北京：人民出版社 1982 年版，第 196 页。
② 同上书，第 194 页。
③ 同上书，第 196 页。

思此时和终生研究问题的科学方法论。结合后来《神圣家族》中批判混淆差别的一段话对此更可以加深理解："用这种方法是得不到内容**特别丰富的规定**的。如果有一位矿物学家，他的全部学问仅限于说一切矿物实际上都是'矿物'，那么，这位矿物学家不过是**他自己想像中的矿物学家而已**。这位思辨的矿物学家看到任何一种矿物都说，这是'矿物'，而他的学问就是天下有多少种矿物就说多少遍'矿物'这个词。"① 这是十分可笑和无知的。顺便说说，马克思哲学研究者们的错误也是这样。他们看到马克思这句话黑格尔说过，那句话与康德相似，因为鲍威尔研究过伊壁鸠鲁等，就说马克思受他们影响，甚至他们成了马克思哲学的理论来源云云，这是没有道理的。且不说那些话黑格尔、康德等并不是首创者，马克思在遇到鲍威尔之前自己早就研究了伊壁鸠鲁哲学，即便马克思与他们有诸多相似性，也根本不能说明马克思哲学来源于他们，一方面马克思与伊壁鸠鲁哲学有更多更大的相似性他们不知或故意视而不见，另一方面纵使马克思与黑格尔、康德哲学有再多共同点，马克思如何超越他们才是更为重要和更为需要说明的！马克思哲学研究者们在方法上错误，观点上也不例外，他们也是在任何问题上只是"坚持了物质的一面"，遇到多少问题就重申多少遍这样的观点而不能深入一步！在物质观、认识论、真理观、自由观、历史观上都是如此：只知从客体或者直观的方面理解事物，只知道认识不能离开实践，只懂得自由不能违背必然，只强调人必须吃饭才能活着……这些庸俗的真理而自以为高明！我们后面将对此进行分析。哲学家们不能停留于此而要深入一步，既要找出万事万物的本质，更要用这种本质来说明万事万物！伊壁鸠鲁和马克思就是如此。"世界到底是怎样从一个本原自由地发展为众多的，这正需要作出解释。因此，假设的东西正是要求证明的东西；因为原子本身就是应加解释的东西"，特别是在考察有生命有意志具有能动性创造性的人时，仅仅说人是由原子组成的，人与万物一样由原子组成就更加不能说明问题。万物之间有不同，人和万物就更不

---

① 《马克思恩格斯全集》第2卷，北京：人民出版社1957年版，第72页。

同，人有与万物不同的一面，这更是一个无人否认而且必须说明的事实。不能说明这种现象的哲学不仅是肤浅的更是错误的有害的，也是一切旧哲学的共同缺陷和根本问题。这种机械主义自然主义唯物主义的缺陷"只有在考察有机物时才充分显露出来"①。"我们看到，就原子相互关系抽象地考察，原子只不过是一般被想象的存在着的东西，而只有与具体的东西相冲突时，才显出它们那种被想象的、因而陷入矛盾的观念性。还可看到，当它们成为关系的一个方面时，也就是说，当我们转向本身包含着原则及其具体世界（活的东西，有生命的东西，有机的东西）的对象时，表象的领域有时设想为自由的，有时设想为某种观念东西的表现。"②作为万物本原的那种原子只是自在存在、抽象存在的原子，还没有组成事物，进入生动丰富的现象界，它是原子存在的低级阶段和低级形态，既不能组成也不能说明现象界的事物，实际上它是原子非本质的存在。原子总是以组成具体事物的形态存在着，进入生动丰富现象界的万事万物才是原子的自为存在，具体存在，是原子存在的高级形态，而个人、哲人、神则是原子存在的最高形态。把握了原子存在的具体的高级的形态才能把握原子抽象的低级的存在，把握了原子的本质存在才能把握原子的非本质存在而不是相反。这也是马克思毕生的一个根本的理论观点和研究方法。"在伊壁鸠鲁那里，概念的最一般的形态是**原子**，因为这是它的最一般的存在形态，可是这一存在本身是具体的并且是一个类概念，但同时它对其哲学概念的更高的特征和具体化来说，又是个种概念。这样一来，原子是一种例如个人、哲人、神的抽象的自在的存在。这是同一概念的更高的、更进一步的质的规定"。③"存在的一般形态一般说来是原子和原子群体；但正是在神、哲人的概念中这一存在变成更高级的形态"，伊壁鸠鲁"从研究哲学的较高级的范围重新倒退到最一般的范围，这主要是因为作为一般的自为存在的存在被

---

① 《马克思恩格斯全集》第40卷，北京：人民出版社1982年版，第40—41页。
② 同上书，第40页。
③ 同上书，第168页。

他看成是一般的任何存在的形态"。① 伊壁鸠鲁正是通过把握原子的自为存在而把握了原子的自在存在，通过把握原子的本质进而把握了人的本质，从而解决了人的能动性等一切问题，把原子论从物理学领域引进到人类领域，从自然的层次进入到社会层次，跳出了经验反思的圈子。伊壁鸠鲁的一切哲学思想都同原子论发生了确定的内在联系，这大大高于德谟克利特。

当然原子怎样产生了万物产生了人，特别是作为万物之一的人为什么具有千差万别、具有万物所不具有的能动性从而成为万物之灵的，这在古代世界不可能得到解决，现代科学也未必能给以尽善尽美的回答，再过几万年生理上研究再深入、技术上解决再彻底也不具有哲学意义，不可能用自然的、技术的原因来说明社会的人的问题。人类也许很快就能克隆出恺撒、耶稣、马克思等历史巨人来，但这样的人也只能是生物学意义上的人，与其本人有本质的不同。巨人之为巨人不是自然基因而是社会原因造成的。如同一位哲学家所说，"当科学发达到能够解释病毒如何增殖时，它仍然无法说明眼泪如何涌出"。人是原子这种自然物构成却又有着与其他自然物不同的性质和特点是一个肯定的事实，是从任何一个哲学家和自然科学家那里都可以得到的必然结论，当然这也正是他们根本不能解决的问题，唯物主义应该说明和解决人而不是物的本质和问题，这是伊壁鸠鲁和马克思思考的起点和终点，是他们批判和超越旧唯物主义的原因。

说明人的本质、人的能动性不是自然科学家而是哲学家的责任，能动性问题不是生理学、物理学问题，伊壁鸠鲁也未从自然科学方面来说明，他最早指出和试图说明这一点不能不承认他的伟大和深刻，而其他所有人都不理解这一点才会觉得伊壁鸠鲁哲学荒唐可笑，而唯有马克思给以高度评价而批判对伊壁鸠鲁的种种责难。"如果对神等等提出关于他的存在的问题、关于他的自在的存在问题，而把构成这个体系中一个必要环节的神的形态的进一步规定放在一边，那么存在的一般形态一般

---

① 《马克思恩格斯全集》第40卷，北京：人民出版社1982年版，第169页。

说来是原子和原子群体；但正是在神、哲人的概念中这一存在变成更高级的形态。"① 马克思指出："这样一来，原子是一种例如个人、哲人、神的抽象的自在的存在。这是同一概念的更高的、更进一步的质的规定。因此，在分析这一哲学的形成过程时，不应该提出像培尔、普卢塔克和其他一些人所提的那种不适当的问题：个人、哲人、神怎么能由原子产生和构成呢？"② "相反，应该这样提出问题：关于个人、哲人和神的概念以及这些概念的特殊规定是如何纳入体系之中？它们是怎样从体系中发展起来的？"③ 即是说要使那种唯物主义前提与所要研究的万事万物和种种观点、与人的问题、与人的能动性发生内在联系。不然这种唯物主义就不是哲学，"不能引起哲学的兴趣"。梅林用自然科学的发现来贬低伊壁鸠鲁和马克思、抬高德谟克利特和康德等是根本不懂哲学的信口雌黄。人是一种有血有肉的物质存在，具有与动物类似的生理特征，但又肯定与其他自然物不同，这既是唯物主义的必然结论，又是一切旧哲学家所根本不能解决的难题。我们知道，人的能动性即人怎样创造、改变世界的问题在马克思看来是一个根本的问题。"对于伊壁鸠鲁宇宙观的方法来说，具有代表性的是**创造世界**的问题，——这是一个永远可以用来搞清哲学观点的问题，因为它表明，在这种哲学中精神是如何创造世界的，这种哲学与世界的关系是怎样的，哲学的精神创造潜力是怎样的。"④ 而一切旧哲学家都没有能解决人的能动性即人如何创造（改变）世界的问题，马克思特别蔑视和批判否认人的能动性的旧哲学，批判"康德派可说是无知的职业祭司，他们每天干的事就是哭诉自己的虚弱和事物的强大"⑤，——由此也可以说马克思受康德哲学影响多么荒谬，和对黑格尔相比，马克思更蔑视康德——看来可能就是因为他的不可知论。你可以不同意马克思的这个观点，但你不能说这不是马

---

① 《马克思恩格斯全集》第40卷，北京：人民出版社1982年版，第169页。
② 同上书，第168页。
③ 同上书，第170页。
④ 同上书，第53页。
⑤ 同上书，第59页。

克思的观点；你可以推崇康德伟大，但你无权说马克思也必须赞同你的观点。把康德哲学引进马克思哲学纯粹是向壁虚造的无稽之谈，是对马克思哲学和学术研究的亵渎。马克思后来说"哲学家们只是用不同的方式**解释**世界，问题在于**改变世界**"也是这个意思。伊壁鸠鲁为了说明现象世界的丰富性特别是人的能动性而赋予原子自身以能动性，用原子自身的偏斜来说明，这正说明他是一个能动的唯物主义者。德谟克利特和伊壁鸠鲁都承认"原子在虚空中有""**直线式的下落**"和"**许多原子的互相排斥**"这两种运动，但"原子**偏离直线**"的运动却是伊壁鸠鲁的创造。① 而对原子偏斜理论古今很少有人理解而只是贬低和嘲笑它，人们都"把原子偏离直线的原因理解得太表面化和太无内在联系了。一般说来，在所有古代人中卢克莱修是唯一理解了伊壁鸠鲁的物理学的人，在他那里我们可以看到一种较为深刻的阐述"②。"**卢克莱修**很正确地断言，偏斜运动打破了'命运的束缚'"③。这才是伊壁鸠鲁的思想和马克思赞赏他的原因。人不像动物那样遵循自然本身给定的活动范围，"安分地在这个范围内运动，不试图越出这个范围，甚至不考虑有其他什么范围存在"，而人能够打破命运的束缚，人有能动性创造性，人使世界发生了有意义的发展变化。伊壁鸠鲁在唯物主义的基础上说明了万物的差别特别是人的能动性，责难原子偏斜学说，说它是唯心主义的人只是证明自己站在机械主义自然主义的立场上，马克思给予了批判："**西塞罗**，据普卢塔克说，还有许多古代人，更进一步责难伊壁鸠鲁，说按照他的学说，原子的偏斜是**没有原因**而发生的，西塞罗并且说，对于一个物理学家来说再也不会发生比这更可耻的事情了。但是，首先，西塞罗所要求的物理的原因会把原子的偏斜拖回到决定论的范围里去，而偏斜正是应该超出这种决定论的"，即是说再问什么原因引起原子偏斜是不对的，否认原子偏斜正是机械决定论，"**其次，在原子中未出现偏斜的规定之前，原子根本还没有完成。追问这种规定的原因，也就是追问使

---

① 《马克思恩格斯全集》第40卷，北京：人民出版社1982年版，第209页。
② 同上书，第211页。
③ 同上书，第213页。

原子成为原理的原因，——这一问题，对于那种认为原子是一切事物的原因，而它本身没有原因的人来说，显然是毫无意义的"。① 能动的唯物主义比机械的唯物主义大大前进了一步，后者的合理因素前者都吸收和承认了。

　　总而言之，如同马克思所总结的："伊壁鸠鲁和德谟克利特在哲学上的区别在于，伊壁鸠鲁在矛盾的极端尖锐的情况下把握住了矛盾并使之客观化，因而把成为现象基础的、作为'元素'的原子与存在于虚空中的作为'始原'的原子区别开来；而德谟克利特则仅仅将其中的一个环节客观化。也正是这个差别，在本质世界中，在原子和虚空的王国中使伊壁鸠鲁和德谟克利特分手了。但是既然仅仅具有质的原子才是完成的原子，既然现象世界只有从完成了的并且同自己的概念异化了的原子中才能产生，所以伊壁鸠鲁这样来表述这一点：只有那具有质的原子才成为'元素'，或者说，只有'不可分的元素'才具有质。"② 伊壁鸠鲁在唯物主义的基础上说明了人的能动性从而建立了能动的唯物主义哲学，而德谟克利特则仅仅将其中一个环节客观化，只说人也是由原子组成的，从而陷入机械主义自然主义宿命论。使伊壁鸠鲁与德谟克利特分手的原因也是马克思与前人分手的原因，把在原子存在问题上两种唯物主义的区别应用于说明万物的差别特别是人，就是马克思与前人在人的本质问题看法上的差别。前人只把人看作（自然存在）物，只从人的自然属性上研究人，不知道人与动物的根本区别是什么、怎样造成的，他们考察的人最多是物理学、生理学、动物学意义上的人，而这样的人只是作为动物存在的人而不是真正的人，马克思愤慨地说，"既然在恐惧中，而且是在内心的、无法抑制的恐惧中，人被降低为动物，那么，把动物关在笼中，无论怎么关法，对它来说反正都是一样的。如果一个哲学家不认为把人看作动物是可耻的，那么他就根本什么都理解不了"③，也不配称为哲学家。"伊壁鸠鲁把原子概念中本质与存在的矛盾

---

① 《马克思恩格斯全集》第40卷，北京：人民出版社1982年版，第213—214页。
② 同上书，第229页。
③ 同上书，第85—86页。

客观化了，因而提供了原子论科学，而在德谟克利特那里，原则本身却没有得到实现，只是坚持了物质的一面，并提出了一些经验所需要的假设"①，只知强调人不能违背客观规律从而根本扼杀了人的能动性。马克思把原子自在存在与自为存在的观点、原子偏斜理论应用于人，揭示了人的本质，指出"事实上，直线存在的个体性只有当它同一个他物发生关系，而这个他物就是它本身时，它才是按照它的概念实现了的，即使这个他物在直接存在的形式中是同它相对立的。所以一个人，只有当同他发生关系的另一个人不是一个不同于他的定在，而他本身，即使还不是精神，也是一个个别的人时，这个人才不再是自然的产物。但是要使作为人的人成为他自己的唯一真实的客体，他就必须在他自身中打破他的相对的定在，欲望的力量和纯粹自然的力量"，人不是自然存在物而是社会存在物，"**如果我自己对待自己就像对待一个直接的他物一样，那么我的这种关系就是物质的关系**。这是可能设想的最高级的存在的外在状态"。② 而这是只有人才能做到才能具有的关系，是人区别于物的人的本质所在，因为动物没有自我意识，"甚至不考虑有其他什么范围存在"。单看这段话可能还不太好理解马克思所说的人的本质问题，甚至不认为是在说人的本质问题，但和《1844年经济学哲学手稿》与《德意志意识形态》中的两段话结合起来就容易理解了："一个存在物如果在自身之外没有自己的自然界，就不是**自然**存在物，就不能参加自然界的生活。一个存在物如果在自身之外没有对象，就不是对象性的存在物。一个存在物如果本身不是第三者的对象，就没有任何存在物作为自己的**对象**，也就是说，它没有对象性的关系，它的存在就不是对象性的存在。非对象性的存在物是**非存在物**。假定一种存在物本身既不是对象，又没有对象。这样的存在物首先将是一个**唯一**的存在物，在它之外没有任何东西存在着，它孤零零地独自存在着。因为，只要有对象存在于我之外，只要我不是**独自**存在着，那么我就是和在我之外存在的对象

---

① 《马克思恩格斯全集》第40卷，北京：人民出版社1982年版，第223页。
② 同上书，第216—217页。

不同的**他物**、**另一个现实**。因而，对这第三者的对象说来，我是和它不同的**另一个现实**，也就是说，我是**它**的对象。""人不仅仅是自然存在物，而且是**人**的自然存在物，也就是说，是为自身而存在着的存在物，因而是**类存在物**。"① "凡是有某种关系存在的地方，这种关系都是为我存在的。动物不对什么东西发生'关系'，而且根本没有'关系'；对于动物说来，它对他物的关系不是作为关系而存在的"② 而是两种自然物的并存，就像我们不会探讨高山和河流二者出于什么目的而形成这样的关系一样。高山和大河不是作为关系而存在的！

德谟克利特和伊壁鸠鲁同为唯物主义者，但前者只承认事物的物质性，只知人不能违背必然，只把矛盾一个环节客观化，而后者则把矛盾两个环节客观化，从而解决了人的能动性及人如何创造世界的问题，这就是马克思告诉拉萨尔时所说的伊壁鸠鲁哲学的"要点颠倒"即对德谟克利特哲学的发展，这是前无古人（除了卢克莱修）后无来者的（至今无人理解马克思的唯物主义哲学），不同于"整个希腊民族的世界观"之处。从古至今的人们都在这两极中对立而未能理解和解决人的能动性问题：坚持唯物论者抹杀了人的能动性，承认人的能动性的唯心主义者又失去了唯物主义基础。这是伊壁鸠鲁和马克思遇到和解决了的问题，也是我们今天仍然遇到和需要解决的问题。马克思不是把德谟克利特的唯物主义变成唯心主义而是把其机械粗俗的唯物主义变成能动的科学的唯物主义，把只是承认万物由原子组成的唯物主义变成在此基础上说明万物差别的唯物主义，特别是把只是证明人是物质世界一部分的自然哲学变成论证作为物质的人具有对世界能动性的社会历史哲学，马克思的博士论文数次指出了这种区别，并在此之后以此为据研究社会问题、研究人的问题时得出要进行社会革命、促进人的自由全面发展的结论。比如他说："我们已经看到，原子的概念中所包含的一个因素便是纯粹的形式，即对一切相对性的否定，对与另一定在的任何关系的否

---

① 《马克思恩格斯全集》第42卷，北京：人民出版社1979年版，第168—169页。
② 《马克思恩格斯全集》第3卷，北京：人民出版社1960年版，第34页。

定。同时我们曾指出，伊壁鸠鲁把两个环节客观化了，它们虽说是互相矛盾的，但是两者都包含在原子的概念中。"① "卢克莱修说得对，如果原子不偏斜，就不会有原子的冲击，原子的碰撞，因而世界永远也不会创造出来。"② 伊壁鸠鲁通过偏斜赋予原子自身以能动性，从而说明世界的丰富性和人的能动性。"**原子偏离直线并不是特殊的、偶然出现在伊壁鸠鲁物理学中的规定。相反，偏斜所表现的规律贯穿于整个伊壁鸠鲁哲学，因此，不言而喻，这一规律出现时的规定性，取决于它被应用的范围**。……正像原子由于从直线中抽象出来，偏离直线，从而从自己的相对存在，从直线中解放出来那样，整个伊壁鸠鲁哲学到处都脱离了具有局限性的定在"③，能动性是他哲学的核心。"**德谟克利特**同伊壁鸠鲁相反，他把那对于伊壁鸠鲁来说是原子概念的实现的东西，变成一种强制的运动，一种盲目必然性的行为。……他在排斥中只注意到物质方面……伊壁鸠鲁最先理解了排斥的本质，虽然是在感性形式中，而德谟克利特则只认识到它的物质存在。" "我们还发现伊壁鸠鲁应用了一些更具体的形式。在政治领域里，那就是**契约**，在社会生活中，那就是**友谊**"。④ 伊壁鸠鲁 "**把所有特性都规定成自相矛盾的**。反之，德谟克利特则无论在哪里都没有从原子本身来考察特性，也没有把包含在这些特性中的概念和存在之间的矛盾客观化。相反，德谟克利特的整个兴趣在于从质对于必然由质构成的具体自然的关系上来说明质。质，在他看来，仅仅是解释显示出来的多样性的假设。因此原子的概念与质没有丝毫关系"⑤。"我们在德谟克利特那里只看见一些用来解释现象世界的纯粹假设的规定，而伊壁鸠鲁则向我们说明了从原理本身得出来的结论。"⑥ "在德谟克利特看来，原子仅仅具有一种'元素'，一种物质基质的意义。把作为'始原'的原子和作为原理和基础的'元素'区别

---

① 《马克思恩格斯全集》第40卷，北京：人民出版社1982年版，第212页。
② 同上书，第216页。
③ 同上书，第214页。
④ 同上书，第217页。
⑤ 同上书，第219页。
⑥ 同上书，第221页。

开来，这是伊壁鸠鲁的贡献。"① 马克思指出了两种唯物主义者之间的区别并表明了自己的倾向，而相比之下伊壁鸠鲁的世界观更为深刻，他试图说明作为始原的原子为何发展成万物的，说明人类如何高于万物的。古今哲学史上其他哲学家之所以贬损和污蔑伊壁鸠鲁哲学，也正是因为他们总是停留在旧唯物主义的自然观上，只知道强调物质是世界的本原，人和物一样都是物质世界的一部分这种肤浅粗俗的货色。不理解伊壁鸠鲁哲学，就不理解现实事物的本质，因而不能真正理解古希腊哲学和社会中那种高扬人的能动性、追求人的自由幸福的精神。回顾马克思在序言中的观点，我们理解了马克思为什么不去研究那些哲学史上的古今大人物（如亚里士多德、黑格尔），不是从德谟克利特而是从伊壁鸠鲁的自然哲学中才"理解希腊哲学史和整个希腊精神的重大意义"，为什么说"这些体系是理解希腊哲学的真正历史的钥匙"。你可以不同意马克思的观点，但不能说这不是马克思的观点。

而这的确是惊世骇俗前无古人的，马克思说伊壁鸠鲁反对整个希腊民族的世界观并声明自己和前人的关系也是这样，说"我认为在这篇论文里我已经解决了一个在希腊哲学史上至今尚未解决的问题"是千真万确名副其实的。希望人们重视和理解马克思，不要在歪曲和贬损马克思的路上一条道走到黑。

当然，马克思研究伊壁鸠鲁哲学有着特别的困难，这有两方面的原因，一是资料少，二是偏见多，"关于这篇论著的对象没有任何可供参考的前人的著作。西塞罗和普卢塔克所说过的废话，直到现在还照样为人们重复着"。他在后来和拉萨尔谈赫拉克利特研究的信中也说，他研究伊壁鸠鲁是"根据一些残篇阐述了整个体系。不过，我确信这个体系，赫拉克利特的体系也是这样，在伊壁鸠鲁的著作中只是'**自在地**'存在，而不是作为自觉的体系存在。即使在那些赋予自己的著作以系统的形式的哲学家如像斯宾诺莎那里，他的体系的实际的内部结构同他自

---

① 《马克思恩格斯全集》第 40 卷，北京：人民出版社 1982 年版，第 227—228 页。

觉地提出的体系所采用的形式是完全不同的"。① 当然他把伊壁鸠鲁看作老师并不是一切照搬,更不否认其哲学的矛盾,相反唯有马克思揭示和理解了这种矛盾,他甚至比伊壁鸠鲁本人更为深刻地理解了伊壁鸠鲁的哲学。马克思指出,"原子更具体的质的规定""是整个伊壁鸠鲁哲学最武断的,因而也是最困难的部分之一"。② 他说,"我认为确立一种完全不同于伊壁鸠鲁所采用的分类是适当的"③,指出"伊壁鸠鲁承认他的哲学和整个古代哲学的缺点"④,"由于自为存在是伊壁鸠鲁哲学唯一的、直接的原则,因而定在同伊壁鸠鲁哲学直接相对立,伊壁鸠鲁哲学在逻辑上没有能克服这个定在"⑤,"伊壁鸠鲁很清楚地感觉到这里面所包含的矛盾。因此他竭力把偏斜尽可能地表述为**非感性的**"⑥,他认为伊壁鸠鲁哲学"最大的矛盾"已为伊壁鸠鲁感觉到了,"伊壁鸠鲁因此而感觉到,他以前的范畴在这里崩溃了,他的理论的方法变得不同了。而他感觉到这一点并有意识地说出这一点,乃是他的体系所达到的**最深刻的认识**,最透彻的结论"⑦。两千多年来唯有马克思才真正理解了伊壁鸠鲁哲学,吸取了古希腊最优秀哲学家的思想,创立了伟大的理论。当马克思像伊壁鸠鲁那样实现了"要点颠倒","在矛盾的极端尖锐的情况下把握住了矛盾并使之客观化",在唯物主义基础上说明了人的本质和人的能动性时,什么唯物论、辩证法,这类在黑格尔和费尔巴哈之前中外几千年前就有的、"不能引起哲学的兴趣"的自然观,其合理内容马克思哲学早已理解和包含,而其缺陷和不足也早被马克思批判和超越了。他是卢克莱修之外伊壁鸠鲁的又一个千年知音,他们是伟大的,也是孤独的。而不幸的是,人们一百多年来也没有很好地理解他的哲学,人们几乎都说马克思继承的是他所坚决批判和反对的东西,真是

---

① 《马克思恩格斯全集》第29卷,北京:人民出版社1972年版,第540页。
② 《马克思恩格斯全集》第40卷,北京:人民出版社1982年版,第123页。
③ 同上书,第43页。
④ 同上书,第55页。
⑤ 同上书,第120页。
⑥ 同上书,第213页。
⑦ 同上书,第240页。

咄咄怪事，悲哉！

三 博士论文的方法论启示

　　博士论文是马克思最早最重要的哲学著作，马克思当时才只有23岁，虽然我的理解还很肤浅很片面，但博士论文的内容之丰富、意义之伟大，使人惊异和叹服，同时也促使我深思，马克思为什么要作这样的研究，又是什么方法和态度使他写出这样超越前人的著作，即我们中国人说的"鱼"和"渔"的问题。马克思的见解迥异前人，其哲学革命前所未有，他一定有非同寻常的思路和方法，有此"渔"才有此"鱼"！而博士论文研究方法之独特和科学，同样使人惊异和叹服！这些方法马克思也都或显或隐地告诉了我们。他的发现是这样得来的，我们也只有理解和运用他的方法才能理解和运用马克思学说，促进各项事业的发展。

　　第一，"哲学研究的首要基础是勇敢的自由的精神"[①]。如何实现学术研究的创新突破，人们都很推崇王国维先生的"三境界说"，我还没有看到过不同或者补充意见。王国维的总结固然有一定道理，但也有严重不足，这里强调了积累、苦功、勤奋、坚持，似乎创新就是这样一个刻苦学习日积月累的过程，但倘若真如此，岂不是谁岁数大、读书多谁最能创新突破成大事？然而实际并非如此！苦功只是创新、成功的一个必要条件而不是充分必要条件，是"无之必不然，有之未必然"的东西，这里还缺少一个更为重要而且是先于和高于刻苦勤奋的因素：就是勇气和信心——突破创新的雄心壮志，一往无前的英勇气概和敢打必胜的决心信心。不然我们无法理解和说明，为什么古今中外的多数发明发现是年轻人所为，是在人黄金时代的青壮年时期完成而很少是老年完成、暮年出现的？为什么外行有时能做出内行做不出的事情？为什么许多生手新秀能战胜名人宿将？在任何一个创新者成功者那里我们最为强

[①] 《马克思恩格斯全集》第40卷，北京：人民出版社1982年版，第112页。

烈感受到的决不只是他的刻苦勤奋任劳任怨，而首先和根本的是他那种雄心壮志、英勇无畏，最为闪光的是他那种勇敢豪迈百折不挠的气质。马克思和世界上一切伟人都是这样。年轻的马克思像"伊壁鸠鲁反对整个希腊民族的世界观"① 一样不满和反对前人的哲学，哪里像那些迂腐谦卑的学徒，一会做这个人的学生、一会是那个人的追随者才有了自己的思想，而是有了自己的高远目标和雄心壮志，发现了前人理论的根本缺陷，而另辟蹊径追根溯源实现了哲学革命。看年轻的马克思对德谟克利特、苏格拉底、亚里士多德、卢克莱修、斯多葛派和怀疑派等哲学大家和派别的从容大气的点评，对柏拉图、奥古斯丁、黑格尔等权威人物的批评嘲讽，同普卢塔克、西塞罗、莱布尼茨等大人物的论战，特别是对为哲学史和哲学家们所轻视和诬蔑的伊壁鸠鲁哲学的赞颂和翻案，我们就会深深地感受到马克思的勇气、志气和豪气，就会看到马克思哲学研究者们几乎都囿于成见地把德国哲学说成是他的理论来源，说马克思吸取了黑格尔、费尔巴哈和不断增加的康德、费希特及其他众多无名小卒们的思想才实现了哲学革命，创立了马克思（主义）哲学，这不仅没有事实根据，而且仅仅从常理上说这都是不可能的！世界上哪有理论来源这样复杂众多的思想家？哪有这样转来变去的思想家？哪有思想来自于论敌的思想家？我们要有勇气质疑马克思哲学研究中一切已有的结论，任何人的权威都不能代替马克思的权威，而现在正好相反，人们用马克思的学生、战友、后继者、研究者的观点来代替马克思的观点，二者不一致时以前者代替后者，而二者的不一致是大量的、根本的。这是非常可笑、错误和危险的，而这也是马克思似乎预见到和批判过了的。他在博士论文"序言"中指出：在这篇批判里，对于普卢塔克把哲学带到宗教法庭之前去的立场是如何地错误，我还没有谈到。关于这点，不需任何论证，只消从大卫·休谟那里引证一段话就够了："对哲学来说，这当然是一种侮辱，当它的最高权威本应到处被承认时，人们却迫使它在每一场合为自己的结论作辩护，并在被它触犯的艺术和科学面前

---

① 《马克思恩格斯全集》第40卷，北京：人民出版社1982年版，第234页。

替自己申辩。这就令人想起一个被控犯了背叛自己臣民的叛国罪的国王。"① 如果这样做，我们会发现马克思说自己不是一个"马克思主义者"，我想他也首先和主要的是指他的哲学。马克思不幸而言中了。马克思哲学研究者们无不承认有"马克思主义之前的马克思"，研究着"马克思怎样走向马克思主义"的课题，说马克思曾经不是一个马克思主义者，这如同指责国王叛变国家一样的可笑可悲！在今天，勇气依然是我们理解、学习和接受马克思哲学的首要基础，是成就世界上一切大事的首要基础和一切大思想家、政治家、军事家等的共同品格。

第二，研究问题应当追根溯源，从最简单最基本的事物开始。马克思不满意一切旧哲学，他要在唯物主义的基础上说明人的能动性。像伊壁鸠鲁、斯多葛派和怀疑派哲学，它们不以接近完成的柏拉图和亚里士多德"这两种丰富的精神形态为依据，而是远远往上追溯到最简单的学派：在物理学方面转向自然哲学家，在伦理学方面转向苏格拉底学派"② 一样，马克思也没有多谈论当下哲学，而是寻找唯物主义的源头——德谟克利特和伊壁鸠鲁的自然哲学，深入剖析二人学说，找万物有差别、人有能动性的依据。伊壁鸠鲁在德谟克利特的原子直线式下落和互相排斥之外，又增加原子偏离直线这一条，这样完全凭思辨、靠想象的说法、在今天自然科学也不能证明的问题，人们也许会觉得可笑，但马克思却同他一样考察并且赞同他的观点（无怪梅林这样贬低伊壁鸠鲁和马克思），为什么？其实万物有差别、人有能动性是任何人都知道的常识，但从哲学上来说明万物有差别、人有能动性却没有人做过甚至没有人想过，而这非要由原子本身来说明、来赋予不可，这正是伊壁鸠鲁的伟大和马克思的深刻之处。德谟克利特说万物由原子组成，但只这样讲无法说明万物为何又有不同。伊壁鸠鲁区分了原子的自在存在和自为存在，用原子偏斜学说赋予原子有能动性说明了这一点。马克思借鉴了"自为存在是伊壁鸠鲁哲学唯一的、直接的原则"③ 这个原则，

---

① 《马克思恩格斯全集》第40卷，北京：人民出版社1982年版，第189页。
② 同上书，第194页。
③ 同上书，第120页。

在研究人的问题时区分了人的本质存在和非本质存在，认为不是自然存在而是社会存在才是人的本质存在，"人的本质并不是单个人所固有的抽象物，实际上，它是一切社会关系的总和"①，把人的一切问题都看作社会问题，把对物质、自由、认识、真理、劳动、商品、货币等一切问题的分析都引向对社会问题的分析，从而说明了事物的本质，得出革命的结论。不仅如此，人不同于物具有能动性是常识，平等自由无剥削的"大同社会"几乎和人类的历史一样长久，但马克思从哲学上发现了历史的发展规律，使社会主义从空想变成了科学。在马克思"不得不去作一些看起来好像是咬文嚼字的琐事"②，考察德谟克利特和伊壁鸠鲁两个唯物主义者的细微差别时，看来还很少有人能体会到马克思思维之深刻、方法之严谨、意义之深远，因而都对此不以为然，对马克思的博士论文不予重视。这也更说明了马克思这种方法之伟大和难得。我们中国哲学也有"元气论"等唯物主义哲学，中国重视人、尊重人、强调人的能动性、向往世界大同的哲学家思想家也很多，但同西方哲学一样，没有人从世界的本原上说明人与物的差别、人的本质及社会发展规律。因而中外学者包括哲学家们虽然都提倡追根溯源深入思考，但真正能像马克思这样深入思考的并不多见，这也是伟大的马克思不仅不被人理解而且受到了最大的误解和攻击的原因。真正像马克思这样思考和研究问题，这对我们的学术学风和理论思维及社会生活一切方面都将会有一个极大的改变和提高。一切旧唯物主义者从来没有人深入原子层次说明"物"，更不懂人的本质何在。他们从客体和直观方面看到的"物"没有能动性是必然的，他们也只会坚持物质的一面而不能说明和解决任何社会问题。按照马克思的说法，这种粗俗的唯物主义和粗俗的唯心主义二者又是相通的。③ 即使创造出"辩证唯物论"等范畴也无法通向和

---

① 《马克思恩格斯全集》第3卷，北京：人民出版社1960年版，第5页。
② 《马克思恩格斯全集》第40卷，北京：人民出版社1982年版，第196页。
③ "经济学家们把人们的社会生产关系和受这些关系支配的物所获得的规定性看作物的自然属性，这种粗俗的唯物主义，是一种同样粗俗的唯心主义，甚至是一种拜物教，它把社会关系作为物的内在规定归之于物，从而使物神秘化"。见《马克思恩格斯全集》第46卷（下），北京：人民出版社1979年版，第202页。

高扬人的能动性而只是重复和强化旧哲学的缺陷。《资本论》从研究尽人皆知会用但无人真正说明的商品开始也与此类似。人人都知道商品，人人都使用商品，但是没有多少人来研究商品，更没有人能说明商品的本质和商品交换所体现的人和人的关系以及由此展开的社会矛盾，而只有马克思做到了这一点。在研究马克思哲学来源及其一切问题上，我们也应当像马克思那样，研究马克思最早的哲学著作和观点，因为这是马克思哲学的本源和起点，借用俞吾金先生的话说，这是马克思哲学的初始见解和本真精神。如果了解和同意马克思在中学毕业作文和博士论文中的观点，就不难对马克思全部哲学甚至全部学说作出一贯的而不是断裂的、赞同的而不是反对的理解。即使像现在一些人不同意他最初的本源的观点，更应当指出他错在哪里，他是如何向我们交代他认识和改变他的错误的——这是对像马克思这样伟大的思想家必然要做的事情，如果没有这些，我们仅仅说这些著作"不成熟"、是"唯心主义"的就弃之不顾而任意解释马克思是十分苍白无理的。源头研究的对错决定了其后研究的对错。和研究马克思哲学联系起来，不知、不懂、轻视、否定马克思的最早最重要的著作，从方法上说就非常不智不对，其结论矛盾悖谬自然不足为奇。

第三，对于自己不理解的东西，不要轻易把它排除。马克思说有的人是"怎样才能把卢克莱修、普卢塔克以及所有谈到伊壁鸠鲁的著作家的证据都说成是不可靠的呢"，这些批评家所提出的理由，说"他们不知道如何把原子的质和它的概念结合起来"，马克思认为这是很肤浅的。"斯宾诺莎说，无知不是论据。如果每个人都把古代人著作中他所不理解的地方删去，我们很快就会得到一张白板。"① 研究马克思也存在这种情形。你可以不同意马克思的观点，但你不能把马克思的观点因不符合你定义的"马克思主义"而加以排除，提出什么"马克思主义以前的马克思"，研究"马克思是如何通向马克思主义的"这些奇谈怪论，这不但是无知，而且是偏见，偏见比无知离真理更远。我要特别指出当

---

① 《马克思恩格斯全集》第40卷，北京：人民出版社1982年版，第218页。

年苏联学者们对马克思哲学的错误态度。看看有些人说的这些话，简直难以相信出自马克思主义者之口。我们就来看看当年苏联东欧学者们的一些观点吧。

苏联东欧学者批判起马克思来理直气壮、振振有词，经常刻薄和轻薄地表现出那种居高临下呵护"不成熟"的马克思的姿态，看看他们那自以为是洋洋得意的口气吧。"如果说列宁在研究黑格尔《哲学史讲演录》时确认，黑格尔关于伊壁鸠鲁的论述是'唯心主义者歪曲和诽谤唯物主义的一个典型例子'，那么这一点对'唯心主义者'马克思是不适用的，虽然马克思还没有认识到伊壁鸠鲁唯物主义的意义。"① 这些人竟敢说把研究《德谟克利特的自然哲学和伊壁鸠鲁的自然哲学的差别》作为博士论文的马克思不理解伊壁鸠鲁哲学，没有认识到伊壁鸠鲁唯物主义的意义，真是狂妄无知到了极点！奥依则尔曼说，《神圣家族》"也不是成熟的马克思主义作品……马克思的博士论文单就它离开马克思主义还很远这一点说，就不可能成为对马克思主义进行彻底的反马克思主义解释的出发点。《1844年经济学哲学手稿》与马克思的博士论文有原则区别，因为在手稿里面已经表述了——虽然还不是对所有被考察的问题——马克思主义的观点。但这部手稿同《神圣家族》也有重大差别，因为手稿阐述的马克思主义观点的方式不当，残缺不全，缺乏连贯，而所用术语还没有分清马克思的学说与费尔巴哈哲学人本主义的根本区别，反而使这种区别模糊不清"②；他还说，"《经济学哲学手稿》不能被认为是成熟的马克思主义的作品，因为手稿中还有一些原则上不能同马克思主义学说相容的论点，以及在以后的著作中被修改或被更正确，更科学地加以表述的论点"③。马克思著作"离开马克思主义还很远"、"不能同马克思主义学说相容"，世界上还能找到比这更毒辣更极端的攻击吗？

---

① 沈真编：《马克思恩格斯早期哲学思想研究》，北京：中国社会科学出版社1982年版，第247页。
② 同上书，第344页。
③ 同上书，第351页。

这是研究还是诅咒马克思？是马克思的信徒还是仇敌？他们根据一个"术语"就能判断马克思哲学的性质，马克思要按照他们给定的标准走向马克思，真是太荒唐太放肆了！他们还好意思说，"用不着多少洞察力便可看出，抹煞马克思早期著作和成熟的马克思主义作品之间质的界限，同过去把二者对立起来一样，都是为同样的思想职能效劳的。在上述两种情况下，都是早期著作占居首要地位，而在这些早期著作中，马克思还没有完全同黑格尔、费尔巴哈及资产阶级人道主义、小资产阶级社会主义划清界限。这一情况使资产阶级的马克思主义批评家们得以断言，马克思和恩格斯的学说不是同无产阶级的阶级斗争联系着的，而是同黑格尔和费尔巴哈的思想联系着的"①。其实这正是他们自己的观点。他们可以说"马克思还没有完全同黑格尔、费尔巴哈及资产阶级人道主义、小资产阶级社会主义划清界限"，可以编造出黑格尔、费尔巴哈是马克思哲学的来源，别人说"有联系"都不行？难道马克思给过他们自由解释的授权？一位苏联学者说，"一方面是资产阶级的思想家们竭力'靠拢'马克思主义，另方面是自称为社会主义者的活动家们又意图摒弃它，这种反常的情况暴露了资产阶级和小资产阶级的意识形态的深刻危机"②，呸，他们简直说的是自己！不过他们倒不是"意图"摒弃而是实际摒弃马克思的"社会主义者"，比竭力"靠拢"马克思的资产阶级思想家低劣多了！苏联的一些"马克思主义者"就是这样对待马克思的，他们继承和发展的"马克思主义哲学"就是建立在这样的沙滩之上！

第四，要理解理论体系的"内在的本质的意识"才能真正掌握这种理论。"内在的本质的意识"我理解和我们常说的理论的核心、本质的意义相似。马克思认为任何成熟的理论都有这样的核心和实质，比如黑格尔哲学，"在他看来科学不是某种现成的东西，而是一种正在形成的东西，因此，他把自己的精神的心血一直浇灌到科学的最遥远的边

---

① 沈真编：《马克思恩格斯早期哲学思想研究》，北京：中国社会科学出版社1982年版，第356页。

② 同上书，第368页。

缘"。当然哲学家理论中也或许有矛盾,"一个哲学家由于这种或那种适应会犯这样或那样显然缺乏一贯性的毛病,是完全可以理解的;他本人也许会意识到这一点。但有一点是他意识不到的,那就是:这种表面适应的可能性本身的最深刻的根源,在于他的原则不充分或在于哲学家对于自己的原则没有充分的理解"。即:或者是理论不够完善或者是表述不够充分。"因此,如果一个哲学家真正适应了,那么他的学生们就应该根据他的内在的本质的意识来说明那个对于他本人具有一种外在的意识形式的东西",而不是相反。而马克思在分析黑格尔的学生们"昧着良心去斥责他们的老师"时说,"黑格尔对于他的体系具有直接的,实质的关系,而他们对黑格尔的体系却只有反映的关系"①,根本不能理解掌握这种理论,最多是一点皮毛。用马克思的说法,这最多是些"头发哲学家,手指哲学家,足趾哲学家,粪便哲学家以及诸如此类的人物"②。马克思哲学的核心和实质看来人们还没有统一的认识,甚至没有思考过这个问题,不然就不会说马克思学说有早期晚期的断裂,对马克思哲学研究有如此大的争议。人们谈论的马克思哲学不是和马克思没有一点联系,但最多是瞎子摸象时抓住的那些东西,并没有理解和掌握马克思哲学的"内在的本质的意识"。

第五,学术研究既要有知识,更要讲良心。马克思说:"如果一个哲学家真正适应了,那么他的学生们就应该根据他的内在的本质的意识来说明那个对于他本人具有一种外在的意识形式的东西。这样一来,凡是表现为良心的进步的东西,同时也是一种知识的进步"③。马克思斥责那些不懂黑格尔的人是"昧着良心去斥责他们的老师"。确实,对于老师,对于学术研究,既要讲知识,更要讲良心。良心比知识更重要。良心可以弥补知识的不足,反之则不能。这对于我们研究马克思哲学也尤其现实和迫切。马克思终生赞扬伊壁鸠鲁哲学和批判德意志意识形态,从良心和知识上说,就应该肯定伊壁鸠鲁哲学是其来源,而德意志

---

① 《马克思恩格斯全集》第40卷,北京:人民出版社1982年版,第257页。
② 同上书,第260页。
③ 同上书,第257页。

意识形态则不是，换句话说，马克思如此批判作为他的老师和理论来源的德意志意识形态是绝对不可理喻不可能的。我还要提请人们注意一个与此有关由此引起的现象。既然研究者们都认定黑格尔、费尔巴哈及其理论是马克思的老师和理论来源，而马克思又确实一生无情地讥讽和深刻地剖析批判了他们，很难说马克思对他们是一种尊崇敬重的态度。既然马克思可以这样对待他的老师们和老师们的学说，因此研究者们自然也如法炮制，像马克思对待他的老师一样对待自己的老师马克思，首先是马克思主义者们在剖析和批判马克思上，比马克思批判他的老师有过之而无不及。不过我们早已证明，马克思明确指出过伊壁鸠鲁和哲学是自己的老师和理论来源，从未承认过那些人是自己的老师，更没有承认过他们的理论是自己的理论来源，而马克思对他们的批判不仅是始终一贯的，而且是科学有理的。研究者们虽然讥讽马克思少一些，但他们剖析和批判马克思则完全是无礼和无理的。对马克思哲学的不解和排斥，决不是资料的多少、版本的优劣、翻译的正误等问题，一位朋友说得好，译错一句话是容易的，译错一本书并不容易，翻译水平的高低很难影响到对书籍基本意义的理解，差别是双方"世界观和理解力"的根本不同造成的。人的理解有选择性，人很难改变自己的看法而理解和接受自己不懂得、不喜欢的东西。一个国家、一个民族甚至整个世界选择性失明、长期只愿意看见自己愿意看见的东西、理解自己理解的东西而对最简单的事实视而不见的现象并不少见。青年马克思就讥讽过这类只愿意看见自己愿意看见的现实的人会像莎士比亚剧中的葛罗斯脱一样回答："即使每一个字都是一个太阳，我也瞧不见！"[①] 研究者们也应该从良心和知识上反思自己对马克思的态度。

从方法论上讲还有很多（比如自在与自为），它们也都相互联系密切相关，更不用说马克思的博士论文中值得我们深入研究的问题更多更有趣，我这里仅以一孔之见抛砖引玉，引起人们开发马克思的博士论文这座几乎尚待开发的宝矿的兴趣。

---

① 《马克思恩格斯全集》第40卷，北京：人民出版社1982年版，第328页。

我想说，我们给马克思哲学平反，既是对马克思负责，对真理负责，对真相负责，对历史负责，同时也是对自己负责，对中国革命、建设和改革的现实负责，对国际共产主义运动的命运和前途负责，而这是更为根本的。马克思哲学诞生以来还没有被人很好地理解过，而一种与马克思无关的、被马克思所批判和扬弃的旧哲学却被当成马克思（主义）哲学。我们必须正视和回答马克思关于"我不是一个马克思主义者"的问题。我们过去的成功和经验证明了马克思哲学的正确，而失利和教训都证明了是我们对马克思哲学理解的错误而不是马克思哲学的错误。在以马克思主义作为指导思想、理论基础的中国共产党领导下，13亿多人的社会主义事业蓬勃发展的中国最有责任有权利也有能力对马克思哲学作出真正科学的阐释，把马克思哲学的话语权掌握在自己的手里，给"以人为本"的科学理念以最有力的哲学支撑。中国人一定要担负起这个历史使命，不能让马克思哲学遭遇像伊壁鸠鲁哲学几千年来不被人理解一样的命运，而这也不是不可能的。马克思哲学深刻但不复杂，理解马克思哲学本来不是一件困难的事情，赞同马克思是其前提。

第四部分　经典著作选编

卡·马克思

青年在选择职业时的考虑

　　自然本身给动物规定了它应该遵循的活动范围，动物也就安分地在这个范围内运动，不试图越出这个范围，甚至不考虑有其他什么范围存在。神也给人指定了共同的目标——使人类和他自己趋于高尚，但是，神要人自己去寻找可以达到这个目标的手段；神让人在社会上选择一个最适合于他、最能使他和社会得到提高的地位。

　　能这样选择是人比其他生物远为优越的地方，但是这同时也是可能毁灭人的一生、破坏他的一切计划并使他陷于不幸的行为。因此，认真地考虑这种选择——这无疑是开始走上生活道路而又不愿拿自己最重要的事业去碰运气的青年的首要责任。

　　每个人眼前都有一个目标，这个目标至少他本人看来是伟大的，而且如果最深刻的信念，即内心深处的声音，认为这个目标是伟大的，那它实际上也是伟大的，因为神决不会使世人完全成为没有引导的人；神总是轻声而坚定地作启示。

　　但是，这声音很容易被淹没；我们认为是灵感的东西可能须臾而生，同样可能须臾而逝。也许，我们的幻想油然而生，我们的感情激动起来，我们的眼前浮想联翩，我们狂热地追求我们以为是神本身给我们指出的目标；但是，我们梦寐以求的东西很快就使我们厌恶——于是我们的整个存在也就毁灭了。

　　因此，我们应当认真考虑：所选择的职业是不是真正使我们受到鼓舞？我们的内心是不是同意？我们受到的鼓舞是不是一种迷误？我们认为是神的召唤的东西是不是一种自欺？但是，不找出鼓舞的来源本身，我们怎么能认清这些呢？

伟大的东西是光辉的，光辉则引起虚荣心，而虚荣心容易给人以鼓舞或者一种我们觉得是鼓舞的东西；但是，被名利弄得鬼迷心窍的人，理智已经无法支配他，于是他一头栽进那不可抗拒的欲念驱使他去的地方；他已经不再自己选择他在社会上的地位，而听任偶然机会和幻想去决定它。

我们的使命决不是求得一个最足以炫耀的职业，因为它不是那种使我们长期从事而始终不会感到厌倦、始终不会松劲、始终不会情绪低落的职业，相反，我们很快就会觉得，我们的愿望没有得到满足，我们的理想没有实现，我们就将怨天尤人。

但是，不只是虚荣心能够引起对这种或那种职业突然的热情。也许，我们自己也会用幻想把这种职业美化，把它美化成人生所能提供的至高无上的东西。我们没有仔细分析它，没有衡量它的全部分量，即它让我们承担的重大责任；我们只是从远处观察它，而从远处观察是靠不住的。

在这里，我们自己的理智不能给我们充当顾问，因为它既不是依靠经验，也不是依靠深入的观察，而是被感情欺骗，受幻想蒙蔽。然而，我们的目光应该投向哪里呢？在我们丧失理智的地方，谁来支持我们呢？

是我们的父母，他们走过了漫长的生活道路，饱尝了人世辛酸。——我们的心这样提醒我们。

如果我们通过冷静的研究，认清所选择的职业的全部分量，了解它的困难以后，我们仍然对它充满热情，我们仍然爱它，觉得自己适合它，那时我们就应该选择它，那时我们既不会受热情的欺骗，也不会仓促从事。

但是，我们并不总是能够选择我们自认为适合的职业；我们在社会上的关系，还在我们有能力对它们起决定性影响以前就已经在某种程度上开始确立了。

我们的体质常常威胁我们，可是任何人也不敢藐视它的权利。

诚然，我们能够超越体质的限制，但这么一来，我们也就垮得更快；在这种情况下，我们就是冒险把大厦建筑在松软的废墟上，我们的一生也就变成一场精神原则和肉体原则之间的不幸的斗争。但是，一个不能克服自身相互斗争的因素的人，又怎能抗拒生活的猛烈冲击，怎能安静地从事活动呢？然而只有从安静中才能产生出伟大壮丽的事业，安静是唯一生长出成熟果实的土壤。

尽管我们由于体质不适合我们的职业，不能持久地工作，而且工作起来也很少乐趣，但是，为了恪尽职守而牺牲自己幸福的思想激励着我们不顾体弱去努力工作。如果我们选择了力不胜任的职业，那么我们决不能把它做好，我们很快就会自愧无能，并对自己说，我们是无用的人，是不能完成自己使命的社会成员。由此产生的必然结果就是妄自菲薄。还有比这更痛苦的感情吗？还有比这更难于靠外界的赐予来补偿的感情吗？妄自菲薄是一条毒蛇，它永远啮噬着我们的心灵，吮吸着其中滋润生命的血液，注入厌世和绝望的毒液。

如果我们错误地估计了自己的能力，以为能够胜任经过周密考虑而选定的职业，那么这种错误将使我们受到惩罚。即使不受到外界指责，我们也会感到比外界指责更为可怕的痛苦。

如果我们把这一切都考虑过了，如果我们生活的条件容许我们选择任何一种职业，那么我们就可以选择一种使我们最有尊严的职业；选择一种建立在我们深信其正确的思想上的职业；选择一种能给我们提供广阔场所来为人类进行活动、接近共同目标（对于这个目标来说，一切职业只不过是手段）即完美境地的职业。

尊严就是最能使人高尚起来、使他的活动和他的一切努力具有崇高品质的东西，就是使他无可非议、受到众人钦佩并高出于众人之上的东西。

但是，能给人以尊严的只有这样的职业，在从事这种职业时我们不是作为奴隶般的工具，而是在自己的领域内独立地进行创造；这种职业不需要有不体面的行动（哪怕只是表面上不体面的行动），甚至最优秀的人物也会怀着崇高的自豪感去从事它。最合乎这些要求的职业，并不一定是最高的职业，但总是最可取的职业。

但是，正如有失尊严的职业会贬低我们一样，那种建立在我们后来认为是错误的思想上的职业也一定使我们感到压抑。

这里，我们除了自我欺骗，别无解救办法，而以自我欺骗来解救又是多么糟糕！

那些主要不是干预生活本身，而是从事抽象真理的研究的职业，对于还没有坚定的原则和牢固、不可动摇的信念的青年是最危险的。同时，如果这些职业在我们心里深深地扎下了根，如果我们能够为它们的支配思想牺牲生命、竭尽全力，这些职业看来似乎还是最高尚的。

这些职业能够使才能适合的人幸福，但也必定使那些不经考虑、凭一时冲动就仓促从事的人毁灭。

相反，重视作为我们职业的基础的思想，会使我们在社会上占有较高的地位，提高我们本身的尊严，使我们的行为不可动摇。

一个选择了自己所珍视的职业的人，一想到他可能不称职时就会战战兢兢——这种人单是因为他在社会上所居地位是高尚的，他也就会使自己的行为保持高尚。

在选择职业时，我们应该遵循的主要指针是人类的幸福和我们自身的完美。不应认为，这两种利益是敌对的，互相冲突的，一种利益必须消灭另一种的；人类的天性本来就是这样的：人们只有为同时代人的完美、为他们的幸福而工作，才能使自己也达到完美。

如果一个人只为自己劳动，他也许能够成为著名学者、大哲人、卓越诗人，然而他永远不能成为完美无疵的伟大人物。

历史承认那些为共同目标劳动因而自己变得高尚的人是伟大人物；经验赞美那些为大多数人带来幸福的人是最幸福的人；宗教本身也教诲我们，人人敬仰的理想人物，就曾为人类牺牲了自己——有谁敢否定这类教诲呢？

如果我们选择了最能为人类福利而劳动的职业，那么，重担就不能把我们压倒，因为这是为大家而献身；那时我们所感到的就不是可怜的、有限的、自私的乐趣，我们的幸福将属于千百万人，我们的事业将默默地、但是永恒发挥作用地存在下去,而面对我们的骨灰,高尚的人们将洒下热泪。

卡·马克思写于 1835 年 8 月 12 日　　　　　　　　　　原文是德文
第一次发表于《社会主义和工人运动
史文库》1925 年莱比锡版第 11 年卷
署名:马克思

　　选自《马克思恩格斯全集》第 40 卷,北京:人民出版社 1982 年版,第 3—7 页。

卡·马克思

给父亲的信

特利尔

[1837年] 11月10—[11]日
于柏林

亲爱的父亲：

生活中往往会有这样的时机，它好象是表示过去一段时期结束的界标，但同时又明确地指出生活的新方向。

在这样的转变时机，我们感到必须用思想的锐利目光去观察今昔，以便认清自己的实际状况。而世界历史本身也喜欢把视线投向过去，并回顾自己，这往往使它显得是在倒退和停滞；其实它只是好象坐在安乐椅上深思，想了解自己，从精神上了解自己的活动——精神活动。

个人在这样的时机是富于抒情的，因为每一变化，既是绝笔，又是新的伟大诗篇——它力图使辉煌的、仍然融合在一起的色彩具有持久的形式——的序曲。但是我们还是要给一度经历过的东西建立起纪念碑，使这些东西在我们的感情上重新获得它在行动上已失去的地位。不过对于我们经历过的东西来说，哪里有比父母的心这个最仁慈的法官、这个最体贴的至友、这个爱的太阳——它以自己的火焰来温暖我们愿望的最隐秘的中心——更为神圣的珍藏之所！而那些应受责备的坏东西，如果不是作为本质上必然的状态的表现暴露出来，又如何能够得到很好矫正和宽恕呢？至少那种经常倒霉的意外事件和精神迷惘，又如何能够不被责备为心灵的缺陷呢？

所以，当我在这里度过的一年行将结束，回顾一下其间所经历的各种情况，以便回答你，我亲爱的父亲，从埃姆斯寄来的那封极其亲切的信①的时候，请允许我像考察整个生活那样来观察我的情况，也就是把它作为在科学、艺术、个人生活方面全面地展示出来的精神活动的表现来观察。

当我离开了你们的时候，在我面前展现了一个新的世界，一个爱的——，而且起初是热烈追求的、没有希望的爱的世界。甚至到柏林去旅行我也是淡漠的，要是在别的时候，那会使我异常高兴，会激发我去观察自然，还会燃烧起我对生活的渴望。这次旅行甚至使我十分难受，因为我看到的岩石并不比我的感情更倔强、更骄傲，广大的城市并不比我的血液更有生气，旅馆的饭食并不比我所抱的一连串幻想更丰富、更经得消化，最后，艺术也不如燕妮②那样美。

到了柏林以后，我断绝了从前的一切交往，有时去看人也是勉强的，只想专心致志于科学和艺术。

对我当时的心情来说，抒情诗必然成为首要的题材，至少也是最愉快最合意的题材。然而它是纯理想主义的；其原因在于我的情况和我从前的整个发展。我的天国、我的艺术同我的爱情一样都变成了某种非常遥远的彼岸的东西。一切现实的东西都模糊了，而一切正在模糊的东西都失去了轮廓。对当代的责难、捉摸不定的模糊的感情、缺乏自然性、全凭空想编造、现有的东西和应有的东西之间完全对立、修辞学上的考虑代替了富于诗意的思想，不过也许还有某种热烈的感情和对蓬勃朝气的追求，——这就是我赠给燕妮的头三册诗的内容的特点。无边无际的、广泛的渴求在这里以各种不同形式表现出来，使诗作不够紧凑，显得松散。

但是写诗可以而且应该仅仅是附带的事情，因为我应该研究法学，而且首先渴望专攻哲学。这两门学科紧密地交织在一起，所以一方面，我读了——不加任何批判地，只是按学生的方式——海奈克齐乌斯和蒂

---

① 见本卷第866—868页。——编者注
② 燕妮·冯·威斯特华伦。——编者注

博的著作以及各种文献（例如，我把罗马法全书头两卷译成德文），另一方面，我试图使某种法哲学体系贯穿整个法的领域。我在前面叙述了若干形而上学的原理作为导言，并且把这部倒霉的作品写到了公法部分，约有三百印张。

这里首先出现的严重障碍正是现实的东西和应有的东西之间的对立，这种对立是唯心主义所固有的；它又成了拙劣的、错误的划分的根源。开头我搞的是我慨然称为法的形而上学的东西，也就是脱离了任何实际的法和法的任何实际形式的原则、思维、定义，这一切都是按费希特的那一套，只不过我的东西比他的更现代化，内容更空洞而已。在这种情况下，数学独断论的不科学的形式从一开始就成了认识真理的障碍，在这种形式下，主体围绕着事物转，这样那样议论，可是事物本身并没有形成一种多方面展开的生动的东西。三角形使数学家有可能作图和论证；但它仍然不过是空间的一个概念，并没有发展成任何更高的形式；需要把它同其他某种事物对比，这时它才有了新的位置，而对同一对象采取的不同位置，就给三角形创造了各种不同的关系和真理。在生动的思想世界的具体表现方面，例如，在法、国家、自然界、全部哲学方面，情况就完全不同：在这里，我们必须从对象的发展上细心研究对象本身，决不应任意分割它们；事物本身的理性在这里应当作为一种自身矛盾的东西展开，并且在自身求得自己的统一。

第二部分是法哲学，按照我当时的观点，就是研究成文罗马法中的思想发展，好像成文法在自己的思想发展中（我说的不是在它的纯粹有限的规定中）竟会成为某种跟第一部分所应当研究的法概念的形成不同的东西！

此外，我又把这第二部分分成关于形式法和实体法的学说；其中关于形式法的学说，应当叙述体系在连贯性和联系方面的纯粹形式，它的分类和范围；关于实体法的学说，相反地，则应当叙述体系的内容，说明形式怎样凝缩在自己内容中。这也就是我后来也在冯·萨维尼先生关于占有权的学术著作中发现的那种错误，区别只是萨维尼认为概念的形式规定在于"找到某学说在（制定的）罗马体系中所占的地位"，而实体规定是"罗马人认定与这样规定的概念相联系的成文内容的学说",我则认为形式是概念表述的必要结构,而实体是这些表述的必要性质。错误就在于,我认为实体和形式可以而且应当各不相干地发展,结果我所得到的不是实在的形式,而是像带抽屉的书桌一类的东西,而抽屉后来又被我装上了沙子。

概念也是形式和内容之间的中介环节。因此从哲学上说明法时,形式必然从内容中产生出来;而且,形式只能是内容的进一步的发展。因此我把材料作了其作者至多为了进行肤浅的和表面的分类所能够作出的划分。但这时法的精神和真理消失了。整个法分成契约法和非契约法。为了醒目起见,我冒昧提出了一份包括公法——其形式部分也经过整理——的分类的纲目。

<table>
<tr><td>Ⅰ</td><td>Ⅱ</td></tr>
<tr><td>*Jus privatum* 〔私法〕</td><td>*Jus publicum* 〔公法〕</td></tr>
</table>

Ⅰ. *Jus privatum* 〔私法〕

（a）关于有条件的契约的私法。

（b）关于无条件的非契约的私法。

（A）关于有条件的契约的私法

（a）人对人的权利；（b）物权；（c）在物上人对人的权利。

（a）人对人的权利

Ⅰ. 有偿契约；Ⅱ. 担保性契约；Ⅲ. 无偿契约。

Ⅰ. 有偿契约

2. 组织社团法人契约（societas）；3. 租雇契约（locatio conductio）。

3. *Locatio conductio*〔租雇契约〕

Ⅰ. 就其与 operae〔劳务〕的关系来说：

（a）原来意义上的租雇契约（既非指罗马的租赁,亦非指罗马的租佃）；

（b）*mandatum*〔委任〕。

2. 就其对 usus rei〔物的使用〕的关系来说：

（a）土地：usus fructus〔用益权〕（也非纯粹罗马含意）；

（b）房屋：habitatio①。

Ⅱ．担保性契约

1. 仲裁或和解契约；2. 保险契约。

Ⅲ．无偿契约

2. 认可契约

1. fide jussio〔保证书〕；2. negotiorum gestio〔无因管理〕。

3. 赠与契约

1. donatio〔赠与〕；2. gratiae promissum〔示惠许诺〕。

（b）物权

Ⅰ．有偿契约

2. permutatio stricte sic dicta〔严格意义上的互易〕。

1. permutatio〔互易〕本身；2. mutuum（usurae）〔借贷（利息）〕；3. *emptio venditio*〔买卖〕。

Ⅱ．担保性契约

pignus〔典质〕。

Ⅲ．无偿契约

2. commodatum〔借用〕；3. depositum〔寄存保管〕。

然而，为什么还要连篇累牍地列满我自己后来加以摒弃的东西呢？整个体系贯穿着三分法，叙述得令人厌倦的冗长，而对于罗马概念，为了能把它们塞进我的体系，也随便乱用。但是，另一方面，我因此喜爱这些材料并获得了综览它们的能力——至少是从一定角度来说如此。

在实体的私法的结尾部分，我看到了全部体系的虚假，体系的纲目近似康德的纲目，而执行起来却完全不是那样。这又一次使我明白了，没有哲学我就不能前进。这样我就必须怀着我的良知重新投入她的怀抱，并写了一个新的形而上学原则的体系，但在这个体系的结尾我又一次不得不承认它和我以前的全部努力都是不恰当的。

这时我养成了对我读过的一切书作摘录的习惯——例如，摘录莱辛

---

① 起初是对自己房屋，后来是对他人房屋的居住权。——编者注

的《拉奥孔》、佐尔格的《埃尔温》、温克尔曼的《艺术史》、卢登的《德国史》——并顺便在纸上写下自己的感想。同时我翻译了塔西佗的《日耳曼尼亚》和奥维狄乌斯的《哀歌》,并且开始自学,即根据文法学习英文和意大利文——直到现在还没有什么成绩,我读了克莱因的《刑法》和他的《年鉴》以及所有的文学新作,不过后者只是顺便浏览而已。

到学期终了,我又转向缪司的舞蹈和萨蒂尔的音乐。在我寄给你们的最后一册笔记中①,理想主义渗透了那勉强写出来的幽默小说《斯科尔皮昂和费利克斯》,还渗透了那不成功的幻想剧本(《乌兰内姆》),直到最后它完全变了样,变成一种大部分没有鼓舞人心的对象、没有令人振奋的奔放思路的纯粹艺术形式。

然而,只是在最近的一些诗中,才象魔杖一击——哎呀!这一击起初真是毁灭性的——突然在我面前闪现了一个象遥远的仙宫一样的真正诗歌的王国,而我所创作的一切全都化为灰烬。

在作这种种事情的时候,我在第一学期熬过了许多不眠之夜,经历了许多斗争,体验了许多内心的和外在的激动。但是这一切都没有使我大大充实起来,不仅如此,我还忽视了自然、艺术、整个世界,跟朋友们也疏远了。这似乎连我的身体也有反映。一位医生劝我到乡下去,于是我第一次穿过全城到了城门前走向施特拉劳。我并没有想到,虚弱的我,在那里会变得十分健康和强壮。

帷幕降下来了,我最神圣的东西已经毁了,必须把新的神安置进去。

我从理想主义,——顺便提一提,我曾拿它同康德和费希特的理想主义比较,并从其中吸取营养,——转而向现实本身去寻求思想。如果说神先前是超脱尘世的,那么现在它们已经成为尘世的中心。

先前我读过黑格尔哲学的一些片断,我不喜欢它那种离奇古怪的调子。我想再钻到大海里一次,不过有个明确的目的,这就是要证实精神本性也和肉体本性一样是必要的、具体的,并且具有同样的严格形式;

---

① 见本卷第569—736页。——编者注

我不想再练剑术,而只想把真正的珍珠拿到阳光中来。

我写了一篇将近二十四印张的对话:《克莱安泰斯,或论哲学的起点和必然的发展》。彼此完全分离的科学和艺术在这里在一定程度上结合起来了。我这个不知疲倦的旅行者着手通过概念本身、宗教、自然、历史这些神性的表现从哲学上辩证地揭示神性。我最后的命题原来是黑格尔体系的开端,而且由于写这部著作需要我对自然科学、谢林、历史作某种程度的了解,我费了很多脑筋,而且写得非常[……](因为它本来应当是一部新逻辑学),连我自己现在也几乎想不起它的思路了;这部著作,这个在月光下抚养大的我的可爱的孩子,象欺诈的海妖一样,把我诱入敌人的怀抱。

由于烦恼,我有几天完全不能够思考问题,就像狂人一样在"冲洗灵魂,冲淡茶水"①的肮脏的施普雷河水旁的花园里乱跑,我甚至和我的房东一块去打猎,然后又跑到柏林去,想拥抱每一个遇见的人。

此后不久,我只从事一些正面的研究。我研究了萨维尼论占有权的著作、费尔巴哈和格罗尔曼的刑法、克拉麦尔的《论词义》、韦宁—英根海姆关于罗马法全书体系的著作和米伦布鲁赫的《关于罗马法全书的学说》,后者我现在还在研究;最后我还研究了劳特巴赫文集中的某些篇章、民事诉讼法、特别是教会法,后者的第一部分,即格拉齐安的《矛盾宗规的协调》,几乎全部在《[法典]大全》中读完了,并且作了摘要;我也研究了附录——朗切洛蒂的《纲要》。后来,我还翻译了亚里士多德《修辞学》一部分,读完了著名的维鲁拉姆男爵培根的《论科学的发展》,对赖马鲁斯的著作下了很大功夫,我高兴地细读了他的著作《关于动物的复杂本能》。我还研究了德国法,但是我研究的主要只是法兰克王的敕令和教皇给他们的信。

由于燕妮的病和我的徒劳无益的脑力劳动引起烦躁心情,由于不得不把我所憎恶的观点变成自己的偶像而感到苦恼,我生病了,这是我以前已经告诉过你的,亲爱的父亲。病好以后,我便把所有的诗和小说草

---

① 海涅《北海集》(第一集《和平》诗)。——编者注

稿等等都烧了，我认为我能把它们丢得一干二净；直到现在，我丝毫没有出现与此相反的情况。

在患病期间，我从头到尾读了黑格尔的著作，也读了他大部分弟子的著作。由于在施特拉劳常和朋友们见面，我接触到一个"博士俱乐部"，其中有几位讲师，还有我的一位最亲密的柏林朋友鲁滕堡博士。这里在争论中反映了很多相互对立的观点，而我同我想避开的现代世界哲学的联系却越来越紧密了；但是一切声音都安静下来，我陷入了真正的讽刺狂，而这在如此多的东西遭到否定以后，是很容易发生的。此外又加上燕妮的沉默，而且只要我还没有通过类似《访问》等等拙劣作品来掌握现代主义和现代科学观点，我也安不下心来。

如果我在这里也许没有把上学期的整个情形说清楚，也说得不详细，把所有的细节抹煞了，那就请原谅我，亲爱的父亲，因为我急于想谈我目前的情况。

冯·夏米索先生寄来一封毫无意义的短信，告诉我，"他们感到抱歉，年鉴不能采用我写的作品，因为年鉴早已付印了。"我遗憾地领受了这封信。书商维干德把我的计划寄给销售好乳酪和坏书刊的温德尔公司的代理人施米特博士。今附上他的来信。施米特博士还没有回信。但是我无论如何不放弃这个计划；特别是因为通过大学讲师鲍威尔[①]（他在黑格尔学派著名美学家中起重大作用）和我的同伴鲁滕堡博士的帮助，所有黑格尔学派著名美学家都答应撰稿。

至于财政学专业问题，亲爱的父亲，不久前我认识了一位陪审推事施米特汉纳，他劝我第三次法学考试以后，去当一个这方面的法官，这更合我的兴趣，因为我确实认为法学比所有行政科学好。这位先生告诉我，他本人和威斯特伐利亚的闵斯德高等地方法院的其他许多人三年就获得陪审推事的头衔。他说，这并不难——当然要努力工作——因为那里所有级别不象柏林和其他地方那样规定得严格。如果当了陪审推事以后又得了博士学位，那么就更有可能得到兼职教授职位。波恩的格特纳

[①] 指布鲁诺·鲍威尔。——编者注

先生就是一个例子，他写过一篇平平常常的关于地方立法的文章，此外，人们只知道他属于黑格尔法学派。但是，亲爱的、敬爱的父亲，可不可以亲自和你谈谈这一切？爱德华①的健康状况，亲爱的妈妈②的病，你的身体欠安——但愿不很严重——所有这些都使我希望，甚至必须立即回到你们那里。如果不是我担心你会不同意、不赞成的话，我已经回去了。

请相信我，我亲爱的父亲，我绝不是出自自私的动机想回去（虽然再见到燕妮我会感到高兴），而是一个我不能说出的念头在推动我回去。对我来说，这在许多方面甚至是艰难的一步，但是，正如我唯一亲爱的燕妮信中所说，对于完成神圣的天职，所有这些考虑都应当打消。

我请求你，亲爱的父亲，不管你的决定如何，不要把这封信，至少不要把这一页给最亲爱的母亲看，也许，我的突然回家将使这位宽厚的崇高的女性恢复健康。

我寄给妈妈的信，是在接到燕妮的亲切来信以前好久写的；因此，我也许无意地写了许多不完全适当的或者完全不适当的事情。

希望笼罩着我们家庭的阴云慢慢消散，希望我能够和你们同受苦同哭泣，并且也许能够在你们身边证明我这一片深切而真诚的情意和常常表达得不好的无限的爱；希望你，亲爱的、永远敬爱的父亲，在考虑我的不安心情的各种表现时能原谅我，因为常常在心情似乎紊乱的地方，实际上是战斗精神在压抑着它；希望你早日完全康复，以便我能紧紧地拥抱你，向你倾诉我的衷肠。

永远对你敬爱的儿子
卡尔

亲爱的父亲，请原谅我写得潦草，文体又不好。已经快四点了，蜡烛已经燃尽，我的眼睛也模糊了。一种真正焦虑不安的情绪在支配着

---

① 马克思的弟弟爱德华·马克思。——编者注
② 马克思的妈妈罕丽达·马克思。——编者注

我，只有在我敬爱的你们身边，才能使焦虑不安的幽灵安静下来。

请向我亲爱的好燕妮致意！她的来信我已经看了十二遍，每一遍我都发现引人入胜的新东西。这是一封在一切方面包括文体在内我所能想象的出自一位妇女之手的最好的信。

第一次发表于1897年《新时代》杂志 原文是德文
第16年卷第1卷（斯图加特）

选自《马克思恩格斯全集》第40卷，北京：人民出版社1982年版，第8—19页。

卡·马克思

关于伊壁鸠鲁哲学的笔记

伊壁鸠鲁哲学

笔记一

Ⅰ.第欧根尼·拉尔修,第10卷
摘自第欧根尼·拉尔修,第10卷,根据比埃尔·伽桑狄主编的《评第欧根尼·拉尔修,第10卷》的版本
1649年里昂版第1篇

Ⅰ.第欧根尼·拉尔修,第10卷

伊壁鸠鲁

[2]"……但是后来,[伊壁鸠鲁]偶然发现了德谟克利特的著作,他便献身于哲学了。"(第10页)

[4](斯多葛派的波西多尼乌斯、尼古拉和索蒂昂在一套书名统称为《第欧克尔的驳斥》的第12卷中声称:)

"他把德谟克利特关于原子的学说和亚里士提卜关于快乐的学说当作他自己的学说加以宣扬。"(第11页)

[6][伊壁鸠鲁说],因为我至少不知道,如果抛开味觉的快乐、[爱情的快乐]、听音乐的快乐以及看到[美丽的]体态时的快乐心情,我还能把什么称作善。"(第12页)

[12]"他最推崇……古代的阿那克萨哥拉,虽然在某些问题上与他有分

歧。"（第 16 页）

〔29〕"因此，它〔即伊壁鸠鲁哲学〕分成三部分：准则学、物理学和伦理学。"（第 25 页）

（1）准则学

〔31〕"因此，伊壁鸠鲁在自己的《准则》中断言，**感性知觉**，以及**预想**和**感觉都是真理的标准**；此外，伊壁鸠鲁派还把**理性想象力所构成的表象**也列为真理的标准。"（第 25—26 页） 他……在《主要原理》中也谈到这点……"（第 26 页）

（Ⅰ）"……**感性知觉是真实的**。因为……任何感性知觉都不依赖于理性，而且完全不会回忆；因为感性知觉不是**由自身引起的**，而当它**由别**的什么东西**引起时**，它也不能增减任何东西，不能对**任何事物进行思考或虚构**。"

〔32〕"并且没有什么东西能够驳倒它们。事实上，同类的感性知觉不能驳倒同类的感性知觉，因为它们有相同的效用，而不同类的感性知觉也不能驳倒不同类的感性知觉，因为它们判断的不是同一个东西。一般说来，一种感性知觉不能作为另一种感性知觉的裁判，因为双方我们都要同等地倾听。概念也不能驳倒感性知觉；因为概念依赖于感性知觉。"

"而且感觉所感知的东西确实存在这一状况，保证了感性知觉的真实性。我们能看得见和听得到，这是一个实实在在的事实，就像我们感觉到疼痛一样。因为，'某物是真实的'和'某物存在着'这两种判断是没有差别的。"（第 26 页）

"因此，还应该从现象出发来解释未知物。因为一切**表象**都是借助于偶合、类比、相似和综合来源于感性知觉，思考对此也起了某种作用。"（第 26—〔27〕页）

"即使是疯子的幻觉，即使是梦景也都是真实的，因为它们引起运动；而不存在的东西是不引起运动的。"（第 27 页）

（Ⅱ）〔33〕"〔伊壁鸠鲁派〕用**预想**这个名称来表示的，是知觉，或正确意见，或表象，或我们心中存在的一般思辨，即对经常重复的外部现象的回忆，比如说，'这是人'。因为只要我们一说'人'这个词，通过预想在我们面前立即就会出现在感性知觉基础上产生的人的形象。

因此，作为每个名称的原始基础的东西是清楚的。如果我们事先不知道我们寻找的东西的名称的话，我们**可能不会去寻找它**……如果以前我们不是借助于**预想**知道了［物体的］**形状**，我们就说不出任何东西的**名称**。可见**预想是明显的**。而且［每个］意见都是以事物预先就有的明显性为根据的，——我们也正是**把自己的判断归结于这一点**……［34］他们［伊壁鸠鲁派］还称意见为假设，并断言，它可以是真的，也可以是假的，这取决于**在它上面是增添还是减少些什么**，取决于它是否具有明显性而**得到证实**或者**被驳倒**。要是**假设得到证实或者没有被驳倒**，它就是**真的**，反之，要是没有**得到证实**或**被驳倒**，那么它就是假的。从这里引进了一个［术语］：'**期待着的东西**'，例如，人们**等待着**，然后走近塔前去证实，这塔在近处是否还和远处看到的一样。"（第［27］—28页）

"他们区别两种内心感受：**快乐和痛苦**……前者是合乎［**人的本性**］的，而后者是**不合的**；人们正是**依据**这些感受来决定取舍的。"（第［28］—29页）

"有些**研究**涉及到**事物本身**，而有些只是围着**空话**打转。"（第29页）

伊壁鸠鲁致梅诺伊凯乌斯

［123］"首先，根据神是不灭的和幸福的存在物——这是关于神的一般观念所要求的，请你不要把任何与不灭相抵触的、与幸福不相容的东西加到神的头上去……"（第82页）

"因为存在着众神，因为关于他们的观念是明显的"（参看"关于众神的一般观念"——"consensus omnium, consensus gentium"①）。但是**众神并不是众人所想象的那种样子**；因为众人［在他们关于众神的思维中］没有**保留关于众神的原始观念。**"

"摈弃众人所信的众神的人，并不是**渎神的**，而同意众人关于众神的意见的人，才是**渎神的**。"

［124］"因为众人关于众神的意见不是**预想**，而是**虚妄的假设**。所以众人也就认为，众神对恶人降以大祸，对善人给予大福。因为众人完全习惯于自己的美德，所以他们**赞扬**那些和自己一样的人，而一切不是那样的东西都认为是与己不相容的。"（第83页）

"你要习惯于认为，死亡对于我们来说是无所谓的。因为一切的善与恶都

---

① "大家观点一致，各民族的观点一致。"（马克思作的注解）——编者注

存在于感觉之中，而死亡就是感觉的停止。"

"所以正确地认识死亡对于我们来说是无所谓的，能把短暂的生命变成我们快乐的源泉，这靠的不是给［生命］增添无穷的时间，而是消除对不死的渴望。

［125］"因为，如果一个人真正地认识了停止生存一点也不可怕，对他来说，生活中也就没有什么可怕的东西。所以如果有人说他之所以怕死，并不是因为将来死亡到来之时将使他痛苦，而是因为未来的死亡现在已经使他痛苦，说这话的人是荒唐的：当前就去为未来的事情烦恼是愚蠢的。因为这件事在现存的情况下并不使人忧虑，而当其被作为意料中必将到来的事时，也只能带来无谓的烦恼。所以在一切恶中最使人害怕的死亡，对于我们是无所谓的，因为当我们存在之时，死亡不存在，而在死亡来到之时，我们已经不存在了。因此，死亡对于生者和死者都不相干，因为对于生者来说，死还不存在；而对于死者来说，死已不存在。"（第 83—84 页）

［126］"谁要叫青年人好好地活，而叫老年人好好地死，他就是一个傻瓜，这不仅仅因为活着是美好的，而且还因为关心好好地活也就是关心好好地死……"（第 84 页）

［127］"但是应该记住，未来既不是我们的，又不完全不是我们的，我们一方面不要把它作为某种一定会到来的东西来期待它，另一方面也不要把它作为某种永远不会到来的东西而对它失望。"（第 85 页）

"在欲望中，有些是自然的，有些是空虚的。在自然的欲望中有些是必需的，有些则仅仅是自然的。在必需的欲望中，有些是为幸福所必需的（例如为身体的康宁所必需的），有些则是生命本身所必需的。"（第 85 页）

［128］"因为对这些事物的避免错误的直观……能使身体健康，内心平静（心灵的宁静），因为这正是幸福生活的目的。为了这个目的，我们作出一切努力以求避免痛苦与恐惧。只要此目的一达到，一切内心的纷扰就会消失，因为人再也不需要寻找什么必需的东西，也不需要去寻求其他可以使精神和肉体更安好的东西。因为我们只在由于没有快乐而痛苦时，才需要快乐；当我们不痛苦时，我们也就不再需要快乐了。"（第 85 页）

"所以我们说，快乐是幸福生活的开始和终结。"（第 85—86 页）［129］因为我们把快乐看作第一的和天生的善，我们的一切取舍都从它出发，我们是用这种内心的感受作为标准去衡量一切的善，来达到快乐的。"（第［85］—86 页）

"正因为快乐是**第一的和天生的善**,所以我们并不**选取任何的快乐**……"

"因此,任何快乐就其与我们相适应的本性来说都是一种善,但并不是任何快乐都应该选取,正如任何痛苦都是一种恶,但也不是对任何痛苦都应该逃避一样。"

[130]"但是**这一切都应该通过对有益的和有害的**[**后果**]**进行对比和研究来加以解决,因为对我们来说,有时善证明是恶,相反地,恶却证明是善**。"(第 86 页)

"我们认为,**能够满足于很少的东西是大善**并不是要在一切情况下都满足于很少的东西,而是要在我们没有很多的东西时,能满足于很少的东西,并坚信最不需要奢侈品的人最能充分享受**奢侈品,一切自然的东西**是最容易得到的,而一切空虚的东西最难获得。"(第 86 页)

[131]"……我们称……**身体的无痛苦和内心的无纷扰**……**为快乐**。"(第 87 页)

[132]"**明智**是**开端和最高的善**,所以**明智甚至比哲学更可贵**。一切其他**美德**都出自合理性,这些美德表明,如果不是理智地、光明正大地[和正直地]活着,就不可能愉快地活着;如果不是愉快地活着,也就不可能[理智地、光明正大地和]正直地活着。**因为美德和愉快的生活紧密相联,而愉快的生活和美德也是不可分的。**"(第 88 页)

[133]"因为你能把谁看得比下面这种人更好呢?他对神有虔诚的看法,对死亡总是无所畏惧,对自然的最终目的有正确的理解,他懂得最大的善是容易而且能够达到的,而最大的恶或者是暂时的,或者只能引起短暂的痛苦。至于被某些人作为最高主宰而引进来的那种必然性,他宣称它并不存在。但[在他看来]一些事物取决于偶然,另一些事物取决于我们自己。由于必然性是无责任的,而偶然看来是不固定的,但我们的意志是自由的,所以随之而来的是责备及其对立物。"(第 88 页)

[134]"宁肯听信关于神的神话,也比成为物理学家所主张的那种命运的奴隶更好些。因为这种神话还留下个希望:我们由于敬神将会得到神的保佑,而命运本身却包含着确定不移的必然性。至于说到偶然,他[哲人]认为它可能存在,而不像众人那样认为神可能存在……另一方面,**也不把它当作不重要的原因**……[135][哲人]认为,遵从理性而失败比不遵从理性而成功更好。但最好的是偶然促使正确地深思熟虑的行动获得成功。"(第[88]—89页)

"你的宁静将……永远……不受干扰，你将像神一样生活在人们中间：因为生活在不朽的善中的人，是一点也不像那终有一死的凡人的。"（第89页）

"他在其他书中完全否定**预言术**……预言术是不存在的，要是它存在的话，我们就无力改变正在发生的事情……"（第89页）

[136]"在关于快乐的问题上他和昔勒尼派也有分歧。昔勒尼派**不承认静止状态的快乐**，只承认运动中的快乐，至于他则对**两种［快乐］**——无论是精神的或是**肉体的**——都承认。无论静止状态的快乐或者运动中的快乐都是可想象的。伊壁鸠鲁……是这么说的：'内心的宁静和没有痛苦是静止的快乐，而欢乐和愉快是通过自己在运动中的能动性才显示出来'。"（第90页）

[137]"他和昔勒尼派的另一点［分歧］是：昔勒尼派认为**肉体的痛苦比精神的痛苦更难受**……而在他看来，精神的痛苦更难受，因为**肉体**只为现在的痛苦所折磨，而精神则为过去、现在、将来的痛苦所折磨；因此，精神的快乐也是胜于肉体的快乐的。"（第90页）

"他引用人从一出生就**喜爱它**［快乐］，**厌恶痛苦**［这一事实］来证实快乐是［生活的］目的［这一原理］。［这一切］是自然地，不自觉地［发生的］。实际上，我们是**本能地逃避痛苦的**……"（第90—91页）

[138]"我们不是为美德而选择美德，而是为了**快乐**……他还说，只有美德是与快乐分不开的，其他一切都是可分的，如食物……"（第91页）

［主要原理］

[139]"凡是**幸福的和不灭的东西**，本身既无烦恼，也不使别人烦恼，所以它不会愤怒，也不会感激，因为一切类似的东西都是软弱所固有的。"

"他在另一些书中说，众神是被智慧认识的，而不是**由数目来确定的**；并且由于相似（由于正是为此目的而创造的各个类似形象的融合），他们是像人的。"

"快乐的最大限度是消除一切痛苦：无论哪里只要一出现**快乐**，只要快乐还持续着，那里也就不是没有痛苦就是没有忧伤，或者二者都不存在。"（第92页）

[140]"如果不是**理智地、光明正大地**和正直地活着，就不可能愉快地活着，如果不是愉快地活着，也就不可能**理智地、光明正大地**和正直地活着。"（第92页）

[141] "**任何快乐本身**都不是**恶**,但是,产生某些快乐的东西会**多次破坏快乐**。"(第 93 页)

[142] "假如**所有快乐在时间上和外形上都汇合在一起**,那么这种联系就会像自然界的各个主要部分那样[完备],从而**无法把一种快乐和另一种区别开来**。"(第 93 页)

[143] "如果不了解一切事物的本性,只[局限于]来自神话的某些猜测,就不可能消除对最重要的现象的恐惧,——因此,没有自然科学的[知识]就不能得到无忧无虑的快乐。"

[142] "如果对天象的恐惧和对死亡的想法不使我们担忧,——仿佛死亡无论什么时候总在一定程度上与我们无关,——我们又能透彻了解痛苦和欲望的界限,我们就不需要自然科学了。"(第 93 页)

[143] "如果存在着对天上的事物,对地下的事物,总而言之,对无限中的事物的恐惧,那么防备别人求得自己的安全是徒劳无益的。因为防备别人而得到安全只在某种程度上是可能的。"(第 94 页)

"由恬静和脱离人群所产生的安全,是由于能够[通过克制]来排除[对不需要的东西的欲望]和轻而易举地取得[必需品]而获得的。"(第 94 页)

[144] "自然的财富是有限的而且容易获得,而空想中[出现]的财富则越出一切界限之外。"(第 94 页)

"由于匮乏而产生的痛苦消失之时,肉体的快乐并没有增加;它只是发生了变化。"(第 94 页)

"[关于快乐的]思维的最高点,就是**研究**那些使思维产生最大的恐惧的问题本身(和一切与它们有关的东西)。"(第 94 页)

[145] "只要正确地理解快乐的限度,那么无限时间包含的快乐和特定时间包含的快乐相等。"(第 95 页)

"[自然]给肉体的快乐加上界限,而对永恒的追求则把这些界限推向无限。但是思想认清了肉体的目的和界限,停止了对永恒的追求,就使我们的生命变得完善,这样我们再也不需要无限的时间。但是即使在情况要求脱离生命,把美好生活的终结作为完满的归宿之时,思想也不排除快乐。"(第 95 页)

[146] "我们应该透彻地——我们的判断根源于透彻性——认识既定目标,否则一切都将无法解决,到处都会动乱不安。"(第 95 页)

"如果你反对一切感性知觉,你就没有什么东西可作依据,用来判断你认

为是错误的知觉。"（第 95 页）

［148］"在任何一种情况下，如果你不把自己的一切行动和自然的目的相联系，而是——无论在回避或寻求什么东西时——转向别的什么东西，那么你的行动同你的原则就会不一致。"（第 96 页）

［149］"在欲望中，有些是自然的和必需的，另一些是自然的，但不是必需的，第三种则既非自然又非必需，而是空想出来的。"（第 96 页）

［148］"使我们确信恶既不是永存的，也不是长久的这种认识，也使我们相信，在我们有限的［生活道路上］，安全的最可靠的保证就是友谊。"（第 97 页）

下述段落反映伊壁鸠鲁对精神的本质、对国家的看法。他把契约，συνϑήχη，看作基础；从而只把有益的原则，συμφέρον，看作目的。

［150］"自然法是一种求得互不伤害和都不受害的［对双方］有利的契约。"（第 97 页）

"对于那些不能互相约定互不伤害和都不受害的人，是不存在正义和非正义的东西的。那些不能够，或不愿意订立不伤害和不受害的契约的民族的情况也是如此。"（第 98 页）

"**正义不是一种独立存在的东西，而是在互相交往中**，在任何地方为了不伤害和不受害而订立的契约。"（第 98 页）

［151］"**非正义并非本身就是恶**，而［恶存在于］因担忧而产生的恐惧之中，即生怕非正义瞒过那些奉命惩罚这种行为的人……因为他［即违法者］是否能一直到死都不被察觉是不清楚的。"（第 98 页）

"**一般说来，法对一切［民族］都是一视同仁的**（因为它在人们互相交往中是一种有益的东西），但是由于**个别国家**的一些特点和**种种其他原因，法对一切［民族］不是一视同仁的。**"（第 98 页）

［152］"在公认为正义的东西中，那种在人们交往的相互关系上被证明是有益的东西，要是它对人们一视同仁的话，就具有法的性质。如果有人颁布一条［对大家］都一视同仁的法律，可是这法律在人们交往的相互关系中并不带来好处，那么这条［法规］就没有法的性质。"（第 99 页）

"如果法中所包含的益处已过时，但它在某一时期内和［法］的观念还是相符的，那么，在这个时期内它对于那些不拿空话来搞乱自己而是更注重事实

的人就是法。"（第99页）

［153］"在情况未发生变化时，在［人们的］事务中［曾经］被公认为法的东西，现在和［法］的观念已不相符，那么这些东西就不再是法。**在情况发生变化时同一条现行法律就不再带来好处了，不过，当它过去在本国人的互相交往中带来好处时，它曾是法；后来，当它已不再有好处时，它同样也就不成其为法了。**"（第99页）

［154］"对外界最能保持自己宁静的人，**就能把一切可能的东西变成对自己友好的东西，把一切不可能的东西看作与己无关的东西。**"（第99页）

第欧根尼·拉尔修，第10卷，完。

伊壁鸠鲁致希罗多德

［37］"首先，必须准确地规定作为一定词语的基础的概念，以便在把我们的假设、探索或怀疑归结为概念时，我们能加以解决，免得经过没完没了的论证，一切依然未获确定，免得我们只是在搬弄一些空洞的词语。"

［38］"因为对每个词来说都必须注重本义，而不必寻找任何证明，如果我们想要一个能把我们的探索、怀疑或假设向其求得解决的东西的话。"

重要的是，亚里士多德在他的《形而上学》中就语言对哲学思维的关系也发表了同样的见解。因为包括怀疑派在内的古代哲学家都是从意识的前提出发的，所以就需要有可靠的依据。存在于一般知识中的表象就是他们的这种依据。伊壁鸠鲁作为表象哲学家在这方面最为精细，所以他更详细地规定基础所应符合的条件。他也是最彻底的，并且——和怀疑派一样，但是从另一方面——完成古代哲学。

［38］"其次，我们研究一切，必须是或者借助于感性知觉，或者仅仅借助于直接的观察或智慧，或某种别的标准，同样也要依据现有的内心感受，以便我们既能把被期待的东西也能把未知物表述出来。**弄清这一切之后，就应该转而考察未知物**。"（第31页）

"从不存在的东西中不可能产生出任何东西来，所有研究自然问题的人对于这个原理看法一致。"（亚里士多德《物理学》第1卷第4章——科英布拉学院的评注，第123—［125］页）

"事物以一种方式直接产生于不存在的东西,然而却以另一种方式经常地产生于存在的东西。因为潜在地存在着、而实际上并不存在的东西,据说,必定先存在于两种方式之前。"(亚里士多德《论产生和消灭》第1卷第3章——科英布拉学院的评注,第26页)

[第欧根尼·拉尔修,第10卷第39节]"宇宙过去一向和现在一样,将来也永远如此……"(第31页)

"宇宙部分是物体,部分是虚空。"[第32页]

[40]"物体中有些是化合物,有些是构成化合物的东西……"(第32页)

[41]"这些[构成世界的物体]是**不可分的**和不变的,**只要不是一切东西都化为无的话**(第[32]—33页)。宇宙是无限的,因为被限定的东西都有极限(第33页)。宇宙由于物体之多、虚空之大而是无限的。"(第33页)

"无限的东西将超过并消灭有限的东西。"(亚里士多德《物理学》第3卷第5章——科英布拉学院的评注,第487页)

[第欧根尼·拉尔修,第10卷第42节]"它们(即原子)在形状上有无限的多样性。"(第33—[34]页)

[43]"原子不断地永恒地运动着。"(第34页)

[44]"这一[原子的运动]没有开端,因为原子和虚空从开天辟地以来就存在着。"(第35页)

"除形状、体积和重量以外,原子没有任何质的特征。"(第35页)

"它们不可能有任何体积:至少从未有一个原子曾成为我们视觉的对象。"(第35页)

[45]"世界有无数之多。"(第35页)

[46]"还存在许多影像,它们在外形上与坚固的物体相似,但就其精微度而言却超过一切可感觉的东西。"(第36页)

"我们称这些影像为形象[εἴδωλα]。"(第36页)

[48]"此外[应该设想],这些形象的产生和思想一样迅速,因为从物体表面不断地流出是不可觉察的。"(第37页)

"还存在一些产生这种自然现象的其他途径,因为这里没有什么东西与我们的感性知觉相矛盾,如果以某种方式注意一下显现出的感性客体的话。我们是把外界对象所产生的相同的印象列入这种感性客体的。"(第38页)

[49]"还应该这样认为,当某物从外界对象进入我们脑子里时,我们就看到和想到它的外形。"(第38页)

[50] "每一个为思想或感觉所感受、但未经判断的印象都是**真实的**。假如[印象]**没有得到证实**或者**被驳倒**,那么错觉和**错误**总是存在于**我们因内心运动而另外想出来的东西之中。这种运动虽与要去想象[出现的东西]的某种愿望有关,但毕竟还是有它自己的目标,由此才产生出错觉。**"(第 39 页)

[51] "如果我们的头脑里没有出现既[与要去想象出现的东西的愿望]有关,而又有它自己的目标的别的运动的话,那么错误是不会发生的。(第 39 页)

正是由于这种既伴随着要去想象出现的东西的愿望,又有着自己的目标的内心运动,才产生出一种思想,这种思想如果没有得到证实或者被驳倒,它就是假的;如果它得到证实或者没有被驳倒,它就是真实的。"(第[39]—40 页)

[52] "听觉也是由于发生声音之类的物体放出一股流而产生的。"(第 40 页)

[53] "关于嗅觉,也必须有(我关于听觉所说的)那种特点……"(第 41 页)

[54] "一切存在于它们(即原子)内部的以及它们所固有的质,包括上述那些质①体积、形状、重量(马克思作的注解)。——编者注在内都是不变的,正如原子在任何情况下都是不变的一样。"(第 41 页)

[55] "为了不和所见的现象发生矛盾,我们不要设想原子会具有任何体积。但应该设想它们在体积上有一些差别,因为在此情况下就能更好地解释内心感受和感性知觉中发生的东西。"(第[42]—43 页)

[56] "此外,不能设想在有限的物体里包含着无数的粒子或任何规模的体积。"(第 43 页)

[60] "应该设想一种无限向上的运动,和另一种无限向下的[运动]。"(第 45 页)

参看第 44 页末尾和第 45 页开头,这里实际上违反原子论的原则,给原子本身加进了内在必然性。既然原子具有某种体积,那么就应该存在着某种比它们更小的东西。这就是组成原子的各个部分。但是这些部分又应该作为某种"内部存在的共性"同时并存着。这样一来,观念

---

① (magnitudo, figura, pondus)

性转入原子本身。原子中最小的东西对于表象并不是最小的,而是某种与表象相类似的东西,——此时不能想象出任何规定性的东西。原子所固有的必然性和观念性本身仅仅是某种想象的偶然的东西,对原子本身来说是外在的东西。伊壁鸠鲁的原子学说的原则仅仅表现为:观念的东西和必然的东西只存在于这种对于它们本身来说是外在的想象的形式,即原子形式中。伊壁鸠鲁的彻底性就达到这样的程度。

[61]"其次,当原子没有遇到任何阻力通过虚空时,它们必然具有相同的速度。"(第46页)

我们看到,必然性、联系、差别在自身中转入原子,或者更确切地说,表现在原子中,所以这里观念性只存在于这种对它来说是外在的形式中。**运动**的情况也是如此,只要拿原子的运动和复杂物体即**具体**事物的运动进行比较,关于运动是必定要谈到的。与具体事物的运动相比较,原子运动原则上是绝对的,也就是说,原子运动中消除了一切经验的条件,运动是观念的。一般为了阐明伊壁鸠鲁哲学及其内在辩证法的思想进程,重要的是要注意到,尽管原则是某种想象的、对于具体世界是以存在形式表现出来的东西,但辩证法,即这些本体论的规定(自身已失去本质性的绝对事物的一种形式)的内在实质,只能这样地显示出来:由于这些规定是直接的,一定会同具体世界发生不可避免的冲突;在它们和具体世界的特殊关系中揭示出来,它们只是具体世界的观念性的一种想象的、对于本身来说是外在的形式,并且不是作为前提,而只是作为具体东西的观念性而存在着。因此,它们的规定本身是不真实的,是自我扬弃的。能够表述的只是这么一种世界概念:这世界的基础是一个没有前提的东西——无。伊壁鸠鲁哲学之所以重要,是由于它的朴素性,具有这种朴素性的结论在表述时没有近代所固有的偏见。

[62]"**关于复杂物体**[可以断言],**没有一个物体会运动得比另一个更快……**"(第46页)

[62]"只能说**它们经常遇到阻力,一直到感性知觉感觉到运动持续不断之时为止**。因为,关于看不见的东西的假设,关于思辨地区分的时间间隔形成

不断的运动的假设,在这种情况下是**不正确的**。因为[只有]**一切可见的东西,或为思想直觉地感受到的东西,才是真实的**。"(第47页)

应当研究一下,为什么感觉的确实性原则被扬弃,而相反的,抽象化的表象却被提出作为真理的标准。

[63]"灵魂是由最精细的粒子组成的物体,散布于整个机体中。"(第47页)

这里有趣的还是在火、空气同灵魂这两方面之间所确立起来的特殊差别,目的是为了证明灵魂与身体完全相适应,在这里既采用类比法,同时又扬弃它;这是一种进行虚构的意识的一般方法。因此,一切具体规定自行崩溃,得到的不是发展,而是一片单调的回音。

[63]"还应该承认**灵魂**是**感性知觉的最重要的原因**。"

[64]"可以说,**灵魂如果不是被机体的其余部分裹住**,它就不会成为这种原因;而**促使灵魂**成为这种原因的**其余部分**,本身又是从**灵魂获得这种**[感觉的]**能力**,然而不是灵魂所具有的一切[能力];**因此,随着灵魂的消失,机体也失去感觉的能力。因为机体不是本身具有这种能力**,它的**这种特性是有赖于和它同时产生的另一个**[**本质**]**的**;后者由于**在自身中产生一种用感觉的现象对运动作出迅速反应的能力,根据接近和共同性,把这种能力提供给身体的其余部分**。"(第48页)

我们看到,就原子相互关系抽象地考察,原子只不过是一般被想象的存在着的东西,而只有与具体的东西相冲突时,才显出它们那种被想象的、因而陷入矛盾的观念性。还可看到,当它们成为关系的一个方面时,也就是说,当我们转向本身包含着原则及其具体世界(活的东西,有生命的东西,有机的东西)的对象时,表象的领域有时设想为自由的,有时设想为某种观念东西的表现。因此,这种表象的自由也只是某种被思考的、直接的、被想象的东西,——它在自己的真实形式中是原子论的东西。因此,可以把一个规定当作另一个规定,其中每个规定本身都与另一个相等;但在它们的相互关系中,还得根据对它们进行考察时所持的观点,给它们加上同一些规定。这样一来,解决问题的方法就是又回复到最简单的原始的规定,即表象的领域被设想为**自由的**。由于这种回复发生在总体方面,在被想象的东西方面(这想象的东西本身确实包含着观念的东西,它在自己的存在中本身就是这种观念的东西),所以在这里,原子在其矛盾的总体中被设想为它实际上的那个样子;同时也显露出这些矛盾的基础,即企图把表象也看成自由的观念性,但是只存在于表象的形式之中。因此,这里显示出绝对任意的原则及其一切后果。这点在低级形式中已显示在原子方面。因为存在着众多原子,所以单个本身同众多就有差别;因而,它本身就是多。但同时,单个包含在原子的规定中;所以原子的众多性也必然地、内在地就是某种单个性;它之所以如此,是因为它存在着。然而世界到底是怎样从一个本原自由地发展为众多的,这正需要作出解释。因此,假设的东西正是要求证明的东西:因为原子本身就是应加解释的东西。观念性的差别只是后来通过比较才加进来;两个方面本身都来自同一个规定中,而观念性本身还是被看作:这众多的原子以外在的方式结合在一起,这些原子又是这种结合的本原。所以这种结合的本原就是最初无缘无故结合于自身中的东西,也就是说,被解释的客体本身被拿来充当解释,这客体被推向进行虚构的抽象的渺茫的远方。正如已经说过的,这一点只有在考察有机物时才充分显露出来。

必须指出,**所有例如关于灵魂这类观念的偶然性**,一般都表现在下列情况之中:灵魂等等会死亡,灵魂只是由于偶然的混合才存在。这些观念在普通意识形式中没有必然的性质,而在伊壁鸠鲁那里也**体现为偶然的状态**,它们被看成是已存在的,而且它们的必然性,它们存在的必然性,不仅没有得到证实,反而被看作是不可证实的,仅仅是可能的。相反,观念的自由存在被看作是持续存留的;这个存在,首先,本身一般是自由的,其次,作为关于被想象的东西的自由这一思想,它是谬误和虚构的,即一种本身就是不一贯的东西,是幻影,是错觉。这种存在倒反而是反映灵魂等等这些内在思想的具体规定的要求。伊壁鸠鲁的不朽功绩和伟大,在于他并不把状态看得比观念更重要,也不努力维护它们。伊壁鸠鲁哲学的原则，就是证明世界和思想是某种可想象的，可能的东西；而这种论据和原则——它是这点得到证明的基础，而且这一切又归结于它——仍然是［自为存在的可能性］本身，这可能性在自然界的表现是原子，它在精神上的表现则为偶然和任意。应当更准确地弄清楚，灵魂和肉体的一切规定常常能互相转化，它们彼此相同是就下面这样一种贬义而言，即一般地说它们无论哪一方都没有在概念上被规定。参看第 48 页末尾和第 49 页开头［X，65—66］：伊壁鸠鲁在下述方面比怀疑派站得高：在伊壁鸠鲁那里，不仅状况和观念被归结为无所谓的东西，并且对它们的感知，对它们的思考，对于它们的存在是起源于某种坚硬的东西的论断，也只是某种可能的东西。

［67］"除虚空之外，不能把任何东西设想为本身就是无形体（观念是不考虑无形体的：关于这方面的观念是一种虚空，它本身就是空的）①。虚空既不能起作用，也不能受到影响，它只提供物体运动的场所。"（第 49 页）

"因此，那些断言灵魂是无形体的人，是在胡说八道。"（第［49］—50 页）

应该研究一下第 50 页及第 51 页［X，69］开头所说的东西，伊壁鸠鲁在那里谈到具体物体的规定，他似乎在否定原子论的原则，他说：

［69］"整个物体总的来说是从所有这些［特性］中获得一种特殊的、它所固有的本质的，然而不是这些特性的结合，就像由一团团粒子组成一大团那样……而是像我所说的，它仅仅从所有这些［特性］中获得一种特殊的、它所固有的本质。不过所有这些［特性］是分别地被认识的，［一个同另一个］被区别开来，但同时又总是伴随着整体的观念，这整体同这些特性永远是分不开的，并且正是总体的观念给予物体一种特殊的标志。"（第 50—51 页）

［70］"其次，物体经常具有一些不是固定特质的特征；其中当然有些是不可见的、无形体的。所以，当我们按最通常的用法使用这个词时，我们清楚地表明，这些特征从一方面说，没有整体（我们从总体意义上称它为物体）的本质，而从另一方面说，也没有那些与物体紧连在一起的种种特质的本性，

---

① 马克思在括弧里用德文把这句希腊文译出来。——编者注

没有这些特质,物体是不可思议的。"(第 51 页)

[71]"我们应该按照它们呈现出来的那个样子去理解它们,即理解为物体的偶然特征,而不是理解为特有的、紧连在一起的[特征],也不是理解为本身具有安排妥贴的本质的特征,而是理解为像感性知觉本身所揭示出来的它们的那种特殊性。"(第 52 页)

伊壁鸠鲁十分清楚地意识到,排斥是来自原子的规律,来自脱离直线的偏斜。至少卢克莱修反映了一种思想,认为不应该肤浅地理解这一点,似乎只有这样原子在运动中才会碰撞。在上述段落中他说过:没有原子的这种偏斜,"本原就不会有任何碰撞和冲击"[第 2 卷,诗第 223 行],随后他又说:

"如果**所有运动形成连接不断的链条**,
并且**新的运动总是按一定秩序从旧的运动中产生**,
而**原子**也不能由于**偏斜**而
引起别的打破命运的束缚的运动,
以便使原因不致永远跟着原因而来,
[那么你说说看,大地上的造物是如何
和从何得到那不受命运支配的]自由[意志]。"

([《物性论》]第 2 卷,诗第 251 行及以下几行)

这里把原子发生碰撞的运动看成不同于由偏斜引起的运动。后来它被规定为纯粹决定论的运动,——因而也是一种自我扬弃,所以一切的规定在它的直接异在中,即在扬弃中获得它的具体存在,对原子来说直线就是这种异在和扬弃。只是由于偏斜才产生个体的运动,即这样一种关系,它的规定性是它本身的规定性,而不是来自别的东西。

卢克莱修的这一观点是否来源于伊壁鸠鲁,其实是无关紧要的。考察偏斜所得出的结论——原子作为概念的直接形式只体现在概念的直接不存在之中,也适用于哲学意识,这个原则就是这种意识的实质。

同时这也证实:我认为确立一种完全不同于伊壁鸠鲁所采用的分类是适当的。

伊壁鸠鲁哲学

笔记二

Ⅰ. 第欧根尼·拉尔修，第10卷
Ⅱ. 塞克斯都·恩披里柯
Ⅲ. 普卢塔克《论信从伊壁鸠鲁不可能有幸福的生活》

第欧根尼·拉尔修，第10卷，伽桑狄注释

伊壁鸠鲁致希罗多德（续）

[72]"我们研究时间，不能像我们研究一个对象中所具有的其他特性那样，即**把这些特性和我们心中的预想联系在一起，而应该考察那种使我们有根据说时间长或时间短的明显性**……也不需要采用一些新的好像是更好的表达方法，而应当使用**最普通的**表示时间的用语。**也不应该给时间加上别的说法，似乎时间具有这个说法所固有的同样的本质**……只是主要必须说明，我们是怎样把独自性同时间联系起来的，又是怎样衡量时间的。"

[73]"也无需提供证明，只须思索：我们是把时间同白昼和黑夜以及昼夜的**各部分联系起来的，正如**[把它]同我们有内心感受和没有内心感受，同运动状态和静止状态[联系起来]，从而把我们称为时间的东西作为特殊的标志重新加以考察。"（第52—53页）"……它们[世界]本身也全部再分解。"（第53页）

"由此可见，他[伊壁鸠鲁]把世界解释成暂时的，因为它们的各部分是变化的。他在别的地方也谈到这点。"（第53页）

[74]"其次，也**不应该认为各世界必定具有同一形状，**[应设想]**它们彼此是有区别的**。"（第53页）

"生物由于其必然性而不能与无限分开来，也不是从天上掉下来的……[75]……必须假设事物本身教会并迫使自然去从事许许多多和各式各样的[创造]。随后思想就对自然所提供的东西进行研究，还以自己的发现予以充

实，在某些情况下——比较快，在另一些情况下——比较慢，并且获得精确的认识，在有些领域里用的时间比较长，在有些领域里用的时间比较短。"（第［53］—54 页）

参看第 54 页（末尾）和第 55 页（开头），那里谈到"名称的起源"。

［76］"至于说到天象，则必须认为，运动，位置，亏蚀，［升起］，降落以及诸如此类现象的发生，绝不是由于有某一个存在物似乎在支配着它们，正在或已经使它们井然有序，同时它还享有完满的幸福和不灭。"

（应该把这一点同西姆普利齐乌斯代表阿那克萨哥拉所说的关于"理性"使宇宙井然有序的说法进行对比。）

［77］"……（因为行为和**忧虑**，愤怒和恩惠同**幸福**不是一致的，它们的发生是由于同它们多半联系在一起的懦弱、恐惧和需要。）也不要认为**享有幸福**的物体能随意进行这些运动，因为这是困难的，又与［幸福］相矛盾。但是**在表达这一类思想的一切用语中，应保持全部虔敬，以免从它们产生出与虔敬相反的思想。如果不同意这点，这个矛盾本身就会引起内心的最大纷扰**。所以必须假设，在世界产生的时候，既出现了这些凝结的物质的最初结合，也出现了运动的强制性和周期性。"（第 55 和 56 页）

这里表现出被思考的东西的原则，以便一方面肯定自我意识的自由，另一方面承认神具有不受任何决定约束的自由。

［78］"**幸福**［在于］**认识涉及天象的东西**……特别是在于研究从这些天象中观察到的**自然的性质**如何，研究其他与之相近的现象的性质如何，这些现象或者以各种不同的方式**出现**，或者**依可能性出现**，或者按某种别的方式出现（esse…id, quod pluribus modis fieri dicitur, et non uno modo necesse contingere; et posse alio quoque modo se habere）①；但是在**不灭的和幸福的自然里不存在任何东西能引起不协调或破坏心灵的宁静，这更是一条绝对的准则**。只要认真想

---

① 马克思在手稿中把前面这句希腊语按伽桑狄的拉丁语译文抄在括弧里。——编者注

一想，就可以确信这是毫无疑问的。"（第 56 页）

接着在第 56 页和第 57 页，伊壁鸠鲁表示反对毫无意义地惊愕地直观天体，这种直观束缚人，使人产生恐惧。他主张精神的绝对自由。

[80]"其次，应该摆脱那种认为对这些［天］象的研究不会准确和精细的偏见，原因是这种研究只是为了使我们达到**心灵的宁静与幸福**。所以在注意我们地球上是多么经常地发生类似现象的同时，应该以此类推去探求天象的原因以及［一般地］未被我们认识的东西的原因。"（第 57 页）

[81]"除了这一切之外，还应当注意，人心最大的不安，起源于人们相信天体是有福祉的是不可毁灭的，同时还认为他们具有与这些天体的特性相违反的愿望和行为；还起源于**通过神话而引起的恐惧**（再加上害怕死亡，害怕死后失去知觉）；［最后］还由于他们依据的是错误的解释……以致在没有确定实际上什么是可怕的东西之前，他们的内心就产生了这样大的不安，它甚至超过他们臆造的事情一旦发生时将会引起的不安。[82]而**心灵的宁静是彻底摆脱这一切的结果**……"（第［57］—58 页）

"所以我们应该注意存在的东西和感性知觉：对于一般的东西注意一般知觉，对于特殊的东西则注意特殊知觉，**对于每一个个别的标准则注意一切现存的明显性**。"（第 58 页）

伊壁鸠鲁致皮托克勒斯

伊壁鸠鲁在一开始论述天象时就重复指出这门知识的目的

"正如其他各门知识的目的一样，是心灵的宁静和坚定的信念。"［Ⅹ，85］

但是，对于这些天体的研究实质上是不同于其他科学的。

[86]"不应该**对一切事物都采用**类似在**生活准则**问题上所采用的**研究方法**，或在制定解决其他物理问题的规则时所采用的研究方法，例如，**关于宇宙是由物体和触摸不到的自然〈即虚空〉组成的**，或关于存在着不可分的元素

等原理，这里只能作**一种**与可见现象相一致的解释（quaecumque uno tantum modo rebus apparentibus congruunt）①。至于说到天体，那么这些都不适用。相反，**这些现象至少可以有许多不同的、与感性知觉相一致的解释——无论是对它们产生的原因或是对它们的实质的解释。**"（第60和61页）

对于伊壁鸠鲁的整个思想方法来说，重要的是他认为，天体对于感觉犹如某种彼岸的东西，是难望达到和其余的道德世界和感性世界同样程度的明显性的。这里实际上起作用的是伊壁鸠鲁关于选言判断的学说：不存在"或者是或者否"。因此，内在规定性被否定，而被思考的东西、被想象的东西、偶然、抽象同一性及抽象自由等等的原则，就显出它的本质，表现为某种失去规定性，从而为其外在的反思所规定的东西。这里表明，进行虚构和想象的意识的方法只是在与自己的影像作斗争；影像是什么样子——这取决于人们怎样看待它，取决于反映者如何把这个影像反映于自己内部。正如在考察具有实体形式的有机体本身时，暴露出原子论观点的矛盾，现在，当物体本身以感觉的确实性**形式**和想象的理性**形式**出现时，这个从事哲学思维的意识就揭示出它所作的是什么。**这里，被想象的原则及其运用，就体现为某种单一的东西**，并由此引起矛盾的斗争，即作为各种实体化的表象本身的对抗。这里，当对象可以说是高悬在人们的头上，并以它的自主性，感觉的独立性及其存在的神秘的远方向意识挑战时，意识就认识到自己的活动，它观察到自己所作的是什么，以便弄清先存于意识中的表象的意义，并把它们当作自己的所有物。须知意识的全部活动仅仅是与远方作斗争，这远方像一股魔力笼罩着整个古代世界；可能性、偶然性仅仅是意识的原则；意识力求以某种方式使自己和它的客体等同起来，所以当这远方作为在物质上独立的天体而与意识相对立时，意识就承认这一点。如何解释天体，对意识来说是无关紧要的；它断定可能不只有一种解释，而是多种解释，也就是说，任何一种解释都能使意识得到满足；因此，意识承认它的活动是有效的虚构。所以，在古代世界——它的哲学没有前提就不

---

① 马克思在手稿中把前面这句希腊语按伽桑狄的拉丁语译文抄在括弧里。——编者注

行——天象及关于天象的学说一般来说是这样的图景：在这幅图景里面这个世界，甚至通过亚里士多德也看到自己的不足之处。伊壁鸠鲁说出了这点，这正是他的功绩，即他的观点和结论的坚定的彻底性。天象向感觉的理性挑战，但是感觉的理性不断克服天象的顽固性，力求只由它自己的声音来预言天象。

[86]"……研究自然不应该根据空洞的公理和规律，任何时候都应该按自然现象本身的提示来进行研究……[87][我们的生活]需要的不是毫无用处的判断和空洞的假设，而是要我们能过平静的生活。"（第61页）

这里，在先决条件本身使自己和现实意识对立起来，并在意识中引起恐惧的地方，就再也不需要原则和先决条件。在这种恐惧中表象渐渐消失。

所以伊壁鸠鲁重复着下述原理，似乎在这原理中发现他自己：

[87]"如果一切十分**可靠地**得到证实的关于天体现象的解释，依然有效的话，那么，在一切天象内一切都在不断发生，尽管是按这样一种方式发生，即它容许有各种不同的解释，但却与所见的种种现象完全一致。如果只保留一种解释，而抛弃另一种和现象同样相符的解释，那么很明显，在此情况下人们就完全脱离自然科学的范围而陷入神话的领域。"（第61页）

这样就产生一个问题：在这种情况下应当如何作出解释。

[87]"在天体中确实发生着的东西的某些标志，我们可以从我们周围观察到的或直接存在的这些或那些地球现象中获得，就像从天体现象本身中获得一样。因为这些现象能以许多不同的方式产生。[88]但是我们必须观察每一[天体]现象，像它呈现在我们面前那样，并解释一切与它相联系的东西。[地球上]所发生的现象是由于许多不同的原因而产生的，这与此并不矛盾。"（第61页）

对于伊壁鸠鲁观点的信徒来说，他自己的声音压倒天上的雷鸣，遮住闪电的光辉。千篇一律的重复业已说明，伊壁鸠鲁把自己的新的解释方法看得何等重要，他是怎样努力排除奇妙的东西，坚持采用不是一种，而是多种解释的，他本人在每一件事情上都为我们提供了一些极其轻率的例证；伊壁鸠鲁几乎毫不掩饰地说，在宣称自然是自由的时候，他重视的只是意识的自由。解释时所需的唯一证明是，应当不为感觉的明显性和经验、现象、假象"所驳倒"，因为一般涉及到的仅仅是自然的假象。

这些论点一再地被重复着。

关于日月的产生

[90]"……因为这一点同样也是由感性知觉提示的。"（第63页）

关于太阳和诸星座的体积

[91]"……**我们**［地球上］**的东西……也是借助感觉而感知的**。"（第63页）

关于星座的出没

[92]"……因为任何东西同这种现象都不矛盾。"（第64页）

关于日月的出没

[93]"因为这一切和类似的一切同任何一种明显的现象都不会不一致，只要在研究此类问题的一切细节时，坚持可能的东西，并使每个细节符合于观察到的现象，同时不害怕星相家的奴役式魔法。"（第[64]—65页）

关于月亮的盈亏

[94]"……**也以种种方式，按照这些方式我们**［地球上］**所存在的现象获得类似的形态**，只要在尚未弄清什么是人所能认识的，什么是不能认识的之前，在醉心于一种解释时，不轻率地拒绝其他的解释，并因此努力去弄清不可能的东西。"（第65页）

关于月亮表面呈现的轮廓

[95]"……**也用一切方式，因为它们和现象是相符的**。[96]因为在研究

一切天象时应该遵循上述方法。因为如果同明显的事实作斗争，那么就永远不能达到真正的心灵的宁静。"（第66页）

特别重要的是消除神、目的论对诸现象的周期性的影响；在此清楚地显示出，解释仅仅是意识的自我阐述，而事情的本质却被神秘化了。

［97］"……应当按照**也在我们地球上发生的某些现象**来认识，但是绝不**应该把神性同这些现象联系在一起；神性应当彻底摆脱一切事务，处于完满的幸福之中**。因为这点如果不能实现，那么对天象的一切解释将成为空话，有些人的情况就是如此，他们没有掌握各种可能的解释现象的方法，因而陷入徒劳无益的解释中去，还以为诸现象似乎只有一种解释，而否定一切其他可能的解释。因此，他们坠入不理解的境地，暴露出无能力去认识应当看作标记的具体现象，并且也不想和神一起感受快乐。"（第［66］—67页）

在谈到下列问题时，他一再地，几乎逐字逐句地重复着上面那些论断：

　　［98］关于昼夜长短的变化（第67页）。
　　［98］关于预兆。（第67页）
　　［99］关于云的形成。（第68页）
　　［100—101］关于雷和闪电的形成。（第［68］—69页）

例如，关于雷鸣，他说道：

［104］"……可以用许多其他方法来解释雷鸣现象，只要不求助于神话。只要我们以**适当的方式观察看得见的现象**，并从中获得启示来解释看不见的现象，神话将不复存在。"（第70页）

在对地震进行了许多解释之后，他照例补充道：

［106］"**还可以用其他方法**"等等。（第71页）

关于彗星（第75页）

［112］"……这也可以用许多其他方法来解释，只要作出与所观察到的现

象相符的结论。"

关于恒星和行星

[113]"……尽管可见的现象要求承认可能有许多不同的原因,但却只用**一种原因**来解释这些现象,这是一种**狂妄的行为**,是热中于虚幻的占星术的人的不适当的行为,他们给这些或那些现象乱加上一些原因,**同时却不把神性从繁重的职责中解脱出来**。"(第76页)

他还斥责那些"简单地"论述这种问题的人。

[114] "…portentosum quidpiam coram multitudine ostentare affeetare" = "这适用于那些想给众人留下印象的人。"①(第76页)

他谈到"预兆",谈到牲畜对"坏天气"的预感,有些人把这种预感和神联系在一起。

[116]"**任何一个生物,哪怕只有一点灵性,都不会这么愚蠢,更何况一个获得完满幸福的存在物**。"(第77页)

根据这点从中也可以看出,比埃尔·伽桑狄——他想拯救神的干预,维护灵魂不灭等等,同时又想成为一个伊壁鸠鲁派(参看,例如:《灵魂不灭。反对伊壁鸠鲁》,**比埃尔·伽桑狄评第欧根尼·拉尔修**,第10卷,第549—602页,或《神——世界的创造者。反对伊壁鸠鲁》,第706—725页;《神关怀人们。反对伊壁鸠鲁》,第738—751页等等。参看:**费尔巴哈**《近代哲学史》中《**比埃尔·伽桑狄**》一章,第127—150页)——完全不理解伊壁鸠鲁,更不能向我们阐明他。伽桑狄只不过想按照伊壁鸠鲁的学说教导我们,而不是解释它。在他损坏伊壁鸠鲁的严密的逻辑性的地方,他这样做的目的是为了不同他自己的

---

① 在马克思的手稿中,等号之前是摘自第欧根尼·拉尔修,第10卷第114节(论伊壁鸠鲁)中的一句话的拉丁语译文(伽桑狄译)。等号之后马克思写的是这句话的希腊语原文。——编者注

宗教前提发生矛盾。在伽桑狄身上，这种斗争是有代表性的，正像下面这个事实总的说来具有代表性一样，即近代哲学产生之处，正是古代哲学表现出衰亡之所：一方面是笛卡儿的怀疑一切，然而怀疑派正在为希腊哲学作送终祈祷；另一方面是唯理论的自然观，然而古代哲学在伊壁鸠鲁那儿比在怀疑派那儿被克服得更加彻底。古代世界起源于自然，起源于实体的东西。贬低和亵渎自然，实质上意味着同实体的、纯粹的生活决裂；新世界起源于精神，它可以轻易地从自身摆脱另一种东西，即自然。而反过来也是一样：在古代人那里是亵渎自然的东西，在近代的人看来是从盲目信仰束缚之下的一种解脱；新的唯理论的自然观还应上升到承认神性的东西即理念体现于自然中，——古代的伊奥尼亚哲学至少在原则上正是从这一点开始的。

这里谁能不想起古代哲学的顶峰——亚里士多德——在他的论文《论动物的本性》中热情洋溢的论述呢！它与伊壁鸠鲁那种冷静的、单调无味的论述截然不同。

对于伊壁鸠鲁宇宙观的方法来说，具有代表性的是**创造世界**的问题，——这是一个永远可以用来搞清哲学观点的问题，因为它表明，在这种哲学中精神是如何创造世界的，这种哲学与世界的关系是怎样的，哲学的精神即创造潜力是怎样的。

伊壁鸠鲁说（第61和62页）：

[88] "世界是某种**天体的总和**，它包括诸星球、地球和全部现象，它是**无限性**中分出的一部分（一块），并在**某种界限**——太空式的或坚实的界限——**中结束**。（当这种界限崩溃时，其中所包含的一切就陷入一片混乱。）世界的界限可以是固定的，并且具有或者圆的，或者三角形的形状，或任何一种别的外形。因为**所有这些样式都是可能的**，因为这些规定没有一个为**现象**所否定。世界在**哪里**结束是**不可知的**，但是这种世界有**无数之多**是清楚的。"①

世界这种结构的贫乏立即引起每个人的注意。单就世界是地球，星

---

① 手稿中摘自第欧根尼·拉尔修（第46页）的这一段和下一段引文，用的是德译文。——编者注

球等等的复合这一点还什么也不能说明，因为月球等等的产生是后来才加以阐述和解释的。

一般地说，一切具体的物体都是复合，按照伊壁鸠鲁的学说，就是原子的复合。这个复合的规定性，它的特有的差别在于它有界限，因此，把世界称作是从无限性中分离出来的一块，然后又补充指出界限是更准确的规定，这是多余的，因为一块是从另一块中分离出来的，并且是一种具体的，与它有区别的东西，——因此，也是一种同另一块已有界限之分的东西。但是，界限也正是需要解释的东西，因为有限的复合一般地说还不是世界。可是接着又说，界限可以用任何一种方法，πανταχῶς 来规定，最后甚至认为，规定界限的特有差别是不可能的，但是这种差别显然是存在的。

因此，所说明的仅仅是关于把差别的总和归结为不确定的统一物的观念，即"世界"这一观念存在于意识中，存在于通常的思维中。所说明的是界限，特有的差别，也就是说这个观念的内在性和必然性，都是不可理解的；这个观念已存在着这一点，从这一观点看来只能用同义反复去理解，即因为它存在着。所以需要解释的东西——世界在思维中的创造、产生和内部再现——都被看作是不可理解的，而且这一观念在意识中的存在被当作是解释。

这和说神的存在是可以证实的，但是神的那个神之所以为神的特殊差别，即这一规定的内容是不可理解的情形是完全一样的。

如果伊壁鸠鲁进一步说界限是可以任意设想的，也就是说可以给界限加上我们为空间界限确定的任何规定，那么"世界"这个观念就只是一种不确定的，因而也就是可以用任何方式确定的感性的统一；或者说得更一般化些：因为世界是一种一半为感情的、一半为思维着的意识的不确定的观念，那么，在这意识中世界就和一切其他的感性表象同时存在，并为它们所限制。所以世界的规定性和界限就像这些依附着它的感性表象一样，是多种多样的，而且每一个感性表象都可看成是它的界限，也就是它的更准确的规定和解释。这就是伊壁鸠鲁一切解释的实质，更为重要的是，这也就是为前提所束缚的进行想象的意识的一切解释的实质。

近代人在给神加上仁慈、贤明之类东西时，他们对待神的态度亦是如此。每一个这种规定的表象都可看作存在于这些表象中间的不确定的观念"神"的界限。

所以这种解释的实质就是从意识中取得需要解释的观念。然后解释或更准确的规定被归结为：本身同一范围的被当作已知的各种观念同需要解释的观念联系在一起，所以这种观念一般存在于意识中，存在于一定范围内。这里伊壁鸠鲁承认他的哲学和整个古代哲学的缺点在于，只知道观念存在于意识中，却不知道观念的界限，它们的原则和它们的必然性。

可是伊壁鸠鲁并不满足于自己提供了关于世界的创造这一概念；他亲自上演这出戏，他为自己把刚才所作的一切具体化，说实在的，只是这时在他那里才开始世界的创造。所以他接着说道：

> ［89］"这种世界同样也可以产生在 intermundium（我们这样称呼世界之间的空间），在完全空虚的空间里，在广袤透明的虚空里：适用于创造世界的种子，从一个世界，或从一个 intermundium，或从几个世界中流出，视情况不同而逐渐结合、分离和重新组合，而且只要作为基础的基质能承受多少结合，它们就从外部吸进多少流出物。［90］正像一位物理学家所说的那样，在虚空中只是产生一团聚积物或一股旋风，并一直扩大到碰上另外一团聚积物或旋风为止，这对于在虚空中形成一个新世界来说是不够的，因为它和现象相矛盾。"（第62页）

所以，这里首先为世界的创造而假设许多世界；这个事件发生的地点就是虚空。所以在创造这个概念中预示的东西，即应该被创造的东西，是事先就假设好的，在此具有实体的性质。一个没有更准确的规定、又不和其他的表象相联系的观念，也就是说在它预先被假设的形式中——是空的，或者是不具形体的①是一种 intermundium，空虚的空间。

---

① 在马克思的手稿中这里显然是笔误，把"entkörpert"（不具形体的，没有形体性的）写成"verkörpert"（具有形体的）。——编者注

这个观念的规定因此表现在：适用于创造世界的种子按创造世界所需要的方式结合起来，也就是说没有提出任何规定，任何差别。总之，我们还是只有原子与"虚空"，不管伊壁鸠鲁本人如何反对这一点。亚里士多德已经深思熟虑地指出了那种以某一抽象原则为出发点的方法的表面性，但他却没有让这一原则在高级形式中被扬弃。他称赞毕达哥拉斯派，因为他们最早使范畴脱离其基质，不把范畴看作特殊的本质，如像范畴之于谓语那样，而是认为，范畴就是内在的实体本身。

"他们［毕达哥拉斯派］认为，有限的东西和无限的东西不是某些**不同的实体**，例如，火或土之类的东西那样，而……**是被论断的东西的本质**……"但是亚里士多德指责他们说："**他们认为，最早与他们所说的规定相符合的东西就是事物的本质**。"（亚里士多德《形而上学》第1卷第5章）

Ⅱ．塞克斯都·恩披里柯

现在让我们转而看看伊壁鸠鲁哲学和怀疑派的关系，因为塞克斯都·恩披里柯已阐述到这种关系。

但是首先还应该从第欧根尼·拉尔修第10卷再引用伊壁鸠鲁本人在描述哲人时提出的一个基本规定：

［121］"他**将阐述一种学说，而不单是怀疑**。"（第81页）

在与以前的哲学有着本质联系的伊壁鸠鲁体系的整个论述中，这个体系的思考原则，伊壁鸠鲁关于语言，关于表象的形成的论述，都是重要的文献，其中包含着伊壁鸠鲁对怀疑派的未充分表明的态度。看一看塞克斯都·恩披里柯认为弄清促使伊壁鸠鲁从事哲学研究的原因是什么是有趣的。

［18］"如果有人要问……**混沌是由什么产生的**，他将无以回答。据有的人说，**正是这一点促使伊壁鸠鲁献身于哲学的**。"［19］"当他还是一个少年时，他向为他朗读［赫西俄德诗篇］的教师问道：'如果混沌是最早出现的东

西，那么它又是从哪里来的？'当教师告诉他，教这东西不是他的事情，而是那些所谓哲学家的事情时，他高声说道：'那么我必须去向他们求教，如果他们真的知道事物的真象'。"（塞克斯都·恩披里柯《反对数学家》1621年日内瓦版第383页〔第9卷〕）

〔23〕"德谟克利特说，人是我们大家所知道的东西等等。"〔24〕"他〔德谟克利特〕还说，**真正存在的只有原子和虚空，照他的说法，它们不仅存在于生物中，而且存在于一切合成物体中，因此，既然〔我们将注意〕原子和虚空，我们就不会注意人的个别特性，因为原子与虚空是大家所共有的。**此外，基础中就没有任何别的东西，所以我们将不知道，根据什么特征来区别人和其他动物，**也将不能获得**〔关于人的〕**明确观念。**

〔25〕伊壁鸠鲁又说，人是具有**某种外形的、**〔具有〕**灵魂的**〔生物〕。照伊壁鸠鲁的说法，既然**人是靠指点才看得见，那么谁若未被指点出来就不是人；假如任何一个人指出一个女人，那么男人将不是人；假如女人**〔指出〕**一个男人，那么**〔在此情况下她〕**将不是人。"**（《皮浪的基本原理》第2卷第56页）

〔64〕"因为无论是毕达哥拉斯，恩培多克勒和伊奥尼亚派，还是苏格拉底，柏拉图，亚里士多德和斯多葛派，可能还有花园派，都保留着神，**正如伊壁鸠鲁自己的话所证实的一样。**"（第320页，《反对数学家》〔第8卷〕）

〔71〕"也不能设想灵魂会下沉……〔72〕**正如伊壁鸠鲁所说，它们**〔灵魂〕**脱离肉体之后，不会像烟一样消散**；因为原来就不是肉体保护它们的灵魂，相反，灵魂倒是保存肉体的原因，当然更是保存它们自己的原因。"（第321页，《反对数学家》〔第8卷〕）

〔58〕"**关于伊壁鸠鲁有些人**〔说〕，他只为众人保留着神。**而在解释事物的本性时，则一点也不保留。**"（第319页，《反对数学家》〔第8卷〕）

〔267〕"伊壁鸠鲁派……不知道，如果**被指出的东西是人，那么可见未被指出的东西就不是人。当然，这样的一种指点，说的是男人**……扁鼻子的，或鹰钩鼻子的，有光亮的长发的，或卷发的，以及**具有其他外表特征的人。**"（第187页，《反对数学家》〔第7卷〕）

〔49〕"应该把伊壁鸠鲁也算在他们之中，**虽然看起来他对科学的代表抱敌视态度。**"（第11页，《反对数学家》〔第1卷〕）

〔57〕"根据贤明的伊壁鸠鲁的学说，既然无论是进行考察，甚至是怀疑都离不开预想，那么，最好是首先研究一下什么是语法。"（第12页，《反对

数学家》[第 1 卷])

[272]"我们将发现：甚至**语法的轻视者**皮浪和**伊壁鸠鲁**都一致地承认语法的必要性……[273]"伊壁鸠鲁被揭露说，他的最主要的原理是从诗人们那里剽窃来的。要知道，正如我们所看见的那样，他的关于最彻底地消除痛苦是快乐力量的界限这一原则，是从[荷马的]一行诗中拾取来的：

'当他们以饮食来解饿时。'①

他关于死对我们来说没有什么这一说法，是由厄皮卡尔摩斯提示给他的：

'死亡或变成僵死的东西，在我看来是无所谓的……'

同样，他关于身体变成尸体后，就没有感觉了的[说法]，是从荷马那里剽窃来的：

'狂暴的男子玷辱了沉默的土地。'"②（第 54 页，《反对数学家》[第 1 卷]）

[14]"他们把似乎否定严格的逻辑判断的伊壁鸠鲁也当作他〈即当作雅典的阿尔谢拉奥斯，他把哲学分为物理学和伦理学〉。[15]不过也有人说，**他否定的不是一般逻辑学，而只是斯多葛派的逻辑学。**"（第 140 页，《反对数学家》[第 7 卷]）

[22]"伊壁鸠鲁派由逻辑学家发展而来：他们首先研究准则学，然后对于明显的东西，隐藏的东西，以及伴随着它们的其他现象作出结论。"（第 141 页，《反对数学家》[第 7 卷]）

[1]"**伊壁鸠鲁的门徒和皮浪的信徒在同科学的代表者的论战中显然是采取同样的立场，但是他们出发的前提是不同的。**因为伊壁鸠鲁派认为各门科学对达到智慧毫无帮助。"（《反对数学家》[第 1 卷]）

（这一点说明：伊壁鸠鲁派认为对事物的认识如同对精神的异在的认识一样，是无法使精神变得更实在的；皮浪派认为精神无法理解事物是精神的本质方面，是它的实际能力。类似的态度也存在于虔信者与康德派对哲学的看法上，虽然两种学派都已退化，失去了古希腊罗马哲学所特有的新颖性。前者由于信神而拒绝知识，也就是说，他们和伊壁鸠鲁派一起认为，无知是人身上的神性，这种神性（不是别的，正是怠

---

① 荷马《伊利亚特》第 1 章第 469 行诗。——编者注
② 同上书第 24 章第 54 行诗。——编者注

惰）为理解所破坏。相反，康德派可说是无知的职业祭司，他们每天干的事就是哭诉自己的虚弱和事物的强大。伊壁鸠鲁派更为彻底：既然无知是精神所固有，那么知识绝不是精神自然的丰富，而是某种与它无关的东西；对于无知的人来说神性的东西不是存在于认识过程中，而是存在于怠惰中。）

[1—2]"或者正如有些人所说，他们[伊壁鸠鲁派]以为这一点可以掩饰他们自己的愚昧无知：因为人们指责伊壁鸠鲁，说他在许多方面完全是不学无术的人，甚至连一般话语的文理都不大通顺。"（第1页，《反对数学家》[第1卷]）

塞克斯都·恩披里柯又转述了一些只能证明伊壁鸠鲁的狼狈处境的流言蜚语之后，确定怀疑派和伊壁鸠鲁派在对待科学上的差别如下：

[5]"而皮浪的追随者[对科学的代表持否定态度]**并不是因为科学似乎对于智慧毫无裨益：要知道这种说法是武断的**，也不是因为他们自己似乎是愚昧无知的……[6]他们对科学所持的态度和一般对哲学所持的态度一样。"

（这一点说明，应该把"科学"和"哲学"区别开来，伊壁鸠鲁对科学的轻视涉及我们称之为知识的东西，这一论断完全符合他的整个体系。）

"因为正如为了要认识真理，他们从事哲学研究，但是在**遇到事物中类似矛盾的一种异常之后，他们就放弃**[推理]，**同样**，当他们为了解释矛盾而着手研究科学，以便弄清其中所包含的真理时，他们也遇到同样的困难，对这一点他们并不隐瞒。"（第6页，《反对数学家》[第1卷]）

在《皮浪的基本原理》第1卷第17章中，中肯地驳斥了尤其是伊壁鸠鲁采用的原因论，不过同时也暴露出怀疑派本身的软弱无能！

[185]"不过，也许五种放弃判断的形式就足以驳斥原因论。因为一个人可以说出某个根据，这个根据或者与哲学及怀疑论的一切派别和各种现象相一致，或者不相一致。而要[说出][和这一切]都相一致的根据也许是不可能

的。"［《皮浪的基本原理》第1卷］

（当然，要指出那种首先不是别的东西，而是现象的根据是不可能的，因为现象的观念性，即遭扬弃的现象就是这种根据。同样，根据也不可能与怀疑论的观点相一致，因为怀疑论同一切思想是职业上的矛盾，是规定过程本身的扬弃。怀疑论一旦将各种现象拿来互相对比时，它就变得幼稚了，因为现象是思想的丧失，即思想的非存在；怀疑论也是反映于它自身的同样的思想的非存在；但是现象本身消失了，它只是一种假象，怀疑论是一种会说话的现象，只要现象本身一消失，它也随着消失，——它同样只是一种现象。）

［185—186］"因为关于所有的现象和一切不明显的东西**存在着分歧**。如果**暴露出分歧**，也就需要探寻这种根据的根据。"

（就是说，怀疑论者要的是那种本身仅仅是一种假象的根据，因而也就不是根据）：

"如果以现象［论证］现象，以不明显的东西［论证］不明显的东西，这就意味着陷入永无止境的状态之中。"［《皮浪的基本原理》第1卷］

（也就是说，因为怀疑论者没有超越假象的界限，而且希望保持假象本身，他也就不可能超越假象的界限，这种兜圈子会无止境地重复下去。虽然伊壁鸠鲁想从原子转入进一步的规定，但是由于他不想使原子本身分解，所以他也就不能超越原子论的，对其本身来说是外在的和任意的规定；相反，怀疑论者采用一切规定，但却是在一种假象的形式上采用的；因此，他的方法也是同样任意的，而且到处都暴露出同样的缺陷。他的确沉浸于世界的全部财富之中，但仍然是同样贫乏，而他本人就是他在事物中看到的那种软弱无能的化身。伊壁鸠鲁从一开始就掏空世界，因此，他最后得到的是一个没有任何规定的东西，一个独立自在的虚空，一个完全无所事事的神。）

［186］"无论谈到什么，他或者要说，原因是以所说的东西为根据的，所

以他引用和某物有关的东西,而回避和自然有关的东西,"

(对于假象,对于现象来说,和某物有关的东西正好就是和自然有关的东西。)

"或者如果他从假设出发设想什么东西,他将遭到反驳。"([《皮浪的基本原理》第1卷]第36页)

如果天象——**看得见的天空**——在古代哲学家看来是它们受实体约束的象征和直观,甚至连亚里士多德也把星辰看作神,或者至少把它们和最高主宰直接联系起来,——那么**被描述的天空**,在整个世界历史进程中展现出的神的**被禁锢的语言**,就是基督教哲学的战斗口号。对于古代人来说,自然的作用是前提,而对于近代人来说,精神的作用是前提。只有当看得见的天空,生活的实体联系,政治和宗教生活的吸引力都毁灭时,古代人的斗争才能结束,因为自然应该被劈开以便求得精神自身的统一。希腊人用赫斐斯塔司的艺术铁锤打碎自然,用以塑造雕像;罗马人把自己的宝剑直指自然的心脏,人民不断死亡;而近代哲学打开这语言的禁锢,这语言就消失在精神的神圣火焰之中;哲学像一个和精神斗争的精神战士,而不像一个摆脱了自然吸引力的个别叛教者,它起着普遍力量的作用,使阻碍发现普遍东西的形式消融。

Ⅲ. 普卢塔克《论信从伊壁鸠鲁不可能有幸福的生活》根据古·克西兰德版

不言而喻,普卢塔克这篇论文很少可取之处。只须读一读那篇反映他对伊壁鸠鲁哲学的拙劣吹嘘和荒谬解释的前言,就足以相信他完全无能力进行哲学批判。

虽然他也同意梅特罗多罗斯的意见:

[Ⅲ,2]"他们[伊壁鸠鲁派]认为,幸福集中于腹部和肉体内一切其他

渠道，快乐沿着这些渠道渗透进来，但痛苦却不［能渗透］；他们［认为］一切卓越的发明，一切智慧的创造，都来源于腹部提供的快乐和对快乐的向往。"（第1087页）

但是这半点也不像伊壁鸠鲁的学说。甚至塞克斯都·恩披里柯也看出，伊壁鸠鲁和昔勒尼学派的差别在于：他主张的"快乐"是"精神的快乐"。

［Ⅲ，9—10］"伊壁鸠鲁说，哲人在生病时经常嘲笑疾病带来的肉体痛苦。在此情况下，对于那些爽快而轻松地忍受肉体折磨的人，快乐还有什么意义呢？"（第1088页）

很清楚，普卢塔克不理解伊壁鸠鲁的连贯性。对于伊壁鸠鲁来说，最大的快乐是没有痛苦，没有差别，也就是没有前提；在感觉时不以任何别的身体为前提、不感觉到这种差别的身体是健康的，良好的。这一论点在伊壁鸠鲁的无所作为的神的身上获得它的最高形式，它本身像是一种长期疾病，因为由于长期性，这疾病就不再是一种状态，——可以说它是习惯的，特有的。在研究伊壁鸠鲁的自然哲学时，我们已看到，他无论在理论方面或是实践生活中都力求达到没有先决条件，力求消灭差别。对于伊壁鸠鲁来说，最大的善是心灵的宁静，因为所说的精神是经验论的单一的精神。普卢塔克是在瞎说，他评论起来像个学徒工。

我们顺便可以提一提哲人的规定，他同样是伊壁鸠鲁派、斯多葛派和怀疑派哲学的对象。从这一概念的研究中即可看出，它最彻底地表现在伊壁鸠鲁的原子论哲学中，从这方面来看，古希腊罗马哲学的没落也在伊壁鸠鲁那里获得充分的、客观化的表现。

在古代哲学中，哲人，$\delta\sigma o\varphi\delta\varsigma$，的特点是具有两种规定，但是它们具有同一根源。

在研究物质时，理论上显露出来的东西，实践上也显露在哲人的规定中。希腊哲学从包括伊奥尼亚的自然哲学家泰勒斯在内的七贤开始，而以在概念中表达哲人形象的初次尝试结束。这个哲学的开头和结尾，同样还有它的中心或中间乃是一个哲人，即苏格拉底。说这个哲学就围绕着这些实体性的个人转，这不是一个公开的事实，正如说希腊政治上的没落是从亚历山大在巴比伦丧失他的智慧时开始的不是一个公开的事实一样。

因为希腊生活和希腊精神的灵魂是实体，这实体最初作为一种自由的实体在它们中间显露出来，所以对这种实体的认识就表现在独立的存在物中，即表现在个人中。他们一方面作为优秀人物**外在地**和别的个人相对立，另一方面他们的认识是实体的内部生活，所以这一认识对于他们周围的现实的条件来说是内在的。希腊哲学家是造物主，他的世界和在实体东西的天然阳光下繁荣昌盛的世界是不同的。

最早的哲人只是容器，只是皮蒂娅们；实体通过他们的口说出一般的、简单的戒律；他们的语言——这还仅仅是借他们的口说话的实体的语言；在他们身上展现出道德生活的基本威力，所以他们在某种程度上又是政治生活的积极创造者，立法者。

伊奥尼亚自然哲学家是一种孤立现象，就跟他们用以认识宇宙的那些自然原素的形式一样。毕达哥拉斯派在国家中为自己安排了一种隐秘的生活；他们用以体现他们对实体的认识的形式，是处于非伊奥尼亚派所固有的完全自觉的孤立（伊奥尼亚派的孤立——这不如说是基本存在的一种没有反思的，朴素的孤立）与确信道德现实之间的中间状态。他们的生活形式本身就是实体的，政治的，但是仅仅是抽象的，它的广延性和自然基础缩减到最低限度，正如他们的本原，即数，处于色彩鲜明的感性和观念的东西之间一样。埃利亚派最先发现实体的观念形式，但是他们用抽象的，强化的方式把实体的内在内容看作完全是一种隐秘的东西；他们是满腔热情预报朝霞的人，他们沐浴着纯朴之光，忿忿地离开人民和古代的神。可是在阿那克萨哥拉那里，人民自己又返回到古代的神，而反对单独的哲人，把他和自己隔绝开来，把他看成是独立的。在近代，人们斥责阿那克萨哥拉的二元论（参看例如李特尔《古代哲学史》第1部分）。亚里士多德在《形而上学》第1卷中说，阿那克萨哥拉像使用机器那样使用智慧，并且只在他不能作出自然的解释时才使用它。但是这种明显的二元论，一方面正是在阿那克萨哥拉时代已经开始使国家内心分裂的二元论的本原;另一方面应该更深入地去理解它。智慧在没有自然规定性的地方是发生作用的,是被采用的。它本身就是自然东西的非存在,即观念性。后来这种观念性的主动性仅仅表现在哲学家失去肉体视力的地方,也就是说智慧是哲学家自己的智慧,它出现在哲学家已无法体现自己的活动的地方。所以主观的智慧原来是东游西访的经院哲学家①的本质,而作为实在规定性的观念性,它所具有的强大力量,一方面表现在诡辩哲学家身上,另一方面表现在苏格拉底身上。

如果早期希腊哲人是实体的真正精神,是对实体的具体化的认识;如果他们的格言也具有和实体本身一样独特的强度;如果随着实体越来越观念化,这一运动的承担者在观念生活的个人现实性中维护观念生活,而不受显现着的实体即现实的人民生活的现实性的影响,——那么观念性仍然还只出现于实体形式中。活生生的力量尚未涉及到。这个时期最理想的思想家毕达哥拉斯派和埃利亚派颂扬国家生活是现实的理性,他们的原则是客观的,是一种超越他们本身的力量,他们以神秘的口吻,富于诗意的激情郑重宣布这种力量,即以这样一种形式宣布,通过这种形式自然的能上升到观念性,它不是被消灭,而是被加工改造,并且完整的东西保存着自然的东西的规定性。观念实体的这种具体化正发生在宣扬实体的哲学家身上;不仅实体的表现形式是可塑的诗歌式的,而且它的现实性也表现于这个个人中,而这个个人的现实性是实体自己的表现。哲学家本身是活生生的形象,是活生生的艺术作品,并且人民看到,他们是如何带有可塑的庄严性从人民之中产生;如同在初期的哲人那儿一样,在他们的活动形成普遍的东西的地方,他们的格言实际上是被承认的实体,——即法律。

所以这些哲人和奥林帕斯山上的诸神的塑像一样极少人民性;他们的运动就是自我满足的平静,他们对待人民的态度如同他们对待实体一样地客观。只要希腊精神本身的明显威力还在由皮蒂娅的三脚祭坛来宣

---

① 见歌德《浮士德》第一部第三场(《浮士德的书斋》)。——编者注

告，德尔斐的阿波罗的神谕对于人民就是一种隐藏在朦朦胧胧、神秘不解的力量之中的神的真理；只要这些神谕还是人民自己的具有语言形式的理论，人民就从理论上来对待它们。只要这些神谕还没有人民性，它们就是人民的。这些哲人也是这样。但是从诡辩学派和苏格拉底起，潜在地也从阿那克萨哥拉起，情况就发生了变化。观念性本身通过自己的直接形式即**主观精神**而成了哲学的原则。如果在早期的希腊哲人身上实体的观念形式，它的同一性，对于由各种不同民族个性所织成的、掩盖了实体的明显的现实性的五颜六色的服装来说，已显示出来了；如果这些哲人因此一方面只在最片面、最一般的本体论规定中表现绝对的东西，而另一方面他们本身又是一种自我封闭的实体在现实中的显露；这样一来，如果他们一方面对"众人"表现出独特性，用语言体现实体精神的秘密，另一方面，好像广场上那些带着一副他们特有的怡然自得、自我深化的神态的诸神塑像一样，他们同时又是人民的真正装饰品，并且单个地回到人民那里，——那么相反地，现在观念性本身，即纯粹的、成为独立自在的抽象，已使自己和实体对立起来；主观性冒充为哲学的原则。因为这个主观性不是人民的，它和人民生活的实体力量相对立，如果说它又是人民的，那是说在表面上它和现实性是对立的，实际上和现实交织在一起，而且它的存在就是运动。诡辩学派就是这一发展的活动容器。他们中间最隐秘的，除净了现象的直接杂质的人物是苏格拉底，德尔斐的预言家称他为"最明智者"。

由于和实体相对立的是它自己的观念性，所以实体分解为无数偶然的有限的存在和成规。这些存在和成规的合理性，统一性，同实体的同一性，转化为主观精神。因此，这种主观精神本身就是实体的保存者，但是这个观念性是与现实相对立的，所以它在头脑中客观地表现为应有，主观地表现为意向。这种揭示自己内部的观念性的主观精神的表现是概念的判断，对于这种判断来说，个别事物的标准是自身中被规定的东西，目的，善。但是这种判断在这里还只是现实的应有。现实的这种应有同样也是认识了这个观念性的主体的应有，因为主体本身处于这个现实的内部，而在主体之外的现实就是主体的现实。所以这个主体的地位就同主体的命运一样是被规定了的。

首先,实体的这一观念性转化为主观精神,脱离实体本身而独立这一事实,是一个飞跃,是一种脱离实体生活的独立,即植根于这种实体生活本身的独立。所以对于主体本身来说,它的这一规定是一种既成事实,一种异己的力量,这种力量的承担者就是主体,即苏格拉底的灵异。在灵异中直接显示出,对于希腊生活来说,哲学只是某种内在的东西,同时又只是某种外在的东西。通过灵异的规定,主体被规定为经验的单一的主体,因为主体在生活的这一体系中是自然地脱离实体生活,因而也就是脱离受自然制约的生活的。因为灵异也表现为一种自然的规定。诡辩学派本身就是还不能把自己和自己的活动区别开来的灵异。苏格拉底意识到,他是灵异的体现者。苏格拉底是实体的模型,借助这个模型实体本身就消失在主体中。所以他和以前的哲学家一样是实体的个人,只不过是采取主观性的形式;他并不与世隔绝,他不是神的形象,而是人的形象的体现者;苏格拉底不是神秘的人,而是明朗和光辉的人,不是先知,而是一个好交际的人。

第二个规定是:这个主体说出关于应有,关于目的的判断。实体丧失了它的观念性,把它变为主观精神,这样一来,主观精神本身成了实体的规定本身,成了实体的谓语;同时实体本身对于主观精神来说降为独立存在物的直接的、没有得到证实的、仅仅是独立存在物的现存组合。所以,谓语的规定在关系到某个存在的东西时,它本身就是直接的,又因为这个存在的东西是生气勃勃的人民精神,那么谓语的规定就是个别人物的实际规定,就是教养和训诫。实体性的应有是表现它的主观精神的真正规定;所以世界的目的是主观精神自己的目的,传授这一目的是它的使命。所以它无论在自己的生活中或学说中都体现了目的,善。它是进入了实际运动的哲人。

最后,由于这个个人说出关于世界的概念的判断,因此,在他身上就显出内部的不协调,而他也被判为罪人。因为一方面他本身来源于实体的东西,他存在的权利仅仅建立在他的国家权利、他的宗教权利之上,一句话,建立在一切实体条件之上,这些条件在他身上表现为他的本质。另一方面他本身包含着目的，这目的对该实体性来说就是法官。所以他自己的实体性在他自身中受到审判，因而，他的灭亡正因为他的诞生地是实体精神，而不是那种能经受和克服一切矛盾、没有被迫承认任何自然条件本身的自由精神。

苏格拉底之所以重要，是因为在他身上反映了希腊哲学对希腊精神的关系，因此也反映了希腊哲学的内在限度。不久前人们把黑格尔哲学对生活的关系同他进行比较，并以此证明斥责黑格尔哲学是正确的，不言而喻，这是何等荒谬。希腊哲学特有的弊病在于它只和实体精神相联系；在我们时代两个方面都是精神，并且它们两方面都要求把它们看作精神。

主观性在它的直接承担者身上表现为他的生活和他的实践活动，表现为这样一种形式，通过此种形式他把单独的个人从实体性的规定性引到自身中的规定；如果撇开这种实践活动，那么他的哲学内容就仅仅是善的抽象规定。他的哲学就是，他促使实体上存在着的表象、差别等转化为自身的规定；但是自身规定的唯一内容就是成为这种分解的反思的容器。因此，他的哲学实质上是他**自己的智慧**，对于世界来说他自己的**仁慈**是他关于善的学说的独特实现，是和康德的绝对命令的说法中表现出的主观性完全不同的主观性。对于康德来说，作为经验主体的他自己对这个绝对命令的态度是无关紧要的。

柏拉图认为，运动是一种观念的东西；正如苏格拉底是世界的形象和导师一样，柏拉图的理念、他的哲学抽象也是世界的原型。

在柏拉图那里，善、目的的这一抽象规定转化为囊括世界的、全面展开的哲学。作为哲学家的自身规定和真实愿望的目的是思维；这个善的实在规定就是内在思想。哲学家的真实愿望，在他身上作用着的观念性是现实世界的真正应有。柏拉图用下述观点表达他自己对现实的态度：理念的独立王国翱翔于现实之上（这个彼岸的领域是哲学家自己的主观性）并模糊地反映于现实中。如果苏格拉底仅仅发现从实体转化为主体的观念性的名称，而且本身还自觉地成为这种运动，那么，现实性的实体世界实际上现在是以观念化的形式进入柏拉图的意识，但这样一来这个观念世界本身就跟那个与其相对立的真实的实体世界一样简单地分解于自身之中。关于这点，亚里士多德提出了极为中肯的见解：

> "实际上观念和事物差不多一样多，或不少于它们，人们在研究了事物的原因之后就从事物进入观念。"（亚里士多德《形而上学》第1卷第9章）

因此，世界的规定性和分解，在这位哲学家看来，好像是某种彼岸的东西，运动被排除出这个世界。

> "然而即使在观念存在的情况下，如果没有**引起运动**的东西，那么，与观念有关的事物仍然不会产生。"（同上）

因而哲学家本身，——即作为哲人，而不作为一般现实精神的运动，——就是和他相对立的实体世界的彼岸真理。柏拉图最形象地表达了这点，他说，或者哲学家应当成为国王，或者国王应当成为哲学家，以便国家能完成它的使命。他依靠和一位暴君的关系，曾亲自做过这种尝试。在柏拉图的理想国里，知识界是作为特殊的和最高的阶层而存在的。①

我再列举亚里士多德的两个论点，因为它们对柏拉图意识的形式作出最重要的说明，并与我们研究他对哲人的态度方面相联系。

亚里士多德谈到柏拉图：

> "在《斐多》篇中说到一种看法：观念是事物存在和产生的原因；然而即使在观念存在的情况下，如果没有引起运动的东西，那么，与观念有关的事物仍然不会产生。"（亚里士多德，同上）

柏拉图不仅力图把存在的东西列入观念性的领域，而且力图把存在的领域也归入其中：这个观念性是进行哲学思维的意识中的一个封闭的、特殊的王国，——因此其中没有运动。

在进行哲学思维的意识中，这一矛盾本身必需为意识而具体化，进

---

① 见柏拉图《理想国》第5册第473页。——编者注

行哲学思维的意识必需从自身中排除这一矛盾。

"其次,观念不仅是可感受的事物的原型,而且也是观念本身的原型,例如,类是种的原型;因此,同一事物既是原型又是复制品。"(亚里士多德,同上)

关于古代伊奥尼亚哲学家,卢克莱修说:

"……他们充满灵感地发现了许多珍贵的东西,
从他们心中的圣坛作出的神圣和有根据的答复
远胜过皮蒂娅从阿波罗的桂冠和三脚祭坛向我们宣告的神谕。"
([《物性论》]第1卷第736—739行)

对于伊壁鸠鲁自然哲学的规定来说,重要的是:

1. **物质的永恒性**,与此有关的是:时间被看作诸偶性中的一种偶性,被看作只是化合物及其中所发生的偶然事件所特有的某种东西,因此,时间被认为是某种存在于物质基原之外,即原子本身之外的东西。其次,与此有关的是:伊壁鸠鲁哲学的实体所具有的仅仅是外在的反射,实体本身意味着没有先决条件,意味着任意和偶然性。相反,时间是自然即有限东西的命运。与自身的否定的统一,它的内在必然性。

2. **虚空**,否定不是物质本身内的否定的东西,而是存在于没有物质的地方。所以就这方面而言,它本身也是永恒的。

在希腊哲学意识的作坊里,最终从抽象的朦胧昏暗中和它黑沉沉的帷幕的覆盖下,出现在我们面前的还是充满生命力在世界舞台上行进着的希腊哲学所固有的那个形象;正是那个形象,他甚至在熊熊燃烧的壁炉中看见了神,正是那个形象,他饮尽一杯毒酒,并且像亚里士多德的神一样享受着最高的幸福——理论。

伊壁鸠鲁哲学

笔记三

Ⅲ. 普卢塔克。1.《论信从伊壁鸠鲁
不可能有幸福的生活》
2.《科洛特》[《反对科洛特》]

[Ⅲ.] 普卢塔克：(1)《论信从伊壁鸠鲁不可能有幸福的生活》

[Ⅲ，10—11]"伊壁鸠鲁把**终止任何痛苦，作为它们（即快乐）的共同目的**，仿佛天性使快乐的东西一直增加到痛苦消除为止，**但不能超越这个界限**（不过即使**不能做到使痛苦完全不存在**，[快乐] 终究容许某些无足轻重的微小差异）。我们追求这一目的时所循的道路，作为快乐的尺度，是短而且窄的。由于他们 [伊壁鸠鲁派] 感到了自己论点的软弱，因而**把最高的善从肉体移到精神，像从不结果实的地里移走一样**。"（第1088页）

[Ⅳ，1]"难道你不以为，这些人 [伊壁鸠鲁派] 从肉体——他们在肉体上看到 [快乐] 的发端——开始，向作为更坚固的 [本原] 灵魂转变并在其中使一切臻于完善，是做得对的吗？"

对此的回答是：这种转变是正确的，但是——

[Ⅳ，3]"当你听到他们论证和叫嚷说，只有具备了肉体快乐或者将要有肉体快乐时，灵魂才能得到快乐和平静，——在他们看来肉体快乐乃是灵魂的最高幸福，——你不觉得他们是在把灵魂当作肉体的 [一种] 漏斗来使用，用它 [漏斗] 将快乐从肉体倒出来，就像把酒从无用的破容器倒进 [新容器] 一样，并让它在那里陈化，以为它会变得更好更珍贵一些吗？"（第1088页）

这里普卢塔克也同样暴露出他不理解伊壁鸠鲁的一贯性。他指出在伊壁鸠鲁那里没有"从肉体的快乐到精神的快乐"的特殊过渡,指出这一点一般说来具有重要意义。应该进一步确定,伊壁鸠鲁是如何解决这个问题的。

[Ⅳ,4]"[至于说到感性的快乐,那么]感受到这种快乐的灵魂仅仅保留着对它们的记忆,此外就什么都没有了……而且[对快乐的]记忆[本身]也只是微弱的[回光返照]。"(第1088页)

[Ⅳ,5]"注意,昔勒尼派更是何等谦虚,虽然他们和伊壁鸠鲁同饮一樽酒;他们认为,不应在光天化日之下享受爱的快乐,但容许[它们只]在黑暗中进行,以便思想在把眼前发生的情景接收进去时,不至于[太]经常地燃起情欲。"

[Ⅳ,6]"他们[伊壁鸠鲁派]则认为,哲人与众不同之处最主要的是,他心里清楚地记得和保留着快乐、痛苦和激动的征状,因而不能说,他们在允许哲人在心里保存着快乐的沉渣,像人们在家里保存死者的遗骸一样时,没有说出什么与哲理相称的东西来。"(第1089页)

[Ⅳ,9]"灵魂对于回忆的那种狂热的眷恋……显示出对眼前体验到的和尚在期望中的快乐的种种表现,具有惊人的和强烈的渴望。"(第1089页)

[Ⅳ,10]"我觉得,他们[伊壁鸠鲁派]由此发现[他们的原则所导致的]结论是荒谬的之后,便指望痛苦的不存在和肉体的健康状况…… 因为,他们说,肉体的健康状况和保持这种状况的坚定希望,会使那些能够了解这一点的人得到最大的最持久的愉快。"

[Ⅴ,1]"首先你要注意他们在干些什么,他们毫无阻碍地倒过来倒过去,一会儿把快乐,一会儿把无痛苦或良好的自我感觉从肉体倒进灵魂,然后又从灵魂倒回肉体……由于必然性他们不得不又回到起点:'他们把肉体的快乐,伊壁鸠鲁说,变成灵魂快乐的基础,另一方面,又以对快乐的期望结束灵魂的快乐'。"(第1089页)

这个意见对伊壁鸠鲁的快乐辩证法具有重要的意义,尽管普卢塔克对它也作了错误的批评。在伊壁鸠鲁看来,哲人本身就处在那种不稳定的状态,即"快乐"的规定之中。只有上帝才是"幸福",才是那独立自在的虚无的纯粹平静,才完全没有任何规定性,——因此与哲人不同，上帝不是居住在世界之内，而是在世界之外。

［Ⅴ，5］"因为常有这种情况：肉体的健康状态在哲人内心里没有同对肉体的坚定和牢固的信赖结合起来。"（第 1090 页）

普卢塔克反驳伊壁鸠鲁说，由于痛苦的可能性，在现在具备健康的情况下，不可能存在自由。但是，第一，伊壁鸠鲁所说的精神根本不关心那样的可能性；因为绝对的相对性、关系的偶然性本身只是一种无关系性，这样，伊壁鸠鲁说的哲人便把自身的状况当作是无关系的，所以这一状况对他来说是可靠的。要知道在伊壁鸠鲁派看来，时间仅仅是诸偶性之偶性，——它的影子怎能冲破心灵的宁静的坚不可摧的方阵呢？如果他假定肉体——个人精神最直接的前提——是健康的，那么这样一来，在精神前面就展现出它的无关系性，它的先天本性，即肉体是健康的，对外界是没有区别的。如果在痛苦时他的这一本性对他来说只表现为特殊状况的幻想和期望，——在这些特殊状况中表现了他的精神的上述特有状况，——那么这仅仅意味着个人本身用个人的方法去观察他的观念的主观性；这是完全正确的意见。从伊壁鸠鲁的观点来看，普卢塔克的反对意见只是说在健康的肉体里不存在精神的自由，因为精神的自由恰好已存在了；须知把可能性移到外界去之所以是多余的，正是因为现实性仅仅被规定为可能性，规定为偶然性。而从总的方面来看问题，就会发现，假如良好的状况真的被偶然的个别情况弄得黯然失色，那么这恰好等于摒弃普遍性的东西；这就等于在自由的太空想着各种混合物、有毒植物发出的瘴气，想着各种小动物的吸气；这就会得出人因为会死，所以干脆不要活着之类的结论，就会使自己不能享受普遍性的东西并且陷进个别情况。这样的思想家关心的只是毫不足道的细微末节，他谨慎到什么也看不见的程度。最后，如果普卢塔克说必须关心保护肉体健康，那么，对这一毫不新奇的东西伊壁鸠鲁也在关心着，而且更为深切，因为感觉到普遍状况是真实的人，必定最关心对它的保护。这就是正常的人类理智。他以为他有权把他的最荒谬的无稽之谈和鄙俗之言冒充为未知领域，来和哲学家相抗衡。他以为，如果他把鸡蛋竖立起来，他便成为哥伦布了。撇开伊壁鸠鲁的体系不说（因为这个体系是他的权利，至高的权利），他认为哲人把疾病看作不存在，而假象消失了，在这一点上一般说来伊壁鸠鲁是正确的。这样一来，如果他病了，那么在他看来这是一种不会持久的消失状态；如果他身体健康，处在他的本质状态之中，那么对他来说就不存在假象，他就有更多的事要做，而不是去想这种假象可能存在。如果他病了，他不相信病；如果他身体健康，他便认为，这正是他应有的状态，也就是说，他像健康的人一样行动。同这个坚定的、健康的个人相比，一个叫普卢塔克的人显得多么可怜啊，这个人回想起埃斯库罗斯，欧里庇得斯甚至希波克拉底医生，无非是为了别享受健康的快乐！

健康，作为与自身同一的状态，自然而然被遗忘，在健康的状态中无需照顾身体；这种差别只有在患病时才开始。

要知道伊壁鸠鲁绝没有想要永恒的生命——所以下一瞬间可能暗藏着不幸这件事，就更不会使他感到不安了。

普卢塔克下述反驳也是同样不正确的：

［Ⅵ，1］"因为，他们说，不公正和违法的人活得并不幸福，并且经常担惊受怕，因为，他们即使能隐瞒［自己的罪行］，但终究不能坚信这些罪行不会被揭露。因此经常压在他们心头的对于未来的恐惧既不让他们快乐，也不让他们安于现状。"

［Ⅵ，2］"他们［伊壁鸠鲁派］没有发觉，他们所说的也正好与他们自己有关。因为身体往往能够处于朝气蓬勃和健康的状态，但又不能确信能够保持这种状态；于是就不得不经常为将来的身体状况焦虑和担忧。"（第1090页）

实际上发生的情况正好与普卢塔克的假定相反。只有当某一个人违反了法律和共同习惯，这些东西方成为他的先决条件；他才和它们发生差异，只有那毫无保障的"信念"才是使他摆脱这种差异的救星。

一般说来颇有意思的是，伊壁鸠鲁在各个领域里都排除那种招致先决条件本身显露出来的状态，并且赞扬那种内部仍然隐藏着先决条件的状态是正常的。总之，无论在什么地方都没有单单谈论"肉体的东西"的问题。在进行惩罚的公正性中所显露出来的正是内在的联系，无声的必然性，于是伊壁鸠鲁既把它的范畴从逻辑学中排除出去，也把它表面上的现实性从哲人的生活中排除出去。相反，一个公正的人遇到的偶然性则是一种外在的关系，这种偶然性并没有使他失去他的无关系性。

由此可见，普卢塔克的下述反驳是多么缺乏根据：

[Ⅵ，3]"你没有做任何坏事这种情况，[在伊壁鸠鲁看来]对保持宁静的精神状态并没有什么意义，因为可怕的不是你将公正地受到惩罚，可怕的是一般说来你可能会遭到惩罚。"（第1090页）

普卢塔克认为，伊壁鸠鲁就该按照自己的基本论点来论述。他没有想到，伊壁鸠鲁也许会不以那些他强加给他的基本论点为出发点。

[Ⅵ，4]"肉体的本性——它自身内包含着发病的因素，并像开玩笑的俗话所说的'从牛身上[取]皮带'一样，把痛苦从肉体里取出，——这种肉体的本性是足以使好人和坏人的生活同样变得靠不住和可怖的原因，[这种情形是有的]，因为他们已经习惯于将快乐和信心只建立在肉体和对肉体的希望上面，而不是建立在别的东西上面，**正如伊壁鸠鲁在许多别的书里，特别是在那本论述最高的善的书里所写的那样。**"（第1090—1091页）

[Ⅶ，1]"如果仅仅按照他们[伊壁鸠鲁派]的意见，快乐和善就在于避开恶。但是，根据他们的说法，除了清除掉恶的地方，就再也想不出任何别的会有善的地方，而且在自然界也根本没有这样的地方……"（第1091页）

[Ⅶ，2]"**伊壁鸠鲁本人**也有类似的**说法，他断言'善的本质在于避开恶**'，也在于对这个情况的回忆和思考以及对发生过的事情所感到的快乐。因为，他接着说，那产生出无可比拟的快乐的正是这样一种意识：大恶业已避免。只要正确理解并坚持这一点，而不是长篇大论地空谈善的话，这也就是善的本质。"（第1091页）

"呸！"——普卢塔克在这里大声啐道。

[Ⅶ，4]"所以他们既不亚于猪，也不比羊差……可是对**生来**就比较机灵和优美的动物来说，避开恶并不是最高的目的……它们避开恶以后，便寻求善，或者更确切地说，它们把一切使它们痛苦和违反［它们本性］的东西当作妨碍它们追求更为习惯和更加美好的东西的障碍而予以排除。"（第1091页）（[Ⅷ，1]"必需的东西并非就是善①，但是在避开恶的彼岸就是应该追求和必须选择的东西。"）②

普卢塔克断言，动物除了避开恶的需要外，还竭力追求在避开恶的彼岸的善；他把这当作莫测高深的道理。动物的特点恰恰是：它也追求在它身外的善。在伊壁鸠鲁看来，对人来说在他身外没有任何善；他对世界所具有的唯一的善，就是旨在做一个不受世界制约的自由人的消极运动。

在伊壁鸠鲁那里，这一切被单独地表现出来的东西，都是根据他的哲学原则得出来的，而这一哲学又是他根据该哲学的一切结论来表述的；普卢塔克的含糊不清的、毫无意义的说法并不能推翻这些论断。

[Ⅷ，3]"因为，尽管身上长满疥疮或者眼睛化脓很讨厌，但在身上搔一阵痒或者把眼睛擦干净却不是什么特别的事；同样，如果痛苦、对神的恐惧和对地狱的景象感到惶恐不安就是恶的话，那么摆脱上述恐惧也很难算是一件幸福和值得惊讶的事。"（第1091页）

[Ⅷ，4]"但是他们为快乐规定的**活动范围**过于**狭小**……因为快乐仅仅在于克服关于上述恐惧的荒谬观念，并把看来动物都能理解的东西当作智慧的顶峰。"

[Ⅷ，5]"因为，如果说在肉体没有痛苦的情况下，痛苦到底是由于肉体本身的活动或因自然而得到这种解脱并没有什么关系的话，那么，对精神

---

① 关于这个问题，亚里士多德持完全不同的看法，他在《形而上学》中证明：自由人受必然性支配的程度比奴隶要大。

② 括号里的这句话在马克思的手稿上引的是拉丁文译文。——编者注

的宁静来说，它［精神］的这种状态究竟应归功于自身还是归功于自然，也就毫无差别了。"

［Ⅷ，6］"……这样一来，就可以看出，他们［伊壁鸠鲁派］并没有什么比动物更优越之处，因为动物也不会为有关地狱和神的谈论而感到不安，同样也不会感到没完没了的悲伤和痛苦。"（第1091—1092页）

［Ⅷ，7］"确实，伊壁鸠鲁自己说过，如果对天象的忧虑和关于死亡与痛苦的想法一点也不曾使我们感到不安的话，我们就不需要自然科学了。"（第1092页）

［Ⅷ，8］"因为他们［伊壁鸠鲁派］关于神的学说的宗旨在于克服对神的恐惧，从而摆脱不安的心理，所以我认为，那些根本没有想到神的人，比那些学会想到一种无害的神的人，更有把握做到这一点；因为它们［动物］虽然没有从迷信中被解救出来，但是它们压根儿就不曾迷信过；它们虽然不能抛弃引起不安的关于神的想法，但是它们从来就不曾有过这种想法。"

［Ⅷ，9］"涉及地狱的东西，也应该这样说。"（第1092页）

［Ⅷ，9—10］"那些对死亡根本没有观念的人，比起那些自觉地得出死亡与我们毫无关系的结论的人来，更不会对死后将出现什么情况产生疑虑和恐惧。对于后者，死亡至少在他们谈到和想到的范围内同他们有关；可是动物则根本不会想到与它们无关的东西，如果说它们也躲避袭击并且对可能受伤或被打死感到恐惧，那么它们在死亡当中所害怕的正是他们［伊壁鸠鲁派］也感到可怕的东西。"（第1092页）

关于伊壁鸠鲁派主张避开数学，见普卢塔克，同上书，第1094页。

［Ⅻ，1］"他们认为有个叫阿佩莱斯的人值得赞扬和崇敬，因为他，正如他们所写的那样，一开始就与数学格格不入，使自己保持纯洁［无瑕］。"

对历史等也是一样。参看塞克斯都·恩披里柯。普卢塔克认为梅特罗多罗斯犯了大罪，因为后者写道：

［Ⅻ，2］"因此，他［梅特罗多罗斯］说，不要为你不知道赫克脱站在哪一方打仗，或者不知道荷马史诗开头的诗句或中间的诗句而难为情。"（同上书）

[XIII，1]"伊壁鸠鲁说,哲人一方面爱看演出,他在观看狄奥尼斯节的音乐和戏剧演出时得到的快乐并不比任何人少,但另一方面,甚至在席间谈话中他也闭口不谈音乐问题和批评家们的语文研究。"(第1095页)

[XV，4]"可是,他们自己说,行善比受惠更愉快。"(第1097页)

"他们自己"——这是指那些沉溺于伊壁鸠鲁学说的人。

[XVIII，5]"其次,伊壁鸠鲁承认,有些东西(即快乐)是由于荣誉而产生的。"(第1099页)

比普卢塔克上述肤浅的道德上的责难更值得注意的是他对伊壁鸠鲁神学的论战,其所以如此,并非由于这一论战本身,而是因为这里可以看出,总的说来持伊壁鸠鲁观点的普通意识如何单单害怕作出公开的哲学结论的。同时应当时刻注意,除了精神的自由和精神的独立之外,无论是"快乐",无论是感觉的可靠性,无论什么东西,伊壁鸠鲁一概都不感兴趣。

那么,我们来看看普卢塔克的某些意见吧。

[XX，3]"至于快乐,他(即伊壁鸠鲁)已经说过,伊壁鸠鲁派的学说,在它顺利地和成功地实行时,**会消除恐惧**和迷信,但是并**不会给人以快乐和神的恩惠**,而是**使我们和神处于这样一种关系,在这种关系中我们从神那里既不会得到恐惧,也不会得到快乐**〈也就是说,神同我们没有任何关系〉,就像我们从赫尔干尼亚海的鱼那里,既得不到什么好处,也得不到什么害处一样。"

[XX，4]"如果要对说过的东西作某些补充的话,那么,我觉得这可以从他们自己那里去借用。首先他们反对那些认为不能因亲近的人死去而悲伤、流泪和呻吟的人,并且说,对悲伤无动于衷乃至达到麻木不仁的程度,是起因于另一种更大的恶,即残忍、不可遏制的虚荣或暴怒。因此,最好做一个多愁善感的人,做一个会悲伤的人,最好不要因为流泪而感到难为情,甚至最好是号啕痛哭,对举凡能给人造成心软和友好印象的感情的其他种种表现,都不要节制。"

[XX，5]"这一点伊壁鸠鲁在他的书中多次说到。"(第1101页)

普卢塔克全然不理解伊壁鸠鲁关于惧怕神的论断的含义；他不理解，哲学意识多么希望摆脱这种恐惧。普通人是不理解这一点的。因此，普卢塔克举出庸俗的经验主义的例子，来证明这一信仰对群众来说并不很可怕。

同伊壁鸠鲁相反，普卢塔克首先考察"群众"对神的信仰，并且说，群众的这种意向无疑一方面表现在恐惧中。也就是说，感觉上的恐惧，是普卢塔克能够理解自由精神对那个人的、全能的、把自由吸收进体内，因而排外的存在物感到害怕的唯一形式。其次他认为：

［XXⅠ，3］"因为那些害怕他［神］的人，把他当作对好人厚道对坏人严酷的主宰，这些人由于有这种恐惧心理便避免去做不公正的事，也不需要许多拯救者；他们的恶意逐渐受到抑制，因此他们感受的精神痛苦，比那些染上恶习和胆大［妄为］而后感到害怕悔恨的人要少。"（第1101页）

于是，这种感性的恐惧就预先防止他们作恶，似乎这种内在的恐惧本身并不是恶。经验的恶的实质究竟何在？就在于个人囿于他的经验的本性而违背自己永恒的本性，但是，当他抛弃自己永恒的本性，把它视为存在于孤立状态之中、存在于经验之中，因而也就是把它当作自身以外的经验的神时，他所做的难道不是同一回事吗？或者应当把重要的意义赋予关系的形式？这样一来，神就罚恶赏善，而且在这里恶是对经验的个人来说的恶，善是对经验的个人来说的善。既然个人也关心：对他来说什么是善和恶，那么除此而外这种恐惧和这种希望究竟从何产生呢？在这一方面，神不是什么别的东西，而是集经验恶行的一切后果之大成的共同体。于是，经验的个人由于害怕因恶行而得到的好处会引起更大的恶并使他失掉更大的好处，便不去作恶；因此，他这样做不就是为了使他的安宁的连续性不致由于有失去这种安宁的内在可能性而遭到破坏吗？

伊壁鸠鲁不正是直截了当地教导同样的东西吗：勿行不义，免得经常担心受到惩罚。这种个人同不动心的内在关系被当成同存在于他之外的神的关系；但是，这个神的内容原来不是别的，而正是那不动心，即这里所说的安宁的连续性。对未来感到恐惧这种缺乏信心的状态，在这里被置入神的遥远的意识中去，它被看作已经预先存在于这一意识中的状态，但这种状态仅仅被当作一种威胁，因而正是被看成它在个人意识中存在的那个样子。

（2）普卢塔克说，这种信仰神的意向也能使人得到"快乐"。

［ⅩⅩⅠ，6］"相反，只要它（即灵魂）想象到和思考到神的降临时，它就会轻而易举地驱散各种悲伤、恐惧和忧虑并沉醉于欢乐之中，直到狂喜、戏谑和欢笑，在爱里面……"（第1101页）

然后他说，老人、女人、商人、国王在盛大的宗教节日里都沉醉在欢乐之中。

［ⅩⅩⅠ，8］"不，在节日里使人兴高采烈的不是丰盛的酒，也不是烤肉，而是对神的惠予降临并将满意地接受［为了表示对他的尊敬］而做的这一切所怀有的虔诚愿望和信念。"（第1102页）

应该更确切地弄清楚，普卢塔克是如何描述这种喜悦，这种"快乐"的。

首先，他说，神一降临，灵魂的悲伤、恐惧和忧虑便一扫而光。于是神的降临便被规定为灵魂摆脱恐惧、悲伤、忧虑而获得自由。这种自由表现在抑止不住的欢喜中，因为这种欢喜乃是个人灵魂关于它这种状况的有力证明。

其次，在这种快乐中个人地位的偶然差别消失了。于是，在这个节日里个人便脱离他的其他规定，个人被规定为一个个人，——而这一规定是本质性的。最后，这不是个别的快乐，而是一种信念：神并非什么孤立的东西，他具有乐个人之所乐、从高空善意地注视着个人的快乐的本性，因而他自己也就进入了享受快乐的个人的规定。总之，在这里被奉为神明并备受赞扬的东西，正是摆脱其日常束缚而被神化了的个体性，即伊壁鸠鲁的"哲人"及其"心灵的宁静"。崇拜的对象不是作为一个神来看待的神之降临，而是作为个人的快乐之神的降临。这个神没有任何别的规定。因为个人的这种自由在这里借以表现的真正形式就是快乐，而且是个人的、感性的快乐，是不受干扰的快乐。于是，这种"心灵的宁静"就像一种共同的意识在人们头上飞翔；但是正如在伊壁鸠鲁那里一样，它的表现原来就是感性的快乐，所不同的只有下面一点：在这里表现为真实的个别状态的东西，在伊壁鸠鲁那里则成为包罗万象的生活意识，因此，在伊壁鸠鲁那里个别的表现看起来更无足轻重，它在更大的程度上是从自己的灵魂即"心灵的宁静"那里得到生气的，而在普卢塔克那里这种成分则更多地为个别性所掩没，而且这两者是直接地混在一起的，因而也是直接地分开的。普卢塔克在和伊壁鸠鲁论战时所坚持的神性的东西的差别，就是这么可悲。还有一个意见：如果普卢塔克说国王从他们的公共宴会和免费发肉所得到的快乐不如从祭餐得到的快乐多，那么这仅仅意味着在那里快乐被看作是一种人的、偶然的东西，而在这里则被看作是神的东西，意味着个人的快乐被看作神的东西，而这恰好是伊壁鸠鲁的观点。

普卢塔克把"最好的人和最爱神的人"的态度，同"坏人"和"众人"表现出来的这种对神的态度区别开来。

我们来看看，他这样做使他在与伊壁鸠鲁的论战中赢得了什么。

普卢塔克说：

[XXII，1—3]"那些对神怀有纯洁观念的人感到多么大的喜悦，他们把神当作一切善的主宰，当作一切美好事物之父，神既不做坏事，也不会受痛苦的折磨。因为神是善良的，而善良者既没有忌妒，没有恐惧，也没有愤怒，没有仇恨。因为，正像热不会使人发冷而会使人温暖一样，善良者也不会害人。就本质而论，愤怒离仁慈最远，凶恶离敦厚最远，恶意和敌意离博爱和友善最远。一个是英勇和力量的结果，一个则是软弱和邪恶的结果。因此神不会集愤怒与仁慈于一身，而由于神的本性在于仁慈和助人，所以愤怒和害人与它的本性是不相容的。"（第1102页）

神是"一切善的主宰"和"一切美好事物之父"这一论断的哲学涵义在于：这不是神的谓语，但善的观念就是神性的东西本身。然而从普卢塔克的规定中却得出了截然不同的结论。善被理解为与恶完全相反的东西，因为前者是美德和强大的表示，后者是软弱、贫乏和堕落的表示。这样一来，判断、差别就从神身上消除了，而这正是伊壁鸠鲁的主要论点之一；因此，当伊壁鸠鲁在人的身上，在他的直接的同一性中，在感性中发现了这种无差别性——无论是理论上还是实践上，——而在神的身上发现了像虚空一样的纯粹的"宁静"时，他是始终一贯的。通过消除判断而被规定为善的神就是虚空，因为任何规定性都包含着这样一个方面，它把规定性与别的东西隔开并将其封闭在自身里，因而也就在对立中和矛盾中显露出自己的"恼怒"、自己的"仇恨"、自己"惧怕"放弃自己。于是，在普卢塔克那里就出现了——但只作为形象，作为表象出现——伊壁鸠鲁作出的那个规定，这个规定是伊壁鸠鲁用概念来表达的，并且去掉了人的形象。

因此这样的问题听起来就显得很虚伪：

[XXⅡ，5]"或者，你们也许认为对否认天意的人还应当采取一种特殊的惩罚，而没有考虑到他们自己使自己失去这种快乐和喜悦就够受的吧？"（第1102—1103页）

相反，可以断言，谁如果把神性的东西当作自在的纯粹幸福、没有任何不能用概念表明的类人关系来直观，他就能比以相反的方式行事的人从这一直观中得到更大的快乐。幸福就在于想象一种纯粹的幸福，不管它看起来多么抽象，——就像我们在印度和尚那里看到的一样。此外，普卢塔克取消了"天意"，因为他把恶、差别同神对立起来。他以后的论述是完全不合逻辑的和含混的；此外，他在各方面都显示出，他所感兴趣的只是个人，而不是神。因此，伊壁鸠鲁说神并不关心个人，他是相当诚实的。

总之，普卢塔克思想的内在辩证法迫使他不是去谈论神性的东西，而是去谈论个人的灵魂，并且一切都归结为"关于灵魂的论述"。关于伊壁鸠鲁，有这么一段话：

[XXIII，6]"所以它（即灵魂）在掌握了下面这一绝顶聪明的神的说教之后，便充满了快乐。这个说教认为：对灵魂来说，**死亡、毁灭和化为乌有就是痛苦的终结**。"（第1103页）

但是普卢塔克的动人言词不应使我们产生误解。我们会看到，他否定自己的每一个规定。单是"痛苦的终结"，以及作为对立面的"死亡"、"毁灭"和"化为乌有"这种人为的狡计就已经表明重心何在，表明一边是多么地轻，另一边则重达三倍。

考察仍然分为"不公正的人和坏人"，其次是"众人和未开化的人"，最后是"正直的人和明智的人"（第1104页）同死后灵魂长存说的关系。这种用固定的质的区别进行分类的做法就已说明，普卢塔克对伊壁鸠鲁的不理解达到了何等地步，因为伊壁鸠鲁作为哲学家一般地考察了人类灵魂的本质关系。如果说伊壁鸠鲁认为灵魂是暂存的因而仍继续相信"快乐"，那么普卢塔克就应当看到，不管哪一个哲学家都会情不自禁地赞美"快乐"。普卢塔克由于自身的局限性，与这种快乐是格格不入的。对于不公正的人还是用恐惧作为感化的手段。我们已经考察过这种非难了。既然在恐惧中，而且是在内心的、无法抑制的恐惧中，人被降低为动物，那么把动物关在笼中，无论怎么关法，对它来说反正都是一样的。如果一个哲学家不认为把人看作动物是最可耻的，那么他就根本什么都理解不了。

[XXVI，1]"众人尽管也对阴间感到恐惧，可是被神话激起的对不死的希望和**对生存的渴望这种一切**欲望中**最古老**和最强烈的欲望，却使他们充满了这样大的欢乐和兴奋，以致压倒了这种幼稚的恐惧。"（第1104页）

[XXVI，2]"那些失去儿女、妻子和朋友的人宁愿他们存在和居留在某个地方，**哪怕他们过着苦难的日子也好**，而不愿他们完全死亡、被消灭和化为乌有。因此他们总乐意听到人家这样说到**死者：他移居**到另一个世界去了，或者**他改变了**自己的住处，以及诸如此类的其他说法，按照这些说法，死亡并不是**消灭**，而是**灵魂住所的改变**。"（第1104页）

[XXVI，5]"当他们听到说死者'死亡了''消灭了''不再存在了'时，他们便恐惧起来。"

[XXVII，1]"而那些说'我们，人，只生一次，谁也不会生两次'的人，则给了他们**决定性的打击**……"

[XXVII，2]"于是他们便认为现在的生活和永恒比较起来意义甚微，或者更正确些说，没有任何意义，他们便苟且偷安，虚度年华；他们由于胆小而轻视美德和活动，**并且看不起自己，认为自己朝生夕灭，很不稳定，不能有所作为**。"（第1104页）

[XXVII，3]"须知**失去知觉和解体**，以及那种认为没有知觉的东西同我们没有任何关系的理论，都不能排除对死亡的恐惧，反而好像证实了这种恐惧。因为这正是本性所害怕的东西……也就是说，这是**灵魂的毁灭**，由于这种毁灭，灵魂既失掉了思维的能力，也失掉了感觉的能力。伊壁鸠鲁把这说成是灵魂在虚空中的解体和分解成原子，就更进一步摧毁了对**不死的希望**，为了这一希望，**可以毫不夸大地说，所有的人——不论男人还是女人——都情愿让自己被塞卜洛士撕烂，情愿往丹纳士诸女的无底桶里倒水，只求延长自己的生存而不致遭到彻底的消灭**。"（第1105页）

现在我们再说"众人"的观点，尽管归根到底只有少数人不持这种观点，真正讲来，所有的人——"可以毫不夸大地说，所有的人"——都发誓忠于这面旗帜。

其实，与前一阶段并没有质的差别，不过以前以动物恐惧的形式表现出来的东西，现在表现为人的恐惧形式，表现为感情的形式。内容仍然一样。

有人对我们说，生存的愿望是最古老的爱的形式；当然，最抽象的因而也是最古老的爱的形式是自爱，对自己个人存在的爱。可是这实在把事情说得太露骨了，口头上又不得不加以否认，于是就用情感的假象给它罩上一轮华贵的光圈。这样，失去妻子和儿女的人宁愿他们存在于**某个地方**，哪怕他们**日子过得很坏**，也不愿他们完全不复存在。假如只是谈到爱的话，那么应该说，个人的妻子和儿女是最纯洁地保留在他的内心里，这是一种比经验的存在高得多的存在形式。但情况却不是这样。既然个人只具有经验的存在，那么妻子和儿女也仅仅具有经验的存在。因此，他宁愿知道他们在感性空间的某个地方存在着，哪怕过着苦难的日子也好，也不愿他们根本不存在，这只不过表示，个人希望意识到自己本身的经验存在而已。爱的外衣仅仅是影子，而核心则是那赤裸裸的经验的"我"，自爱，爱的最古老的形式，它并没有更新，没有变成更具体、更理想的形式。照普卢塔克的看法，"变化"一词听起来要比"完全不复存在"更舒服些。但是，按照普卢塔克的看法，这个变化不应是质的变化，个别的"我"应该常住在他的个别的存在中；这样一来，这个名词仅仅是它所指的事物的感性表象，但它应当表示某种相反的东西。因此，这是骗人的虚构。事情的实质不应改变，而只应使它模糊不清；把它移置到奇妙的远方，只会掩盖质的飞跃，而质的任何差异都是飞跃，没有这种飞跃就没有理想性。

其次，普卢塔克认为，这种有限性的意识使人变得无能为力和无所作为，[引起]对现实生活的不满。但是要知道，表现为暂时的正是这一单一的存在，而不是生活。如果这一单一的存在认为自己已从这种因循守旧的一般生活中被取消，那么它还会因为它的苟且偷生将永远延续下去变得更加丰富，更加充实吗？它的态度因此而改变了呢，还是相反地仍然处在它的无生命的僵化状态中？它对今天的生活是持这种无所谓的态度，或者这个伊壁鸠鲁还要再继续活上几千年，这是否都一个样呢？

最后，普卢塔克直截了当地说，问题不在于内容，不在于形式，而在于个人的存在。只要存在，哪怕被塞卜洛士撕成碎块也罢！这样一来，他的不死学说的内容是什么呢？就是：从其个体状态在这里赋与他的质中抽象出来的个人，不是作为某种内容的存在而存在，而是作为存在的原子论形式而存在；伊壁鸠鲁说个人的灵魂被破坏并分解成原子，他所说的不也是同一回事吗？赋与这些原子本身以感觉，但又认为这种感觉的内容是无关紧要的，这实在不合逻辑。这样一来，普卢塔克在对伊壁鸠鲁的论战中所阐述的就是伊壁鸠鲁的学说。不过他没有忘记处处把"不存在"描绘成最可怕的东西。这种纯粹的自为存在就是原子。如果一般对个人来说，不死不是得到它的内容的保障，——因为这一内容是共同的，所以它作为共同的东西存在于自身中；而因为这一内容就是形式，所以它永远个体化，——如果不死对于他这个人的存在具有保障，那么自为存在的具体差别就消失了，因为这种差别所表示的不是个人继续存在，而是永恒的东西与暂时的东西相对立而存在。在这种情况下，一切都归结为这样一个论点：原子本身是永恒的，有生命的东西又返回自己的这一基本形式。

伊壁鸠鲁就是这样阐述他的关于不死的学说的，但他从哲学上进行思考，而且十分彻底，因此完全可以用他的名字来称呼这一学说，完全可以说有生命的东西又回到原子论形式。任何不彻底性在这里都无济于事。如果个人的某一具体差别应当消失，正如生活本身所表明的那样，那么所有那些本身不是共同的和永恒的差别便都应当消失。但是，如果个人应当对这一"变化"漠不关心，那就只剩下这种保留原先内容的原子外壳，——这就是关于原子永恒性的学说。

雅科布·伯麦说：

"谁把永恒与时间等同，
而把时间认作永恒，
他便可以摆脱
各种各样的争斗。"

[XXⅧ，1]"这样，他们[伊壁鸠鲁派]就用他们的学说使众人在失去对不死的[信念]的同时也失去最大的和最甜蜜的希望。"（第1105页）

这样一来，如果普卢塔克说伊壁鸠鲁把群众最甜蜜的希望连同不死一起毁掉，那么要是普卢塔克所说的话像他在另一个地方说过的话那样，那就会正确得多，在那里他是这样说的：

[XXⅧ，3]"他不是在消除[对死亡的恐惧]，反而好像是在说明它。"

伊壁鸠鲁没有消除这一观点，他阐明它，用概念将它表达出来。

我们现在再说"正直的人"和"明智的人"这一类人。自然，在考察他们的时候，没有发现任何与前不同的新东西，不过那最初表现为动物的恐惧、随后又表现为人的恐惧、表现为怯生生的抱怨，表现为不愿意放弃原子论的存在的东西，现在以傲慢、自负和权利的形态出现了。于是像普卢塔克所描述的，这类人的代表便完全失去了理智。最低下的一类人提不出任何要求，第二类人流着眼泪，准备顺应一切，只求挽救原子论的存在，第三类人则以庸夫俗子为代表，他感叹道：我的天，真是岂有此理，这么聪明、正直的人还要去见鬼啊！

[XXVIII，1]"对于那些善良的人的希望，我们将作何设想呢？他们笃信宗教并且正直地生活着，他们不希望在另一个世界里碰到什么坏事情，相反，他们期待着一切最美好和最奇妙的东西。"

[XXVIII，2]"首先，就像竞技者不是在他们开始角斗时，而是在取胜时才得到花环一样，那些**认为善良的人死后将会因**[正直的]**生活而得到奖赏**的人，奇怪地被上述希望推动着去行善。在这些希望中也包含着这样一种[希望]：那些在现时生活中**因为有钱有势而过于骄傲并且狂妄地嘲笑好人的人，一定会受到应得的惩罚**。"

[XXVIII，3]"其次，那些在这里追求真理和力图认识存在物的人中，还没有一个能够彻底实现自己的愿望。"

[XXVIII，4]"因此我把死亡看作一种巨大的和极完美的幸福，因为只有在那里灵魂才开始过着真正的生活，而在这里它不是真正地活着，而是处在一种梦一般的状态中。"（第1105页）

于是，这些好人和聪明人就指望着死后得到对生命的奖赏。但是，既然对他们来说对生命的奖赏是一种与生命有着质的差别的东西，那么在这种情况下指望得到延长生命的奖赏是多么不合逻辑。这种质的差别仍然披着虚构的外形，因为生命并没有上升到更高的领域，而是转移到另一个地方。于是，他们只是装作轻视生活的样子，无论什么更好的东西他们连想都不去想，他们只是以要求的形式来表示自己的希望。

他们轻视生活，但是在这种生活中他们的原子存在就是他们的幸福，而且他们希望这种幸福是永恒的，也就是希望自己的原子存在是永恒的。如果在他们看来整个生活是一种幻影，一种坏的东西，那么他们认为他们是好人这种想法究竟从何而来呢？就只能从认为自己是原子存在这种知识中来；普卢塔克甚至断言，他们不满足于这种想法，他断言，——因为经验的个人所以存在，仅仅是由于他被另一个什么人所直观，——这些好人感到高兴的是：他们死后，那些迄今为止轻视他们的人现在确实看到他们是好人了，现在不得不承认这一点，并且必将为他们曾经不承认他们是好人而受到惩罚了。这是什么要求！坏人必须承认他们生前是好人，而他们自己却不承认生活的普通力量是幸福！这不是原子的傲慢达到登峰造极了吗？

这里不是十分突出地表明，永恒的东西是目空一切的和高傲的，而无情的、毫无内容的自为存在是永远存在的吗？用空洞的词句来掩盖这一点，说谁也不能满足自己这方面求知的渴望，是徒劳无益的。

这一要求中所表明的仅仅是，普遍的东西须象意识一样表现为单一性的形式，而且普遍的东西始终不渝地在实现这一要求。其次，因为又要求它出现在这经验的唯一的自为存在中，所以这仅仅意味着问题不在于普遍的东西，而在于原子。

这样一来，我们就看到，在对伊壁鸠鲁的论战中，普卢塔克每走一步都落到伊壁鸠鲁的怀抱里；但伊壁鸠鲁扼要地、抽象地、真实地和尖锐地阐述自己的论断，并且了解他讲的究竟是什么，而普卢塔克所说的都不是他想说的，而他想说的实际上又不是他所说的。

一般说来日常意识同哲学意识的关系就是这样。

[Ⅲ.] （2） 普卢塔克。《科洛特》。克西兰德版

[Ⅰ，1]"萨图尔宁啊！科洛特，就是伊壁鸠鲁通常亲热地称之为科洛塔尔和科洛塔里翁的，出版了一本题为《论信从其他哲学家的学说就不能生活》的书。"（第1107页）

如果说在前面的对话中普卢塔克是试图向伊壁鸠鲁证明：信从他的哲学"不可能有幸福的生活"，那么现在他是在努力维护其他哲学家反对来自伊壁鸠鲁派的同一反驳意见的论点了。我们将看到，这一使命他是否能比前一个使命完成得更好，上一次他的论战实际上可以称为对伊壁鸠鲁的颂扬。这一对话对说明伊壁鸠鲁与其他哲学家的关系的特点是

重要的。科洛特开过一个机智的玩笑,他请苏格拉底吃干草,而不是吃面包,并问他为什么不是把食物放进耳朵,而是放进嘴巴。苏格拉底专门在琐碎的事情上下功夫,这是他的历史地位的必然结果。

[Ⅲ,3]"莱昂泰乌斯……断言,**伊壁鸠鲁很尊重德谟克利特**,因为德谟克利特在他之前就宣示了真理的学说……因为德谟克利特早就发现了自然**原理**。"(第1108页)

[Ⅵ,3]"谁要是断言多数人的如下意见是错误的,即:'热的东西是热的,冷的东西是冷的',那么[他自己就错了],因为他没有意识到,从他的话得出的结论是:没有一样东西会比别的东西更像它自己。"(第1110页)

每当伊壁鸠鲁哲学的彻底性一显示出来的时候,普卢塔克总是感到痒痒的。庸人认为,如果谁根据众人凭自己感性知觉能力判断的情况,对冷的东西不冷、热的东西不热的论点提出异议,而不肯定不管前一种说法或后一种说法都不存在的话,他便是自己欺骗自己。此公不知,这样一来差别只是从客体转移到意识。为了解决感性可靠性自身内的这一辩证法,必须承认,特性寓于共同性,寓于感性知识同感性存在的关系,而由于这种关系是直接不同的,所以特性也直接不同。这样,错误既不会归咎于客体,也不会归咎于认识,但是感性的可靠性整个来说将被看作这种不稳定的过程。谁的辩证法力量不足以全盘否定这个范围,谁想要承认它,他就必须满足于在这个范围内揭示的那个样子的真实。对头一件事来说普卢塔克太软弱,对第二件事他则太诚实,太审慎了。

[Ⅶ,4]"……所以对每一种质实际上都可以说,它的存在同它的不存在是一样的:对于感觉得到它的人来说,它是存在的;对于感觉不到它的人来说,它是不存在的。"(第1110页)

于是,普卢塔克说,无论哪一种特性,都应当说它的存在同它的不存在是一样的,因为它是按照感觉到的印象而变化的。但是普卢塔克对问题的提法就已表明,他并不明白这是怎么回事。他谈论静止的存在或非存在就像谈论谓语一样。但刚好相反,感性东西的存在就在于不成为那样的谓语，不成为静止的存在或非存在。如果我以这种方式来区分它们，那么我所区分的正是在感性中没有被区分的东西。在通常的思维中，总是存在现成的、被思维从主体分离出来的谓语。所有哲学家都用谓语做主体。

（a）伊壁鸠鲁和德谟克利特

［Ⅶ，2］"**德谟克利特所说的**东西，即**颜色**、**甜味**、**组合**——这一切只存在于公认的意见中……［而实际上这一切只是虚空和］原子，他［即科洛特］说，这一点和**感性知觉**［相矛盾］，凡是接受和运用这一论点的人，**便不能有把握地说他自己是活着呢还是**［**死了**］。"

［Ⅷ，3］"这种论断我没有什么可**反对**的，我只能说，所引证的这些原理和**伊壁鸠鲁**的原理是分不开的，正如，按照他们［伊壁鸠鲁派］自己的说法，形式和重量与原子是分不开的一样。"

［Ⅷ，4—5］"**德谟克利特说了些什么？**——多到不可胜数的、不可分割的和很难分辨的，无质的和不受影响的实体，在虚空中分散地奔跑疾驰。当它们互相靠近或碰撞或交织在一起时，**由于它们的聚集就给人造成这样一种印象**：时而成为水，时而成为火，时而成为植物，时而成为人，但这一切实际上就是德谟克利特称作观念的原子，而不是什么别的东西。因为，据他说，从不存在的东西中不能产生有，从存在的东西中也不能产生无，这是因为原子由于不可渗透性既不受外界的影响，也不容许有内部变化，**由此可见**，**色不能由无色的东西构成，自然或灵魂也不能由无质的东西构成**。"

［Ⅷ，6］"**因此，应当责备德谟克利特的决不是他根据他的始原的**［**存在**］**作出结论，而是他提出了这些结论所据以产生的那些始原**。他不应把本原当作不变的；或者，既然承认［它们的不变性］，他就应当**注意到**［**这样一来**］任何质都失去了产生的［可能性］，他就应当把［结果］**否定掉**，即使他也发现了这种不可能性。但**伊壁鸠鲁**完全缺乏理性地说，他［和德谟克利特一样］把同样的始原作为［一切的基础］，**却没有说色……和别的质只存在于意见中**。"

［Ⅷ，7］"如果没有说的情形就是这样，那他这不正是承认，他在做一件他已习以为常的事吗？这样，他就排除天意，用他的话说，不再敬神了；他认为，他是为了快乐而寻求友谊，他［同时］声称，他为朋友忍受着最大的痛

苦；他承认宇宙是无止境的，但不否认'上'和'下'[的概念]……"（第1110—1111页）

[Ⅸ，1—2]"在这种情况下又怎么样呢？莫非柏拉图、亚里士多德和色诺克拉特[没有假定]金并不是采自金……其他的一切均由四种原始的和简单的元素构成？……但是在他们那里，每当要创造另外一样东西时，始原总是一开始就组合在一起，并且每一样东西都带来它所固有的种种质，就像加进一份巨大的贡献似的，当它们混为一体，当湿的和干的东西、冷的和热的东西等等融含在一起，也就是说，当相互作用和彻底变化着的物体融合在一起时，便得出另一种产物。"

[Ⅸ，3]"而原子自身是独自存在和没有任何生产能力的，甚至当它与另一个原子冲撞时，也只感到因硬度和反作用力而产生的振动，但它自己不会发生也不会引起任何变化；它们就是这样永远地冲撞和被冲撞，可是它们在不断的撞击和排斥的过程中**不仅不能从自身产生出任何动物、任何灵魂和任何生物，甚至随便什么相同的质或者哪怕一堆东西也产生不出来。**"（第1111页）

（b）伊壁鸠鲁和恩培多克勒

[Ⅹ，1]"科洛特……又抨击恩培多克勒，因为恩培多克勒[在他的诗中]说：

我再告诉你一件事：任何一个死亡的东西

既没有什么生，

也没有什么残酷死亡的必然性，

有的只是混合和混合物的解体，

这就是人们所谓的自然。"（第1111页）

[Ⅹ，2]"至少是我没有看出，**持下列意见的人能在多大程度上与生活相矛盾，即：没有的东西不会生，存在的东西不会死，而是存在物的互相结合就叫生，存在物的彼此解体就叫死**。要知道恩培多克勒把死亡与自然对立起来，这就清楚地表明，他在这里把'自然'一词理解为生。"

[Ⅹ，3]"要是那把混合称为生，把解体称为死的人不是活着也不能活着，那他们在做什么别的事呢？

但是恩培多克勒用**热、软**等把元素粘在一起和结合在一起，让它们混合并**变成一种单一的、完全一样的东西**。而他们[伊壁鸠鲁派]则把不变的和没

有悟性的原子聚到一块,结果什么也没有得到,可是却使它们经常地和不断地互相冲撞,因为妨碍分解的复合更加剧了相互的冲撞,所以他们称为生的东西既不是混合,也不是粘合,**而是混乱和斗争**……因而,从它们[X,4]不能产生出任何东西,即使是没有灵魂的东西。"

[X,5]"怎么能够在虚空中或者从原子中产生出感觉、灵魂、智慧和理性呢,这一点不管你有多大的愿望都是不可想象的,因为**它们本身并不具有任何的质**,当它们聚到一块时,它们既不受影响,也不起变化,这种聚集本身所造成的不是混合、组合或接合,而是冲撞和互相排斥。"

[X,6]"**所以他们的学说所造成的结果是毁灭生命,否定生物的存在**,因为他们采用的原则是空洞的和没有感觉的,无神的和没有灵魂的,既不能混合,也不能组合。"

[XI,1—2]"这样一来,他们[伊壁鸠鲁派]究竟在多大程度上让自然、灵魂和生物保留下来呢?那就正像他[伊壁鸠鲁]保留宣誓、祈祷、祭祀和崇拜一样,也就是说,**只是在字面上、口头上、表面上、名称上假装保留它们**,实际上他们却用自己的原则和学说来否定这一切。于是,**他们把自然生长的东西叫做自然,把生出来的东西叫做生**,就像人们把木头做的东西称为'木',把声音和谐的东西叫做'和谐'一样。"(第[1111]—1112页)

[XI,2]"为什么(科洛特说,——自然是对恩培多克勒说)我们要折磨自己,为自己操心,取此舍彼呢?须知连我们自己都不存在,也不同别人交往。"

[XI,3]"放心吧,[可以这么说],亲爱的科洛塔里翁,当他说科洛特的自然就是科洛特自己,而不是什么别的东西的时候,任何人都没有禁止你为自己操心;当他证明,不存在烤的、香的、爱的东西的自然[本身],但却存在着饼干、香油、女人的时候,[任何人也没有妨碍你]做事(对你们来说快乐就是事情)。"

[XI,4]"因为即使一个文法家说'海格立斯的力气'就是海格立斯自己时,他[并没有以此否定海格立斯本身的存在],正如那些主张'和谐的'和'木的'只是派生词的人,也没有以此否定声音和木头的存在一样。"

[XI,5]"在伊壁鸠鲁说'存在物的自然是由物体和空间构成的'时,我们是否应该这样来理解他:他似乎想说,自然是存在物以外的另一种东西,或者他指的就是存在物而别无其他?就像他所用的'虚空的自然'这些词毫无疑问是指虚空本身以及他通常用'宇宙的自然'来表示宇宙一样。"(第1112

页）

［Ⅺ，6］"恩培多克勒说，自然同生出来的东西没有区别，死亡同正在死亡的东西没有区别，他这样说时到底做了些什么呢？"（第1112页）

引用恩培多克勒的话。

［Ⅺ，7］"当世上由于混合出现了人，

或者一种野兽，一种灌木，

或者一种猛禽，这就被［叫做］生；

当他们分崩离析，

习惯上就称为不幸的命运。"

［Ⅺ，8］"我必须补充一下，科洛特援引恩培多克勒这几行诗句时，并未看出，恩培多克勒没有取消人、野兽等等，按照恩培多克勒的论点，他们是由元素混合而成的，科洛特揭露了那些把这种混合和解体取名为什么'生'，'不幸的命运'和'残酷的死亡'的人的错误，可是却没有禁止使用关于这些概念的习惯上的表述。"（第1113页）

［Ⅻ，1］"这些傻瓜，他们无所用心也无疑惑可苦恼，

他们以为从未有过的东西能产生，

或者一种东西会死去，

完全化为乌有。"

［Ⅻ，2］"他是以这些词句向长有耳朵的人大声地说：他不是否定生而是否定无中生有，他也不是否定死亡，而是否定彻底的毁灭，即化为乌有。"（第1113页）

［Ⅻ，3］"'哲人永远不会这样预言，

只要人们还活着［他们把这叫做生］——

就能真正地活着，体验着善与恶，

要是他们尚未形成或者一旦解体，

他们便不是活着。'

否定已经生出来的和活着的人的存在的人，是不会这样讲的，相反，倒是那些承认未出生者和已故者也存在的人才会这样讲。"（第1113页）

［Ⅻ，4］"他（即科洛特）又断言，按照恩培多克勒的看法，我们既不会患病，也不会受伤。但当恩培多克勒说人只在出生之前和死后才会经验善恶

时,他怎能否定活着的人对痛苦的感受呢?"

[Ⅻ,5]"到底是谁,科洛特,真的能不患病和不受伤?正是由原子和虚空,即由没有感觉的东西构成的你们。这并不可怕,可怕的是你们没有快乐的来源,因为原子不会感受任何引起快乐的东西,而虚空对快乐始终是没有感觉的。"(第1113页)

(c) 伊壁鸠鲁和巴门尼德

[ⅩⅢ,2] "我始终不理解,他说宇宙是单一的,这怎么会妨碍我们生活。"

[ⅩⅢ,3]"要知道当伊壁鸠鲁断言宇宙是无穷尽的,既无始也无终,既不会增大也不会缩小时,他也是把宇宙当作一个单一体来说的,当他在研究之初说存在物的自然是由物体和虚空构成的,他仿佛是把单一的本质分为两部分,其中一部分实际上就是无,并且就是被你们称为感触不到的、空虚的和无形体的东西,所以对你们来说,宇宙也是单一的。"

[ⅩⅢ,5]"我们应该把无限和虚空当作存在物产生的本原;但虚空本身是不起作用的和不受影响的,它没有形体,而无限是混乱的、没有理性的、不可把握的,它自行解体并陷入混乱,因为它由于自己的数量无限,既不能被控制,也不能受限制。"

[ⅩⅢ,6]"相反,巴门尼德〈如科洛特所说〉既没有取消火,也没有取消水……没有取消欧洲和亚洲人口稠密的城市……"

[ⅩⅢ,8]"因为所有[哲学家],最早还有苏格拉底都承认,自然中有一种只有见解才能够懂的东西,但也有另一种唯有智慧才能理解的东西。"(第1113—1114页)

"它[即思考的东西]

'是不可动摇的、完整的,并且从未产生过',诚如他[巴门尼德]所说,它与自身是同一的并且在它自身里始终是固定的(第1114页)。

……科洛特则……直截了当地说,巴门尼德断言'宇宙是单一的'就是否定一切存在的东西。"(第1114页)

[ⅩⅢ,9]"[巴门尼德承认被思考的东西具有存在物和单一体的形式],存在物他指的是永恒和不朽的东西,单一体指的是永远与自身相同的和不可改变的东西……而感性的东西,他认为是紊乱的,处在[经常]运动中的东

西。"(第1114页)

[XIII,10]"'真理在这里充满了令人信服的力量',这种力量属于永远与自身同一的被思考的东西。

'人们的见解在那里,里面一点真实的东西都没有了'——因为他们[人们]从事着允许各种各样变化的事情并且易受情感和不稳定的影响。"(第1114页)

"因而,他的'存在的东西是单一的'这个论点,并没有否定多和感性的东西,而是表明了它们与思维所建立起来的东西之间的差别。"(第1114页)

(d) 伊壁鸠鲁和柏拉图

譬如,下面关于亚里士多德的一段话可以作为普卢塔克的非哲学的思维方式的证明:

[XIV,4]"柏拉图的**理念**——科洛特①因之而指责他——处处受到亚里士多德的攻击,亚里士多德在关于伦理学和物理学的论文中,在他的公开对话中对它们提出各种疑问,所以**按照有些人的意见,这些论点中所表现出来的与其说是他对智慧的向往**,不如说是**热中辩论的癖好,既然他抱定贬低柏拉图哲学的宗旨。**"(第1115页)

[XV,2]"没有一点才智的他[科洛特]认为'人不存在'和'人是一种不存在的东西'的说法是意义完全相同、表示同一意思的。柏拉图却极其精细地把'不存在'和'是不存在的'这两个说法区别开来,也就是说,**前者是对任何存在的否定,后者则是规定'真正存在着的'和'与存在有关系的'之间的差别。**"

[XV,3]"后来的哲学家看到的只是种类和形式上……的差别,**他们再也没有超过这一点,因为他们遇到过于巨大的逻辑上的困难。**"

(这里还有一段话,从中可以看出洋洋得意的普卢塔克的内在的、怡然自满的愚蠢。)

[XV,4]"参加的事和参加者之间的关系犹如原因和物质、原作和副本、

---

① 手稿中为亚里士多德。——编者注

力和作用间的关系。"（第1115页）

假如普卢塔克谈及理念学说的创立者柏拉图时说，他

[XV，7]"并不轻视感性的东西，但是说[只]存在被思考的东西。"（第1116页）

那么，这个愚蠢的折衷主义者便不懂得，正是在这一点上应当责备柏拉图。柏拉图没有取消感性的东西，但认为存在是被思考的东西。这样一来，感性存在就不表现在思维中，而智慧能理解的东西也归于存在的范畴，因此有两个存在的世界，一个挨着另一个。由此可以看到，柏拉图的迂腐在普通人中间特别容易得到反应，而普卢塔克，我们可以根据其哲学观点将他列入普通人一类。自然，在柏拉图那里，在哲学发展的某一阶段上看来是新颖的、必要的、灿烂辉煌的东西，在站在古代世界交界处的个人那里，则成为对已经去世的人的模糊形象的苍白回忆，成为太古时代的一盏照明灯，并且使人产生讨厌的印象，就像一个老天真给人的印象一样。

当普卢塔克赞扬柏拉图时，再没有比这更好的对柏拉图的批评了：

[XV，7]"他没有否定被我们的感觉感觉到的正在发生和正在出现的东西，但是他断言有另一种更坚固和更稳定的东西"

（全都是从感性的东西里面抽象出来的、不能用概念表述的观念），

"一种不生、不灭也不受作用的东西"

（应当注意不—不—不三个否定的规定），

"而且他教导他的追随者更确切地"用文字"将这种差别表述出来"

（不错，这种差别纯系文字上的），

"把一个叫做存在的东西，另外一个叫做生成的东西。"（第1116页）
[XV，8]"近代的[哲学家]也有这种情况。他们拒绝把存在的东西这

个名称给予许多极重要的东西：虚空、时间、空间，总之，包括所有真实的东西在内的一切闻其名而知其物的东西。他们断言，这一切都不是存在的东西，但它们是某种东西，人们在生活和哲学中经常把它们当作存在着的和现成的量来使用。"（第1116页）

然后普卢塔克向科洛特提出问题说：伊壁鸠鲁派是否自己在制造永久存在和暂时存在之间的差别？等等。

在这里普卢塔克变得好嘲笑人了，他说：

[XVI，2]"怎么样，难道伊壁鸠鲁把一切同样称作存在的东西就比柏拉图更聪明吗？……他认为，暂时的东西同永久的东西具有同样的存在……于是那永久不能与自己的存在分离的本质，就同那些只作为附属的和变化不定的本质而存在并且一刻也没有与自身同一的本质［具有同样的存在］。"

[XVI，3]"但如果说柏拉图在这里真正犯了极大的错误，那么他就必须为概念的混淆，向那些希腊话说得更好的人负责……"（第1116页）

听到这种夸大其词、自以为十分聪明的正经话是饶有趣味的。他，即普卢塔克，自己把柏拉图的存在差别归结为两个名称，可是另一方面他又断言伊壁鸠鲁派把固定存在说成两个方面是不对的（然而伊壁鸠鲁派却是仔细地把"不朽的东西"和"没有本原的东西"同因组合而存在的东西区别开来的）。当柏拉图把"存在"摆在一边，把"生成"摆在另一边时，他不也是这样做的吗？

伊壁鸠鲁哲学

笔记四

Ⅲ. 普卢塔克。(2)《科洛特》
Ⅳ. 卢克莱修。《物性论》(共三卷。(1),(2),(3))

Ⅲ. 普卢塔克。(2)《科洛特》

(e) 伊壁鸠鲁和苏格拉底

[ⅩⅨ.2]"因为,伊壁鸠鲁有一个原则是:'除哲人之外,任何人都不能对某一事物如此深信不疑,以致无法使他改变信念'。"(第1117页)

这是了解伊壁鸠鲁对怀疑论态度的很重要的一句话。

[ⅩⅨ,5]"但是那种证明我们的感性知觉不准确和不足信的论断没有排除这样一个事实,即每一个事物对我们来说都是明摆着出现的。但是当我们在自己的行动中对于出现的东西运用感性知觉时,[这一论断不允许我们把感性知觉当作]完全正确的和[无误的]。[因为]由于没有别的更好的东西的缘故,[这就足以使感性知觉成为必要的和]有用的。"(第1118页)

[ⅩⅩ,1]"苏格拉底研究了人是什么的问题,当科洛特为此而对他过分地加以嘲笑和轻蔑的非难,并且带着青年人的傲慢声称,——他(即科洛特)说,——他,苏格拉底,自己并不知道这一点时,事情就变得清楚了:科洛特自己从来没有想过这一点。"(第1118页)

(f) 伊壁鸠鲁和斯蒂尔蓬

[ⅩⅩⅡ,1—2]"他〈即科洛特〉说,**斯蒂尔蓬使生活变成不可能的了,因为他说不能把一个**[概念]**与另一个同它不同的概念联系起来**。'[科洛特

说］，要是我们不讲人是善的，等等，而说人是人，善良的是善的，云云，我们将怎么生活呀！'"（第1119页）

关于科洛特，的确必须承认，他善于摸到对方的弱点，而普卢塔克却没有一点哲学嗅觉，以致连谈的是什么都不知道。当抽象的同一性原理也被视为一切生命的死亡并受到指摘时，普卢塔克却针对这一点提出下面这种愚蠢的、只配由眼光狭小的乡村小学教师来说的反驳。

［XXⅡ，3］"但是哪一个人因此而生活得更坏了？谁听到这一论点〈即斯蒂尔蓬的论点〉会不懂得这是俏皮的玩笑或者辩证法中的练习题？科洛特！不说'人是善的'……并不可怕，可怕的是不把神叫作神和不把神当作神（像你们所做的那样），是你们不愿承认人的庇护者宙斯的存在，不愿承认立法者德美特的存在，生育者波赛东的存在。你们剥夺了赋予神的称号，你们取消了祭祀、入会仪式、庆祝游行、节庆，这种把概念相互分离的做法是恶劣的，它使生活充满了对神的蔑视，充满了厚颜无耻。"（第1119页）

［XXⅢ，1］"斯蒂尔蓬所说的意思是：在讲到马时，我们用'跑'作谓语，那么，他说，谓语与它所说的东西并不是同类的，而是不同类的。'人'是一个概念，'善的'又是一个［概念］。["是马"和"是在跑的"两个说法的区别也是如此］。因为如果要求我们分别对每个概念作出规定，我们是不会给二者以同样的［规定］的。因此那些对一个概念使用和它不同的谓语的人是错误的……"

［XXⅢ，2］"因为，如果'人'和'善'是表示同一个意思……那么，对面包和药怎么能都说'善'呢？"（第1120页）

这是斯蒂尔蓬很好和很重要的论述。

（g）伊壁鸠鲁和昔勒尼派

［XXⅣ，4］"他们〈昔勒尼派〉说：'我们感觉到甜'，感觉到'暗'，因为其中的每一个印象都给［我们］以它所固有的特殊的和不断的作用。但是，蜜是否真是甜的………………………………………………………………………
夜间的天空是否真是暗的，由于有很多证据，还受到动物、物和人的怀疑：有的否定，反之，有的却接受……………………………………………………

［XXIV，5］"由此可见，意见只有以感觉为基础，才能避免错误；当它离开［感觉的土壤］，去注意外部事物并且对它们作出判断时，它常常陷于混乱并与其他从同一些事物得到相反的印象和获得完全不同的表象的人发生矛盾。"（第1120页）

［XXV，2］"因为，如果说一个形象我们觉得是圆的，另一个是折断的，那么他们尽管也主张感性知觉再现真实的东西，却不许承认塔是圆的或桨折断了；**他们证实自己的感觉是真实的现象，但又不愿承认我们以外的事物实际上就是**［它们向我们显示的］**那个样子**……………………………………"

［XXV，4］"视觉得到的形象，向我们显示出是折断的样子。"

［XXV，5］"因而，由于在［感觉提供给我们的］表象和存在于我们之外的东西之间有着差别，我们就只好要么承认感觉到的表象的真实性，要么就得再提出证据，假使我们要求把显现出来的东西当成存在物的话。"（第1121页）

（h）伊壁鸠鲁和学院派（阿尔克西拉奥斯）

关于这一点普卢塔克所说的可归结为：学院派承认三种精神活动：想象、意图、和谐［第1122页］；错误的根源也就出在最后一种。所以感性的东西无论从理论上说还是从实际上说都不会消失，消失的只是见解。

他试图向伊壁鸠鲁派证明，他们是在怀疑一种十分明显的东西。

Ⅳ. 卢克莱修。《物性论》
艾希施泰特版，1801年，一卷本

不言而喻，卢克莱修的东西只有少量可供利用。

第一卷

"当大地上人类的生活有目共睹地
在宗教的重压下悲惨无状，久久煎熬，
而宗教则在天际昂然露出头来
板着凶恶的脸孔俯视那被踩在地下的人群的时候，

是一个希腊人首先敢于抬起凡人的目光,

对着它以眼还眼,敢于挺身出来抗拒。

任是神道,任是闪电,或者天空

吓人的雷霆都不能使他畏惧………

………………………………………

于是,今天轮到宗教被我们踩在脚下,

而胜利则把我们自己凌空举起。"(第62—79行)

"任何东西都不能凭神意从无中生出。"(第150行)

"假如无中真的可以生出物,

则任何存在物不要种子就能产生……"(第159和160行)

"为使你终究不致因看不见物的本原

而怀疑我的话……"(第267和268行)

"自然就是这样通过不可见的物体来显神通。"(第328行)

"但一切东西并非都被物质填满堵实,

因为物里面存在着虚空。"(第329—330行)

"它(认识了虚空)① 就会使你不致于……

永远思索宇宙的本质……

这就是必定存在空虚的空间的缘故:

因为没有虚空,物体根本就不能

向任何地方运动……

………………………………………

……这样任何东西都不能推向前进,

因为任何东西都不会让路,使运动有个起点。

………………………………………

……要是没有虚空……

………………………………………

任何东西就永远不会生出来,

因为物质处处都是紧紧夹成一块。"(第332—345行)

---

① 马克思作的注解。——编者注

"……［应当承认］，物体中存在着虚空，
物体运动便是由此获得开端的。"（第382—383行）
"整个……自然由两种东西构成：
第一是物体，第二就是空虚的空间。"（第419—420行）

"……时间本身是不存在的……
……………………………………………………
应该承认，离开了事物的动和静，
人们就不能感觉到时间本身。"（第459—463行）

"［你现在清楚地看到，每一个行为］
根本不是自己独立存在，
不像物体那样，也不像虚空那样。
倒不如更宜于称之为
物体的偶性，或空间——一切事物
运动于其中的那个空间的偶性。"（第479—482行）
"……既然这里已经根据其双重本质
看出两种东西，即物体和［一切事物
在其中活动的］地点之间的主要区别，
那它们必定是完全独立存在的。
因为哪里有［我们称为虚空的］空间，
那里便没有物体，而物体所在之处，
也就无论如何不会有虚空存在。"（第503—509行）

"……物质是永恒的……"（第540行）

"……在［我们的感官已经感觉不到的］
物体上有一个极限点……
……以它的本性来说它是最小的，
因而完全不可分割，而且从来不曾，
将来也永远不会个别地、独立地存在。"（第599—603行）

"……有这样的物体,〔它们的
碰撞、运动、排列、状况和形状
可以产生火,只要改变次序,
本性也就改变〕,它们不像火,也不像
任何一种能将物体授给我们的感官
和以自己的接触来刺激触觉的东西。"(第 684—689 行)

"最后,如果一切皆由四种元素造成,
如果一切物以后重又分解成这四者,
那为什么要把四种元素看作物的始原,
而不认为那些物是它们的始原?"(第 763—766 行)
"〔如果你以为火、土、气和水
在相互结合时能够做到
不改变自己的本性〕,
那么你就不能由它们得到任何东西;
无论是活的东西,还是像树那样死板的东西。
因为在这不同种类的混合中,
一切都会显出自己的本性:你将看到
在那里气和土混在一起,火又留在水里。
然而始原在把物造出来的时候,
必定要加进一种潜藏的不可见的本质,
以免出现任何会妨碍和干扰各种创造物
拥有自己独特性质的东西。"(第 773—781 行)

"而据说……
………………………………………………
……这一切不断地互相转化,移动
(即:火升入气,而后形成雨,

而后成土，然后一切又从土还原回去）①

从天上降落到地上，又从地上回到天体。

但始原无论如何不可能这样做，

因为必须随时有一种不变的东西存在，

以免所有的东西都完全化为乌有。

因为一样东西如果变化时超出自己的界限，

就等于它原来那种状态的毁灭。"（第 783—793 行）

"因为在许多物里面

相同的始原是以多种方式结合的，

不同的物就必须以不同的食物为滋养。"（第 814—816 行）

"因为同样的本原构成天空和大地，

太阳、河流、海洋、树木、五谷和生物。

但不论它们的混合还是运动都不相同。"（第 820—822 行）

"此外在他〈即阿那克萨哥拉〉看来，始原太不稳定……
………………………………………………………………
其中哪一种能顶住强大的冲击

和逃避毁灭……

是气？是水？或者火？还是什么？是血还是骨？

个，我相信，都不能，因为一切物

同样不免完全死亡，像我们看见的、

那为暴力所摧毁而在我们眼前公然灭亡的东西一样。"

（第 847—856 行）

"如果木中潜藏着火和烟和灰烬，

那木无疑是由不同的物所构成。"（第 872—873 行）

"这里只剩下一个小小的诡辩余地，

---

① 括号里的话是马克思的解释。——编者注

阿那克萨哥拉就抓住它，认为
一切物都潜混在一切物之中，
但只有那在成分的数量上超过其他物、
老是现成摆在那里首当其冲的东西才会显露。
这样的解释丝毫不近真实。
因为这样一来被磨石辗碎的谷粒
就应该常常在磨石上留下一些血迹
或者一些别的东西……………………………
………………………………………………

最后，我们劈开木柴也就能发现
灰烬和烟，以及隐藏的小火苗。
但很明显，既然事实证明并非如此，
就应当认为物里面不存在这样的混合，
而是许多物所共有的种子
以多种方式结合而潜藏在物里面。"（第 875—896 行）
"你最终见到我们刚才谈的是什么了吧？
具有重大意义的首先是：
这些始原和哪些始原以怎样的位置相结合？
它们彼此之间将如何运动？
它们是怎样只要稍微变动一下结合
便产生木和火的？就像我们以同样的方式
稍稍变动一下这两个词的字母结合，
就会产生意义全然不同的两个词。"（第 907—914 行）

"宇宙不管哪一边都没有任何终极，
因为否则它就必定会有边际；
而任何东西显然都不会有边际，只要
它的外面没有什么东西将它隔开………
………………………………………………
如果我们必须承认宇宙之外别无他物，
那么它就没有边际，也无终无极。"（第 958—964 行）

"此外，如果辽阔宇宙的整个空间
四面都被圈定，并且是有边界，
［有终点的］………
………………………………
就没有天空本身……………………
………………………………
确实，本原体无论在哪里都完全
得不到静止，因为并没有一个底部，
可以让它们停止汇流而沉积。
一切物体永远在不断的运动中造就，
本原体到处、从四方八面跑来跑去，
从无底深渊来的和上面的一起疾驰。"（第 984— 997 行）

"［再者，自然很留神使物的总量
不能为自己设置界限：］它把虚空作为
物体的界限，而又强迫物体围住虚空，
如此循环交替使一切皆无终极。
纵使其中一个不成为另一个的边界，
这个或那一个仍然会自己无限地延伸。"（第 1009—1013 行）

"［………贪婪的大海随时新添进河水；
太阳热晒暖的大地
重又生产果实；生物便得以生育茁壮；
天空滑动的火就不熄灭。］
这一切无论如何都不可能，要不是
物质从无限中永远源源而来，
使所有的亏损一次又一次得到补充。
因为一切生物如果失去食物，就会
衰萎消瘦，同样一切其他的东西，
一旦物质变得不足，源源不绝的供应之流中断，
就必定会开始消失。"（第 1035—1041 行）

就像那大自然一到春天便裸身露体，仿佛意识到它的胜利似的，将它的全部妩媚展现在人们的眼前，然而到了冬天就用冰雪遮羞掩丑——朝气蓬勃的、大胆的、富有诗意的世界主宰者卢克莱修就是这样不同于用道德的冰雪来掩盖自己小"我"的普卢塔克。当我们看到畏缩地浑身颤抖的、屈辱地低声下气的个人时，我们会不由自主地摸摸自己，四下张望，怀疑自己的存在，生怕自己会马上消失。但看到身穿鲜艳服装、腾空飞舞的人时，我们却又忘乎所以，觉得我们仿佛高出于自己之上，达到普遍力量的水平，呼吸也就更自由了。谁觉得自己更道德和更自由些：是那刚走出普卢塔克的教室、一边思量着善良的人一死也就失去了自己一生的成果实在有欠公允的人，还是那直观永恒的完满境界、用心倾听着卢克莱修那勇敢的、雷鸣般的诗歌的人：

> "……对荣誉的期望
> 已将尖锐的酒神手杖深深扎入我的心。
> 同时向我胸中灌进对缪斯的甜蜜的爱，
> 现在我为这爱鼓舞，怀着兴奋的思想
> 漫游在皮埃里亚的没有道路的原野，
> 这里从来没人走过。我乐于把双唇
> 贴近那里的清泉，也乐于采摘不知名的野花
> 并把它们编成绚丽的花冠戴上，
> 这样的桂冠缪斯还从不曾加在谁人的头上。
> 第一，因为我在教导伟大的知识，
> 努力把人的精神从迷信的罗网中解放，
> 第二，我以十分明洁的诗句叙述
> 隐晦的主题，处处染以缪斯的魅力。"（第922行及以下几行）

那一味喜欢为自己操心，而不用自己的力量去建设整个世界，做世界的缔造者的人，正受到精神的诅咒，被开除教籍，不过这是从相反的意义上说的；他被赶出教堂并且失去了永恒的精神快乐，于是也不得不以想象中的个人幸福来哄骗自己，夜里梦见自己。

"幸福不是对美德的奖赏，而是美德本身。"①

我们也将看到，比起普卢塔克来，卢克莱修对伊壁鸠鲁的理解要明哲无数倍。哲学研究的首要基础是勇敢的自由的精神。

首先值得称许的是用伊壁鸠鲁的观点对从前的自然哲学家所作的中肯批评。它之所以值得研究，是因为它巧妙地将伊壁鸠鲁学说的特点提到最重要的地位。

我们特别注意有关恩培多克勒和阿那克萨哥拉的阐述，因为这些阐述在更大程度上适用于其他自然哲学家。

1. **任何规定的元素均不能被认作实体**。因为假使一切都转化成这些元素，一切又都由它们产生，那为什么不反过来认为，在这种可逆的过程中它们是从一切其他物的总和中获得其本原的呢？因为这些元素本身只不过是与其他物并存的一种被规定的、有限的存在形式，它们的形成同样是由于发生在其他物中的那个过程。反之亦然（第763—766行②）。

2. 如果某些被规定的元素被承认为实体，那么，一方面，它们的天然片面性就表现在：它们是在互相碰撞中保存自己、表现自己的规定性，并且这样一来就溶化在自己的对立物中；另一方面，它们受到自然力学过程或某种其他过程的支配，显示出受其单一性所限制的形成能力。

如果说伊奥尼亚派自然哲学家的下述观点从历史上看可以原谅，即对他们来说火、水等不是规定的感性元素，而是一种共同的东西，那么，他们的对手卢克莱修恰好在这一点上对他们的指责是完全正确的。既然在阳光下很快就显现的、感官可以感觉到的元素被当作基本实体，那么在这种情况下感性知觉和元素存在的感性形式就成为元素的标准了。如果有人说，元素在形成存在物的本原时，被规定成另一个样子，那么，这一规定就仍然是潜藏的规定并未在元素的感性单一性中显露出来，这种规定只是内在的规定；因而，元素在其中作为本原出现的规定，对这些元素来说就是一种外在的东西，——这就是说：这些元素就

---

① 斯宾诺莎《伦理学》第5部分，命题四十二。——编者注
② 见本卷第107页。——编者注

不是这个被规定的元素的那个样子，也就是说它们不在那将它们作为火、水等与其他元素区别开来的东西里面（第 773 行及以下几行①）。

3. 第三，认为规定的特殊元素是本原，这不仅与它们有限的存在以及它们从中任意划分出来的其他元素相矛盾（因此，与后者相比，这些元素除了数的规定性外再没有别的差别；但是看来，这样的规定性作为一种有限的规定性，反而原则上是由其他物的众多、无限性规定的）。这些元素本身的有限性和可变性不仅表现在以特殊形式（通过这种形式，既显示出它们的独特性，也显示出囿于天然界限内的形成能力）发生的相互关系中，而且还表现在过程本身中，由于有了这一过程，世界才由这些元素所形成——像人们所认为的那样。

既然这些元素囿于特殊的天然形式内，那么它们的创造活动便只能是特殊的，也就是说，它们的创造活动只能是它们本身的变更，这一变更仍然具有特殊性，即天然特殊性，也就是说，它们的创造活动即是它们变化的自然过程。这些自然哲学家认为，火就是这样在空气中闪烁的，雨就是这样出现并降落到地面上的，土就是这样形成的。总之，这里所显示的是元素本身的可变性，而决不是它们的稳定性，不是它们作为本原所固有的实体存在；因为它们的创造活动正好反过来意味着它们的特殊存在的死亡，反之，产生的东西却根源于它们的可变性（第 783 行及以下几行②）。

在元素存在和天然物存在的必然的相互制约性中表现出来的仅仅是，它们的条件就是既存在于它们之外，也存在于它们自身内的它们自身的力量。

4. 卢克莱修转而谈到阿那克萨哥拉的同素体。他非难同素体是：

"始原太不稳定"③。

由于同素体同它们对之来说是同素体的东西具有同样的质，是同样的实体，因此我们必须把我们在它们具体显露时所观察到的同样的暂时

---

① 见本卷第 108 页。——编者注
② 见本卷第 108 页。——编者注
③ 见本卷第 109 页。——编者注

性归于它们。要是木中隐藏着火和烟,那木无疑是由"不同的物"混合而成的①。如果任何一个物体都是由全部感性的种子构成,那么在打碎的物体内必定会发现它包含着感性的种子。

似乎很奇怪,像伊壁鸠鲁哲学这样来自感性物范围并把它——至少在认识上——上升为最高标准的哲学,会把像原子这样的抽象的东西,这样一种"盲目力量"认为是始原。关于这一点见第773行及以下几行——第783行及以下几行②,这里表明:始原必须独立地存在,不具备任何特殊的、感性的、物理的性质。它是实体:

"因为同样的本原构成天空和大地,
　太阳、河流、海洋"等等。(第820行及以下几行)

这一始原具有普遍性。

这是关于**原子对虚空**的关系的重要评语。关于这一"双重本性"。卢克莱修说:

"……它们必定是完全独立存在的。"(第503行及以下几行)③

接着,它们又彼此排斥:

"因为哪里有[我们称为虚空的]空间,
　那里便没有物体"等等。(同上)

它们中的每一个,本身就是始原;这样一来,无论原子还是虚空,都不是始原,而它们的基础,它们中的任何一个作为独立的本质表现出来的东西,才是这样的始原。在伊壁鸠鲁体系完成时这一中间环节被赋予最高的地位。

关于作为运动始原的虚空,见第363行及以下几行,关于显然作为内在始原的虚空,见第382行及以下几行。"虚空和原子"是思维和存

---

① 见本卷第109页。——编者注
② 见本卷第108页。——编者注
③ 见本卷第107页。——编者注

在的具体化了的对立面。

卢克莱修·卡鲁斯。《物性论》

第二卷

"但再没有什么比照看明净的寺院更大的乐事,
哲人的学说把它们建立在安全的高处……"(第 7 行及以下几行)

"啊,可怜的凡人头脑!盲目的感觉!
在无数的危险中,在茫茫的黑暗中
人们度过了一生,这极其短暂的岁月……"(第 14 行及以下几行)

"……正如小孩在一团漆黑中发抖和害怕,
我们在大白天也常常害怕〔一些东西,
它们其实一点也不比小孩在黑暗中
以为会发生和感到害怕的东西更可怕〕。
可见能从心灵消除这恐惧和驱散黑暗的
不是太阳的光芒,也不是白昼的光辉,
而是自然本身的面貌及其内部的结构。"(第 55 行及以下几行)

"……物的始原存在于虚空之中并在其中
流荡,它们必然因本身的重量或别的
始原的碰撞而飞奔疾驰……"(第 83 行及以下几行)

"……请记住,宇宙的任何地方
都没有底部,没有**原初物体可以停留的
地方**,因为空间既无终极也无界限,
它是无限度的,向四方八面伸延的,
正如我已详尽地证明过的……"(第 90 行及以下几行)

"……无疑在无限的虚空里面,

原初物体无论在哪里都绝不能有静止。

相反，它们不断为各种运动驱赶，

[有些在互相碰撞之后跑得更远，

有些则在附近散开]，"（第95行及以下几行）

原子结合的形成、原子的排斥和吸引，是伴随着嘈杂的声响而发生的。在世界的作坊和铁匠铺里进行着喧嚣的、紧张的斗争。在世界上——在它的隐秘的中心里面喧腾着这样的风暴——充满了内部纷争。

连射进荫蔽处的阳光也是这场永恒战争的一种形象。

"许多微小的物体……

在光线照耀下 [前后奔突]，

像在一场永恒的斗争中交战厮杀，

一队队投入战斗，永无休止，

时而遇合，时而分散开来。

从这里你可以看出，物的始原

是怎样在无限的虚空里不断地驰驱。"（第116行及以下几行）

我们看到，命运的盲目的、可恶的力量是如何变成个人的、个体的任性并且破坏形式和实体的。

"此外，你应该注意到

在阳光下闪烁的物体里面的纷乱，

因为你也将从中了解**物质的运动**，

这些运动在物质里**隐匿而不可见**。

因为在这里你将看见许多微粒因看不见的

撞击而改变它的路线又再退回去……"（第125行及以下几行）

"物的始原最初自己运动

接着那些由始原稍微结合而成的，

可以说是首当其冲因而是最靠近的物体

就因始原看不见的碰撞而动起来，

之后它们又促使更大一点的物体运动。
这样，运动由始原开始逐渐地
触及我们的感觉，直至我们能够
在阳光下运动的微粒中看见它，
虽然看不出那推动它的碰撞。"（第 133 行及以下几行）

"但所有那些单纯而坚实的始原，
当它们通过虚空的时候，没有遇到任何
外来的阻滞，它们同自身各部分构成一体
并且一往无前地奔向所往的地方，
因此显然必定具有无限大的速度，
比阳光的飞奔的速度不知快了多少，
［同一时间里在空间跑过的距离
也比太阳光辉在天空划过的路程远许多倍］。"（第 157 行及以下几行）

"……即使我对物的始原一无所知，
那么就像根据许多别的现象一样，
我也敢根据天体现象断定：
整个现存世界并非为我们也绝非神力
创造的……"（第 177 行及以下几行）

"……任何物体本身都不可能
靠自身的力量上升或向上运动。"（第 185 行及以下几行）

"原子偏离直线"是最深刻的结论之一，并且是根据伊壁鸠鲁哲学的本质而来的。西塞罗可以嘲笑说：哲学之于他，就同北美利坚合众国总统一样陌生。

直线，即简单的方向，是直接的自为存在的扬弃，点的扬弃；它是被扬弃的点。直线是点的异在。原子——从自身排除了异在的点的存在，——是绝对的、直接的自为存在，因而它不可能有简单的方向，不可能有直线，它偏离直线。原子显示，它的本性不在于空间性，而在于自为存在。它服从的不是空间性的规律，而是别的规律。

直线不仅表示点的扬弃，它也是点的定在。原子不关心定在的宽广，它不分离成存在着的差别，但同时它也不单纯是存在，不单纯是一种仅仅是直接的、似乎对自身的存在感到无所谓的东西，但它的存在恰恰与定在不同，它与这定在相反，被隔绝在自身内；这个意思翻译成感性语言就是：它偏离直线。

正像原子偏离它的前提，摆脱它的质的本性，因而显示出这种摆脱，这种没有前提的空洞的自我隔绝对它本身是存在的，显示出它本身的质就是这样表现出来的，——整个伊壁鸠鲁哲学也同样偏离了前提。例如，快乐仅仅是避开痛苦，因而也就是避开这样一种状态，在这种状态中原子表现为被区分的、表现为具有定在的、受不存在和前提拖累的东西。但是原子的有限性在于：痛苦等等是存在着的，导致偏离发生的这些前提对个人来说是存在着的，在这方面原子是一种偶然的东西。诚然，我们看到，这种前提本身对于原子已经是存在着的，因为假如它对原子不存在的话，原子就不会偏离直线。但这是根据伊壁鸠鲁哲学的观点得出的结论；伊壁鸠鲁哲学在实体前提的世界上寻找着一种没有前提的东西，或者，用逻辑学术语来表达：由于自为存在是伊壁鸠鲁哲学唯一的、直接的原则，因而定在同伊壁鸠鲁哲学直接相对立，伊壁鸠鲁哲学在逻辑上没有能克服这个定在。

在这种情况下人们通过偶然上升为必然性、任意性上升为规律那样的途径来回避决定论。神回避世界，世界对它说来是不存在的，所以它才是神。

这样就可以说，"原子偏离直线"是原子的规律，是原子的脉动，是原子的特殊的质，正因为如此，德谟克利特的学说才具有完全不同的性质，才不像伊壁鸠鲁哲学那样只是某一个时期的哲学。

"如果它们［像雨点一样地］继续下落，

经过广阔的虚空时丝毫也不偏斜，

那原子既不会有**遇合**，**也不会有碰撞**，

自然界也就永远不会产生出任何东西。"（第 221 行及以下几行）

因为世界在创造中，因为原子同自身，即同另一个原子发生关系，它的运动就不是那种必须先有异在的运动，——直线运动便是这种运动，——而是那偏离直线、同自身发生关系的运动。在感性概念里这一点可以这样表达：原子只能同原子发生关系，并且其中的每一个都偏离直线。

"我再重复一遍：物体必定要偏斜，
但一点也觉察不出来；绝不会使人觉得
我们不顾明显性把运动想象成斜的。"（第243行及以下几行）

"如果所有运动形成一条连接不断的链条，
新的运动总是按一定秩序从旧的运动中产生，
而原子也不能由于偏斜而
引起打破命运的束缚的别的运动，
以便使原因不致永远跟着原因而来，
那么你说说看，大地上的生物是如何
和从何得到那不受命运支配的、使我们
能向欲望所招引的地方迈进的自由意志……"（第251行及以下几行）

"……［在我们胸中仍然有
某种东西］……
由于它的裁决全部物质
包括所有关节，有时包括［四肢］必得向前推去……"
　　　　　　　　　　　　（第281行及以下几行）

"偏离直线"就是"自由意志"①，是特殊的实体，原子真正的质。

"所以在原子中除了撞击和重量之外，
你还必须承认有运动的另一种原因，
是我们身上这种天赋能力的根源，

---

① 手稿中是拉丁文"arbitrium"。——编者注

> 因为，如我们所见，无中不能生有。
> 诚然，重量妨碍着一切事物由某种外力
> 撞击而生；但智慧所做的一切不仅是
> 由于内在的必然性，它也并非只是被迫
> 忍受和负担并作为被征服者而听命于必然性，
> 这情况的发生乃是**由于原子的微小偏斜，**
> **不过不是在规定的期限，在一定的地点**。"（第284行及以下几行）

这种偏斜不是在空间一定的地点、一定的时间发生的，它不是感性的质，它是原子的灵魂。

在虚空中重量的差别消失了，这就是说，虚空不是运动的外部条件，而是自己存在着的、内在的、绝对的运动。

> "反之，虚空在任何时候，任何地方都不能
> 作为一种支柱阻挡住任何事物，
> 而总是凭它的本性向一切让路。
> 因此一切东西尽管重量不等，
> 却必定以同等的速度冲下，
> 通过寂静的虚空在运动。"（第235行及以下几行）

卢克莱修提出这一点来反对受感性条件限制的运动。

> "因为一切在水中或稀薄空气中下落之物，
> 之所以因本身的重量而一定下落得更快，
> 仅仅是由于水或空气的细微本质
> 不能给所有的物造成同样的阻碍，
> 而是对较重的东西让开得更快。"（第230行及以下几行）

> "你终究看到了吧，虽然外力推动许多人
> 并常常使劲地拉他们，迫使他们违反
> 自己本意向前进，但在我们胸中仍藏着
> 某种东西，会抗拒它并能与之斗争。"（第277行及以下几行）

见上面援引的诗句。

这种"力量",这种"偏斜",就是原子的反抗、顽强,就是它"胸中的某种东西";这种力量表明的对世界的态度并不是分裂的、机械的世界对单个人的态度。

就像宙斯是在库列特的嘈杂的战争舞蹈声中长大的一样,在这里,世界就是在原子的斗争声中形成的。

卢克莱修是一位真正的罗马史诗诗人,因为他歌颂罗马精神的实体;我们在这里看到的不是荷马笔下的生气勃勃的、强大的、完整的形象,而是坚强的、武装到不可穿透的、没有任何其他品质的英雄,"一切人反对一切人"的战争①、僵硬的自为存在形式,失去神性的自然和与世隔绝的神。

我们来看看原子更具体的质的规定;我们已经弄清了它们内部的内在特性,这种特性,说得确切一点,就是它们的实体。在卢克莱修那里,这些规定非常不能令人满意,一般地说,它们是整个伊壁鸠鲁哲学最武断的,因而也是最困难的部分之一。

(1) 原子的运动

"物质的总库从不曾比现在更
拥挤,也不曾比现在更空疏
……………………………
任何力量都不能改变物的总量。"(第 294 行及以下几行)

"在这里你不要感到惊奇:
虽然所有原子都在运动着,
其总量对我们来说却处在绝对的静止中,——
………………………………………

---

① "一切人反对一切人的战争"〔bellum omnium contra omnes"或"bellum omnium in omnes"〕是托·霍布斯的用语。见他的著作《哲学原理》第三部分《论公民》的致读者序和《利维坦》。——编者注

因为原子的整个自然都远在我们的
感觉范围之外。因此既然我们的视觉
看不见它们，我们就见不到它们的运动。
就是我们能看见的东西如果离我们太远，
也常常把它们的运动隐藏起来不让我们看见。"（第 308 行及以下几行）

（2）[原子的] 形状

"现在你来进一步认识一下一切实体的原子的
本质和特性；它们的形式是如何
多样，它们的形状又是如何不同。
……………………………………………
……**既然它们的数量是如此之多，**
以致像我已指出的既无止境也无法计数，
那它们自然就不会都具有完全
相同的体形和相象的形状。"（第 333 行及以下几行）

"所以物的原子有不同的形状，
这样才能够引起各种不同的感觉。"（第 442 行及以下几行）

"物的原子的……
但这些形状的种类数目有限，
因为如果这些形状的数目不是有限的，
有些原子就会有无限的体积。
因为在原子所固有的同样微小的体积里，
不容许各种形状有很大的不同，
譬如说，假定一个原子包含
三个或更多一些的最小部分；
然后你把这个原子的这些部分
自下而上或自左而右重新摆放，
当你摆完所有的组合后你就会看到
这个原子所可能有的全部形状上的变化；

如果你还想进一步改变它原有的形状，
你就得增加新的部分。
如果你想一再地改变形状的话，
那么每一次组合都要加进新的部分。
可见，**随着形状的每一新的变化**
必然是它的结构的增大，
因此，你不能相信原子在形状方面有无限多的不同。
否则就应认为**有些原子是非常巨大的，**
而这一点我已证明过是不能接受的。"（第479行及以下几行）

伊壁鸠鲁说，"形状的多样不是无限的"，但是"存在着无限多同一形状的微粒，由于它们不断的碰撞便创造了——并且在继续创造着——世界"，这种论点是对原子同它们的质，同作为世界本原的原子本身的关系的最重要、最内在的考察。

"因为一切会不断出现，一个比一个更好。"（第507行）

"但也可以反过来：一切同样会
退而变得更坏，就像它能臻于尽善尽美一样，
因为一切会不断出现，一个比一个更丑恶……"（第508行及以下几行）

"如果事实并非如此，而万物又都有两面，
都有一定界限，那你就必须承认，
物质形状的不同也是有限的。"（第512行及以下几行）

"给你说明这点之后，我再说下去：
正如你现在不难证实的那样，那些
形状彼此相同的物的原子
是不可胜数的。因为**形状的差别虽然是有限的，**
而**相同的始原却应是无限的，**
不然**物质的总量会是有限的，**
这我已证明是不可能的……"（第522行及以下几行）

原子的距离即差别是有限的；假定它是无限的，那原子在自身里就是居间的，就会包含理想的多样性。原子的无限性作为一种排斥，作为对自身的否定关系，产生无限多类似，它们的无限性同它们的质的差别没有任何关系。假定原子形状的多样性是无限的，那么每一个原子本身便包含着被它否定的另一个原子，在这种情况下就存在着代表世界全部无限性的原子，像莱布尼茨的单子一样。

> "因此，无论哪一种物的原子都
> 不可胜数并显然能使万物得到补充。"（第567行及以下几行）
> "从亘古开始的本原之间的战争
> 就这样胜负不定地永远进行着：
> 时而充满活力的自然的力量获胜，
> 时而死亡战胜了它们。送葬的哀泣
> 混和着初见太阳的婴儿的啼叫。
> 没有一夜，没有一天，没有一个早晨
> 听不见婴孩的啼哭，夹杂着
> 那死了人的和黑色葬仪上的号哭。"（第573行及以下几行）

> "什么东西里面具有更大的力量和效能，
> 就表明它包含着更多的
> 种类不同和形状完全不同的原子。"（第586行及以下几行）

> "因为一切神灵必定天生是永远
> 在绝对的宁静中享受着不朽的生命，
> 他们没有我们的那些操心事，逸然超脱，
> 没有任何痛苦，远离一切危险，
> 他们拥有一切，不需要我们要的东西，
> 他们用不着恩赐，也不知愤怒为何物。"（第646行及以下几行）

> "……**物的本原永远不会被照亮**。"（第796行）

> "但是你不要以为原子只是

没有颜色，它们里面没有一点热气，

冷和酷热也同样与它们无缘，

它们跑来跑去，既无声又无味，

它们身上也不发出特殊的气味。"（第842行及以下几行）

"所有这一切都必须同原始物体分开，

如果我们想在不朽的基础上建造世界，

使它能够保持完好无损的话，

否则你的一切东西都将化为乌有。"（第861行及以下几行）

"显然，任何痛苦都不能触及原子，

它们本身也不会有快乐的感觉，

因为它们没有任何自己的原初物体，

以致会因其运动的变化而感到痛苦

或者尝到任何惬意的快乐之果。

所以原子不具有任何感觉。"（第967行及以下几行）

"**如果生物之所以能有感觉只是由于**

它们的原子本身具有感觉，

[那人类身上的原子又该是什么样子？]"（第973行及以下几行）

对此的回答是：

"因为假如它们〈即原子〉各方面完全像人一样，

那么它们自己就应由其他元素构成，

这些元素又由其他元素构成，如此类推，没完没了……"

（第980行及以下几行）

[第三卷]

"首先，我断言，**精神是由最精细**

最微小的本原构成……"（第179行及以下几行）

"但是如此灵活的精神，必定全部

由**极圆**和极微小的**原子**所构成。"（第 186 行及以下几行）

"［相反，蜜比水分不知稳定多少倍，
它滴得比较迟缓，也流得慢得多］，
因为在蜜里面全部物质凝聚得更
紧密得多，并且无疑是由较不光滑
和不那么圆不那么细的原子构成。"（第 193 行及以下几行）

"［相反，那些］更大更粗糙的
［物体］总是显示出更大的稳定性。"（第 201 行及以下几行）

取消联结、比重：

"……精神和灵魂按天性说
无疑是由极小的种子所构成，
因为它们飞离时没有把重量带走分毫，
但也不能以为它们的本性是简单的。
人死时离开的是一种混合着热的
稀薄的微风，而**热**又带着气走；
不混合着气的**热**是没有的。"（第 228 行及以下几行）

"所以我们已看到**精神的性质是三重的**。
但要产生感觉这一切仍嫌不足，
因为不能设想由此能够产生
我们身上的运动的感觉……
因此我们还应当再增加某种
第四种性质。它还没有任何名称，
自然里面没有比它更细更活动的东西，
没有一样东西的原子比它更小更光滑。"（第 237 行及以下几行）

"但是通常这些运动在身体的表面就
受到限制，我们因此才能保住生命。"（第 256 行及以下几行）

"［显然，死不值得我们感到害怕］，

那不复存在的人是不可能不幸的,
哪怕根本就未曾出世,于他也一样,
既然必有死亡的生命已被不朽的死亡夺走。"(第867行及以下几行)

可以说,在伊壁鸠鲁的哲学中,死亡是不朽的本原。原子、虚空、偶然、任意、化合都包含着死亡。

"因为如果死后被野兽的嘴撕碎是
悲惨的,那我真不懂,为什么
躺在火葬的烈火中被燃烧
或者放进冰里因严寒而断气,
或者尸体放在陵墓冰冷的石上
或盖上坟土被沉重地压在土里就不可怕。"(第888行及以下几行)

"如果人们也能像他们清楚地感到
沉重地压迫着他们精神的负担那样,
去认识它的原因以及何以会有
这么多悲苦像石头般地压在心上,
他们也许就不会像现在这样过日子,
不知道他们自己想要的是什么,
常想变换地方来摆脱重压。"(第1053行及以下几行)

第三卷完

众所周知,偶然是伊壁鸠鲁派居支配地位的范畴。这是把观念只看作**状态**的必然结果;状态就是偶然的存在本身。因此世界的最隐秘的范畴——原子,它的联系等等便被推向远方,被看作过去的状态。在虔诚主义者和超自然主义者那里我们也见到同样的情况。世界的创造、原罪、赎罪,这一切及其全部虔诚的规定例如天堂等等,不是永恒的、内在的、不受任何时间限制的观念规定,而是状态。正如伊壁鸠鲁把他的世界的观念性——虚空移到世界的创造中一样,超自然主义者则把脱离前提的自由,即把世界的观念体现在天堂里。

[笔记五]

[卢克莱修《物性论》]

第四卷

"[物中存在着我们称之为]映像[的东西],
像从物体的外表剥离出来的薄膜,
在空中向各方来往飘荡。"(第30行及以下几行)

"因为这种反映出来的映像和把它们投射出来使之到处飞动的物体两者之间,保持着一种相同的外貌和形式。"(第52行及以下几行)

"可见,形象必定也能同样地在一瞬间穿过不可想象的巨大空间;首先,因为有一个特别细小的原因,在它们后面推动它们前进并把它们赶向远方……
………………………………………………………
最后,因为它们具有稀疏的组织,
所以飞动时能无困难地穿过任何障碍,
在太空中随便渗透到任何地方。"(第191行及以下几行)

"……必须承认:
物体飞近我们的眼睛,刺激我们的视觉神经。
气味也总是从某种物体中流出,正像冷从江河,热从太阳,
拍岸之浪来自海洋咸味的波涛,
它冲蚀着四周壁立的海岸,
各种声音不断地在空中到处飞扬;
还有,要是我们沿着海边行走,
带咸味的湿气常常跑进我们口里;
而当我们观看附近的人们泡制苦艾时,我们就会闻到苦味。
所以各种东西像一股不断的流,从各种东西中流出,
它们漫溢各处,流向四方;

这股流无休止地流动,
既然我们的感觉不断地被引起,
我们就能经常看到一切,嗅到气味,听到音响。"
(第 216 行及以下几行)

"此外,既然我们在黑暗中用手触摸到的形状,
和我们在白天在阳光照耀下看见的同样,
可见,触觉和视觉
都由类似的原因所引起。"(第 230 行及以下几行)

"**由此可以看出,视觉的原因是形象,**
没有形象我们什么也看不见。"(第 237 行及以下几行)

"因此就发生这样的情况,我们看出每件东西离
我们有多远;
而被驱赶的空气越多,
擦过我们眼睛的气流越长,
那各类东西离我们就越远。
当然这一切是以极大的速度进行的,
所以我们立刻就能看出它是什么物体,
和离我们有多远。"(第 251 行及以下几行)

"形象也是这样:当它从镜子里反射出来,
立刻投向我们眼睛的时候,
它把它和我们眼睛之间的空气向前推动、驱赶,
使我们在感知镜子之前,
先感知那分空气。但是只要我们一看到镜子,
那从我们飞去的形象也就马上到达镜子,
经过反射又折回我们的眼睛,
它驱赶它前面的新的气流,
使我们先于形象而看见气流;
这就使我们在距镜子适当的地方看到形象。"(第 279 行及以下几行)

第五卷

"……那时，这个经历了亿万年的大块世界
必将轰隆一声倒塌，
世界的结构从此毁灭。"（第95行及以下几行）

"但愿是推理而不是事实使我们相信，
万物随着一声可怕的巨响而毁灭……"（第108行及以下几行）

"因为，如果我们知道
某种东西的各个部分或肢体，
它们的体有起源而形会消亡，
那么我们就可以得出结论：就整个来说，
这个东西在生的同时就注定要死。
[如果我看到世界巨大的肢体和部分，
在消失后又再生出来，
那么显然，]不论天或地都曾有某个
起源的时候，
将来也会有毁灭之日。"（第240行及以下几行）

"再者，难道你未曾看见……
……………………………………
神殿日趋破旧，神像行将倾颓，
而神并不能延缓劫运的期限，
也无法抗拒自然的不可违反的规律和秩序。"（第306行及以下几行）

"此外，凡永恒存在的一切，
或是由于物体坚实而必然能抵抗住打击，
不使任何东西渗入内部，
分解各个部分之间的紧密联系，——
物体的物质便具有这样的本性，

这是我在前面已经指出的。
或是它能够永存的原因，
在于不受任何冲撞，——
虚空就具有这种性质：
它完全无法触摸到，也不会受到打击。
或是还由于周围再没有什么地方，
使一切向那里消散，——
永恒宇宙整个说来就是如此，
在它之外没有别的地方，
万物能够向那里飞散，
也没有别的物体能够落到宇宙上，
用猛烈的冲击使它毁灭。"（第 351 行及以下几行）

"可见对于天空和太阳，
对于大地和海洋，
死亡之门并非关闭而是敞开着，
向它们张开可怕的巨口。"（第 373 行及以下几行）

"须知问题在于，远古时候
世代的凡人清醒时偶尔看见
神的美妙的容貌；而更经常地是在梦中，
对神的强大的身躯感到惊异。
那时人们赋予神以感觉能力，
因为他们好像能够活动肢体
并且说着一些配得上
他们那光辉的容貌和魁梧躯体的豪言壮语。
人们还认为神的生命是永恒的，
因为他们的容貌永不改变，
他们的形象始终如一；
但是主要是人们认为神的威力无边，
看来什么力量都不能制服他们。
而人们以为他们的幸福无与伦比，

因为死的恐惧不会令任何一个神担忧。

在梦景中人们还看见，

神毫不费力地做出许多伟大的奇迹。"（第1169行及以下几行）

第六卷

正如阿那克萨哥拉的智慧出现在诡辩学派那里（在他们那里智慧实际上变成世界的非存在）和这一直接的**灵异活动**本身在苏格拉底的**灵异**中变成是客观的那样，——苏格拉底的实际活动在柏拉图那里也重新变为一般的和观念的活动，而智慧则扩展成为一个理想王国。在亚里士多德那里这个过程又被理解为单一的，但是这个单一的东西现在实际上是概念的单一性。

在哲学史上存在着各种关节点，它们使哲学在自身中上升到具体，把抽象的原则结合成统一的整体，从而打断了直线运动，同样也存在着这样的时刻：哲学已经不再是为了认识而注视着外部世界；它作为一个登上了舞台的人物，可以说与世界的阴谋发生了瓜葛，从透明的阿门塞斯王国走出来，投入那尘世的茜林丝的怀抱。这是哲学的狂欢节；它像犬儒主义者那样装出一副狗相，像亚历山大里亚派哲学家那样穿起祭司的法衣，或者像伊壁鸠鲁派那样披上芬芳的春装。对哲学来说现在极其重要的是，它给自己戴上了各种具有特色的假面具。像传说中的杜卡利昂创造人时把石头向后扔那样，哲学在决心创造世界后，则把自己的眼睛往后扔（哲学的母亲的骨骼，就是明亮的眼睛）；然而像普罗米修斯从天上盗来天火之后开始在地上盖屋安家那样，哲学把握了整个世界以后就起来反对现象世界。现在黑格尔哲学正是这样。

虽然哲学被封闭在一个完善的、整体的世界里面，但这个整体的规定性是由哲学的一般发展所制约的；这个发展还决定了哲学在转变为与现实的实际关系时所采取的形式。因此，世界的整体性一般地说是内部分离的，并且这种分离达到了极点，因为精神的存在是自由的，其丰富达到普遍的程度，心脏的跳动在其内部，也就是在作为整个机体的具体形态之中形成了差别。只有当世界的各个方面都是整体的时候，世界的分裂才是完整的。所以，与本身是一个整体的哲学相对立的世界，是一个支离破碎的世界。因而这个哲学的能动性也表现得支离破碎，自相矛盾；哲学的客观普遍性变成个别意识的主观形式，而哲学的生命就存在于这些主观形式之中。但是不应对这场继伟大的世界哲学之后出现的风暴，感到惊慌失措。普通竖琴在任何人手中都会响；而风神琴只有当暴风雨敲打琴弦时才会响。

不理解这种历史必然性的人，一定会坚决否认：一般说来在整体哲学之后人们还能活下去，要不然的话，他必定会承认度量辩证法本身是意识到自身的精神的最高范畴，并和没有正确了解黑格尔这位大师的某些黑格尔分子一起断言，**适度**是绝对精神的正常表现；但是冒充为绝对物的经常表现的适度，本身变成一种无度的东西——即无度的要求。撇开这种必然性就不可能理解，为什么在亚里士多德之后还能够出现芝诺、伊壁鸠鲁甚至塞克斯都·恩披里柯，为什么在黑格尔之后还能够出现现代哲学家们的大部分毫无价值的尝试。

在这样的时代，模棱两可的智者们的观点同全体统帅们的观点是对立的。统帅们认为，裁减战斗部队，分散战斗力量并签订符合现实需要的和约，可以挽回损失，而泰米斯托克利斯在雅典城遭到毁灭的威胁时，却劝说雅典人完全抛弃这个城市，而在海上，即在另一个原素上建立新的雅典。

我们还不应该忘记，在这些大灾难之后的时代是铁器时代——如果这个时代以伟大斗争为标志，那它是幸运的；如果这个时代像艺术史上跟在伟大的时代之后跛行的那些世纪那样，那它是可悲的，因为这些世纪只会从事仿造：用蜡、石膏和铜来仿造那些用卡拉拉大理石雕刻出来的东西，就像帕拉斯·雅典娜是从诸神之父宙斯的头颅中出来的一样。但是继在自身中完成的哲学及其发展的主观形式之后到来的那些时代具有宏伟的特点，因为形成这些时代的统一性的分裂是巨大的。于是继斯多葛派、怀疑派和伊壁鸠鲁派哲学之后来到的就是罗马时代。这些时代是不幸的铁器时代，因为它们的诸神死去了，而新的女神还命运莫测，不知是一派光明，还是一片黑暗。她还没有白昼的色彩。

然而不幸的根源在于，那时的时代精神，即本身是充实的而且在各方面都形成得十分理想的精神单子，不可能承认那种不是由精神单子形成的现实。这种不幸的幸运的一面，是作为主观意识的哲学在对待现实的态度上所采取的主观形式样态。

例如，伊壁鸠鲁哲学和斯多葛派哲学曾是它那个时代的幸运；又如在大家共有的太阳落山后，夜间的飞蛾就去寻找人们各自为自己点亮的灯光。

另一方面，也是对哲学史家更为重要的一个方面，是哲学的这个转变过程，它转化为有血有肉的过程，因规定性而异，这种规定性像胎记一样把在自身中完成的哲学和具体的哲学区别开来。同时这也是对某些人的反驳，这些人认为并抽象片面地得出结论说：例如，黑格尔哲学本身宣判自己有罪，因为黑格尔认为对苏格拉底的判决是公正的，即必要的，还因为乔尔丹诺·布鲁诺应该在火堆的熊熊烈焰中为自己火焰般的激情赎罪。然而在哲学上指出这个方面是重要的，因为根据这一转变的一定形式，可以得出关于哲学发展过程的内在规定性及其世界历史性质的相反结论。以前作为成长过程表现出来的东西，现在已成了规定性；而曾经是存在于自身中的否定性的东西变成了否定。在这里我们仿佛看见哲学的生活道路之最集中的表现和主观的要点，就像根据英雄的死可以判断英雄的一生一样。我认为伊壁鸠鲁哲学所占的地位正是希腊哲学的这种形式，——再者，这点应该可以说明，为什么我不把以前的希腊哲学中的这个或那个因素放在首位，并且不把它们说成是伊壁鸠鲁哲学发展的条件，而是相反，从伊壁鸠鲁哲学追溯希腊哲学，从而让它本身表现自己的特殊地位。

为了更为准确地确定柏拉图哲学主观形式的某些特点，我将较详细地分析鲍尔教授先生在其所著《柏拉图主义中的基督教成分》中阐述的某些观点。这样我们可以把矛盾的观点互相对比从而得出结论。

神学博士斐·克·鲍尔《柏拉图主义中的基督教成分，或苏格拉底和基督》1837年杜宾根版。

鲍尔在第24页上写道：

> "这样一来,假如我们从这个出发点来分析苏格拉底哲学和基督教,那么它们之间的相互关系就像自我认识和承认罪孽之间的关系一样。"

我们觉得,把苏格拉底和基督这样来加以比较所证明的,恰恰跟要求证明的东西相反,也就是说,在苏格拉底和基督之间没有任何类似之处。当然,自我认识和承认罪孽的相互关系恰如一般和个别的关系,就是说,恰如哲学和宗教的关系。任何一个古代的或近代的哲学家都会采取这样的立场。这与其说是它们二者之间的统一的确立,勿宁说是它们二者之间的永恒的分离,但是这当然也算是一种相互关系,因为任何分离都是某统一物的分离。这可能仅仅意味着,哲学家苏格拉底跟基督的关系如同哲学家跟传道师的关系一样。如果恩典和苏格拉底的助产术、"讥讽"之间的相同、类似之处得到确立,那么这样弄清楚的只是极端的矛盾,而不是类似。正如鲍尔理解的和根据黑格尔所应该理解的那样,苏格拉底的讥讽,——即一种辩证法圈套,通过这个圈套,普通常识应该摆脱任何僵化,但不是要弄到自命不凡以为无所不知的地步,而是要达到它本身所包含的内在真理,——这种"讥讽"不是别的,正是哲学在其对普通意识的主观关系方面所固有的形式。它在苏格拉底身上以一个讥讽的人、哲人的形式表现出来,这是从希腊哲学的基本性质和它同现实的关系中产生的;在我们这里,作为一般内在形式的讥讽,是弗里德里希·冯·施勒格尔当作某种哲学而提出来的。但是在客观上,就内容而言,不论是轻蔑乃至憎恨普通常识的赫拉克利特,还是认为万物产生于水的泰勒斯(尽管任何一个希腊人都知道他不能单靠水生存),抑或是费希特及其创造世界的"自我"(尽管连尼古拉也知道他不能创造世界)——总而言之,凡坚持内在论而反对经验个人的哲学家都会使用讥讽。

相反,在恩典方面,在承认罪孽方面,不仅蒙受恩典、承认罪孽的主体,而且连赐予别人恩典的主体以及因承认罪孽而振作起来的人,都是经验的个人。

因而,如果说在这里显示出苏格拉底和基督之间的类似之处,那么这一类似就在于,苏格拉底是哲学的化身,而基督是宗教的化身。但是这里所说的并不是哲学和宗教的一般关系，相反地，问题在于拟人化的哲学如何对待拟人化的宗教。说它们之间有关系，那是一个很含糊的说法，或者不如说是提出问题的一般条件，而不是答案的特定根据。在这种努力去证实苏格拉底身上存在着基督教成分的企图中，上述两个人即基督和苏格拉底的关系只不过是一般地被确定为哲学家与传道师之间的关系；同样如果把苏格拉底理念的一般道德划分，把柏拉图的理想国与理念的一般划分联系在一起，以及把基督作为历史上的个人主要与教会联系在一起，也会出现这种内容空虚的现象。①

如果说鲍尔赞同的黑格尔的下述观点②是正确的，即柏拉图在他的理想国中坚持了希腊的实体性，拒绝了那种掺进来的主观性原则，那么须知，柏拉图恰恰是跟基督直接对立的，因为基督坚持主观性因素，反对现存的国家，他把国家看成仅仅是世俗的，因而是渎神的。至于柏拉图的国家依然是一种理想，而基督教会已成为现实——这也还不是真正的差别。这个差别以颠倒的形式表明，柏拉图的理念跟在现实之后，而基督教的观念则先于现实。

本来，说基督教里有柏拉图的成分比说柏拉图那里有基督教的成分要正确得多，更何况古代的教父如奥利金和伊里奈乌斯，在历史上部分地是以柏拉图哲学为根据的。在哲学方面重要的是，在柏拉图理想国中第一等级是有知识的人或哲人。关于柏拉图的理念与基督教逻各斯的关系（第38页）、柏拉图的回忆与基督教关于回到自身原始样子的人的新生的关系（第40页）、柏拉图的灵魂堕落与基督教的原罪的关系（第43页），以及先有灵魂的神话，情况也是这样。

神话和柏拉图意识的关系。

柏拉图的灵魂轮回，与星辰的联系。

鲍尔在第83页上写道：

---

① 往下手稿中删去了这样一句话："同时忽略了一个重要的情况：柏拉图的理想国是他的精神产物，反之，教会则是一种完全不同于基督的东西。"——编者注

② 乔·威·弗·黑格尔《哲学体系》第三部分《精神哲学》第552节。——编者注

"没有一种古代世界的哲学体系像柏拉图主义那样带有深刻的宗教性质。"

这个结论显然也是根据下述情况得出的：柏拉图把"哲学的任务"（第86页）规定为从肉体中"解放、拯救和分离"灵魂，规定为"死和想死的念头"。

"把这种拯救的力量归根到底始终赋与哲学，这无论如何是柏拉图主义的片面性。"（第89页）

从一方面看，就算可以同意鲍尔的这种意见，即没有一种古代世界的哲学体系像柏拉图哲学体系那样具有深刻的宗教性质。但这不过是说，没有一个哲学家曾以这样强烈的宗教激情教导哲学，没有任何一个哲学家的哲学具有这样多可以说是宗教仪式的规定性和形式。对于亚里士多德、斯宾诺莎和黑格尔这样一些更激烈的哲学家说来，他们的态度本身具有更普遍的形式，而不是那么沉湎于经验的感情之中。但正因为如此，他们的激情就更富有内容，更热烈，对启蒙教育的社会精神更为有益——亚里士多德以这种激情颂扬"理论认识"是最美好的，是"最令人愉快的和最卓越的"，或者在《论动物的本性》这篇论文中赞美自然的理性；斯宾诺莎以这种激情论述关于"从永恒的角度"观察世界，关于对神的爱或关于"人类精神的自由"；黑格尔以这种激情揭示观念的永恒存在，精神世界的庞大机体。因此，柏拉图的激情在达到登峰造极时就使他变得如痴如狂，而亚里士多德、斯宾诺莎和黑格尔的激情则燃烧成纯洁的理想的科学之火；因此前者只是个别人的感情的加温器，而后者则成为世界历史进程中生气勃勃的精神。

因此，一方面可以断定，正是在作为宗教发展最高阶段的基督教里，跟柏拉图哲学的主观形式相同之处，要比跟其他古代世界哲学学说的主观形式相同之处多。但是与此相反，根据这一点我们有同样的权利断言，再没有任何一种其他的哲学体系能够更明显地表现出宗教成分和哲学成分的对立，因为在哲学成分中哲学以宗教的规定出现，而在宗教成分中宗教又以哲学的规定出现。

再者，柏拉图关于拯救灵魂及诸如此类的名言什么也证明不了，因为任何一个哲学家都希望使灵魂摆脱其经验的局限性；与宗教进行类比所显示出来的只会是哲学的不足——如果把这视为哲学的任务的话，——然而这仅仅是解决这一任务的条件，仅仅是起点的起点。

最后，柏拉图把这种拯救的力量归根到底赋予哲学，这绝不是他的缺点和片面性，——正是这个片面性使他成为一个哲学家，而不是一个传教士。这不是柏拉图哲学的片面性，而正是使柏拉图哲学成为哲学的那一方面。正是由于这一点，他重新摒弃了刚刚遭到斥责的、把完全与哲学无关的东西当作哲学的任务的提法。

"这样一来，那种想给哲学所认识的东西找到一个不依个人主观性为转移的根据的意图，也就成了为什么柏拉图正好在阐述那些具有极大的道德宗教意义的真理的同时，以神话的形式表达这些真理的理由。"（第94页）

这样一来可以说明一点什么吗？这一回答，就实质而言，没有包含关于这一理由的理由是什么的问题吗？这里的问题正是，为什么柏拉图要竭力给哲学所认识的东西找到一个实证的，首先是神话的根据呢？这种意图对于一个哲学家来说是最令人惊讶不过的，如果他不在自己的体系本身中，在思想的永恒威力中寻求客观力量的话。所以亚里士多德把神话解释称为空话。

如果局限于事情的表面，那就可以在柏拉图体系的主观形式，即它的对话形式和"讥讽"中找到答案。个人的名言，或者认为是名言，与许多意见或许多人相对立时，就需要取得一种支持，有了这种支持，主观的信心就成为客观的真理。

但随后产生一个问题：为什么这种神话解释恰恰是在主要阐述道德宗教真理的那些对话中遇到，而在纯粹形而上学的对话《巴门尼德》篇中却没有？产生这样一个问题：为什么这个实证的根据是神话性质的，是建立在神话的基础上的？

这里我们找到了谜底。柏拉图在说明某些道德的、宗教的甚至自然哲学的问题（例如在《蒂迈欧》篇中）时，他对绝对的东西所作的否定的解释是不充分的；在这样作时他把万物都淹没在一个漆黑的夜里是不够的，因为正像黑格尔所说：夜里母牛一般黑①；于是柏拉图对绝对的东西采用了实证的解释，而这种解释的基本的、从自身中产生出来的形式则是神话和寓言。凡是在绝对的东西占据着一方，被分隔开来的实证的现实占据着另一方，而同时实证的东西又必须保留下来的地方，在这样的地方，实证的现实就成为一种介质，绝对之光透过介质，在神奇的五光十色中折射，有限的实证的东西表示出一种与本身不同的别的东西；在有限的、实证的东西本身中有灵魂，对灵魂说来，这种蛹化是神奇的；整个世界变成神话世界。每个形象都是谜。由于受类似的规律所制约，这种现象在近代还一再发生。

  这种对绝对的东西作实证的解释和它的神话寓言外衣是超验东西的哲学的源泉，是它的心跳，——在这种超验的东西里面同时显示出与内在的东西的本质关系，因为它在本质上突破后者。当然，这里也显示出柏拉图哲学与一切实证的宗教，特别是与基督教——超验的东西的完美哲学——的血缘关系。因而在这里也可以弄清楚若干历史观点之一，根据这些历史观点可以确定历史上的基督教和古代哲学史之间的更深刻的联系。从对绝对的东西的这一实证解释中可以看出，对于柏拉图来说，某个个人，亦即苏格拉底是一面镜子，也可以说是智慧的神话表现；他称苏格拉底为死和爱的哲学家。这并不意味着柏拉图摒弃了历史的苏格拉底；对绝对的东西的实证解释与希腊哲学的主观性质，与哲人的使命是有联系的。

  死和爱是否定的辩证法的神话，因为辩证法是内在的纯朴之光，是爱的慧眼，是不因肉体的物质的分离而告破灭的内在灵魂，是精神的珍藏之所。于是关于辩证法的神话就是爱；但辩证法又是急流，它冲毁各种事物及其界限，冲垮各种独立的形态，将万物淹没在唯一的永恒之海中。于是关于辩证法的神话就是死。

---

① 乔·威·弗·黑格尔《哲学体系》第二部分《自然哲学》第270节。——编者注

因此辩证法是死，但同时也是精神花园中欣欣向荣、百花盛开景象的体现者，是盛着一粒粒种子的酒杯中冒出的泡沫，而统一的精神火焰之花就是从这些种子中萌发出来的。因此普罗提诺把它称为使灵魂"简化"，即使灵魂直接与神合一的一种方法，——一种表达死和爱，甚至连同亚里士多德的"理论认识"都与柏拉图的辩证法合为一体的方法。但是因为这些规定在柏拉图和亚里士多德那里可以说是预先决定了的，而不是由于内在的必然性而发展形成的，这些规定向经验的个体意识的潜入，在普罗提诺那里表现为一种状态——这就是**出神**状态。

李特尔（在 1829 年汉堡出版的《古代世界哲学史》第一卷中）以令人厌恶的道德说教的口吻谈论德谟克利特和留基伯，谈论一般原子论学说（以后也谈到普罗塔哥拉和高尔吉亚等人）。再没有什么比利用一切机会来充分享受自己的道德完善更容易的事了；最容易的是对死人这样做。甚至德谟克利特的**渊博的学识**也使他在道德方面受到责备（第563 页）；这方面的言论有：

"把证明为**伪善激情**的高昂言论同作为世界观和人生观基础的**卑劣的思想意向**加以比较，定会形成非常强烈的对照。"（第 564 页）

这本来就不应认为是历史的评价！为什么一定要把思想意向当作德谟克利特的世界观的基础，而不是相反，即把一定的世界观和理解力当作他的思想意向的基础呢？这后一原则不仅具有更大的历史意义，而且还是在哲学史上用来恰当地考察一个哲学家思想意向的唯一原则。——我们认为在精神的个人形象中有一种作为体系而展现在我们面前的东西。我们仿佛在他的世界中心里看到一个有生命的创造主。

"这也正是德谟克利特认为应当假设有某种始原的、无起始的东西的根据的内容，因为时间和无限的东西没有起始；所以如果要问它们有何根据，这就意味着寻求无限的东西的起源。这只能被看作是诡辩地拒绝提出关于一切现象的基源的问题。"（第 567 页）

我只能认为李特尔的这个声明,纯粹是从道义上拒绝提出关于德谟克利特的这个规定的根据是什么的问题;无限的东西在原子中被设定为一个原则——这包含在他的规定中。如果要问这个规定的根据是什么,当然会意味着取消他的概念规定。

"德谟克利特认为原子只有一种物理性质——**重量**……在这里可以再次断定其具有数学意义,即力图使数学摆脱适用于计算重量的状况。"(第568页)

"因此原子论者也从必然性中引伸出运动,因为他们把必然性想象成向着不定的远方离去的运动的无原因性。"(第570页)

[19]"而德谟克利特认为,某些形象接近(遇到)人们,其中有一些起有益的作用,而另一些起有害的作用。① 因而他[德谟克利特]希望遇到具有理性的形象,这些形象非常巨大,像巨人一般,虽然它们**很难破坏**,但并不是**不可破坏**的,他们能向人们预告未来,是可见的,并且有发声的能力。就是在关于这些形象的观念的影响下古代人产生了存在神的想法。"(塞克斯都·恩披里柯《反对数学家》第311页及以下几页[第13卷])。

[20—21]"亚里士多德说过,人们关于神的观念产生于两个因素:一是产生于心灵中的体验,一是产生于天象。产生于心灵中的体验,是由于梦中显示的心灵上的神的灵感和预言所造成的。因为据他说,处于睡梦状态中的心灵是独立自在的,那时它领悟了它所固有的本性,因而能够预告和预言未来……他说,正因为如此人们才猜测,神是某种按其本性来说与心灵相似并通晓一切的东西。但也产生于天象。"(同上,第311页及以下几页)

[25]"而伊壁鸠鲁认为,人们关于神的观念是由于梦中出现的幻觉造成的。他说,因为在梦中出现了很大的、像人一样的形象,所以人们便以为真的存在着某种像人一样的神。"(同上,第312页)

[58]"关于伊壁鸠鲁,有些人[认为],他的神是为大众而设的,而绝非为了说明事物的本性。"(同上,第319页)

(a)[68]灵魂。(《反对数学家》第321页[第8卷])

[218—219]"亚里士多德说,神是无形体的,[是]天界;而斯多葛派[说],神是连丑陋的东西也能渗透的灵气;照伊壁鸠鲁看来,神像人一样;

---

① 手稿中的这部分引文是德文译文,以下是希腊文。——编者注

照色诺芬尼看来，神是无感觉的圆球……伊壁鸠鲁说：

"[神]是幸福的、不死的，自身无忧无虑，也不给别人添烦恼。"(《皮浪的基本原理》第3卷第155页)

[219—221]"对于试图把时间规定为偶性之偶性的伊壁鸠鲁，除了许多别的反对意见外，还可对他提出下述的反驳：作为实体呈现的一切东西都属于基质，属于作为基础的主体。但是"偶性"这个词的意思是不具有任何坚实的存在，因为偶性不可能与实体分离。此外，因为除了抗体之外，不存在任何抗力；除了正在离去的东西和虚空之外，不存在任何退让"等等①。(《反对数学家》第9卷第417页)

[240]"因此当伊壁鸠鲁说，**物体**应当**设想**为**体积、形状、抗力**和重量的**结合**时，他就迫使人们从那不是物体的东西中去设想真实的物体。"

[241]"因此要使时间存在，就必定要有偶性存在，而要使偶性存在，就[必定]要有某种作为它们基础的东西[存在]；但是并没有那样的基础与它们在一起，所以时间就不可能存在。"

[244]"因此，既然这是时间，而伊壁鸠鲁认为时间是所有这些现象的偶性〈这些现象应理解为日、夜、小时、运动、静止、内心的感受和无感觉状态等〉，那么在伊壁鸠鲁看来，时间本身就是它自己的偶性。"(《反对数学家》第420—421页[第9卷])

如果根据黑格尔的意见（见《全集》第14卷第492页），以客观成就作为评价的标准时，伊壁鸠鲁的自然哲学不值得特别称赞的话，——那么从另一方面，即从历史现象不需要这种称赞这方面来看，那种毫不掩盖的、纯哲学的彻底性是令人惊讶的，因为随着这种彻底性，原则本身中所固有的不彻底性却全面发展起来了。由于这种异常的客观的素朴性，希腊人将永远是我们的老师，因为这种素朴性把每一事物可以说是毫无掩饰地、在其本性的净光中亮出来——尽管这光还是晦暗的。

特别是我们这个时代甚至在哲学方面也产生了一些罪恶现象，暴露出其严重的罪过——反对精神和真理，因为在这里被掩盖着的意图隐藏在解释后面，而被掩盖着的解释又隐藏在事物后面。

---

① 手稿中这一段引文是德文译文，括号内附有希腊文。——编者注

[笔记六]

鲁齐乌斯·安涅乌斯·塞涅卡《全集》第［一］至三卷，1672年阿姆斯特丹版

"伊壁鸠鲁在他的一封信中批评那些认为哲人孤芳自赏因而不需朋友的人；你想知道他的这个批评是否正确。这里伊壁鸠鲁是在指责斯蒂尔蓬和那些认为不动情的精神是至善的人。"（第2卷，第9封信，第25页）

"伊壁鸠鲁……本人……说过：'谁要是不觉得他拥有的东西是最美满的，他即使当了全世界的统治者，也仍然不会幸福'。"（同上，第30页）

"他（即伊壁鸠鲁）补充说：'在这样多的好事中，尽管在著名的希腊不仅根本无人知道他和梅特罗多罗斯，而且连他们的名字几乎也没听说过，这个情况对他们［俩人］毫无损害'。"（第79封信，第317页）

"因为伊壁鸠鲁自己说，他有时会拒绝享乐甚至会寻求痛苦，要是享乐有招致悔恨之虞，或忍小苦而得以避免大苦的话。"（第1卷，《论哲人的宁静》，第582页）

"伊壁鸠鲁说：'倘若在法拉里斯牛①里煎烤哲人，他一定会大声说：多么舒服啊！与我毫不相干。'……因为伊壁鸠鲁说，忍受痛苦是愉快的。"（［第2卷］第66封信，第235页；以及第67封信，第248页）

"伊壁鸠鲁认为，构成上述最高幸福的有两种善：即肉体无痛苦和精神得安宁。"（第66封信，第241页）

"因为伊壁鸠鲁说，害病的膀胱和发炎的肚子给他带来痛苦，痛苦达到无以复加的地步：但这对他说来仍不失为幸福的一天。"（第66封信，第242页）

"我想起伊壁鸠鲁一段精彩的话：'这个小花果园……不是引起而是消除食欲，它不是以它的饮料使人更口渴，而是自然而然地、免费地给人解渴。我是在这种快乐中进入老年的。'我和你谈的是那些不是用安慰的言词所能满足

---

① 公元前六世纪中叶，西西里岛的阿格里真托的暴君法拉里斯曾制一铁牛，将死刑犯置于牛腹中，然后用火将铁牛烧红，使罪犯惨叫而死。——译者注

的欲望，而是必须给点什么才能使其平息下来的欲望。因为关于那些可以延缓、制止或抑制的特殊［欲望］，我提醒注意的只是：这种快乐是自然的，而不是必需的。你并不欠它什么。如果你要付给它点什么，那是自愿的。肚子不听教训，它提出要求、大声疾呼，但它毕竟不是一个令人厌烦的债主，无需多少东西就能使它平息下来，只要你把应给它的东西给它，而不是把可能给它的东西给它。"（第 21 封信，第 80—［81］页）

"你把伊壁鸠鲁看作是你的怠惰的庇护者，并认为他教导那种使人怠惰的愉快和导致快乐的东西，但是伊壁鸠鲁说：'哲人很少得到幸福'。"（第 1 卷，《论哲人的坚强》，第 416 页）

"伊壁鸠鲁对那些渴望死的人所作的谴责，并不亚于对那些怕［死］的人所作的谴责，他说：'当你由于自己的生活方式弄到非去寻死不可的地步时，这种因为厌恶生活而去寻死乃是可笑的。'他在另外一个地方还说：'由于害怕死亡你的生活变得惶惶不安之后，有什么东西能像去寻死一样可笑呢？'还有下面的话：'人类的不明智，不，人类的疯狂，达到如此地步，以致某些人由于怕死而自己逼着自己去死'。"（［第 2 卷］第 24 封信，第 95 页）

"我至少是持这种意见的（我这样说会使我的同道者们不满），我认为伊壁鸠鲁的学说是完美而正确的，如果进一步考察的话，也是严肃的：著名的'快乐'的作用是渺小的和没有意义的，而我们对美德提出的要求，他对快乐提出来了。他要求快乐要合乎本性，而满足本性［所需］的东西不多。由此究竟该得出什么结论呢？那种把无所事事的闲暇和整天价吃喝淫荡称作幸福的人，想为不道德的事寻找一位体面的辩护士。当他在诱人的称呼的怂恿下朝这里走来的时候，他追求快乐，但并不是别人告诉他的那种快乐，而是他自己带来的那种快乐"等等。（第 1 卷，《论幸福的生活》，第 542 页）

"'**朋友们**'……我们的伊壁鸠鲁赋予他们〈即**奴隶们**〉的名字。"（［第 2 卷］，第 107 封信，第 526 页）

"伊壁鸠鲁，斯蒂尔蓬的批评者。"（第 9 封信，第 30 页）

"你应该知道，伊壁鸠鲁也说过同样的话：'［实际上］**只有哲人才知恩**'。"（第 81 封信，第 326 页）

"伊壁鸠鲁说，有一些人，他们努力寻求真理而无需别人的帮助；他就是属于那种为自己开辟道路的人。他最称赞这种靠着内在的动力自己独立成名的人。另一方面，有些人则需要别人的帮助；如果没有别人在他们前面开辟道路，他们自己就不能前进，但是他会热心地跟着别人走。他把梅特罗多罗斯列入这类人之中。他

说，这也是出色的头脑，但是只属于第二流。"（第52封信，第［176］—177页）

"此外，你还可以看到另一种人——这些人也不应该被忽视，他们可以被迫走上正确的道路：但是他们需要的不是领导者，而是帮助者，也可以说是鼓励者。这是第三流的［人］。"（同上）

"伊壁鸠鲁这个快乐学说的著名导师有一些日子以简陋的食物充饥，目的是要观察在快乐的尽善尽美和细致入微方面是否会有所减少，减少多少以及这种减少是否值得每一个人为此而付出沉重的劳动。他至少在写给哈林执政官波利安的那些信中谈到这件事，甚至还炫耀他自己用在饮食上的钱不到一阿司①，而梅特罗多罗斯［在限制自己的需求方面］还没有获得这样大的成绩，他得花上整整一阿司。你想想看这样的饮食可以吃饱吗？可以，甚至还能得到快乐，——不是那种微小的、转瞬即逝的快乐，亦即经常需要重新开始的快乐，而是持久的真实的快乐。诚然，水和大麦粒或一块大麦面包不是什么惬意的东西，但是最大的快乐在于：你甚至从这样的东西中也能得到快乐；在于意识到你已使自己进入一个任何厄运都不能加以剥夺的境界。"（第18封信，第67—［68］页）

"［伊壁鸠鲁写给他（即伊多梅奈乌斯）这个有名的教导，在这个教导中他劝他用非一般所采用的、又非令人怀疑的方法使皮托克勒斯变富。他说，'假若你要使皮托克勒斯变富，不应该使他的钱增多，而是应该减少他的欲望'。"（第21封信，第79页）

参看斯托贝谈话录十七。"如果你想使某人变富，请你不要给他钱，而是打消他的欲望。"

"'在必然性中生活是不幸的事，但是在必然性中生活，并不是一个必然性'。而为什么并不是必然性呢？通向自由的道路到处都开放着，这种道路很多，它们是短而容易走的。**因此谢天谢地，在生活里谁也不会被束缚住，而对必然性本身加以制约倒是许可的**……伊壁鸠鲁说。"（第12封信，第42页）

"除了其他的缺点之外，蠢人还有这样一个固有的缺点：**他总是在开始生活**……还有什么比才在开始生活的老头子更令人憎恶的呢？如果这个意见不是那么著名，不是属于流传颇广的伊壁鸠鲁格言的话，我就不会说出它的作者的名字。"（第13封信，第47页）

"'谁最不需要财富，谁就最能够享受财富的快乐……'［这句格言］是伊

---

① 阿司——古罗马的铜币，也是重量单位，等于12盎司。——译者注

壁鸠鲁说的。"(第14封信，第53页)

"伊壁鸠鲁说过：'你若按照本性生活，你永远不会穷；而［你］若按照人们的观念［生活］，你永远［不会］富。'本性要求不多，而人们的观念所要求的则漫无节制。"(第16封信，第60页)

"对于许多人说来，获得财富并不是他们不幸的结束，而只是不幸的一种新形式。"(第17封信，第64页)

"我将引用伊壁鸠鲁的话作为对你的训戒……'过度忿怒是疯狂的原因。'你应该知道，这是何等地正确，因为你既有奴隶又有敌人。所有的人都会发怒。忿怒的产生，既基于爱也基于恨，既产生在严肃的事情里，也产生在玩笑之中。重要的不是引起忿怒的原因，而是发怒人的个性。火也是这样：火势有多大并不重要，重要的是火在什么环境中燃烧，事实上，非燃物品甚至连强烈的大火也经得住，相反地，干燥可燃的物品由于一个火星儿就能燃成一场大火。"(第18封信，第［68］—69页)

"［伊壁鸠鲁］说，应当首先看一看你和谁在一起吃吃喝喝，而不是看你吃的是什么，喝的是什么，因为不跟朋友［在一起］而大食其肉，那是狮子和狼的生活。"(第19封信，第72页)

"他(即伊壁鸠鲁)说：'任何一个人离开人世，都像他当年来到人间一样'……像出生那样无忧无虑而死的人，认识了哲理。"(第22封信，第84页)

"我可以……用伊壁鸠鲁的格言告诉你……'总是从头开始生活是很艰难的'。"(第23封信，第87页)

"据伊壁鸠鲁说，'谁将自己的欲望缩小到这种地步〈即面包和水这样一些本性所需要的东西，参见第110封信，第545页〉，谁就可以和丘必特争论什么是幸福。'"(第25封信，第97页)

"伊壁鸠鲁说过：'请你考虑这两种情况那一种更好：是死亡到我们这里来，还是我们［到］它那里去'。"(第26封信，第101页)

"［伊壁鸠鲁］，符合自然规律的贫穷就是富有。"(第27封信，第105页)

"'意识到罪过是得救的开端。'我觉得伊壁鸠鲁这句话说得非常好。"(第28封信，第107页)

"伊壁鸠鲁在给他的一位学友的信中说过：'这句话我不是［写］给许多人的，而［只是］给你的：我们俩人相互构成足够多的听众'。"(第7封信，第21页)

"至今我们还在重复伊壁鸠鲁的话说：'……为了获得真正的自由，你必须为哲学服务。一个献身于哲学的人，不须长久等待，他立即就会变得自由。

"因为为哲学服务本身就是自由。'"（第8封信，第24页）

"不是伊壁鸠鲁的学派，而是与伊壁鸠鲁的交往使［这些］人伟大起来。"（第6封信，第16页）

"照我看来，伊壁鸠鲁说得很聪明：'罪犯可以掩盖［自己的罪行］，但是他不可能确信［它］不会被发现'。"（第97封信，第480页）

"我读了伊壁鸠鲁致伊多梅奈乌斯的一封有关这个问题的信。他要他在某个强大的力量出来干涉并剥夺他逃跑的自由之前，尽［快］地逃跑。但他又补充说，只有［当］这一意图能方便地和及时地实现的时候，才可一试。然而，他说，一旦这个盼望已久的机会来到，就应该一跃而起。他不准许想逃跑的人打瞌睡，他希望即使在最困难的情况下也能幸运脱逃，只要我们事前不慌忙又不错过良机。"（第22封信，第82页）

"没有一个头脑健全的人惧怕神。因为惧怕善行是荒诞的；从另一方面看，谁也不爱他所惧怕的人。最终，你——伊壁鸠鲁解除神的武装：你缴去了他的一切武器，使他丧失一切威力；而为了使谁都不应该惧怕他，你把他逐出世界之外。这个神被隔绝在某堵不可逾越的高墙之外，与凡人断绝往来，甚至凡人连看都看不到，没有理由惧怕他：他既无法赏赐人，也无法伤害人。神孤零零地在我们的天空与别的天空之间那个没有生物、没有人、没有一切的空间之中，他力求躲避那些从他上面和在他周围崩溃的世界的废墟，对我们的哀求充耳不闻，对我们毫不关心。而你却想使我觉得你仿佛像尊敬父亲一样尊敬这个神，甚至带有感激之情；而如果因为他没有给予你任何恩赐，而构成你的是这些偶然地和意外地集聚起来的你的原子和粒子，所以你不愿意表示感谢，——那么，你为什么要尊敬［他］呢？你说，是由于伟大、由于［他的］唯一独特的本性。我同意你这个说法；当然，你这样做时未抱任何希望，不指望得到任何报偿。因而，有一种本身就是值得人们追求的东西，本身所具有的美质吸引着你：这就是美德。"（第1卷，《论善行》，第4册，第19章，第719页）

"伊壁鸠鲁说，所有这些原因都可能存在，并且还力图提出一些别的原因；同时他斥责那些断言在这些原因中只有某一个原因的人：因为在那些按照必然性不得不确立仅仅一些假设的事物中，是很难保证什么可靠性的。因而，据他说，地震可能是由水引起的，如果水流冲走了某些部分的土地的话，因为在没有受损害的情况下，这些部分的土地是支撑着相应的那块土地的，可是现在支撑部分变弱了，再也支撑不住了。土地还可能在空气压力的作用下移动。也就是说空气可能因受外部跑进来的空气的影响而失去平衡。可能，在某一部分土地突然崩塌的影响下，空气发生震动并开始运动。可能，在某个地方土地是由某种类似柱和杆的东西支撑着，——而当它们遭到毁坏并倒塌的时候，压在它们上面的重物就会震动。可能，一团灼热的空气变成一团火，像闪电般喷出，烧毁碰到的一切。可能，沼地的水和静止不动的水被一阵风一刮，结果土地或因受到冲击而震动，或者运动着的空气团由于增大并加快运动速度而从最深处向外冲出。但是照他的意见，在［引起地震的］各种原因中没有一种比空气的运动更为重要的了。"（第2卷，《自然问题》，第6册，第20章，第802页）

"在这个问题上意见分歧的主要有两个学派：伊壁鸠鲁派和斯多葛派，并且他们每一派都指出达到宁静的不同途径。伊壁鸠鲁说：'哲人不关心国家大事，除非发生什么特殊情况'。"

"芝诺说：'哲人要关心国家大事，除非有什么情况阻碍他。'一个由于内在的动机而力求达到宁静，另一个则由于［外在的］原因。"（第1卷，《论哲人的宁静》，第30章，第574页）

"可是受到重视的不是伊壁鸠鲁［所指的］那种快乐，因为这种快乐是清醒而有节制的；他们不过是利用这一名称来为自己淫佚放荡的生活好歹寻找一块遮羞布而已。这样一来他们便失去了当他们堕落时还保留着的唯一的好品质：对犯罪感到羞耻。实际上，他们现在称赞的正是以前使他们脸红的事情，并夸耀其放荡行为；由于这个原因甚至连青年人也不可能打起精神，因为可耻的游手好闲在体面的名称下得以隐蔽。"（第1卷，《论幸福的生活》，第12章，第541页）

"因为他们所有的人〈即柏拉图、芝诺、伊壁鸠鲁〉讲的都不是他们自己如何生活，而是人们应该如何生活。"（同上，第18章，第550页）

"可见，神并不滥施恩惠，他无牵无挂，对我们毫不关心，他甚至不理睬这世界，他对善行和恶行都无动于衷。他做点什么别的事情，或者什么事情也不做（伊壁鸠鲁觉得这是最大的幸福）。"（第1卷，《论善行》，第4册，第4章，第699页）

"这里应该肯定伊壁鸠鲁的见解是正确的，他一再抱怨我们对过去忘恩负义，忘记了我们已得到的幸福，甚至不把它们当作快乐，其实没有哪一种快乐比这种再不会失去的快乐更可靠。"（［第1卷］，《论善行》，第3册，第4章，［第666页］）

"可以同苏格拉底一起辩论，同卡尔奈阿德斯一起怀疑，同伊壁鸠鲁一起享受宁静的快乐，同斯多葛派一起征服人的本性，同昔尼克派一起干古怪的事情，还可以作为每个时代的同时代人自然地跟上每个时代的步伐。"（第1卷，《论人生短暂》，第512页）

"在这方面我们同那些在豪华的筵席桌旁高谈哲理、放纵沉溺、离群索居的伊壁鸠鲁派是有斗争的；对于他们美德是快乐的婢女：她听从快乐，服务于快乐，她认为快乐比自己高出一筹。"（第1卷，《论善行》，第4册，第2章，697页）

"美德怎么能支配快乐呢？因为快乐的婢女是跟在快乐后面的，须知跟随是服从者的事，但支配则是发号施令者的事。"（第1卷，《论幸福的生活》，第2章，第538页）

"对于你们〈即伊壁鸠鲁派〉，快乐意味着放纵自己的躯体使之懒散悠闲，像梦幻般无忧无虑地生活，躲蔽在浓密的阴影下，通过你们称之为精神宁静的多愁善感的思考使萎靡不振的精神得到愉快，在花园的树荫中用美味的食物和饮料填满我们由于闲散而多病的躯体。对于我们，快乐意味着行善，无论这善行要花多么大力气，只要它能减轻别人的劳苦就行；无论这善行带有什么样的危险，只要它能使别人免遭危险就行；无论这善行如何加重我们私人财产的负担，只要它能减少别人的贫苦和困难就行。"（第1卷，《论善行》，第4册，第13章，第713页）

"缺少经验和不老练的人会不断地犯错误：他们往往陷入伊壁鸠鲁的这个无底的、无法填平的混乱深渊之中。"（第2卷，第72封信，第274页）

"伊壁鸠鲁派认为，哲学只包括两部分：物理学和伦理学，他们否定了逻辑学。后来当事实本身强迫他们对争论的问题加以分析，揭穿在真理的幌子下掩盖着的虚伪东西的时候，他们自己也以另外一个名称提出了逻辑学，称之为'关于判断的准则'，**但是他们认为它是物理学部分的补充**。"（第89封信，第397页）

"伊壁鸠鲁的神……自己什么事都不做，也不强迫别人［做］。"（第2卷，《悼克劳狄乌斯皇帝》，第851页）

"'那么，你是说：塞涅卡，你向我推荐宁静吗？——［这是说］，你转而相信伊壁鸠鲁的教导。'——是的，我向你推荐宁静，为的是使你在此时能做［某种］比你过去丢开不做的更重要、更美好的事情。"（第68封信，第251页）

"我并不如此愚蠢，竟然在这个地方重复伊壁鸠鲁的著名寓言，说什么对彼岸世界的恐惧［是］无谓的［恐惧］，说什么伊克西昂并没有在旋转车轮上旋转，息息法斯并没有用肩往山上推石头，任何人的肝脏都不会每天被啄食而又重新长好。谁也不会像小孩子那样无知到害怕塞卜洛士、黑暗和样子像骷髅的鬼魂。死亡把我们或者变为无，或者把我们带到另一个地方。对于那些被带到另一个地方的人来说，会更好些，因为他们摆脱了重负；而对于那些变为无的人什么也没有留下，因为善和恶离他们都同样遥远。"（第24封信，第93页）

完

约·斯托贝《箴言和牧歌》
1609年日内瓦版

"安乐的自然太值得赞美了,因为它使必要的东西容易得到,使难以得到的东西成为不必要的。

如果你想使某人变富,请不要给他钱,而是打消他的欲望。"

"节制是一种美德,借助于它人们以理性节制追求不道德的快乐的意图。

节制的特性就是能够用理智来抑制追求不道德地享受快乐的欲望,顽强而勇敢地忍受自然的困苦和悲伤。"(《论适度》,谈话录十七,第157页)

"我们只生一次,[任何人]也不会生两次,所以应该使生命不要延续太久。你既然对自己的明天都无权支配,就利用眼前的一瞬。人生皆毁于拖拉,也正因为如此,我们每个人正当自己活动最旺盛的时候便死去了。"(《论珍惜》,谈话录十六,第155页)

"当我有水和面包时,我充满我可怜的肉体[提供给我的]快乐,同时我对昂贵的快乐毫不介意,不是由于这种快乐本身,而是由于同它有关的不愉快。

当我们由于没有快乐而感到痛苦的时候,我们才感到对快乐的需要;当我们能控制自己的感情,并不因没有快乐而感到痛苦的时候,则对快乐没有任何需要,因为引起外在不愉快的原因,并非自然的快乐,而是追求那些与空洞的表象有关的东西的意图。"(《论适度》,谈话录十七,[第159页])

"对哲人来说,颁布法律不是为了使他们不作不正当之事,而是为了使他们不受不正当行为之害。"(《论国家》,谈话录四十一,第270页)

"死对我们来说算不了什么,因为凡是死了的东西都没有感觉,而没有感觉的东西对我们来说也就算不了什么。"(《论死亡》,谈话录一一七,第600页)

"加尔格蒂的伊壁鸠鲁深信不疑地说:'谁对少量的东西感到不满足,他就会对什么都感到不满足。'他还宣称,只要有了面包和水,他就准备同任何人辩论什么是幸福。"(《论适度》,谈话录十七,第158页)

"因此伊壁鸠鲁还认为,功名心重和追求荣誉的人不应该沉湎于平静,而是应该根据自己的天性参与国家大事和社会活动，因为他们生来就是这样一种性格的人，如果他们达不到所追求的目的，就会由于无所事事而更加担忧和难受。然而，这样的一种人是愚蠢荒诞的，他吸收的不是那些能够为公共谋福利的人，而是一些不能无所作为的人；须知精神的平静或不安不是以所做的事情的多寡为转移，而是取决于行为的善恶。

因为，正如常言所说，不行善令人痛苦和不安的程度，不亚于作恶。"（《论坚定性》，谈话录二十九，第206页）

"当有人说：'哲人不会有爱情，至少［活的］见证人……伊壁鸠鲁……'［克里齐普斯］说，'我引用这个证据，因为，如果……不动情的伊壁鸠鲁……没有过爱情的话（当然哲人不会有爱情）'。"（《论性欲和爱情》，谈话录六十一，第393页）

"但是我们要注意那些枯燥乏味的哲学家，对他们来说，快乐与本性不符，而是伴随着符合本性的东西，即正义、自制和自由。那么到底为什么小小的肉体幸福能使精神快乐和平静（tranquillatur），正如伊壁鸠鲁所说的那样呢［……？］"（《论非适度》，谈话录六，第81—82页）

"伊壁鸠鲁说，一切神都有人一样的外表，但是只有用智慧透过形象的自然的细微之处才能认识他们。他还认为不能摧毁的实体有四种：原子、虚空、无限和同类粒子。这种粒子还称作**同素体**和**元素**。"（《自然的牧歌》，第1卷，第5页）

"伊壁鸠鲁遵循必然性、自由的决定、命运……

关于命运，他们［毕达哥拉斯派］是这样表述的：在命运中确乎有某种神性的成分，因为某些人从神那里得到启示去做好事或者去做坏事。并且显然正是由于这个原因，一些人是幸福的，另一些人则是不幸的。大家亲眼看到有这样的现象，有的人做事轻率不加考虑，却往往是很有成就；而相反地，另一些人，尽管他们事先反复商量和考虑，如何正确处理某件事，但结果一无所获。还有命运的另一种表现，它使一些人有天赋、有才干、什么都能做，而另一些人则没有才干，因为他们具有相反的禀性；前一种人不管预计达到什么目的都能达到，而后一种人希望总是落空，因为他们从来不能正确地、而是紊乱地进行思考。但是这种不幸天生就已存在，而非外界造成的。"（《自然的牧歌》，第1卷，第16页）

"伊壁鸠鲁（称时间）为偶性，即伴随运动的东西。"（同上，第19页）

"伊壁鸠鲁［断言］，一切存在物的始原是那些由智慧所认识的、本身不包含虚空的、无始无终的物体；它们既不会变小又不会被弄碎。[这种物体]之所以被称为原子，并非因为它是[存在物中]最小的，而是因为它不能再被分割，因为它没有感觉，并且本身不包含虚空。"(《自然的牧歌》，第1卷，第27页)

"伊壁鸠鲁[认为]，始原的物体就其体积来说是难以觉察的和最简单的，而由它们（原子）构成的物体则具有重量。原子的运动有时是直线式的下落，有时是偏斜的，而向上的运动则是撞击和排斥的结果。"(《自然的牧歌》，第1卷，第33页)

"伊壁鸠鲁……[说]，有颜色的物体在黑暗中没有颜色。"(《自然的牧歌》，第1卷，第35页)

"伊壁鸠鲁[断言]，原子在数量上是无限的，而虚空在范围方面是无限的。"(《自然的牧歌》，第1卷，第38页)

"伊壁鸠鲁交替使用各种名称——虚空、空处、空间。"(《自然的牧歌》，第1卷，第39页)

参看：**第欧根尼·拉尔修**："假使没有那种我们称之为虚空、空处和不可捉摸的自然的东西。"([X，40]，致希罗多德的信，第32页)

"伊壁鸠鲁[把]运动[分为]两种：直线运动和偏斜运动。"(《自然的牧歌》，第1卷，第40页)

"伊壁鸠鲁[说过]，世界以多种方式灭亡：一部分以动物的方式，一部分以植物的方式，还有一部分以其他不同的方式灭亡。"(《自然的牧歌》第1卷，第44页)

"所有其他的哲学家们[都认为]，世界是有灵魂的并受天意支配。而留基伯、德谟克利特和伊壁鸠鲁则不[承认]上述这种或那种[假设]，他们[断言]，世界是由原子本身自然而然地产生的。"(《自然的牧歌》，第1卷，第47页)

"伊壁鸠鲁[说过]，一些世界的边缘是稀疏的，而另一些世界的边缘是稠密的，并且它们[边缘]之中有一些是活动的，而另一些是静止的。"(《自然的牧歌》，第1卷，第51页)

斯托贝著作中下面一段话不是伊壁鸠鲁的，然而可能是最崇高的。

"天父，除上述外〈"除上述外"应指：形状、颜色和躯体〉还有什么更美好的东西吗?"——"我的孩子,只有上帝;**而更伟大的勿宁说是上帝的名字**。"(斯托贝《自然的牧歌》第1卷,第50页)

"伊壁鸠鲁的老师梅特罗多罗斯断言:始原就是原子和元素。"(同上,第52页)

"留基伯、德谟克利特和伊壁鸠鲁〔认为〕,无数个世界在无限中沿着各种圆轨来回〔飞驰〕。阿那克西曼德〔断言〕,无数个可见的世界相互间距离相等。而伊壁鸠鲁〔说过〕,各个世界之间的距离不相等。"(同上,第52页)

"伊壁鸠鲁并不排斥其中任何一种意见〈即关于星体的意见〉,他坚持那可能的东西。"(同上,第54页)

"伊壁鸠鲁说,太阳是一个多微孔或海绵状结构的密度极大的土团,其周围笼罩着从微孔中〔冒出来的〕火焰。"(同上,第56页)

以上摘引自《自然的牧歌》,第1卷,第5页上[①]的一段话,较之绍巴赫引用的那一段显然更能证实关于两种原子的观念。在《牧歌》中的这个地方,作为不灭的本原,除了原子和虚空以外,还列举了一种"同类的粒子",这种粒子不是映象(反映),对它们的解释是:"它们叫做同素体和元素。"无论如何由此可以得出结论:原子是现象的基础,它在作为元素时是没有同素体的,而具有以它们为基础的物体的性质,这当然是不正确的。梅特罗多罗斯也同样把"原子和元素"作为始因。(第1卷,第52页)

《亚历山大里亚的克雷门斯全集》 1688年科伦版

"但是伊壁鸠鲁也从德谟克利特那里剽窃了他的基本原理。"(《地毯集》,第6卷,第629页)

"似乎荷马也知道神,虽然他描绘的神充满着强烈的人的感情。伊壁鸠鲁对神就不如此虔敬。"(《地毯集》,第5卷,第604页)

"伊壁鸠鲁则认为,消除痛苦就是快乐;他说,这是应该追求的,它首先

---

① 见本卷第158页。——编者注

是自身向往自身的，显然，它一般处于运动之中……

于是，伊壁鸠鲁和昔勒尼学派说，快乐首先是［和我们的本性］密切相关的。因为，他们说，美德是为了快乐而树立的，它本身就产生快乐。"（《地毯集》，第 2 卷，第 415 页）

"而伊壁鸠鲁认为，一切精神的快乐都产生于首先是具有感觉的肉体。

梅特罗多罗斯在他的题为《论幸福与其说来源于外部环境，不如说来源于我们自身》的论文中说道：'精神的幸福，若不是身体的健康，和继续保持健康的可靠希望，还会是别的什么呢？'"（《地毯集》，第 2 卷，第 417 页）

"至少伊壁鸠鲁设想，按他的规定，凡是明哲的人，都不愿意由于某种利益而干不道德的事，因为他不可能确信其不道德的行为能掩盖得住。因而，如果他确信不会被察觉，那么照他［伊壁鸠鲁］的意见，他就会干不道德的事。"（《地毯集》，第 4 卷，第 532 页）

克雷门斯并非不知道，对阴间生活的希望也摆脱不了功利原则。

"而如果有谁希望神奖赏善行因而放弃作恶，那么，这并不意味着是自愿行善。因为，正如恐惧能使一个人变得善良一样，奖赏也可以使一个人变得善良，——更确切地说，使他好像显得善良起来。"（同上及以下几页）

"伊壁鸠鲁把快乐看得远远高于真理之上，他认为［信仰是］思想的预想。他又把预想规定为对某种明显的东西和对关于事物的清楚概念的暗示。但是没有预想，任何人就既不能研究，也不能怀疑，甚至不能思考和反驳。"（《地毯集》，第 2 卷，第 365—366 页）

克雷门斯补充说：

"这样一来，如果信仰只不过是思想关于所论述的东西的预示。"

由此可见，应该怎样理解信仰。

"德谟克利特不赞成婚姻和生育子女，因为这会带来无穷的烦恼并使人把更必要的事丢开（abstractio）。伊壁鸠鲁和所有那些把快乐以及无骚动和无痛苦看作幸福的人，都同意他的观点。"（《地毯集》，第 2 卷，第 421 页）

"而相反，伊壁鸠鲁认为，唯有希腊人能够从事哲学研究。"（《地毯集》，

第 2 卷，第 302 页）

"可见，伊壁鸠鲁在致梅诺伊凯乌斯的信中说得好：'趁着年青，谁也不要耽搁哲学的研究'。"（《地毯集》，第 4 卷，第 501 页）参看第欧根尼·拉尔修致梅诺伊凯乌斯的信。

"但是伊壁鸠鲁派说，有某些秘密的学说，并不是每一个人都被允许阅读有关这些学说的著作。"（《地毯集》，第 4 卷，第 575 页）

根据亚历山大里亚的克雷门斯的意见，使徒保罗所说的下面的话指的是伊壁鸠鲁：

"弟兄们，你们要当心，不要让人用哲学和空洞的**诱惑**之言把你们引入邪道，去顺从人的传说，顺从**世界的自然力量**，而**不**顺从基督①。要［提防］的不是一切哲学，而是像保罗在《使徒行传》中所提到的**伊壁鸠鲁**那样的哲学，他谴责这种哲学，因为**它鄙弃天意和崇奉快乐**，他还要人提防一切别的推崇自然力、不把创造的始因放在自然力之上、并且不理会创造主的哲学。"（《地毯集》，第 1 卷，第 295 页）

很好，那些不幻想上帝的哲学家被摈弃了。

现在人们对这一段理解得更清楚，现在知道，保罗是泛指一切哲学。

---

① 圣经《新约·歌罗西书》第 2 章第 8 节。——编者注

伊壁鸠鲁哲学

笔记七
西塞罗

Ⅰ.《论神性》
Ⅱ.《土斯库兰的谈话》，五卷本

西塞罗《论神性》

第一卷

第8章［18］"于是韦莱按他们（即伊壁鸠鲁派）的习惯非常自信地谈说，怕会显出他对什么都有怀疑，仿佛他刚刚与众神聚会后从伊壁鸠鲁的世界之间的空隙下来似的。"——等等，等等。

第13章［32］安提西尼著作中一段很好的话：

"他在名为《物理学家》的那部书里说，**在一般人的观念中有许多神，而自然的神却只有一个……**"

第14章［36］关于斯多葛派的芝诺是这样写的：

"而当芝诺注释赫西俄德的《神谱》时，他完全抛弃了关于神的习惯和公认的概念：不论丘必特、朱诺、维斯塔或被这样称呼的任何人，他全不认为是神，但是他断言，这些名字是根据某种寓意加在没有灵魂和不会讲话的事物上的。"

第15章［41］关于斯多葛派的克里齐普斯是这样写的：

"在第二本书中〈即《论神性》一书中〉他力图使奥菲士、穆赛乌斯、赫西俄德和荷马的寓言同他本人在第一本书中关于不朽的神所说的东西一致起来，以便让人看起来好像远古时代的诗人就是斯多葛派，尽管对这一点这些诗人本身连想都没有想到。"

"而在他之后，巴比伦的第欧根尼在名为《论密纳发》的一本书中，对丘必特的生孩子和童贞女神的分娩给予自然的解释，从而同神话分离开来。"

第 16 章 [43] "总共只有他一个人〈即伊壁鸠鲁〉认为，神的存在首先是因为自然本身在所有 [人们] 的心灵里印下了关于神的观念。难道真的会有一种没有人教而获得关于神的预示观念的民族、部族吗？伊壁鸠鲁称它为预想，即对客体的某种预示的观念，没有它什么都不可能理解、研究和讨论。我们从伊壁鸠鲁的《论判断的准则》这本无与伦比的著作中懂得了这个学说的意义和作用。"

第 17 章 [44] "……应该明白，存在着神，因为我们有关于神的内在的、或者不如说是天赋的观念。而与一切人的本性相一致的观念，按必然性来说是真实的。"

[45] "……如果是这样，那么伊壁鸠鲁的这句著名的格言就说得对：'凡是幸福和永恒的东西，它自身既无所事事，也不麻烦他人；所以不知忿怒为何物，也不怀感恩之情，因为此类感情……只是软弱的象征'。"

"……凡卓越出众的东西都有充分理由受到崇拜。"

第 18 章 [46] "我们大家，一切民族，都本能地把神想象成人的样子而不是别的样子……但是为了不把万物都归结为最初的印象，理性本身也确认同样的东西……"

[47] "有什么形象……能比人的形象更美好呢？……"

[48] "不得不承认，就外貌来看神乃是人。"

[49] "这个形象仍然不是躯体，而是躯体的类似物；这个躯体没有血液，而只有血液的类似物。"

第 18 章 [49] "伊壁鸠鲁……教导说，神的威力和本质是这样的，首先它们不是被感觉而是被智慧所认识的，——不是某种坚实的东西、不是按照数量来认识的，也不同于伊壁鸠鲁因其坚硬而称之为 $\sigma\tau\varepsilon\rho\varepsilon\mu\nu\iota\alpha$[①] 的东西，它们是由于相似和相连续而作为映象被领会到的。"

第 19 章 "当由无数的形象产生接连不断的一系列非常相似的映象并上升到神时，紧张地贯注于这些映象上的我们的思维以极大的快乐获得关于幸福的

---

① 硬的物体。——编者注

和永恒的本质的概念。"

［50］"而无限性的最高原则很值得进行长期缜密的研究；同时，根据必然性可以理解，这种本质是：万物皆与万物相应，同等的东西皆与同等的东西相应。伊壁鸠鲁把这称为同名，即平均分布。所以由此可以得出，如果**有这样大量的会死的凡人，那么不死者的数量就不会更少**；如果毁灭的力量无限大，那么保存的力量也应该是无穷无尽的。"

［51］"还有，巴尔布，你们平常还问我们神的生活是怎样的和他们的一生是怎样度过的。显然［他们的生活］如此美好，再也想不出什么更幸福、更充满应有尽有的富贵的了。实际上他［神］什么也不做，与任何事务无关，不负担任何工作。他享受自己的明哲和美德的快乐，他真正相信他将永远生活在最大的不朽的幸福之中。"

第20章 ［52］"我们可以公正地说这个神是幸福的，而你们的神真命苦：事实上，或者神只不过是宇宙本身——那么还有什么可能比一刹那也不停顿地以惊人的速度沿着天轴转动更不平静的呢？而没有平静则无所谓幸福。或者在世界本身之中存在着某一个神，他主宰着宇宙，他管理着宇宙，他指引星球运转，维持四季的变化、万物的更迭和秩序，并且观察着陆地和海洋，保护人们的美好生活和生命：［你看］他真正担负着繁重和十分困难的事务。［53］而我们认为幸福的生活在于精神的安宁，在于摆脱任何职责。因为那个［解释］其他［一切东西］的人教导我们，世界是自然地产生的：它不是某个巨匠的艺术作品。而这与你们否定自然无需神的艺术也能创造、正在创造或已经创造出无数个世界相比，并不更难想象。因为你们不明白：自然是如何无需任何理性而创造这一切，所以你们就像悲剧诗人那样，在无法想象出戏的结局时，便求助于神。［54］假使你们四处看到的都是无边无际的巨大空间，在这个巨大的空间里，精神急急奔驰，到处漫游，但是它看不到它可以停下来的任何最后边界，那么当然你不会希望得到神的帮助。总之，在这个宽度、长度和深度方面都无穷无尽的［空间］里，飞驰着数量上多得无穷的原子；这些原子虽然**被虚空所分开，但是他们互相联结着，彼此连接，连绵不断**；由此产生了万物的各种形态和形状，而你们会认为没有铁砧和风箱它们的形成是不可能的。可**这样一来你们就把一个永恒的统治者强加在我们头上，使我们不分昼夜地畏惧他**。的确，谁不有点儿畏惧这么一个神呢？这个神预见一切、想到一切、觉察一切、认为一切都和他有关，好奇地盯着眼睛包揽一切事务。"

［55］"由此在你们面前就第一次出现了那个由命运注定的必然性，也即

你们称之为'**天命**'的东西;所以你们就断定,不管发生什么事情都是永恒真理和一系列接连不断的原因的结果。但是我们应该如何看待这样一种哲学,在它看来,——就像在一个无知的老妖婆看来一样,——一切都由于命运而发生。其次是你们的占卜,我们把它翻译成'预言术';如果我们真的要听你们的那一套,那么我们就要在这种占卜的影响下满脑子都是这样一种迷信,即我们应该崇拜祭司、预言家、算命者、占卦者和释梦者。"

[56]"伊壁鸠鲁把我们从这些恐惧中拯救了出来,并使我们获得了自由,我们不怕那些[神],我们知道,这些神既不会为自己臆造也不会为别人增添任何烦恼,所以我们恭敬地和虔诚地尊敬这个卓越而高超的自然的存在物。"

接着科塔提出了反对意见。

第21章[58]"我承认……你的话是可以理解的,你的话不仅思想丰富,而且表达得**比你们**[即伊壁鸠鲁派]**通常所用的词汇更优美。**"

第23章[62]"因为照你的说法,似乎一切民族和种族都有同样的认识这么一个事实,就是我们之所以应该承认神的存在的充足理由。这本身不仅是轻率的,而且是错误的。"

(科塔在叙述了否定神存在的普罗塔哥拉的书在国民会议上被焚毁,而普罗塔哥拉本人则被驱逐出国之后)[继续说道]:[63]"因此至少我认为,许多人对于公开发表这种意见变得更慎重,因为甚至怀疑也不能避免遭到惩治。"

第24章[66]"因为德谟克利特或者更早一些时候留基伯的这些使人极为厌恶的主张,即似乎存在着某些原子,一些是光滑的,另外是一些粗糙的,一些是圆的,而部分是有棱角的,某些是钩状和仿佛向内弯的;正是由这些原子在**没有任何来自自然的强制的情况下,由于某种偶然的冲撞**而生成天和地……"

[67]"那么这就是你的真理吗?因为我丝毫也不反对幸福生活,而按照你的意见,如果神不处于绝对的平静和悠闲之中,连他也享受不到这种生活……"

"那么我同意假定万物都是由原子构成的。但这究竟和问题有什么关系呢?须知谈的是关于[68]神的本性的问题。就算神也是由原子构成的吧。因而,他们不是永恒的,因为凡由原子构成者,皆应在某一个时候形成。如果他们[神]是在过去形成的,那么在他们产生之前便没有任何神。而如果神有生,那么根据必然性[神]必定有死,你本人在此不久之前关于柏拉图的宇宙就是这样议论的。这样那里还有你们用来表示神的两个著名的词:'幸福的和不朽的'。正当你们想证明这一论点的时候，你们便陷入无法通过的密林。例如，你曾说，神没有躯体，但有类似躯体的东西，神没有血，但有类似血的东西。"

第25章［69］"当你们谈论某种不足信的事并希望不受到指责时，你们总是经常援引某种根本不可能发生的事：同意还在进行争论中的问题，要比这样厚颜无耻地坚持己见更好。例如伊壁鸠鲁就是这样。因为伊壁鸠鲁明白，如果原子由于本身的重量而往下坠，那么什么都由不得我们的力量作主，因为原子的运动是规定了的和必然的，——于是他**为了避开必然性**，就想出了一个**德谟克利特显然没有想到的**办法。伊壁鸠鲁说，虽然原子由于它们的重量和重力而从上往下坠，但还是有一点点偏斜。"［70］"这种说法比起不能够证明自己想要证明的主张来更为不光彩。"

相当有意义的现象是，构成纯粹希腊哲学的那一套三个希腊哲学体系，即伊壁鸠鲁、斯多葛派和怀疑派体系，都从过去已知的东西中吸取各自的基本要素。例如斯多葛派的自然哲学大部分是赫拉克利特的，而它的逻辑学与亚里士多德的逻辑学相似，所以西塞罗已经看出：

"看来，斯多葛派在实质上是同意逍遥派的，只是口头上不同意。"（《论神性》第1卷第7章［16］）

伊壁鸠鲁的自然哲学基本上是德谟克利特的，而道德规则与昔勒尼派的道德观相似。最后，怀疑论者是哲学家中的科学家；他们的工作是进行比较，因而也就是收集各种不同的、先前阐述过的主张。他们以平均调和的学术观点看待以前的体系，这样来揭露出矛盾和对立、他们方法的一般原型包含在埃利亚派、诡辩派和学院派之前的辩证法中。然而这些体系不失为独创的并构成一个整体。

但是它们不仅为自己的科学找到了现成的建筑材料；它们的精神世界的活生生的精神本身可以说作为先知出现在精神世界之前。那些属于它们体系的个人是历史人物。一个体系可以说包含在另一个体系之中。亚里斯提卜、安提西尼、诡辩派和其他一些哲学家就是这样。

应该如何理解这一点呢？

关于"植物灵魂"，亚里士多德说道：

"它可以脱离别的而存在，但在凡人那里别的没有它便不能存在。"（亚里士多德《论灵魂》第2卷第2章）

对待伊壁鸠鲁哲学，不论对于理解其哲学本身，还是对于弄清楚伊壁鸠鲁本人的一些看来显得荒谬的话，以及后来批评他的人的愚蠢，都应该注意到上述这一意见。

在伊壁鸠鲁那里，概念的最一般的形态是**原子**，因为这是它的最一般的存在形态，可是这一存在本身是具体的并且是一个类概念，但同时它对其哲学概念的更高的特征和具体化来说，又是个种概念。

这样一来，原子是一种例如个人、哲人、神的抽象的自在的存在。这是同一概念的更高的、更进一步的质的规定。因此，在分析这一哲学的形成过程时，不应该提出像培尔、普卢塔克和其他一些人所提的那种不适当的问题：个人、哲人、神怎么能由原子产生和构成呢？另一方面，看来，伊壁鸠鲁本人对这个问题进行了辩护，因为关于更高级的形态，例如关于神，他说，神是由更精微的原子构成的。对于这点应该指出，伊壁鸠鲁本人的认识同这一认识的进一步发展的关系，同对他来说不可避免的这一认识的原则的进一步规定的关系，正像较后各个时代的人们的不科学的[①]认识同他的体系的关系一样。

例如，如果对神等等提出关于他的存在的问题、关于他的自在的存在问题，而把构成这个体系中一个必要环节的神的形态的进一步规定放在一边，那么存在的一般形态一般说来是原子和原子群体；但正是在神、哲人的概念中这一存在变成更高级的形态。他的特殊的自在的存在正是他的概念的进一步规定，是在构成这个体系的整体中所必需的。如果此外还提出关于某种存在的问题，那么这是倒退到原则的低级阶段和低级形态。

但是伊壁鸠鲁不得不经常倒退到这个低级阶段，因为他的认识和他的原则一样，是原子论的。他所理解的自然的本质就是他的现实的自我

---

① 手稿中显然有笔误：把"das wissenschaftliche BewuBtsein"（"科学的认识"）写成"das unwissenschaftliche Bewuβtsein"（"不科学的认识"）。——编者注

意识的本质。然而他又把激励他的本能和这个本能的本质的进一步规定看作是和其他现象相同的现象，并从研究哲学的较高级的范围重新倒退到最一般的范围，这主要是因为作为一般的自为存在的存在被他看成是一般的任何存在的形态。

哲学家的这个本质的意识脱离他自己所表现出来的知识，但是这个表现出来的知识本身（在哲学家仿佛同自己进行的关于他的真正内心动机、关于他所思考的思想的谈话中表现出来的）是某种受制约的东西，——它是受到构成他的认识本质的那个原则所制约的。

编纂哲学史的任务，不是要把哲学家的个性，即使是他的精神上的个性理解为好像是他的体系的焦点和形象，更不是要罗列心理上的琐屑小事和卖弄聪明。哲学史应该找出每个体系的规定的动因和贯穿整个体系的真正的精华，并把它们同那些以对话形式出现的证明和论证区别开来，同哲学家们对它们的阐述区别开来，因为哲学家是了解他们自己的。哲学史应该把那种像田鼠一样不声不响地前进的真正的哲学认识同那种滔滔不绝的、公开的、具有多种形式的现象学的主体意识区别开来。这种主体意识是那些哲学论述的容器和动力。在把这种意识区别开来时应该彻底研究的正是它的统一性，相互制约性。在阐述具有历史意义的哲学体系时，为了把对体系的科学阐述和它的历史存在联系起来，这个**关键因素**是绝对必需的。这一联系所以是不可忽视的，正是因为这个存在是历史的。但是与此同时哲学史还应该被确定为哲学的联系，——因而，它应该根据它的本质来展开。最不可取的是仅仅根据威望和真诚的信仰来断定那一种哲学是真正的哲学——尽管这种威望的体现者是整个民族并且这种信仰已存在了千百年。要提供证明，只能够通过揭示这一哲学的实质；此外，每个写哲学史的人要辨别本质的东西与非本质的东西，阐述与内容；否则他就只好去抄袭，甚至都用不着翻译；他更不会有自己的见解或进行删改等等。他只是一个缮写员。

相反，应该这样提出问题：关于个人、哲人和神的概念以及这些概念的特殊规定如何纳入体系之中？它们是怎样从体系中发展起来的？

西塞罗《论最高的善和恶》

第一卷

第6章［17］"［西塞罗说］我将一开始就要断言,他(即伊壁鸠鲁)在他所特别夸耀的物理学中,首先完全是一个门外汉……

那个人(即德谟克利特)认为,原子这个由于本身的坚实而不可分割的物体,飞驰在既无上中下也无始无终的茫茫无际的虚空之中。这些原子在冲撞时相互联结在一起,并由此产生出那存在着的和为我们视觉所感知的宇宙万物。原子的这种运动在他看来没有起始,而是自开天辟地以来就存在着……"

［18］"可是他(伊壁鸠鲁)断言,这些不可分割的、坚实的物体由于它们的重量而沿直线下落:照他的意见,这是一切物体的自然运动。"

［19］"后来这个有敏锐智慧的人又忽然想起,如果一切原子都真的像所说的那样沿直线从上往下落,那么任何一个原子永远也不能碰到另一个原子。于是他就提出了这样一种虚构:他宣称,原子稍微有一点儿——没有什么东西比这更小了——偏斜。因此在原子之间据说就产生了缠结、结合和联结,结果就形成了世界、世界的各个部分和世界所包含的一切……的确偏斜本身就是任意的虚构,——要知道他［伊壁鸠鲁］说原子是没有原因而偏斜的,而对于一个物理学家来说,没有比断言某物是**没有原因**造成的更不光彩的了……"

［20］"太阳在德谟克利特这位有学问的并且精通几何学的人看来很大,而在他［即伊壁鸠鲁］看来,太阳约莫只有**两英尺**大;这就是说,他认为太阳**实际上**只有它看起来那样大,或者稍大些或稍小些。"

［21］"这就是说,凡是他［伊壁鸠鲁］修改了的地方,他都损害了原意,而他所遵循的东西完全是属于德谟克利特的,如原子、虚空、**被他们称为 idola 的形象——由于这种形象流［对眼睛］**的作用我们不仅能看见而且还能思维以及他们用 $\alpha\pi\epsilon\iota\rho\iota\alpha$ 一词表示的无限**本身**,——所有这一切都是从他［德谟克利特］那里剽窃来的;其次,还有每日都在产生和消亡的无限数量的世界"等等。

第7章［22］"而就是在……被称为逻辑学的哲学的第二部分中,你们这位哲学家［伊壁鸠鲁］也完全……缺乏论据和束手无策:他取消规定,排除关于分类和分割的学说,不讲述如何形成和如何作出推理,不说明如何弄清诡辩和解释模棱两可的话;他以感性知觉作为判断事物的根据;他认为,哪怕只有一次由于感性知觉的影响而把某件虚假的东西误认为真实的,那么也就失去了判断真理和谬误的任何可能性。"

[23] "他特别强调指出——用他的话说,——自然本身所赞成和摒弃的东西:快乐与痛苦;他把这说成是我们应该摆脱和追求的一切。"

第9章 [29] "……伊壁鸠鲁把这看作快乐。他认为快乐是至善,而痛苦是极恶,并且他企图这样来证明这一原则:

[30] 凡有生命的东西,生来就追求快乐并把快乐当作至善来享受;而把痛苦当作极恶加以摒弃,并竭力避开它;在未受坏影响时,它能按照本性自身的不受诱惑的公正的指使做到这一点。因此他[伊壁鸠鲁]断言,没有必要论证和议论为什么应该力求得到快乐和避免痛苦……应当由本性本身指明,什么是与本性一致的,什么是违背本性的。"

第11章 [37] "这样一来在任何情况下消除痛苦的结果是快乐的到来。"

[38] "因此伊壁鸠鲁不承认存在着一种介于痛苦和快乐之间的中间状态的东西。"

第12章 [40] "谁处于这样的心境,他就必然应该具有既不怕死也不怕痛苦的坚强精神,因为死亡带来感觉的丧失,至于痛苦,如果它是长久的,则通常是轻微的,而如果它是剧烈的,则通常是短暂的,因此痛苦的剧烈由于瞬息即逝而减轻,而时间的延长则使[痛苦的程度]减轻。"

[41] "如果对此再补充一点:神的意志不会引起他的恐惧、过去的快乐不会[从他的记忆中]消失,而每当回忆起那些快乐就使他高兴,那么还有什么更美好的东西可以添加到这里来呢?"

[42] "但是因为这就是至高的,极大的或最终的幸福,希腊人称之为 τέλος①——因为一切都可以归结为它,而它不能归结为别的——,不得不承认,至善就是过愉快的生活。"

第13章 [45] "真的有哪一种[对欲望的]分类比伊壁鸠鲁所作的分类更有益和对于美好的生活更适宜的吗?他所规定的一类欲望既是自然的又是必需的;另一类是自然的但不是必需的;第三类既不是自然的也不是必需的;它们之间的关系是,必需的欲望不要费很大力气和[很多]钱就能得到满足;而自然的[欲望]要求不多,因为自然本身拥有使其感到满足的财富,这些

---

① 终极目的。——编者注

财富是容易获得的和有限的；至于那些空洞的欲望则不可能找到任何边际和限度。"

第 18 章 [57] "正如你所断言，那个伊壁鸠鲁太迷恋于快乐，他大声宣称，如果不理智地、光明正大地和正直地生活，也就不可能生活得愉快，反之，如果不愉快地 [生活] 也就不可能生活得理智、光明正大和正直…… [58] 与自身不一致不和谐的精神（更不）会尝到什么真正的和心安理得的快乐。"

第 19 章 [62] "关于那种永远幸福的哲人，伊壁鸠鲁是这样描写的：他的欲望是有限度的，对死无动于衷，对不朽的神他毫无畏惧地抱有正确的看法、他会毫不犹豫地——如果这样更好的话——离开人世。由于有这样的精神状态，他总是生活在快乐之中，——因为他无时无刻不感到快乐多于痛苦：实际上，他以感激的心情回忆起过去**并把握住现在，意识到现在是多么有意义和愉快**；他不听命于未来，而是 [泰然自若地] 等待着未来，并享受现在……当他把蠢人的生活和自己的 [生活] 加以比较时，他心中充满极大的快乐；而如果遭到痛苦，那么它永远不会达到使哲人感到悲多于欢的这种剧烈程度。"

[63] "伊壁鸠鲁实在说得好，命运对哲人的支配有限，最重大的事情由哲人按自己的想法和判断来解决，在无限的生命期间内不可能比在我们看来是有限的生命期间内得到更多的快乐。

至于你们的辩证法，他不认为它对更美好的生活和更方便的叙述有什么意义。

他认为最有意义的是关于自然的学说……一旦我们认识了万物的本性之后，我们就从迷信中得到解放，摆脱对死亡的恐惧和由于不认识存在的东西而引起的烦恼，可怕的幽灵往往正是由此产生的；最后，如果我们研究自然的要求，我们的品德将更完善。"

当我们承认自然是有理性的时候，我们对它的依附关系就不复存在。自然对我们的意识来说，不再是恐惧的来源，而正是伊壁鸠鲁使直接的意识形态、自为存在成为一种自然的形态。只有当自然被认为完全摆脱了自觉的理性，本身被看作是理性的时候，它才完全成为理性的财产。对自然的任何关系本身同时也就是自然的异化。

[第 19 章，64] "如果不理解物的本质，那么我们就无论如何也不能维护感官所得到的感觉的正确性。其次，凡是我们用理智认识的一切，都渊源于感性知觉；不过照伊壁鸠鲁学说的主张，只有在一切感性知觉都是真实的情况

下，才能有所认识和理解。而那些否认感性知觉的真实性并断言一切都不可知的人，他们在否定感性知觉时，连自己的这个主张都无法阐述清楚……这样一来，从关于自然的学说中既能获得不怕死的勇气，又能获得不怕宗教所引起的恐怖的坚定性。"

第12章［65］"伊壁鸠鲁……这样说：在智慧提供给幸福生活的全部内容之中最有意义、最有益处、最愉快的莫过于友谊……"

［68］"伊壁鸠鲁在大意如下的一句话中说得好：认识到在我们享有的这段生命之中最可靠的［保障］是友谊的保障这一点，使得我们的精神坚强起来，不怕一切邪恶——不论是永恒的还是长久的。"

第21章［71］"如果我所说的一切都渊源于自然，如果我的一切言论的可靠性为感性知觉——公正无私的见证人所证实，那么……"

［72］"因为，不是伊壁鸠鲁没有学问，无知的倒是那么一些人，他们认为一直到老都应该学习那些连小孩都以不知道它们为羞耻的东西。"

第二卷

第2章［4］"因为他否定有必要给事物作出规定……"

第7章［21］（引自伊壁鸠鲁所著《主要原理》中的一处）"倘若给放荡的人带来快乐的事情能使他们免除对神、死亡和痛苦的畏惧并给他们指出欲望的限度，我们决不会踌躇不定：因为他们从任何方面都会得到大量的快乐，无论从哪里都不会得到痛苦和悲伤，即恶。"

第26章［82］"我觉得，在［这些原理］中我熟悉伊壁鸠鲁本人所说的一条，［即］：友谊是和快乐分不开的，之所以应该尊重友谊，正是因为没有它不可能安全和无忧无虑地生活，因而——不可能愉快地生活。"

第29章［100］"他〈即伊壁鸠鲁〉的确写过：死对我们毫不相干，因为凡是消散了的都没有感觉，而凡无感觉的一般说来与我们毫无相干。"

第三卷

第1章［3］"伊壁鸠鲁本人说：关于快乐根本无需证明……"

选自《马克思恩格斯全集》第40卷，北京：人民出版社1982年版，第25—175页。

卡·马克思

德谟克利特的自然哲学和伊壁鸠鲁的自然哲学的差别

及附录

献 给

敬爱的父亲般的朋友

政府枢密顾问官

特利尔的

路德维希·冯·威斯特华伦先生

借以表达子弟的敬爱之意

作 者

我敬爱的父亲般的朋友,请您原谅我把我所爱慕的您的名字放在一本微不足道的小册子的开头。我已完全没有耐心再等待另一个机会来向您略表我的一点敬爱之意了。

我希望一切怀疑观念的人,都能像我一样幸运地颂扬一位充满青春活力的老人。这位老人用真理所固有的热情和严肃性来欢迎时代的每一进步;他深怀着令人坚信不疑的、光明灿烂的理想主义,唯有这种理想主义才知道那能唤起世界上一切心灵的真理;他从不在倒退着的幽灵所投下的阴影前面畏缩,也不被时代上空常见的浓云迷雾所吓倒,相反的,他永远以神一般的精力和刚毅坚定的目光,透过一切风云变幻,看到那在世人心中燃烧着的九重天。您,我的父亲般的朋友,对于我永远是一个活生生的证据，证明理想主义不是幻想，而是真理。

　　身体的健康，我无需为您祈求。精神，乃是您所信赖的伟大神医。①

---

　　① 这一段话原来是这样写的："我希望随着我寄给您的这个表示敬爱之忱的献词去到您身边，和您一起再度漫游我们风景如画的山野和森林。身体的健康，我无需为您祈求。精神和自然，乃是您所信赖的伟大神医。"——编者注

序　言

　　这篇论文如果当初不是预定作为博士论文，那么它一方面可能会具有更加严格的科学形式，另一方面在某些叙述上也许会少一点学究气。但是由于一些外在的原因，我只能让它以这种形式付印。此外，我认为在这篇论文里我已经解决了一个在希腊哲学史上至今尚未解决的问题。

　　专家们知道，关于这篇论著的对象没有任何可供参考的前人的著作。西塞罗和普卢塔克所说过的废话，直到现在还照样为人们重复着。伽桑狄虽然把伊壁鸠鲁从教会神父们和整个中世纪——那体现了非理性的时代——所加给他的禁锢中解救了出来，但在他的阐述里也只提供了一个有趣的方面。他竭力要使他的天主教的良心和他的异教知识相协调，使伊壁鸠鲁和教会相适应，这当然是白费气力。这等于是想在希腊名妓拉伊斯的皎洁美好的身体上披上一件基督教修女的黑衣。伽桑狄不如说是自己在向伊壁鸠鲁学习哲学，而不是向我们讲授伊壁鸠鲁哲学。

　　必须把这篇论文仅仅看作是一部更大著作的导论，在该著作里我将联系整个希腊思辨来详细地分析伊壁鸠鲁、斯多葛和怀疑论这三派哲学的相互关系。这篇论文在形式方面和其他方面的缺点在那里将被消除。

　　虽然**黑格尔**大体上正确地规定了上述诸体系的一般特点，但由于他的哲学史——一般说来哲学史是从它开始的——的令人惊讶的庞大和大胆的计划，使他不能深入研究个别细节。另一方面，黑格尔对于他主要地称之为思辨的东西的观点，也妨碍了这位伟大的思想家认识上述那些体系对于希腊哲学史和整个希腊精神的重大意义。这些体系是理解希腊哲学的真正历史的钥匙。关于它们同希腊生活的联系，在我的朋友**科本**的著作《弗里德里希大帝和他的反对者》中有较深刻的提示。

　　如果说这里以附录的形式增加了一篇批评普卢塔克对伊壁鸠鲁神学的论战的文章，那么这样做，是因为这个论战不是什么个别的东西，而是代表着一定的方向，并且很恰当地陈述了神学化的理智和哲学的关系。

此外，在这篇批判里，对于普卢塔克把哲学带到宗教法庭之前去的立场是如何地错误，我还没有谈到。关于这点，无需任何论证，只消从大卫·休谟那里引证一段话就够了：

> "对哲学来说，这当然是一种侮辱：当它的**最高权威**本应到处被承认时，人们却迫使它在每一场合为自己的结论作辩护，并在被它触犯的艺术和科学面前替自己申辩。**这就令人想起一个被控犯了背叛自己臣民的叛国罪的国王。**"

哲学，只要它还有一滴血在它那个要征服世界的、绝对自由的心脏里跳动着，它就将永远用伊壁鸠鲁的话向它的反对者宣称：

> "渎神的并不是那抛弃众人所崇拜的众神的人，而是同意众人关于众神的意见的人。"

哲学并不隐瞒这一点。普罗米修斯承认道：

> 老实说，我痛恨所有的神。①

这是哲学的自白，它自己的格言，借以表示它反对一切天上的和地上的神，这些神不承认人的自我意识具有最高的神性。不应该有任何神同人的自我意识相并列。

对于那些以为哲学在社会中的地位似乎已经恶化因而感到欢欣鼓舞的懦夫们，哲学再度以普罗米修斯对众神的侍者海尔梅斯所说的话来回答他们：

> 你好好听着，我绝不会用自己的痛苦
> 去换取奴隶的服役：
> 我宁肯被缚在崖石上，
> 也不愿作宙斯的忠顺奴仆。②

---

① 埃斯库罗斯《被锁链锁住的普罗米修斯》。——编者注
② 埃斯库罗斯《被锁链锁住的普罗米修斯》。——编者注

普罗米修斯是哲学日历中最高尚的圣者和殉道者。

1841年3月于柏林

目　录

序言

　　论德谟克利特的自然哲学和
　　伊壁鸠鲁的自然哲学的差别

第一部分

　　德谟克利特的自然哲学和
　　伊壁鸠鲁的自然哲学的一般差别

一、研究的对象
二、对德谟克利特的物理学和伊壁鸠鲁的物理学的关系的判断
三、把德谟克利特的自然哲学和伊壁鸠鲁的自然哲学等同起来所产生的困难
四、德谟克利特的自然哲学和伊壁鸠鲁的自然哲学的一般主要差别
五、结论

第二部分

　　德谟克利特的自然哲学和
　　伊壁鸠鲁的自然哲学在细节上的差别

第一章　原子脱离直线而偏斜
第二章　原子的质
第三章　不可分的本原和不可分的元素
第四章　时间
第五章　天体现象

附　录

批评普卢塔克对伊壁鸠鲁神学的论战

前言
　　一、人对神的关系
　　　1. 恐惧和彼岸的存在
　　　2. 崇拜和个人
　　　3. 天意和降谪了的神
　　二、个人的不死
　　　1. 论宗教的封建主义。庸众的地狱
　　　2. 众人的渴望
　　　3. 优异者的骄傲

第一部分

德谟克利特的自然哲学和伊壁鸠鲁的自然哲学的一般差别

一　研究的对象

　　希腊哲学看起来似乎遇到了一个好的悲剧所不应遇到的结局，即暗淡的结局。在希腊，哲学的客观历史似乎在亚里士多德这个希腊哲学中的马其顿王亚历山大那里就停止了，甚至勇敢坚强的斯多葛派也没有取得像斯巴达人在他们的庙宇里所取得的那样的胜利：他们把雅典娜紧紧捆在海格立斯身旁，使她不能逃走。

　　伊壁鸠鲁派、斯多葛派、怀疑派几乎被看作一种不合适的附加品，同他们的巨大的前提没有任何关系。伊壁鸠鲁哲学似乎是德谟克利特的物理学和昔勒尼派的道德思想的混合物；斯多葛主义好像是赫拉克利特的自然哲学和昔尼克派的伦理的世界观，多少再加上一点亚里士多德逻辑学的综合产物；最后，怀疑论则仿佛是反对这两派独断主义的必不可免的祸害。这样，人们在把这些哲学学说变成片面而有倾向性的折衷主义时，也就不自觉地把它们和亚历山大里亚哲学联系在一起。最后，亚历山大里亚哲学则被看成是一种完全的幻想和混乱，——一种紊乱，在这种紊乱里据说最多只能承认意向的普遍性。

的确，有一种老生常谈的真理，说发生、繁荣和衰亡形成一个铁环，一切与人有关的事物都包含于其中，并且必定要绕着它走一圈。所以说希腊哲学在亚里士多德那里达到极盛之后，接着就衰落了，这也没有什么可惊奇之处。不过英雄之死与太阳落山相似，而和青蛙因胀破了肚皮致死不同。

此外，发生、繁荣和衰亡乃是极其一般、极其模糊的观念，要把一切东西都塞进去固然可以，但要借助这些观念去了解什么东西却办不到。死亡本身已预先包含在生命里面，因此对死亡的形态也应像对生命的形态那样在其特殊性中加以考察。

最后，如果回顾一下历史，究竟伊壁鸠鲁主义、斯多葛主义和怀疑主义是不是一些特殊现象呢？它们是不是罗马精神的原型，即希腊迁移到罗马去的那种形态呢？它们是不是那样充满了特殊性格的、强有力的、永恒的本质，以致现代世界也应该承认它们的充分的精神上的公民权呢？

我指出这一点，只是为了唤起对于这些体系的历史重要性的记忆。但是这里不打算研究它们对于整个教育的一般意义；这里要研究的是它们与古代希腊哲学的联系。

难道这种关系不应促使人们至少去研究一下，希腊哲学是怎样以两组不同的折衷主义体系为终结的，其中一组构成伊壁鸠鲁派、斯多葛派和怀疑派哲学的系统，另一组则统称为亚历山大里亚的思辨哲学？其次，在就体系的广博程度来说已接近完成的柏拉图和亚里士多德哲学体系之后，出现了一些新哲学体系，它们不以这两种丰富的精神形态为依据，而是远远往上追溯到最简单的学派：在物理学方面转向自然哲学家，在伦理学方面转向苏格拉底学派，难道这不是值得注意的现象吗？再者，在亚里士多德之后出现的体系，仿佛都可以从过去中找到它们现成的基础，这种说法有何根据呢？把德谟克利特和昔勒尼派、赫拉克利特和昔尼克派结合在一起，这又怎样予以说明呢？在伊壁鸠鲁派、斯多葛派和怀疑派那里自我意识的一切环节都得到充分表述，不过每个环节都被表述为一个特殊的存在，难道这是偶然的吗？这些体系合在一起形成自我意识的完备的结构，这也是偶然的吗？最后，希腊哲学借以神话般地从七贤开始，并且作为哲学的中心点体现在苏格拉底这位哲学造物主身上的形象，我指的是哲人——σοφός——的形象，这种形象被上述那些体系看成是真正科学的现实，难道这也是偶然的吗？

在我看来，如果那些较早的体系在希腊哲学的内容方面是较有意义、较有兴趣的话，那么亚里士多德以后的体系，主要是伊壁鸠鲁派、斯多葛派和怀疑派这一系列学派则在其主观形式，在其性质方面较有意义、较有兴趣。然而正是这个主观形式，即这些哲学体系的精神承担者，由于它们的形而上学的特点，直到现在几乎完全被遗忘了。

关于伊壁鸠鲁派、斯多葛派和怀疑派哲学的全部概况，以及它们与早期和晚期希腊哲学思想的整个关系，我打算在一部更为详尽的著作里加以阐述。

在这里，好像通过一个例子，并且也只从一个方面，即从它们与较早的哲学思想的联系方面，就足以阐述这种关系了。

我选择了伊壁鸠鲁的自然哲学对德谟克利特的自然哲学的关系作为这样一个例子。我并不认为这是一个最适当的出发点。因为，一方面人们有一个根深蒂固的旧偏见，即把德谟克利特的物理学和伊壁鸠鲁的物理学等同起来，并把伊壁鸠鲁所作的改变看作只是一些随心所欲的臆造；另一方面，就某些细节来说，我又不得不去作一些看起来好像是咬文嚼字的琐事。但是，正因为这种偏见是和哲学的历史同样的古老，而二者间的差别又极其隐蔽，好像只有用显微镜才能发现它们，——所以尽管德谟克利特的物理学和伊壁鸠鲁的物理学之间有着联系，但是指出存在于它们之间的极其细微的本质差别就显得特别重要了。凡是在细节上可以指出的差别,在这些关系以更大范围表现出来的地方就更容易指出了,反之,只作极其一般的考察,就会令人怀疑:所得出的一般结论究竟是否能在每一个别场合都得到证实。

二 对德谟克利特的物理学和伊壁鸠鲁的物理学的关系的判断

一般地说,我的见解和前人的见解关系怎样,只要我们略略考察一下古代人关于德谟克利特的物理学和伊壁鸠鲁的物理学的关系的判断,就能看出来。

斯多葛派的波西多尼乌斯、尼古拉和**索蒂昂**指责伊壁鸠鲁,说他把德谟克利特关于原子的学说和亚里斯提卜关于快乐的学说当作他自己的学说加以宣扬。[1]学院派的**科塔**问西塞罗:"在伊壁鸠鲁的物理学中究竟有什么东西不是属于德谟克利特的呢?伊壁鸠鲁诚然改变了一些地方,但大部分是重复德谟克利特的话。"[2] **西塞罗**自己也说:"伊壁鸠鲁在他特别夸耀的物理学中,完全是一个门外汉,其中大部分是属于德谟克利特的;在伊壁鸠鲁离开德谟克利特的地方,在他想加以改进的地方,恰好就是他损害了和败坏了德谟克利特的地方。"[3] 但是虽然有许多人指责伊壁鸠鲁,说他诽谤过德谟克利特,然而与此相反,据普卢塔克说,莱昂泰乌斯断言,伊壁鸠鲁很尊敬德谟克利特,因为德谟克利特在他之前就宣示了真理的学说,因为他早就发现了自然的原理[4]。在《论诸哲学家的见解》这一著作中,伊壁鸠鲁被称为按照德谟克利特的精神进行哲学思考的人[5]。普卢塔克在他的著作《科洛特》里走得更远。当他依次将伊壁鸠鲁同德谟克利特、恩培多克勒、巴门尼德、柏拉图、苏格拉底、斯蒂尔蓬、昔勒尼派和学院派加以比较时,他力求得出这样的结论:"伊壁鸠鲁从整个希腊哲学里吸收的是错误的东西,而对其中真正的东西他并不理解。"[6] 在《论信从伊壁鸠鲁不可能有幸福的生活》中也充满了类似的敌意的暗讽。

较古的著作家的这种不利的见解,在教会神父们那儿仍然保留着。

我在附注里只引证了亚历山大里亚的克雷门斯这位教会神父的一句话[7]，他对伊壁鸠鲁的态度之所以特别值得提到，是因为他把使徒保罗警告一般哲学的话说成是警告伊壁鸠鲁哲学的话，说这种哲学几乎连天意之类的东西都没有幻想过[8]。但是人们一般都倾向于指责伊壁鸠鲁犯了剽窃罪，在这方面**塞克斯都·恩披里柯**表现得最为突出，他企图把荷马和厄皮卡尔摩斯的一些完全不相干的语句，硬说成是伊壁鸠鲁哲学的主要来源[9]。

众所周知，近代作家大体上也同样认为伊壁鸠鲁，就作为一个自然哲学家而论，仅仅是德谟克利特的剽窃者。**莱布尼茨**有一段话大致可以代表他们的见解：

"我们关于这个伟大人物〈德谟克利特〉所知道的东西，几乎只是伊壁鸠鲁从他那里抄袭来的，而伊壁鸠鲁又往往不能从他那里抄袭到最好的东西。"[10]

因此，如果说西塞罗认为，伊壁鸠鲁败坏了德谟克利特的学说，但他至少还承认伊壁鸠鲁有改进德谟克利特学说的愿望，还想看一看这个学说的缺点；如果说普卢塔克说他的思想不一贯[11]，并说他对坏的东西有一种天生的偏爱，因而对他的愿望表示怀疑，那么，莱布尼茨甚至连他善于摘录德谟克利特的能力也都否定掉了。

不过大家一致认为，伊壁鸠鲁的物理学是从德谟克利特那儿剽窃来的。

三 把德谟克利特的自然哲学和伊壁鸠鲁的自然哲学等同起来所产生的困难

除了历史的证据之外，许多事实都说明德谟克利特和伊壁鸠鲁的物理学的同一性。原子和虚空这两个原则无可争辩地是相同的。只有在一些个别的规定里，看来才有任意的，因而是非本质的差别支配着。

不过，这样就留下一个奇特的、无法解决的谜。两位哲学家教导的是同一门科学，并且采用的是完全相同的方式，但是——多么说不通啊！——在一切方面，无论涉及这门科学的真理性、可靠性及其应用，或是涉及思想和现实的一般关系，他们都是截然相反的。我说他们是截然相反的，现在我将尽力证明这一点。

（A）德谟克利特**关于人类知识的真理性和可靠性**的判断看来很难弄清楚。他有一些互相矛盾的段落，或者不如说，不是这些段落互相矛盾，而是德谟克利特的观点互相矛盾。特伦德伦堡在为亚里士多德心理学作的注释里说，知道这个矛盾的不是亚里士多德，而是晚近的作家，这个说法事实上是不正确的。在亚里士多德的心理学中[①]有这样的话："德谟克利特认为灵魂和理性是同一个东西，因为在他看来，现象是真的。"[(1)] 与此相反，亚里士多德在《形而上学》中却说："德谟克利特断言，或者没有东西是真的，或者真理对我们是隐蔽的。"[(2)] 亚里士多德的这些段落难道不是互相矛盾的吗？如果现象是真的，那么真理怎么会是隐蔽的呢？只有现象和真理互相分离的地方，才开始有隐蔽的东西[②]。但是**第欧根尼·拉尔修**说，有人曾把德谟克利特算作怀疑论者。他们引证了他的一句名言："说实在的，我们什么也不知道，因为真理隐藏在无底的深渊里。"[(3)] 类似的意见也可在**塞克斯都·恩披里柯**那里听到[(4)]。

德谟克利特的这种怀疑论的、不确定的和内在矛盾着的观点，在**他规定原子和可感知的现象世界的相互关系的方式**中不过是得到了进一步的发展。

一方面，感性现象不是原子本身所固有的。它不是**客观现象**，而是**主观的假象**。"真实的原则是原子和虚空；**其余的一切都是意见、假象**。"[(5)]"只有按照意见才有冷，只有按照意见才有热，而实际上却只有原子和虚空。"[(6)] 因此，**单一**实际上不是由许多原子组成，而是"任

---

① 经马克思改正过，原来是："在关于自然的科学中"。——编者注
② 这一句和上一句是马克思亲笔添上去的。——编者注

何单一都**好像**是由原子的结合而形成的"[7]。因此只有通过理性才能看见原则,由于它们微小到非肉眼所能看见,所以它们甚至被称为观念。[8] 不过另一方面,感性现象是唯一真实的客体,并且"感性知觉"是"理性思维",而这个真实的东西是变化着的、不稳定的,它是现象。但是说现象是真实的,这就自相矛盾了。[9] 因此,时而把这一面,时而把另一面当作主观的或客观的东西。这样矛盾似乎就被消除了,因为两个矛盾面被分配在两个世界之间了。德谟克利特因而就把感性的实在变成主观的假象;不过从客体的世界驱逐出去的二律背反,却仍然存在于他自己的自我意识内,在自我意识里原子的概念和感性直观互相敌对地冲突着。

可见,德谟克利特并没有能避免这种二律背反。这里还不是阐明二律背反的地方,只要明白不能否认它的存在就够了。

让我们反过来听听伊壁鸠鲁是怎么说的。

他说:**哲人**对待事物取**独断**的态度,而**不取怀疑**的态度。[10] 哲人比别人优越之处,正在于他对自己的认识深信不疑。[11] "一切感官都是真实东西的报道者。"[12] "**没有什么东西能够驳倒感性知觉**"。"同类的感性知觉不能驳倒同类的感性知觉,因为它们有相同的效用,而不同类的感性知觉也不能驳倒不同类的感性知觉,因为它们判断的不是同一个东西;概念也不能驳倒感性知觉,因为概念依赖于感性知觉"[13],这是在《准则》中所说的话。但是当**德谟克利特**把**感性世界**变成**主观假象**时,**伊壁鸠鲁**却把它变成**客观现象**。而且在这里他是有意识地作出这种区别的,因为他断言,他赞成**同样的原则,但是并不认为感性的质仅仅存在于意见中**。[14]

因此,既然对伊壁鸠鲁来说感性知觉成为标准,客观现象又符合于感性知觉,那么只好承认那使西塞罗耸耸肩膀的话是正确的结论:"太阳在德谟克利特看来是很大的,因为他是一个有学问的人,并且是对几何学有了完备知识的人;太阳在伊壁鸠鲁看来只有约莫两尺大,因为据他判断,太阳只有**看起来**那样大。"[15]

(B) 德谟克利特和伊壁鸠鲁关于科学的可靠性和科学对象的真理

性的**理论见解上的**这种**差别**，又在这两位思想家的**不同的科学活动和实践上表现出来。**

在德谟克利特那里，原则是不进入现象界的，它始终是没有现实性和处于存在之外的，反之，他却认为**感性知觉的世界**是真实的和富于内容的世界。这个世界虽然是主观的假象，但正因为如此，它才脱离原则而处于独立现实性的地位；同时作为唯一的真实的客体，它**本身**具有价值和意义。因此，德谟克利特被迫改用**经验的观察**。他不满足于哲学，便投入**实证知识**的怀抱。我们已听说过，西塞罗称他为博学之人。他精通物理学、伦理学、数学，百科全书式的各种科目，各种艺术。[16] 第欧根尼·拉尔修所列举的德谟克利特的著作的目录就足以证明他的博学。[17] 可是，由于博学的特点是要努力扩大视野，搜集资料，到外部世界去探索，所以我们就看见德谟克利特**走遍半个世界**以便积累经验、知识和观察所得的资料。德谟克利特自夸道："在我的同辈人中，我漫游了地球的绝大部分，探索了最遥远的东西；我看见了最多的地方和国家，我听见了最多的有学问的人的讲演；而在构画几何图形并加以证明方面，没有人超过我，就是埃及的所谓土地测量员也未能超过我。"[18]

德米特里在《论同名的作者》中，**安提西尼**在《论哲学家的继承》中都叙述到，德谟克利特曾游历到埃及并向埃及祭司学习几何学，曾游历到波斯向迦勒底人学习，并且说他曾到过红海。有些人还说他曾在印度会见过裸体智者，并且到过埃塞俄比亚。[19] 一方面**求知欲**使他不能平静，另一方面**对真实的即哲学的知识的不满足**，迫使他去远行。他认为是真实的那种知识是没有内容的；而那种能向他提供内容的认识又没有真实性。古代人述说的关于德谟克利特的轶事就算是一种传闻吧，但也不失为一种真实的传闻，因为它描述了德谟克利特的本质的矛盾。据说德谟克利特自己弄瞎了自己的眼睛，以使**感性的目光**不致蒙蔽**他的理智的敏锐**。[20] 这就是那个照西塞罗的说法走遍了半个世界的人。但是他没有获得他所寻求的东西。

伊壁鸠鲁则以一个相反的形象出现在我们面前。

伊壁鸠鲁在**哲学**中感到**满足**和**幸福**。他说："要得到真正的自由，你必须为哲学服务。凡是倾心降志地献身于哲学的人，他用不着久等，他立即会变得自由，因为服务于哲学本身就是自由。"[21]因此他教导说："青年人不应该耽误了对哲学的研究，老年人不应该放弃对哲学的研究。因为对于关心灵魂的健康来说，谁也不会是为时尚早或者为时过晚。谁如果说，研究哲学的时间尚未到来或者已经过去，那么他就像那个说享受幸福的时间尚未到来或者已经过去的人一样。"[22]德谟克利特不满足于哲学而投身于经验知识的怀抱，**而伊壁鸠鲁却轻视实证科学**，因为按照他的意见，这种科学丝毫无助于达到**真正的完善**。[23]他被称为**科学的敌人**，语法的轻视者。[24]人们甚至骂他无知。在西塞罗的书中曾提到，有一个伊壁鸠鲁派的人说："但是，并非伊壁鸠鲁是没有学识的人，而是那些以为直到老年还应去背诵那些连少年人都以不知其为耻的东西的人，才是无知的人。"[25]

可是，尽管**德谟克利特**努力从**埃及的祭司，波斯的迦勒底人和印度的裸体智者**那里寻求知识，**伊壁鸠鲁却以他没有过任何教师，他是一个自学者而自豪**。[26]他说（据塞涅卡叙述），有些人努力寻求真理而无须任何人的帮助。他就是这种人当中的一个，他自己为自己开辟了道路。他最称赞那些自学的人。其他的人，他说，乃是第二流的头脑。[27]虽然不平静的心情驱使德谟克利特走遍世界各地，但伊壁鸠鲁却只有二、三次离开他在雅典的花园到伊奥尼亚去，目的不是为了研究，而是为了访友。[28]最后，德谟克利特对知识感到绝望自己弄瞎了自己的眼睛，而伊壁鸠鲁却在感到死亡临近之时洗了一个温水澡，讨一杯醇酒，并且勉励他的朋友们忠实于哲学。[29]

（C）不能把刚才所指出的那些差别归因于两位哲学家的偶然的个性；它们所体现的是两个相反的方向。我们看到，上面表现为理论意识方面的差别的东西，现在表现为实践活动方面的差别了。

最后，我们来考察一下**反思的形式，这形式表现着思想对存在的关系，两者的相互关系**。在哲学家在世界和思想之间所建立的一般关系中，他只是为自己而把他的特殊意识同现实世界的关系客观化了。

德谟克利特把**必然性**看作现实性的反思形式。[30]关于他，亚里士多德说过,他把一切都归结为必然性。[31]第欧根尼·拉尔修报道说,一切事物所从中产生的那个原子漩涡就是德谟克利特的必然性。[32]《论诸哲学家的见解》的作者关于这点说得更为详细:"在德谟克利特看来,必然性是命运,是法律,是天意,是世界的创造者。物质的抗击、运动和撞击就是这个必然性的实体。"[33]类似的说法也出现在**斯托贝**的自然的牧歌里[34]和**欧塞比乌斯**的《福音之准备》第六卷里[35]。在斯托贝的伦理的牧歌里还保存着德谟克利特的如下一句话[36],在欧塞比乌斯的第十四卷中这句话几乎被一字不差地重复了一遍[37],即:人们给自己虚构出偶然这个幻影,——这正是他们自己束手无策的明证,因为**偶然和强有力的思维是敌对的**。同样,**西姆普利齐乌斯**认为,亚里士多德在一个地方谈到一种取消偶然的古代学说时,也就是指德谟克利特而言的。[38]

与此相反,伊壁鸠鲁说:"被某些人当作万物的主宰的**必然性,是不存在的**,宁肯说有些事物是**偶然的**,另一些事物则取决于我们的**任意性**。必然性是不容劝说的,反之,偶然性是不稳定的。所以,宁可听信关于神灵的神话,也比当物理学家所说的命运的奴隶要好些,因为神话还留下个希望,即由于敬神将会得到神的保佑,而命运却是铁面无情的必然性。应该承认的是**偶然**,而**不是众人所相信的神**。[39]"在必然性中生活,是不幸的事,但是在必然性中生活,并不是一个必然性。通向自由的道路到处都开放着,这种道路很多,它们是短而易走的。因此谢天谢地,在生活中谁也不会被束缚住,而对必然性本身加以制约倒是许可的。"[40]

在西塞罗的书中曾提到过,伊壁鸠鲁派的韦莱关于斯多葛派哲学说过类似的话:"我们应该如何去看待这样一种哲学,在它看来,——就像在一个无知的老妖婆看来一样,——一切都由于命运而发生。伊壁鸠鲁把我们……拯救了出来,并使我们获得了自由。"[41]

为了避免承认任何一种必然性,伊壁鸠鲁甚至**否定了选言判断**。[42]

不错,也有人断言德谟克利特也使用过偶然,但是在西姆普利齐乌斯那里[43]涉及这一点的两个地方中,有一个地方却使另一个地方成为可疑,因为它清楚地表明不是德谟克利特使用了偶然这一范畴,而是西姆普利齐乌斯把偶然这一范畴强加给德谟克利特，把它看作德谟克利特的学说的必然结论。西姆普利齐乌斯是这样说的，德谟克利特没有指出整个世界创造的原因，**看来**他是把偶然当作原因。但是这里问题并不在于**内容的规定**，而在于德谟克利特**有意识地**使用过的那种**形式**。欧塞比乌斯的报道也与此相同：德谟克利特把偶然当作一般的东西和神性的东西的主宰，并断言这里一切都由于偶然而发生，同时他又把偶然从人的生活和经验的自然里排除掉，并斥责它的宣扬者愚蠢无知。(44)

在这里，一方面我们看到，这纯粹是基督教主教**迪奥尼修斯**的揣测，一方面，我们看到，凡在一般的东西和神性的东西开始的地方，德谟克利特的必然性概念和偶然便没有差别了。

因此，从历史上看有一个事实是确实无疑的：**德谟克利特**注重**必然性，伊壁鸠鲁**注重**偶然性**，并且每个人都以激烈的论战方式驳斥相反的观点。

这种差别的主要后果表现在对个别物理现象的解释方式上。

在有限的自然里，必然性表现为**相对的必然性**，表现为**决定论**。而相对的必然性只能从**实在的可能性**中推演出来，这就是说，存在着一系列的条件、原因、根据等等，这种必然性是通过它们作为中介的。实在的可能性是相对必然性的展现。我们看到，德谟克利特曾使用过它。让我们从西姆普利齐乌斯那里引证一些材料来作证。

如果一个人感到口渴，喝了水并变得精神舒畅了，那么德谟克利特不会认为偶然是原因，而会认为渴是原因。因为尽管说他讲到世界的创造时看来曾使用过偶然这一范畴，但他毕竟断言，在每个个别现象中偶然不是原因，而只是指出别的原因。例如，挖掘是获得财宝的原因，或者种植橄榄树是橄榄树生长的原因。(45)

德谟克利特在采用这种解释方式来研究自然时所表现的热情和严肃性，以及他认为寻找根据的意图所具有的重要意义，都在他下面这句自白里坦率地表达了出来："我发现一个新的因果联系比获得波斯国的王位还要高兴！"(46)

伊壁鸠鲁与德谟克利特又正相反。偶然是一种只具有可能性价值的现实性，而**抽象的可能性**则正是**实在的可能性的反面**。实在的可能性就像悟性那样被限制在严格的限度里；而抽象的可能性却像幻想那样是没有限制的。实在的可能性力求证明它的客体的必然性和现实性；而抽象的可能性感兴趣的不是被说明的客体，而是作出说明的主体。它只要求这对象是可能的，是可以想象的。凡是抽象地可能的东西，凡是可以想象的东西，它就不会妨碍思维着的主体，也不会成为这个主体的界限，不会成为障碍物。至于这个可能性是否要成现实，是无关紧要的，因为这里感兴趣的不是对象本身。

因此，伊壁鸠鲁在解释个别物理现象时表现出一种非常冷淡的态度。

这一点在他给皮托克勒斯的信中可以看得更清楚，这封信我们稍后还要加以考察。现在只须注意一下伊壁鸠鲁对早期物理学家的意见的态度就够了。在《论诸哲学家的见解》的作者及斯托贝引证哲学家们关于星球的实体、太阳的体积和形状以及诸如此类的东西的不同观点的地方，他们谈到伊壁鸠鲁时总是说：他不反对这类意见中的任何一种意见；在他看来，**所有的意见都可能**是对的，他坚持**可能的东西**。[47]的确，伊壁鸠鲁甚至对那种从实在的可能性出发的、为理智所规定的、因而带有片面性的解释方法，也加以**驳斥**。

因此，**塞涅卡**在他的《自然问题》中说道：伊壁鸠鲁断言，所有这些原因都可能存在，除此之外他还力图提出一些别的解释，**并斥责那些断言在这些原因中只存在某一种原因的人，因为要给只是从假定中推论出来的东西下一个确切的判断是一种冒险**。[48]

我们可以看到，这里没有探讨客体的真实根据的兴趣。问题只在于使那进行解释的主体得到安慰。由于一切可能的东西都被看作是符合于抽象可能性性质的可能的东西，于是很显然，**存在的偶然性**就仅仅转化为**思维的偶然性**了。伊壁鸠鲁所提出的唯一的规则，即"解释**不应该和感性知觉相矛盾**"是不言而喻的，因为抽象可能的东西正在于避免矛盾，因此矛盾是应该防止的。[49]最后，伊壁鸠鲁承认，他的解释方法的目的在于求**自我意识的宁静**，而不在于**自然知识本身**。[50]

这里他的态度又是如何与德谟克利特正好相反，当然不用多加证明了。

因此，我们看到，这两个人在每一步骤上都是互相对立的。一个是怀疑论者，另一个是独断论者；一个把感性世界看作主观假象，另一个把感性世界看作客观现象。把感性世界看作主观假象的人注重经验的自然科学和实证的知识，他表现了漫游世界到处去寻求知识、进行实验和观察的不安心情。另一个把现象世界看作真实的人，则轻视经验，在他身上体现了自我满足的思维的平静和从内在原则汲取自己的知识的独立性。但是还有更深的矛盾。把感性自然看作主观假象的**怀疑论者**和**经验论者**，从必然性的观点来考察自然，并力求解释和理解事物的真实存在。相反，把现象看作真实的**哲学家**和**独断论者**到处只看见**偶然**，而他的解释方法更倾向于否定自然的一切客观实在性。在这些对立面中似乎存在着某种颠倒的情况。

但是很难设想的是，这两位处处对立的哲学家会主张同一的学说。而他们毕竟是互相紧密联系着的。

说明他们两人间的一般关系，是下一章的课题。

第二部分

论德谟克利特的物理学和伊壁鸠鲁的物理学在细节上的差别

第一章 原子脱离直线而偏斜

伊壁鸠鲁认为原子在虚空中有**三种运动**。[1]一种运动是**直线式的下落**；另一种运动起因于原子**偏离直线**；第三种运动是由于**许多原子的互相排斥**而引起的。承认第一种和第三种运动是德谟克利特和伊壁鸠鲁共同的；可是在承认**原子偏离**直线这一点上，伊壁鸠鲁就和德谟克利特不

同了。[(2)]

　　这个偏斜运动的学说,受到过很多人的嘲笑。**西塞罗**一接触到这个论题,特别有说不完的意见。例如,他曾说过这样一段话:"伊壁鸠鲁断言,原子由于自己的重量而作直线式的下坠;照他的意见,这是一切物体的自然运动。后来,他又忽然想起,如果一切原子都是从上往下坠,那么一个原子就始终不会和另一个原子相碰。于是他就提出这样一个臆造:他宣称,原子好像有一点点偏斜,但这是完全不可能的。据说由此就产生了原子之间的缠结、结合和凝聚,结果就形成了世界、世界的一切部分和世界所包含的一切东西。且不说这一切都是幼稚的虚构,伊壁鸠鲁甚至没有达到他所要达到的目的。"[(3)]在西塞罗《论神性》一书的第一卷中,我们看到,他的另一种说法。"因为伊壁鸠鲁懂得,如果原子由于它们本身的重量而往下坠,那么我们对什么都无能为力,因为原子的运动是被规定了的、是必然的,于是为了逃避必然性,他就想出了一个办法,而这个办法显然是德谟克利特所没有想到的。伊壁鸠鲁说,虽然原子由于它们的重量和重力而从上往下坠,但还是有一点点偏斜。这种说法比起不能替自己所要辩护的东西进行辩护还不光彩。"[(4)]

　　皮埃尔·培尔也同样地判断说:

> "在他〈即伊壁鸠鲁〉之前,人们只承认原子有由重量和由排斥所引起的运动。伊壁鸠鲁曾假定,原子甚至在虚空中便稍微有点偏离直线,他说,因此便有了自由……必须附带指出,这并不是使他想出这个偏离运动的唯一动机;偏离运动还被他用来解释原子的碰撞,因为他当然看到,如果假定一切原子都以同一速度从上而下作直线运动,那就永远无法解释原子碰撞的可能性,这样一来,世界就不可能产生。所以原子应该偏离直线。"[(5)]

　　关于这些论断究竟有多少说服力,我暂且放下不提。但是任何人一眼就可以看出,最近的一位伊壁鸠鲁批评者**绍巴赫**却是错误地理解了西塞罗,因为他说:

> "一切原子由于重量,即基于物理的原理,平行地往下坠,但是由于互相排斥而获得了另一个运动,按西塞罗的说法(《论神性》第1卷第25页),这

就是由一些永远作用着的偶然原因而产生的一种有点倾斜的运动。"(6)

第一，在上面引证的那一段话里，西塞罗并未把排斥看作是倾斜方向的根据，相反，却认为倾斜方向是排斥的根据。第二，他并没有说到偶然原因，相反，他斥责伊壁鸠鲁没有提到任何原因；可见，同时把排斥和偶然原因都看作是倾斜方向的根据，这本身就是自相矛盾的。所以他至多说的只是排斥的偶然原因，而不是倾斜方向的偶然原因。

此外，在西塞罗和培尔的论断中，有一个极其显著的特点必须立即加以指出。这就是，他们给伊壁鸠鲁加上一些彼此互相排斥的动机：似乎伊壁鸠鲁承认原子的偏斜有时是为了说明排斥，有时是为了说明自由。但是如果原子没有偏斜就**不会**互相碰撞，那么用偏斜来说明自由就是多余的，因为正如我们在**卢克莱修**那里所看到的那样(7)，只有在原子被决定和被迫互相碰撞之时，才开始有自由的反面。如果原子**没有**偏斜就互相碰撞，那么用偏斜来说明排斥就是多余的。我认为这种矛盾之所以产生，是由于像西塞罗和培尔那样，把原子偏离直线的原因理解得太表面化和太无内在联系了。一般说来，在所有古代人中卢克莱修是唯一理解了伊壁鸠鲁的物理学的人，在他那里我们可以看到一种较为深刻的阐述。

现在我们来考察一下偏斜本身。

正如点在线中被扬弃一样，每一个下坠的物体也在它所描绘的直线中被扬弃。在这里与它所特有的质是没有关系的。一个苹果下坠时所描绘的垂直线和一块铁下坠时所描绘的一样。因此，每一个物体，如果处在下坠运动中，就不外是一个运动着的点，并且是一个没有独立性的点，一个在一定的存在中——即在它自己所描绘的直线中——丧失了个体性的点。所以亚里士多德对毕达哥拉斯派正确地指出："你们说，线的运动构成面，点的运动构成线，那么单子的运动也会构成线了。"(8) 因此，从这种看法中得出的结论是，无论就单子或原子来说，由于它们永远在运动(9)，所以它们两者都不存在，而是消失在直线中；因为只要我们把原子仅仅看成是沿直线下坠的东西，那么原子的坚实性就还根本没有出现。首先，如果把虚空想象为空间的虚空，那么，**原子**就是**抽象空间的直接否定**，因而也就是一个**空间的点**。那个与空间的外在性相对立、维持自己于自身之中的坚实性即强度性只能通过这样一种原理才能达到，这原理是否定空间的整个范围的，而这种原理在现实自然界中就是时间。此外，如果连这一点也不赞同的话，那么原子，既然它的运动构成一条直线，就纯粹是用空间来规定的了，它就会被赋与一个相对的定在，而它的存在就是纯粹物质性的存在。但是我们已经看到，原子的概念中所包含的一个因素便是纯粹的形式，即对一切相对性的否定，对与另一定在的任何关系的否定。同时我们曾指出，伊壁鸠鲁把两个环节客观化了，它们虽说是互相矛盾的，但是两者都包含在原子的概念中。

在这种情况下，伊壁鸠鲁如何能实现原子的纯粹形式规定，即如何能实现每一个定在总是被另一个定在所否定的纯粹个别性的概念呢？

由于伊壁鸠鲁是在直接存在的范围内进行思考，所以一切规定都是直接的。因此相反的规定就被当作直接实在性而互相对立起来。

但是和原子相对立的**相对的存在**，即**原子应该给予否定的定在**，就是**直线**。这一运动的直接否定乃是**另外一种运动**，因此，这一运动本身如果被想象为空间性的话，就是**偏离直线的运动**。

原子是纯粹独立的物体，或者不如说是被设想为像天体那样的有绝对独立性的物体。所以它们也像天体一样，不是按直线而是按斜线运动。**下坠运动是非独立性的运动**。

因此，如果说伊壁鸠鲁以原子的直线运动表述了原子的物质性的话，那么他以原子偏离直线的运动实现了原子的形式规定，而这些相反的规定又被看成是直接相反的运动。

所以**卢克莱修**很正确地断言，偏斜运动打破了"命运的束缚"[10]，并且正如他立即把这个思想运用于意识方面那样[11]，关于原子也可以这样说，偏斜运动正是它胸中能进行斗争和对抗的某种东西。

但当西塞罗指责伊壁鸠鲁说："他毕竟没有达到他所以编造这一理论的目的；因为如果一切原子都作偏斜运动，那么就没有什么原子会结合起来；或者一些原子会作偏斜运动，而另一些原子则作直线运动。这就等于我们必须事先给原子指出一定的位置,即哪些原子作直线运动,哪些原子作偏斜运动。"[12]

这种指责也有它的道理,因为原子的概念中所包含的两个环节被想象为直接不同的运动,因而也就必须属于不同的个体,——这是不合逻辑的说法,但也说得通,因为原子的范围是直接性。

伊壁鸠鲁很清楚地感觉到这里面所包含的矛盾。因此他竭力把偏斜尽可能地表述为**非感性的**。偏斜是"既不在确定的地点,也不在确定的时间"[13]发生的,它发生在尽可能小的空间里。[14]

西塞罗[15],据普卢塔克说,还有许多古代人[16],更进一步责难伊壁鸠鲁,说按照他的学说,原子的偏斜是**没有原因**而发生的,西塞罗并且说,对于一个物理学家来说再也不会发生比这更可耻的事情了。[17]但是,首先,西塞罗所要求的物理的原因会把原子的偏斜拖回到决定论的范围里去,而偏斜正是应该超出这种决定论的。**其次,在原子中未出现偏斜的规定之前,原子根本还没有完成**。追问这种规定的原因,也就是追问使原子成为原理的原因,——这一问题,对于那认为原子是一切事物的原因,而它本身没有原因的人来说,显然是毫无意义的。

最后,**培尔**[18]依据**圣奥古斯丁**[19]的权威,——不过这个权威和亚里士多德及别的古代人相比,是无足轻重的,——按照这个权威的意见,德谟克利特曾赋予原子以一个精神的原理,因而责备伊壁鸠鲁,说他想出了一个偏斜来代替这个精神的原理。事实上恰好相反:原子的灵魂只是一句空话,而偏斜却表述了原子的真实的灵魂、抽象个体性的概念。

在考查原子偏离直线的后果之前,还必须着重指出一个极其重要、至今完全被忽视的环节。

这就是说,原子偏离直线并不是特殊的、偶然出现在伊壁鸠鲁物理学中的规定。相反,偏斜所表现的规律贯穿于整个伊壁鸠鲁哲学,因此,不言而喻,这一规律出现时的规定性,取决于它被应用的范围。

抽象的个体性只有对**那个与其相对立的定在进行抽象**,才能实现它的概念——它的形式规定、纯粹的自为存在、不依赖于直接定在的独立性、一切相对性的扬弃。须知为了真正克服这种定在、抽象的个别性就应该把它观念化，而这只有普遍性才有可能做到。

因此，正像原子由于从直线中抽象出来，偏离直线，从而从自己的相对存在，从直线中解放出来那样，整个伊壁鸠鲁哲学到处都脱离了具有局限性的定在，即凡是抽象个别性的概念（即对他物的一切关系的独立和否定）应该在它的存在中予以表述的地方，都脱离了具有局限性的定在。

因此，行为的目的就是从痛苦和慌乱中抽象出来，脱离出来，即内心的宁静。[20]所以善就是逃避恶[21]，而快乐就是脱离痛苦。[22]最后，凡是抽象的个体性以其最高的自由和独立性，以其完整性表现出来的地方，那里脱离出来的定在，完全合乎逻辑地就是**一切的定在，因此众神也避开世界**，对世界漠不关心，并且居住在世界之外。[23]

人们曾经嘲笑伊壁鸠鲁的这些神，说它们和人相似，居住在现实世界的世界和世界之间的空隙中，它们没有躯体，但有类似躯体的东西，没有血，但有类似血的东西[24]；它们处于幸福的宁静之中，不听任何祈求，不关心我们，不关心世界，人们崇敬它们是由于它们的美丽，它们的威严和完美的本性，并非为了某种私利。

不过这些神并不是伊壁鸠鲁的虚构。它们本来就存在着。**这是希腊艺术塑造的众神。西塞罗**，作为一个**罗马人**，有权嘲笑它们[25]，但是**普卢塔克**，作为一个**希腊人**，当他说：这种关于神的学说消除了恐惧和迷信，但是并不给人以神的快乐和恩惠，而是使我们和神处于这样一种关系中，就像我们和赫尔干尼亚海的鱼[33]的关系一样，从这种鱼那里我们既不想得到什么害处，也不想得到什么好处[26]，——当他说这番话时，他已完全忘记希腊人的世界观了。理论上的宁静正是希腊众神性格上的主要因素。**亚里士多德**也说："最好的东西不需要行动，因为它本身就是目的"。[27]

现在我们来考查一下从原子的偏斜中直接产生出来的**结论**。这种偏斜表明，原子否定一切运动和一切关系，而在运动和关系中原子作为一个特殊的定在为另一定在所规定。这个意思可以这样来表达：原子从与它相对立的定在中抽象出来,并且偏离了它。但是这种偏斜中所包含的东西——即**原子对于他物的一切关系的否定**——必须予以**实现**,必须以**肯定的形式表现出来**。这一点只有在下述情况下才有可能发生,即与原子有关系的定在不是什么别的东西,**而是它本身**,因而也同样是**一个原子**,并且由于原子本身是直接地被规定的,所以就是**众多的原子**。于是**众多原子的排斥就是卢克莱修称之为偏斜的那个"原子规律"的必然的实现**。但是,由于这里每一个规定都被设定为一个特殊的定在,所以,排斥就被作为第三种运动而增加到前面的运动中去。卢克莱修说得对,如果原子不偏斜,就不会有原子的冲击,原子的碰撞,因而世界永远也不会创造出来。[28]因为原子**本身**就是**它们的唯一客体**,它们**只能自己和自己发生关系**;或者用空间的形式来表示,它们只能**自己和自己相撞**,因为当它们和他物发生关系时,它们在这种关系中的每一个相对存在都被否定了;而这种相对的存在,正如我们所看到的那样,就是它们的原始运动,即沿直线下坠的运动。所以它们只是由于偏离直线才相撞。这与单纯的物质分裂毫不相干。[29]

而事实上,直线存在的个体性只有当它同一个他物发生关系,而这个他物就是它本身时,它才是按照它的概念实现了的,即使这个他物在直接存在的形式中是同它相对立的。所以一个人,只有当同他发生关系的另一个人不是一个不同于他的存在,而他本身,即使还不是精神,也是一个个别的人时,这个人才不再是自然的产物。但是要使作为人的人成为他自己的唯一真实的客体,他就必须在他自身中打破他的相对的定在,欲望的力量和纯粹自然的力量。**排斥是自我意识的最初形式**;因此,它是同那种自认为是直接存在着的、抽象单一的自我意识相适应的。

所以在排斥里,原子的概念便实现了,按照这个概念,它是抽象的形式,但反过来说也一样,按照这个概念,原子就是抽象的物质;因为那同原子有关系的东西虽然是原子,但却是一些**别**的原子。**但如果我自己对待自己就像对待一个直接的他物一样,那么我的这种关系就是物质的关系**。这是可能设想的最高级的存在的外在状态。因此在原子的排斥中，表现在直线下坠中的原子的物质性和表现在偏斜中的原子的形式规定，都综合地结合起来了。

德谟克利特同伊壁鸠鲁相反，他把那对于伊壁鸠鲁来说是原子概念的实现的东西，变成一种强制的运动，一种盲目必然性的行为。在上面我们已经看到，他把由原子的互相排斥和冲撞所产生的旋风看作是必然性的实体。可见他在排斥中只注意到物质方面，——即分裂、变化，而没有注意到观念方面，按照观念方面，在原子中一切和别的东西的关系都被否定了，而运动被设定为自我规定。关于这一点，我们可以从下面的事实看得很清楚：他通过空虚的空间完全感性地把同一个物体想象成分裂为许多物体的东西，就像金子被碎成许多小块一样。(30)这样一来，他几乎没有把单一理解为原子的概念。

亚里士多德正确地反驳他说："因此对于断言原初物体永远在虚空中和无限中运动的留基伯和德谟克利特应该说，是哪一种运动和什么样的运动适合这些物体的本性。因为如果每一个元素都是被另一个元素强行推动的，那么必然的，每一个元素除了强迫的运动之外还有一种自然的运动；而这个最初的运动应该不是强迫的运动，而是自然的运动。否则就会发生无止境的递进。"(31)

因此，伊壁鸠鲁的原子偏斜说就改变了原子王国的整个内部结构，因为在偏斜中形式的规定显现出来了，而原子概念中所包含的矛盾也实现了。所以伊壁鸠鲁最先理解了排斥的本质，虽然是在感性形式中，而德谟克利特则只认识到它的物质存在。

因此，我们还发现伊壁鸠鲁应用了排斥的一些更具体的形式。在政治领域里，那就是**契约**(32)，在社会生活中，那就是**友谊**(33)，友谊被称赞为最崇高的东西①。

第二章 原子的质

说原子有特性，那是和原子的概念相矛盾的；因为正如伊壁鸠鲁所

---

① 整段都是马克思亲笔加进去的。——编者注

说，任何特性都是变化的，而原子却是不变的。(1)但是，虽然如此，在**逻辑上却必须把原子说成是具有特性的**。因为那互相排斥的众多原子，为感性的空间所分离，**它们彼此以及它们与自己的纯本质**必定**直接地各不相同**，这就是说，它们必定具有质的差别。

因此在下面的陈述里，我全然不考虑**施奈德**和**纽伦贝格尔**的说法："伊壁鸠鲁不主张原子有质，第欧根尼·拉尔修给希罗多德的信中第44节和第54节是以后加进去的。"如果事情真是这样的话，那么怎样才能把卢克莱修、普卢塔克以及所有谈到伊壁鸠鲁的著作家的证据都说成是不可靠的呢？而且，第欧根尼·拉尔修提到原子的质的地方，并不只是两节，而是有十节之多，即第42、43、44、54、55、56、57、58、59和61等节。这些批评家所提出的理由，说"他们不知道如何把原子的质和它的概念结合起来"，是很肤浅的。**斯宾诺莎说，无知不是论据**①。如果每个人都把古代人著作中他所不理解的地方删去，我们很快就会得到一张白板。

由于有了质，原子就获得同它的概念相矛盾的存在，就被设定为**外在化了的、同它自己的本质不同的定在**。就是这个矛盾主要使伊壁鸠鲁感到兴趣。因此在他确定原子有某种特质并由此得出原子的物质本性的结论时，他同时也确定了一些相反的规定，这些规定又在这种特性本身的范围内把它否定了，并且反过来又肯定了原子的概念。**因此他把所有特性都规定成自相矛盾的**。反之，德谟克利特则无论在那里都没有从原子本身来考察特性，也没有把包含在这些特性中的概念和存在之间的矛盾客观化。相反，德谟克利特的整个兴趣在于从质对于必然由质构成的具体自然的关系上来说明质。质，在他看来，仅仅是解释显示出来的多样性的假设。因此原子的概念与质没有丝毫关系。

为了证明我们的论断，首先必须弄明白在这里显得彼此矛盾的材料来源。

《论诸哲学家的见解》一书中说："伊壁鸠鲁认为原子具有三种特

---

① 斯宾诺莎《伦理学》。(第1部分，命题三十六，附录)——编者注

性：体积、形状、重量。德谟克利特只承认有两种：体积和形状；伊壁鸠鲁加上了第三种，即重量。"(2) 在**欧塞比乌斯**的《福音之准备》里，同样的话逐字重复了一遍。(3)

这一段话可以从**西姆普利齐乌斯**(4)和**斐洛波努斯**(5)那里得到证实，根据他们的证实，德谟克利特只认为原子有体积和形状的差别。**亚里士多德**的看法正相反，在他的《**论产生和消灭**》一书的第一卷里，他赋与德谟克利特的原子以不同的**重量**(6)。在另一个地方（《天论》的第1卷里），**亚里士多德**又使德谟克利特是否赋与予原子以重量这一问题成为悬案，因为他说："如果所有的物体都有重量，那么就没有一个物体会是绝对轻的；但是如果所有物体都是轻的，那么就没有一个物体会是重的。"(7) **李特尔**在他的《古代哲学史》里，以亚里士多德的权威为依据，否定了普卢塔克、欧塞比乌斯、斯托贝的陈述(8)；他对西姆普利齐乌斯和斐洛波努斯的证据未予考虑。

我们来看一看，这几个地方是不是真有那么严重的矛盾。在上面的引文里，亚里士多德并没有专门地谈到原子的质。相反地，在《形而上学》第7卷里说到："德谟克利特认为原子有三种差别。因为作为基础的物体按质料来说是同样的东西，但是物体或者因外形不同而有形状的差别，或者因转向不同而有位置的差别，或者因相互接触不同而有次序的差别。"(9) 从这一段话里，至少可以立刻得出一个结论。① 在德谟克利特的原子的特性中没有提到重量。那分裂了的、彼此在虚空中分散开的物质微粒必定具有特殊的形式，而这些特殊的形式是根据对空间的考察完全外在地得到的。这一结论从亚里士多德的如下一段话中看得更明白："留基伯和他的同僚德谟克利特把充实和虚空看作元素……这二者作为物质，就是一切存在物的根据。正如有些人，他们建立一个唯一的基本实体，而把其他一切事物看作是这种实体的变形，同时还把稀薄和稠密认作一切质的始原，留基伯和德谟克利特也同样教导说，原子的差

---

① 往下马克思删去了以下这一句话："德谟克利特没有提出原子的质同它的概念之间的矛盾。"——编者注

别是一切其他事物的原因，因为作为基础的存在只是由于外形、转向和相互接触不同而有差别……这就是说，A 在形状上与 N 有差别，AN 在次序上与 NA 有差别，Z 在位置上与 N 有差别。"(10)

　　从这段话里可以清楚地看出，德谟克利特只是从原子特性与现象世界的差别的形成的关系上来考察原子的特性的，而不是从原子本身来考察的。此外还可以看出，德谟克利特并没有把重量当作原子的一种本质特性提出来。在他看来，重量是不言而喻的东西，因为一切物体都是有重量的。同样，在他看来，甚至体积也不是基本的质。它乃是原子在具有外形时即已具备了的一个偶然的规定。只有外形的差别使德谟克利特感到兴趣，因为除了外形的差别外，形状、位置、次序之中再也不包含任何东西了。由于体积、形状、重量在伊壁鸠鲁那里是相提并论的，所以它们的差别就是原子本身所具有的差别；而形状、位置、次序是原子对于某种别的东西所具有的差别；这样一来，我们在德谟克利特那里只看见一些用来解释现象世界的纯粹假设的规定，而伊壁鸠鲁则向我们说明了从原理本身得出来的结论。因此我们要逐个地分别考察他对原子特性的规定。

　　第一，原子有**体积**。(11) 另一方面，体积也被否定了。也就是说，原子并不具有**任何体积**(12)，而是原子之间只有**一些体积上的改变**(13)。可以说，只需要否定原子的大，而承认它小(14)，但并不是小到最小限度，因为最小限度是一个纯粹的空间规定，而是表现矛盾的无限小(15)。**罗西尼**在他为伊壁鸠鲁残篇所作的注释里有一段话因而就译错了，完全忽视了另外的一面，他说：

　　"至于原子是怎样的精微，伊壁鸠鲁论证它们是难以置信地微小，他根据拉尔修第 10 卷第 44 节提供的证据说，原子完全没有体积。"(16)

　　我现在不愿意去考虑**欧塞比乌斯**的说法，照他说，伊壁鸠鲁最先认为原子是无限小的(17)，而德谟克利特却承认有最大的原子，——按**斯托贝**的说法，甚至像世界那么大。(18)

　　一方面，这种说法和**亚里士多德**的证据相矛盾(19)，另一方面，欧塞比乌斯或者不如说他所引证的亚历山大里亚的主教**迪奥尼修斯**是自相矛盾的；因为在同一书里宣称，德谟克利特承认不可分割的、通过理性可以直观的物体是万物的始原[20]。有一点是清楚的：德谟克利特并没有意识到这种矛盾，他没有注意到它，而这个矛盾却是伊壁鸠鲁的主要兴趣所在。

伊壁鸠鲁的原子的**第二种**特性是**形状**。[21]不过这一规定也和原子的概念相矛盾，因此它的对立面必须建立起来。抽象的个别性就是抽象的自身等同，因而也就没有形状。因此原子形状的差别固然是无法确定的[22]，但它们却也不是绝对无限的[23]。反之，使原子互相区别开来的形状的数量乃是确定的和有限的。[24]不言而喻，不同的形状没有原子那么多[25]，然而德谟克利特却假定形状有无限多[26]。如果每一原子都有一个特殊的形状，那么，就必定会有无限大的原子[27]，因为它们会有无限的差别，如像莱布尼茨的单子那样不同于一切别的原子的差别。因此莱布尼茨关于天地间没有两个相同的东西的说法，就被完全颠倒过来了：天地间有无限多个具有同一形状的原子[28]，这样一来，形状的规定又被否定了，因为一个形状如果不再与其他形状有区别，就不是形状了①。

最后，极其重要的是，伊壁鸠鲁提出**重量**作为**第三种**质[29]，因为在重心里物质具有构成原子主要规定之一的观念上的个别性。所以如果原子一旦被转移到表象的领域内，那么它们必定也具有重量。

但是重量也直接同原子的概念相矛盾，因为重量乃是作为居于物质自身之外的观念上的点的物质个别性。然而原子本身就是这种个别性，它像重心一样，被想象为个别的存在。因此在伊壁鸠鲁看来，重量只是作为**不同的重**而存在，而原子本身乃是**实体性的重心**，就像天体那样。如果把这一点应用到具体东西上面，那自然而然就会得出老**布鲁克尔**认为是非常惊人的[30]、**卢克莱修**要我们相信的结论[31]：地球没有一切事

---

① 往下马克思删掉了以下这一段话："伊壁鸠鲁在这里也同样地将矛盾客观化，而德谟克利特只坚持物质的方面，而不让人在进一步的规定中看到原则的这种合乎逻辑的发展。"——编者注

物所趋向的中心，也不存在住在相对的两个半球上的对蹠者。再则，既然只有和其他事物有区别的、因而外在化了的并且具有特性的原子才有重量，那么不言而喻，如果不把原子作为互相不同的众多原子来设想，而只就其对虚空的关系来设想，重的规定就消失了。因此不管原子在质量和形状上如何不同，它们都以同样的速度在虚空的空间中运动。(32)因此伊壁鸠鲁也只在排斥和因排斥而产生的组合上应用重量，这就使得他有理由①断言，只是原子的聚集，而不是原子本身才有重量。(33)

伽桑狄曾经称赞过伊壁鸠鲁，说他光凭理性就预见到了经验，按照经验，一切物体尽管重量和质量大不相同，当它们从上往下坠落的时候，却是以同样的速度运动的。(34)②

所以对于原子的特性的考察导致了同对于偏斜的考察一样的结果，即伊壁鸠鲁把原子概念中本质与存在的矛盾客观化了，因而提供了原子论科学，而在德谟克利特那里，原则本身却没有得到实现，只是坚持了物质的一面，并提出了一些经验所需要的假设。

第三章　不可分的本原和不可分的元素

绍巴赫在上面已提到过的他关于伊壁鸠鲁的天文学概念的著作中说：

"**伊壁鸠鲁和亚里士多德**一起划分了**本原**（不可分的本原，第欧根尼·拉尔修，第10卷第41节）和**元素**（不可分的元素，第欧根尼·拉尔修，第10卷第86节）的区别。前者是通过理智可以认识的原子，它们不占有任何空间。(1)它们被称为**原子**，并非因为它们是最小的物体，而是因为它们在空间里不能被分割。按照这种看法应该认为，伊壁鸠鲁没有赋予原子以任何与空间有关的特性。(2)但是他在给希罗多德的信中（第欧根尼·拉尔修，第10卷第44、54节），不仅赋予原子以重量，而且还赋予体积和形状……因此我把这些原子

---

① 往下马克思删掉了"把它们视为原因并"。——编者注
② 往下马克思删掉了以下一句话："对这一称赞，我们加上了根据伊壁鸠鲁的原理作出的说明。"——编者注

算作第二类，它们是从前一种原子中产生的，但又被看作物体的原始分子。"(3)

让我们更仔细地研究一下**绍巴赫**从第欧根尼·拉尔修书引证的一段话（第10卷，第86节）。这段话说："这就是认为宇宙是物体和不可捉摸的自然，或者认为存在着不可分的元素的学说，以及其他诸如此类的学说。"这里伊壁鸠鲁是在教导皮托克勒斯，他写信给他说，天体学说不同于所有其余的物理学说，例如，认为一切都是物体和虚空，认为存在着不可分的基质的学说。很显然，这里没有任何理由假定所谈到的是一种第二类的原子。① 也许"宇宙是物体和不可捉摸的自然"和"存在着不可分的元素"这两个说法的不同，可以造成"物体"和"不可分的元素"之间的差别，在这种情况下，"物体"就意味着第一类原子而与"不可分的元素"相对立。但这是完全不可设想的。"物体"是指与**虚空**相对立的**有形体**，所以虚空又叫做"无形体"。(5)因此在"物体"这一概念里既包括原子又包括复合的物体。例如，在给希罗多德的信中说道："宇宙是**物体**……如果没有被我们叫作**虚空**、地点和不可捉摸的自然这些东西的话……物体当中，有一些是**复合体**，另外一些则是构成这些复合体的要素。**而这些要素是不可分的**和不可改变的……因此始原必然应该是不可分的有形体的自然。"(6)所以在上面提到的一段话里，伊壁鸠鲁首先谈到与**虚空**不同的一般**有形体**，然后才说到特殊的有形体，即原子。②

绍巴赫引证亚里士多德的话也不能证明任何东西。斯多葛派所特别坚持的"始原"和"元素"之间的差别(7)，诚然在亚里士多德那里也可以找到(8)，但是，亚里士多德也承认两种说法是等同的(9)。他甚至明确地说，"元素"主要是指原子(10)。留基伯和德谟克利特也同样称实和虚为"元素"(11)。

---

① 往下在手稿中马克思删掉了以下这一句话："从伊壁鸠鲁所说的'这一切都没有本原，因为原子就是原因'(4)可以同样正确地或错误地作出这一结论：伊壁鸠鲁认为有第三类原子——'作为原因的原子'。"——编者注

② 往下马克思删掉了以下这一句话："在这里不可分的元素除了作为不可分的物体之外别无任何意义，最后一段引文中在谈到这些不可分的物体时，它们就是本原。"——编者注

在卢克莱修那里，在第欧根尼·拉尔修书中所载伊壁鸠鲁的书信里，在普卢塔克的《科罗特》里[12]，在塞克斯都·恩披里柯那里[13]，都赋予原子本身以特性，因而这些特性也就被规定为自己扬弃自己。

但是如果说只靠理性才能了解的物体具有空间的质可以被当作二律背反的话，那么说空间的质本身只有靠理智才能被知觉，就将是一个更大得多的二律背反[14]。

最后，**绍巴赫**引用下面这一段斯托贝的话来进一步论证他的见解："伊壁鸠鲁认为始原（物体）是简单的；而由它们所组成的复合体全都具有重量。"对斯托贝的这段话，其实还可以加上另一段话，其中"不可分的元素"是作为原子的一种特殊形式而被提到：（普卢塔克）《论诸哲学家的见解》第1卷第246和249节和**斯托贝**《自然的牧歌》第1卷第5页[15]。此外，在这些话里根本没有肯定地说原始的原子没有体积、形状和重量，相反，勿宁说只是提到重量是区别"不可分的本原"与"不可分的元素"的标志。但是我们在前一章已经说过，重量只是在原子的排斥和由排斥而产生的凝聚方面才得到应用。

捏造"不可分的元素"也并没有得到什么结果。要从"不可分的本原"过渡到"不可分的元素"，就跟想直接赋予它们以特性一样是困难的。但是我并不绝对否认这种区别。我只是否认存在着两种不同的、不变的原子罢了。不如说，它们是同一种原子的不同规定。

在弄清这个差别以前，我还要提醒大家注意伊壁鸠鲁的一种手法，即他喜欢把一个概念的不同的规定看作不同的独立的存在。正如原子是他的原理一样，他的认识方式本身也是原子论的。在他那里，发展的每一环节立即就转变成固定的、仿佛被空虚的空间从与整体的联系中分离开来的现实。每个规定都采取了孤立的个体性的形式。

这种手法从下面一个例子来看就清楚了。

无限的东西，$\tau\grave{o}\,\mathring{\alpha}\pi\varepsilon\iota\rho o\nu$，或者像西塞罗译作的 infinitio，有时被伊壁鸠鲁用来当作一种特别的自然。而正是在"元素"被规定为固定的、作为基础的实体的那些地方，我们也发现，"无限的东西"也变成一种独立存在的东西了。[16]

但是，无限的东西，按照伊壁鸠鲁自己的规定，既不是一种特殊的实体，也不是存在于原子和虚空之外的某种东西，相反地，无限的东西乃是它们的一个偶然的规定。因此我们发现"无限的东西"有三种意义。

第一，"无限的东西"，在伊壁鸠鲁看来，表示原子和虚空共同具有的一种质。在这个意义上它表示宇宙的无限性，宇宙之所以无限，是由于原子的无限多，由于虚空的无限大。[17]

其次，无限性是指原子的无限多，所以与虚空相对立的不是一个原子，而是无限多的原子。[18]

最后，如果我们可以从德谟克利特的学说来推断伊壁鸠鲁的话，则"无限的东西"又恰恰意味着它的反面，即与自身规定和自身限制的原子相对立的无边无际的虚空。[19]

在所有这些意义中，——而它们是原子学说中唯一的甚至是唯一可能有的意义，——无限的东西只不过是原子和虚空的规定。然而它却被独立化为一个特殊的存在，甚至被作为特殊的自然而与那些原理并列，它表现着那些原理的规定性①。

因此，——也许是伊壁鸠鲁自己确定了这样一条规定：原子作为原子的一种独立的、原始的形式变成了"元素"，但是根据历史上较可靠的材料来推断，情况并不是这样；也许，在我们看来更有可能的是，伊壁鸠鲁的学生梅特罗多罗斯最先把不同的规定变成了不同的存在[20]，——我们必须把个别环节的独立化归咎于原子论意识的主观方法。当人们赋予不同存在的形式以不同的规定时，人们并不能因此而理解到它们的差别。

在德谟克利特看来，原子仅仅具有一种"元素"，一种物质基质的意义。把作为"始原"的原子和作为原理和基础的"元素"区别开来，这是伊壁鸠鲁的贡献。这种区别的重要性在下面就可以看清楚。

原子的概念中所包含的存在与本质、物质与形式之间的矛盾，表现

---

① 往下马克思删掉了一句话："这个例子是有说服力的"。——编者注

在单个的原子本身内，因为单个的原子具有了质，由于质，原子就和它的概念相背离，但同时又在它自己的结构中获得完成。于是从具有了质的原子的排斥以及与排斥相联系的凝聚里，就产生出现象世界。

在这种从本质世界到现象世界的过渡里，原子概念中的矛盾显然达到自己的最尖锐的实现。因为原子按照它的概念是自然界的绝对的、本质的形式。**这个绝对的形式现在降低为现象世界的绝对的物质、无定形的基质了。**

原子诚然是自然界的实体[21]，一切都从原子产生，一切也分解为原子[22]，但是现象世界的经常不断的毁灭并没有任何结果。新的现象又在形成，但是作为一种固定的东西的原子本身却始终是基础。[23] 所以，若就原子的纯粹概念来思维原子，则它的存在就是空虚的空间，被毁灭了的自然；若就原子的进入现实界而言，它就下降到物质的基础，这个物质基础，作为充满多种多样关系的世界的负荷者，永远只以存在于对它漠不相干的和外在的形式中。这乃是一个必然的结果，因为原子既被假定为抽象的、个别的和完成的东西，就不能把自己显示为将这种多样性理想化并且贯穿在其中的力量。

抽象的个别性是脱离定在的自由，而不是在定在中的自由。它不能在定在之光中发亮。定在乃是使得它失掉自己的性质而成为物质的一个因素。因此原子不会进入现象的光天里[24]，或者在进入现象的光天时不会下降到物质的基础。原子作为原子只存在于虚空之中。所以自然的死亡就成为原子的不死的实体，卢克莱修也就有理由高呼：

"有死的生命被不死的死亡夺去了。"①

伊壁鸠鲁和德谟克利特在哲学上的区别在于，伊壁鸠鲁在矛盾的极端尖锐的情况下把握住了矛盾并使之客观化，因而把成为现象基础的、作为"元素"的原子与存在于虚空中的作为"始原"的原子区别开来；而德谟克利特则仅仅将其中的一个环节客观化。也正是这个差别，在本

---

① 卢克莱修《物性论》第3卷第869行。——编者注

质世界中，在原子和虚空的王国中使伊壁鸠鲁和德谟克利特分手了。但是既然仅仅具有质的原子才是完成的原子，既然现象世界只有从完成了的并且同自己的概念异化了的原子中才能产生，所以伊壁鸠鲁这样来表述这一点：只有那具有质的原子才成为"元素"，或者说，只有"不可分的元素"才具有质。

第四章 时间

既然在原子里面，作为纯粹的自身关系的物质没有任何变易性和相对性，那么由此可以直接得出结论，时间必须从原子的概念中，从本质的世界中排除掉。因为只有从物质中抽掉时间的成分，物质才是永恒的和独立的。在这一点上德谟克利特和伊壁鸠鲁也是一致的。但是在规定脱离了原子世界的时间的方式方法上，在把时间归入什么地方的问题上，他们又不同了。

在德谟克利特看来，时间对于体系没有任何意义，没有任何必要性。他解释时间，目的是为了取消时间。他把时间规定为永恒的东西，以便像**亚里士多德**[(1)]和西姆普利齐乌斯[(2)]所说的，把发生和消灭，亦即一切时间性的东西，从原子中排除掉。据他说，时间本身即是一个证据，证明并非一切事物都必定有起源，有开始这一环节的。

但我们必须承认这里面有一个较为深刻的思想。那具有想象力的，不能理解实体的独立性的理智，提出了实体在时间中生成的问题。但它却没有看到，当它把实体当成有时间的东西时，它同时也就把时间实体化了，因而也就取消了时间的概念，因为绝对化了的时间已经不复是时间性的东西了。

但另一方面，这种解决是不能令人满意的。从本质世界中排除掉的时间，被移置到进行哲学思考的主体的自我意识中去，而与世界本身毫不相干了。

伊壁鸠鲁却不是这样。从本质世界中排除掉的**时间**，在他看来，就成为**现象的绝对形式**。时间被规定为偶性之偶性。偶性是一般实体的变

化。偶性之偶性是作为自身反映的变化,是作为变换的变换。现象世界的这种纯粹形式就是时间。⁽³⁾

组合仅仅是具体自然界的被动形式,时间则是它的主动形式。如果我从组合的定在来考察组合,那么原子就存在于这种组合的背后,存在于虚空中、想象中。而如果我从原子的概念来考察原子,那么这种组合或者完全不存在,或者仅仅存在于主观表象之中;因为它是这样一种关系,在这种关系中,独立的、自身关闭的、彼此似乎毫不相干的原子相互之间也同样不发生任何关系。反之,时间,即作为有限事物的变换,当变换被设定为变换时,同样是现实的形式,这现实的形式把现象同本质分离开来,并且当现象返回本质时,把现象设定为现象。组合既表示了原子的物质性,又表示了由原子产生的自然界的物质性。反之,时间之于现象世界正如原子概念之于本质世界,也就是说,它是一切确定的定在之抽象、消灭和向自为存在的回返。

基于这些考察可以得出如下结论:**第一**,伊壁鸠鲁把物质和形式之间的矛盾看成显现着的自然界的性质,这个自然界于是就成了本质的自然界即原子的映象。其所以如此,是由于时间与空间相对立,现象的主动形式与现象的被动形式相对立;**第二**,只有在伊壁鸠鲁那里现象才被理解为现象,即理解为本质的异化,这种异化本身是在它的现实性里作为异化表现出来的。反之,在把组合看成显现着的自然界的唯一形式的德谟克利特那里,现象并没有在自身中表示它是现象,表示它是一种与本质有区别的东西。因此,如果从现象的存在来考察现象,那么本质和它就完全混淆起来了;如果从现象的概念来考察现象,则本质和它就完全分开了,因而现象便降低为主观的假象。组合对于现象的本质基础是漠不关心的和物质的。反之,时间却是永恒地吞噬着现象并给它打上依赖性和非本质性烙印的本质之火;**最后**,由于照伊壁鸠鲁看来,时间是作为变换的变换,是现象的自身反映,所以显现着的自然界就可以正当地被当作客观的,感性知觉可以正当地被当作具体自然的真实标准,虽然原子这个自然的基础只有靠理性才能观察到。

正因为时间是感性知觉的抽象形式,所以按照伊壁鸠鲁所理解的原子论的性质，就产生了把时间规定为自然中的一个特殊存在着的自然之必要。感性世界的变易性作为变易性，感性世界的变换作为变换，——这种形成时间概念的现象自身的反映，都在被意识到的感性里有其单独的存在。**因此人的感性就是形体化了的时间，就是感性世界自身的存在着的反映。**

这可以从**伊壁鸠鲁**对时间概念的规定里直接得出来的，也可以十分确定地用个别例证予以证明。在伊壁鸠鲁给希罗多德的信里[4]，时间是这样被规定的：当被感官知觉到的物体的偶性被认为是偶性时，时间就发生了。因此自身反映的感性知觉在这里就是时间的源泉和时间本身。所以既不能用类比的方法规定时间，也不能对它说出任何别的话，而是应该抓住直接的明显性本身；因为既然那自身反映的感性知觉就是时间本身，因此不可能超出时间的界限。

另一方面，在**卢克莱修、塞克斯都·恩披里柯**和**斯托贝那里**[5]，偶性之偶性、自身反映的变化都被规定为时间。偶性在感性知觉里的反映以及偶性的自身反映因而就被设定为同一种东西。

由于时间和感性之间的这种联系，在德谟克利特那里也可以找到的形象，也就获得更加合乎逻辑的地位。

形象是自然物体的形式，这些形式好像一层表皮，从自然物体上脱落下来，并把自然物体移到现象中来。[6]事物的这些形式不断地从它们里面涌现出来，侵入感官，从而使客体得以显现出来。因此自然在听觉中听到了它自己，在嗅觉中嗅到了它自己，在视觉中看见了它自己。[7]所以人的感性就是一个媒介，通过这个媒介，犹如通过一个焦点，自然的种种过程得到反映，燃烧起来照亮了现象界。

在德谟克利特那里，这不是首尾一贯的，因为现象只是主观的东西，而在伊壁鸠鲁那里却是一个必然的结果，因为在伊壁鸠鲁那里感性是显现着的世界自身的反映，是它的形体化了的时间。

最后，感性和时间的联系表现在：**事物的时间性和事物对感官的显现，被设定为本身同一的东西。**因为正是由于物体显现在感官面前，它们便消失了。[8]由于形象不断从物体分离出来并涌入感官，由于形象把感性当作在它们自身之外的另一种自然，而不是在它们自身之内，因此它们便不能从这种分裂状态中回复过来，所以它们便解体并消失了。

因此正如原子不外是抽象的、个别的自我意识的自然形式，感性的**自然也只是客观化了的、经验的、个别的自我意识，而这就是感性的自我意识**。所以感官就是具体自然中的唯一标准，正如抽象的理性就是原子世界中的唯一标准那样。

第五章 天体现象

德谟克利特的天文学见解，就他的时代来说，可算得很敏锐了，不过这些见解却不能引起哲学的兴趣。它们既没有跳出经验反思的圈子，也没有同原子学说发生较为确定的内在联系。

与此相反，**伊壁鸠鲁**关于天体和与之相联系的过程的学说，或者关于**天体现象**的学说（他用天体现象这一名称来总括天体和与之相联系的过程），不仅与德谟克利特的意见相对立，而且与希腊哲学的意见相对立。对于天体的崇敬，已经成为所有希腊哲学家遵从的一种崇拜。天体系统是现实理性的最初的、朴素的和为自然所规定的存在。希腊人的自我意识在精神领域内也占有同样的地位。它是精神的太阳系。因此希腊哲学家在天体中崇拜的是他们自己的精神。

阿那克萨哥拉是头一个对天体作物理解释的人，这样他在和苏格拉底不同的意义上使天接近了地。就是这个阿那克萨哥拉，当有人问他为何而生时，他回答说："为了观察日、月和天空"[1]。而**色诺芬尼**则望着天空说：单一就是上帝[2]。**毕达哥拉斯派、柏拉图、亚里士多德**对天体所抱的宗教态度更是人所共知的。

确实，伊壁鸠鲁反对整个希腊民族的世界观。

亚里士多德说，看来有时概念可以证实现象，有时现象又可以证实概念。譬如，人人都有一个关于神的观念并把最高的处所划给神；无论异邦人还是希腊人，总之凡是相信神的存在的人莫不如此，他们显然把不死的东西和不死的东西联系起来了；而不这样也是不可能的。因此如果神存在——就像它真的存在那样,那么我们关于天体的实体的论断也是正确的。但就人的信念而言,这种论断也是和人的感性知觉相符合的。因为从整个过去的时代来看,就人们相互留传的回忆来说,无论整个天体或天体的任何部分似乎都没有什么改变。就连名称,看来也是古人留传下来直至今天的,因为他们所指的东西,同我们所说的东西是一回事。因为同样的看法传到我们现在,不是一次,也不是两次,而是无数次。正因为第一个物体乃是某种有别于土和火,空气和水的东西,他们就把最高的地方称为"以太"(由 $\vartheta \varepsilon \tilde{\iota} \nu \dot{\alpha} \varepsilon \iota$①一词而来),并且给了它一个别名叫做"永恒的时间"[3]。但是古代人把天和最高的地方划给神,因为唯有天是不死的。而现在的学说也证明,天是不可毁灭的、没有起始、不遭受生灭世界的一切灾祸的。这样一来,我们的概念就同时符合关于神的启示[4]。至于说天只有**一个**,这是显然的。认为天体即是众神,而神的本原包围着整个自然界的观念,是从祖先和古人那里留传下来并以后代人的神话的形式保存下来的。其余的东西则是为了引起群众的信仰,当作有利于法律和生活的东西而被披上神话的外衣添加进去的。因为群众把众神说成近似于人,近似于一些别的生物,并且虚构出许多与此有关和类似的东西。如果有人抛开所有其余的东西,只坚持最初的东西,即认为最初的实体是神这一信仰,那么他必定会认为这是神的启示,并且认为在此以后,各种各样的艺术和哲学都曾被发现过,随后又消失了,而上述这些意见却像古董一样,流传到现在[5]。

与此相反,**伊壁鸠鲁**说:

除这一切之外,还应当注意到,人心的最大的迷乱起源于人们把天体当作是有福祉的和不可毁灭的,同时认为天体具有与这些特性相矛盾的愿望和行为;同样还起源于对于神话的恐惧。[6]说到天体现象,应当认为,运动、位置、亏蚀、升起、降落以及诸如此类现象的发生,完全不是因为有一个享有一切福祉和不可毁灭的存在物在支配它们、安排它们——或已经安排好它们。因为行动是与福祉不相一致的,而行动的发

---

① 永恒地流。——编者注

生却大半与软弱、恐惧和需要有关。同样也不应认为，有一些享有福祉的类似火的物体，能够任意地作出这些运动，如果与此不相一致，那么这种矛盾本身就足以引起心灵的最大迷乱[7]。

如果说**亚里士多德**因此责备古代人，说他们认为天还需要阿特拉斯作它的支柱[8]，这个阿特拉斯

"站在西天的边界，
用双肩支撑着天和地的柱石"。
（埃斯库罗斯《普罗米修斯》第348行及以下几行）①

那么与此相反，伊壁鸠鲁则责备那些认为人需要天的人；并且他认为天所赖以支持的那个阿特拉斯本身是人的愚昧和迷信造成的。愚昧和迷信也就是狄坦神族。

伊壁鸠鲁给皮托克勒斯的整封信，除了最末一节外，都是在讲天体的学说。结尾的这一节包含着一些伦理方面的格言。把一些道德格言附在关于天体现象的学说后面是适当的。这一学说对伊壁鸠鲁说来是有关良心的事。因此我们的考察将主要依据给皮托克勒斯的这封信。我们将摘录他给希罗多德的信作为补充，伊壁鸠鲁本人在给皮托克勒斯的信中也援引过这封信。[9]

第一，不要认为，对天体现象的研究，无论就整个研究而言或就个别部分而言，除了和研究其余的自然科学一样能够获得心灵的宁静和坚定的信心之外，还能达到别的目的。[10]我们的生活需要的不是意识形态和空洞的假设，而是我们要能够过恬静的生活。正如生理学②的任务一般是研究最主要的事物的原因一样，这里幸福也是建立在对天体现象的认识基础上的。关于日月出没的学说，关于星辰的位置和亏蚀的学说，本身并不包含有关幸福的特殊根据；不过恐惧却支配着那些看见这些现象但不认识它们的性质及其主要原因的人。[11]直到今天，关于天体现象

---

① 这段引文是马克思用希腊文写的，以代替被他删去的拉丁文译文。——编者注
② 生理学一词在古希腊包含有物理学和一般自然科学的意思。——译者注

的学说据说对其他科学所拥有的**优越地位**才被否定了，这一学说才被置于和别的科学同等的地位。

但是关于天体现象的学说同伦理学的方法和其余的物理学问题——例如不可分的元素等等问题——**也有着特殊的区别**。这些问题里面只有一个唯一的解释与现象相符合，而天体现象却不是这样。[12] 它们的产生不能归结于一个简单的原因，它们有一个以上的、同现象相符合的本质范畴。因为对生理学的研究不应依据空洞的公理和规律。[13] 人们常常反复说，对天体现象的解释不应是简单的、绝对的，而应是多种多样的。这适用于日月的升起和降落[14]，月亮的盈亏[15]，月中人的假象[16]，昼夜长短的变化[17]，以及其他天体现象。

这一切到底应如何解释呢？

任何解释都可以接受。只是神话必须加以排斥。但是只有当人们在追寻现象时，从现象出发进而推论到看不见的东西，神话才会被排斥。[18] 必须紧紧抓住现象，抓住感性知觉。因此必须应用类比。这样就可以提出种种说明天体现象以及其他经常发生并使别的人特别感到惊异的事物的理由，从而把恐惧排除掉，并使自己从恐惧中解放出来。[19]

这大量的解释、众多的可能性不惟只是要使意识平静，并消除引起恐惧的原因，而且同时还要否定天体本身中的统一性，即与自身同一的和绝对的规律。各个天体可以时而这样时而那样地运行。这种没有规律的可能性便是它们的现实性的特性。在天体中一切都不是固定的、不变的。[20] **解释的多样性就会同时取消客体的统一性**。

所以，**亚里士多德**和其他希腊哲学家是一致的，他也认为天体是永恒的和不朽的，因为它们是永远按照同一方式运行的；亚里士多德甚至赋予它们以特殊的、最高的、不受重力约束的因素，而**伊壁鸠鲁**却与他直接对立，断言情况正好相反。天体现象学说与其他一切物理学说特别不同的地方在于：在天体现象中一切都是多种多样地和不规则地发生的；在天体现象中一切都必须用多种多样的、多到不能确定的理由来解释。伊壁鸠鲁愤然对反面意见进行了猛烈的驳斥，他认为，那些坚持一种解释方式而排斥所有别的解释方式的人，那些在天体现象中只承认唯一的、因而也就是永恒的和神的本原的人，陷入了占星术士的虚妄解说和奴役式戏法；他们超出了自然科学的界限而投身于神话的怀抱；他们力求完成那不可能的事情，为毫无意义的东西而枉费精力，他们甚至不知道心灵的宁静本身正是在这里遭遇到危险。他们的空谈应该受到轻视。[21] 必须尽量摆脱这样一种成见：似乎对于那些对象的研究，因其目的仅仅在于使我们得到心灵的宁静和幸福，所以是不够彻底、不够精细的。[22] 相反地，绝对的准则是：一切破坏心灵的宁静、一切引起危险的东西，不可能属于不可毁灭的和永恒的自然。意识必须明白，这是一条绝对的规律。[23]

于是伊壁鸠鲁得出结论：**因为天体的永恒性会扰乱自我意识的心灵的宁静，一个必然的、不可避免的结论就是，它们并不是永恒的。**

伊壁鸠鲁的这种独特的见解究竟应该如何去理解呢？

所有论述伊壁鸠鲁哲学的著作者，都把这一学说说成是与所有其余的物理学，与原子学说不相容的。反对斯多葛派、反对迷信、反对占星术的斗争就被当成了充分的根据。

我们也曾看到，伊壁鸠鲁本人也把天体现象学说中运用的方法与其余的物理学的方法加以区别。但他的原理的哪一条规定中存在着这种区别的必然性呢？他怎样会产生这种想法呢？

要知道他不仅与占星术进行斗争，也与天文学本身、与天体系统中的永恒规律和理性进行斗争。最后，伊壁鸠鲁和斯多葛派的对立并不能说明什么问题。当天体被说成是原子的偶然复合，天体中发生的过程被说成是这些原子的偶然运动时，斯多葛派的迷信和他们的整个宇宙观便已经被驳倒了。天体的永恒本性因此就被否定了——这是德谟克利特满可以从上述前提中得出的结论[24]。而且连天体的定在本身也因而取消了[25]。因此原子论者就用不着什么新的方法了。

这还不是全部困难所在。这里产生了一个更费解的矛盾。

原子是具有独立性、个体性形式的物质，好像是可以想象的重量。但是重量的最高现实性就是天体。在天体中一切促成原子发展的矛盾——形式和物质之间、概念和存在之间的矛盾都解决了；在天体中一切必要的规定都实现了。天体是永恒的和不变的；它们的重心是在它们自身之内，而不在它们自身之外；它们的唯一行动就是运动；被虚空的空间分隔开的天体偏离直线，形成一个排斥和吸引的体系，同时保持着它们的独立性，并且最后从它们自身中产生出时间，作为它们显现的形式。**因此，天体就是成为现实的原子**。在天体里物质在自身中接受了个体性。因此在这里伊壁鸠鲁必定会看见他的原理的最高存在，看见他的体系的最高峰和终结点。因为他断言，他接受原子是为了奠定自然的不朽的基础。他说，对他来说重要的是物质实体的个体性。但是只要他发现他的这个自然的实在性（因为他除了机械的自然外不承认任何别的自然），只要他在天体中发现独立的、不可毁灭的物质，而天体的永恒性和不变性又为群众的信仰、哲学的判断、感官的见证所证明，那么，他的唯一的意图，就是要使这种自然降到地上来，成为变化消逝的物，他就要猛烈地反对那些崇拜自身中包含着个体性因素的独立的自然的人。这就是他最大的矛盾。

伊壁鸠鲁因此而感觉到，他以前的范畴在这里崩溃了，他的理论的方法①变得不同了。而他感觉到这一点并有意识地说出这一点，乃是他的体系所达到的**最深刻的认识**，最透彻的结论。

我们已经看到了，整个伊壁鸠鲁的自然哲学是如何地贯穿着本质和存在、形式和物质的矛盾。**但是在天体中这个矛盾消除了**，这些互相争斗的环节和解了。在天体系统里，物质在自身内接受了形式，在自身内包括了个体性，因而获得它的独立性。**但是在达到这一点后，它也就不再作为抽象自我意识的肯定**。在原子世界里，也好像在现象世界里一样，形式同物质进行斗争；这一个规定取消另一个规定，正是**在这种矛盾里，抽象的、个别的自我意识感觉到它的本性对象化了**。那在物质的形态下同抽象的物质作斗争的抽象形式，就是**自我意识本身**。但是现在，物质已经和形式和解并成为独立的东西，个别的

---

① 马克思作了修改，原来是："他的方法的理论"。——编者注

自我意识便脱颖而出，宣称它自己是真实的原理，并敌视那独立了的自然。

另一方面，这一点可以这样来表达：由于物质在自身内吸取了个别性、形式，如像在天体里的情形那样，**物质便不再是抽象的个别性了。它成为具体的个别性、普遍性了。**因此，在天体现象中朝着抽象的、个别的自我意识闪闪发光的，就是它的具有了物质形式的否定，就是变成了存在和自然的普遍的东西。所以自我意识在天体现象中看到了它的死敌。于是自我意识便像伊壁鸠鲁所作的那样，将人们的一切恐惧和迷乱都归咎于天体现象。因为恐惧，抽象的个别性的消亡，正是普遍的东西。因此在这里伊壁鸠鲁的真实原理，抽象的、个别的自我意识，已经不再隐蔽了。它从它的隐蔽处走出来，从它的物质的伪装中解放出来，它力求通过按照抽象的可能性所作的解释，来消灭那独立了的自然的现实性，——所谓抽象的可能性是说，可能的东西也可以成为不可能；可能的东西的反面，也是可能的。因此他反对那些简单地，亦即用一种固定的方式来解释天体的人；因为单一是必然的和在自身内独立的东西。

所以只要作为原子和现象的自然是在表示着个别的自我意识和它的矛盾，则自我意识的主观性就只能以物质自身的形式出现；反之，当主观性成为独立的东西时，自我意识便在自身中反映自身，便以它特有的形态作为独立的形式同物质相对立。

可以把话说在前头，凡是伊壁鸠鲁的原理将得到实现的地方，这个原理对于他便不再具有实在性了。因为如果个别的自我意识真的被设定为具有自然的规定性，或者自然真的被设定为具有自我意识的规定性，那么个别的自我意识的规定性，即它的存在，便会停止，因为只有普遍的东西在其与自身的自由区别中才能同时实现它的肯定。

因此在天体现象学说里表现了伊壁鸠鲁自然哲学的灵魂。任何东西，只要它是破坏个别的自我意识的心灵的宁静的，都不是永恒的。天体扰乱自我意识的宁静，扰乱它与自身的同一，因为天体是存在着的普遍性，因为在天体中自然成为独立的了。

因此伊壁鸠鲁哲学的原理不是**阿尔谢斯特拉图斯的美食学**,像克里齐普斯所臆想的那样[26],而是自我意识的绝对性和自由,尽管这个自我意识只是在个别性的形式上来理解的。

如果抽象的、个别的自我意识被设定为绝对的原则,那么一切真正的和现实的科学,由于个别性在事物本性中不居统治地位,当然就被取消了。可是一切对于人的意识来说是超验的东西,因而也就是属于想象的理智的东西,也就全部破灭了。反之,如果把那只在抽象的普遍性的形式下表现其自身的自我意识提升为绝对原理,那么就会为迷信的和不自由的神秘主义大开方便之门。关于这种情况的历史证明,可以在斯多葛派哲学中找到。抽象的普遍的自我意识含有一种在事物自身中肯定自己的倾向,而要在事物中得到肯定,就非同时否定它们不可。

因此伊壁鸠鲁是最伟大的希腊启蒙思想家,他是无愧于卢克莱修的称颂的[27]:

> 当大地满目悲凉,
> 人类在宗教的重压下备受煎熬,
> 而宗教则在天际昂然露出头来,
> 凶相毕露地威逼着人们的时候,
> 是一个希腊人首先敢于抬起凡人的目光
> 挺身而出,与之抗争。
> 任是神道,任是闪电,或者天空
> 吓人的雷霆都不能使他畏惧……
> ……………………………………
> 如今轮到宗教被我们踩在脚下,
> 而我们,我们则被胜利高举入云。

我们在一般性讨论部分的结尾所提出来的关于德谟克利特和伊壁鸠鲁的自然哲学的差别,在自然界所有领域都得到了进一步的发展和证实。在**伊壁鸠鲁那里**,**原子论及其所有矛盾**,**作为自我意识的自然科学**业已实现和完成,有了最后的结论,而这个在抽象的个别性形式下的自我意识对其自身来说是绝对的原则，是原子论的取消和普遍的东西的有意识的对立物。反之，对于德谟克利特，**原子**只是**对整个自然进行经验研究的一般客观的表现**。因此对他说来原子仍然是纯粹的和抽象的范畴，是表示经验的结果的一种假设，而不是经验的推动原则；这种假设因此也仍然没有得到实现，正如真正的自然研究的进一步发展并没有受到它的规定那样。

附录的片断

[批评普卢塔克对伊壁鸠鲁神学的论战]

[二、个人的不死]
[1. 论宗教的封建主义。庸众的地狱]

考察仍然分为"不公正的人和坏人"，其次是"众人和未开化的人"，最后是"正直的人和明智的人"（同上书，第1104页）同死后灵魂长存说的关系。这种用固定的质的区别进行分类的做法就已说明，普卢塔克对伊壁鸠鲁的不理解达到了何等地步，因为伊壁鸠鲁作为哲学家一般地考察了人类灵魂的本质关系。

对于不公正的人还是用恐惧作为感化手段，可见阴间的恐怖对于感性意识还是证明有效的。我们已经考察过这种非难了。既然在恐惧中，而且是在内心的、无法抑制的恐惧中，人被降低为动物，那么把动物关在笼中，无论怎样关法，对它来说反正都是一样的。

现在我们再说"众人"的观点，尽管归根到底只有少数人不持这种观点，真正讲来，所有的人——"可以毫不夸大地说，所有的人"——都发誓忠于这面旗帜。

"众人尽管也对阴间感到恐惧，可是被神话激起的对于不死的希望和对于生存的渴望这种一切欲望中最古老和最强烈的欲望，却使他们充满了这样大的欢乐和兴奋，以致压倒了这种幼稚的恐惧（第1104页）。那些失去儿女、妻子和朋友的人宁愿他们存在和居留在某个地方，哪怕他们过着苦难的日子也好，而不愿他们完全死亡、被消灭和变为乌有。因此他们总乐意听到人家这样说到死者：他移居到另一个世界去了，或者他改变了自己的住处，以及其他诸如此类的说法，按照这些说法，死亡并不是消灭，而是灵魂住所的改变（第1104页）。当他们听到说死者'死亡了'，'消灭了'，'不再存在了'时，他们便恐惧起来。而那些说'我们，人，只生一次，谁也不会生两次'的人，则给了他们决定性的打击……于是他们便认为现在的生活和永恒比较起来意义甚微，或者更正确些说，没有任何意义，他们便苟且偷安，虚度年华；他们由于胆小而轻视美德和活动，并且看不起自己，认为自己朝生夕灭，很不稳定，不能有所作为［第1104页］。须知失去知觉和解体，以及那种认为没有知觉的东西同我们没有任何关系的理论，都不能排除对死亡的恐惧，反而好像证实了这种恐惧。因为这正是本性所害怕的东西……也就是说，这是灵魂的毁灭，由于这种毁灭，灵魂既失掉了思维的能力，也失去了感觉的能力。伊壁鸠鲁把这说成是灵魂在虚空中的解体并分解成原子，就更进一步摧毁了对不死的希望，为了这一希望，可以毫不夸大地说，所有的人——不论男人还是女人——都情愿让自己被塞卜洛士撕烂，情愿往丹纳士诸女的无底桶里倒水，只求延长自己的生存而不遭到彻底的消灭。"同上，第1105页

其实，与前一阶段并没有质的差别，不过以前以动物恐惧的形式表现出来的东西，现在表现为人的恐惧形式，表现为感情的形式。内容仍然一样。

有人对我们说，生存的愿望是最古老的爱的形式；当然，最抽象的因而也是最古老的爱的形式是自爱，对自己个人存在的爱。可是这实在把事情说得太露骨了，口头上又不得不加以否认，于是就用情感的假象给它罩上一轮华贵的光圈。

这样，失去妻子和儿女的人宁愿他们存在于某个地方，哪怕他们日子过得很坏，也不愿他们完全不复存在。假如只是谈到爱的话，那么应该说，个人的妻子和儿女最纯洁地保留在他的内心里，这是一种比经验的存在高得多的存在形式。但情况却不是这样。既然个人只具有经验的

存在，那么妻子和儿女也仅仅具有经验的存在。因此，他宁愿知道他们在感性空间的某个地方存在着，哪怕过着苦难的日子也好，也不愿他们根本不存在；这只不过是表示，个人希望意识到自己本身的经验存在而已。爱的外衣仅仅是影子，而核心则是那赤裸裸的经验的"我"，自爱，最古老的爱的形式，它并没有更新，没有变成更具体、更理想的形式。

照普卢塔克的看法，"变化"一词听起来比"完全不复存在"要舒服些。但是，按照普鲁塔克的看法，这个变化不应是质的变化，个别的"我"应该常住在他的个别的存在中；这样一来，这个名词仅仅是它所指的事物的感性表象，但它应当表示某种相反的东西。事情的实质不应改变，而只应使它模糊不清；把它移置到奇妙的远方，只会掩盖质的飞跃，而质的任何差异都是飞跃，没有这种飞跃就没有理想性。

其次，普卢塔克认为，这种……意识①

［附　注］

第一部分

德谟克利特的自然哲学和伊壁鸠鲁的自然哲学的一般差别

二　对德谟克利特的物理学和伊壁鸠鲁的物理学的关系的判断

（1）第欧根尼·拉尔修，第10卷第4节："同样斯多葛派的波西多尼乌斯、尼古拉和索蒂昂……也［断言］，他（伊壁鸠鲁）把德谟克利特关于原子的学说和亚里斯提卜关于快乐的学说当作他自己的学说加以宣扬。"

（2）西塞罗《论神性》第1卷第26章［第73节］："在伊壁鸠鲁的物理学中究竟有什么东西不是属于德谟克利特的呢？他［伊壁鸠鲁］诚然改变了

---

① 手稿至此中断。——编者注

一些地方,但大部分是重复德谟克利特的话。"

(3) 西塞罗《论最高的善和恶》第1卷第6章[第21节]:"这就是说,凡是他[伊壁鸠鲁]修改了的地方,他都损害了原意,而他所遵循的东西完全是属于德谟克利特的。"

同上:[第17,18节]"伊壁鸠鲁在他特别夸耀的物理学中,完全是一个门外汉,其中大部分是属于德谟克利特的;在伊壁鸠鲁离开德谟克利特的地方,在他想加以改进的地方,恰好就是他损害了和败坏了德谟克利特的地方……只有在他遵循德谟克利特的地方,他才照例没有弄错。"

(4) 普卢塔克《科洛特》[《反对科洛特》](克西兰德出版社版)第1108页:"莱昂泰乌斯……断言,伊壁鸠鲁很尊敬德谟克利特,因为德谟克利特在他之前就宣示了真理的学说……因为德谟克利特早就发现了自然的原理。"参看上书第1111页。

(5) 普卢塔克《论诸哲学家的见解》第5卷第235页,陶赫尼茨出版社版:"伊壁鸠鲁,奈奥克勒斯的儿子,雅典人,在哲学上追随德谟克利特……"

(6) 普卢塔克《科洛特》1111、1112、1114、1115、1117、1119、1120页及以下几页。

(7) 亚历山大里亚的克雷门斯《地毯集》第6卷第629页(科伦版):"但是伊壁鸠鲁也从德谟克利特那里剽窃了他的基本原理……"

(8) 同上,第1卷第295页:"你们要当心,不要让人用哲学和空洞的诱惑之言把你们引入邪道。去顺从人的传说,顺从世界的自然力量,而不顺从基督①。[要提防的]不是一切哲学,而是像保罗在《使徒行传》②中所提到的伊壁鸠鲁那样的哲学,他谴责这种哲学,因为它鄙弃天意……以及一切别的推崇自然力,不把创造的始因放在自然力之上,并且不理会创造主的哲学。"

(9) 塞克斯都·恩披里柯《反对数学家》(日内瓦版)[第54页]:"伊壁鸠鲁被揭露说,他的最主要的原理是从诗人们那里剽窃来的。因为,正像我们所看见的那样,他的关于摆脱一切痛苦是快乐的顶点这一原理,就是从[荷马]一行诗中抄来的:

"恰当那时候他们用饮料和食物止住了饥饿。"③

---

① 圣经《新约·哥罗西书》第2章第8节。——编者注
② 圣经《新约·使徒行传》第17章第18节。——译者注
③ 荷马《伊利亚特》第1章第469行诗。——编者注

而他关于死对于我们来说没有什么的说法,是由厄皮卡尔摩斯提示给他的,后者曾说:

"死亡或变成僵死的东西,在我看来是无所谓的……"

同样,他关于人体变成尸体后,就没有感觉了的说法,是从荷马那里剽窃来的,后者曾说:

"狂暴的男子玷辱了沉默的土地。"①

(10)《莱布尼茨给德梅佐的信,包含着对说明的[一些]注释等等》第2卷第66页[1768年日内瓦版],出版人杜唐。[全集]

(11)普卢塔克《科洛特》第1111页:"因此应当责备德谟克利特的决不是他根据他的始原的[存在]作出了结论,而是他提出了这些结论所据以产生的那些始原……如果沉默不言的情况正是这样的话,那么他〈伊壁鸠鲁〉是否也就承认,他所做的就是他已经习惯了的事呢?这样,他在摈弃天意的同时又说,虔敬仍然有效力;他说他为了快乐而寻求友谊,[同时]又宣称,他愿意为了朋友而忍受最大的痛苦;他虽然承认世界的无限性,然而却不放弃'上'和'下'的[观念]。"

三 把德谟克利特的自然哲学和伊壁鸠鲁的自然哲学等同起来所产生的困难

(1)亚里士多德《论灵魂》第1卷第8页(根据特伦德伦堡的版本):"他〈即德谟克利特〉认为灵魂和理性是同一个东西,因为现象是真的。"

(2)亚里士多德《形而上学》第4卷第5章:"例如,这就是为什么德谟克利特断言,或者没有东西是真的,或者真理对我们是隐蔽的。一般说来,由于把理性思维和感性知觉等同起来,而后者被认为是质的变化,人们就得出这样的论断,凡是在感觉中呈现出来的东西,必然是真实存在的东西。根据这一点,于是恩培多克勒说,随着人们身上[以前的]状态的改变,理解的能力也随之改变,德谟克利特也说过同样的话,可以说,所有其他的哲学家都成了这些观点的俘虏。"

不过,在《形而上学》中的这个地方又说了与此相矛盾的话。

(3)第欧根尼·拉尔修,第9卷第72节:"然而,根据他们的意见,甚至

---

① 同上,第24章第54行诗。——编者注

连色诺芬尼、埃利亚的芝诺以及德谟克利特,也都是怀疑论者……德谟克利特[说]:'说实在的,我们什么也不知道,因为真理隐藏在无底的深渊里'。"

(4)参看李特尔《古代哲学史》第1部分第579页及以下几页。

(5)第欧根尼·拉尔修,第9卷第44节:"据他〈即德谟克利特〉看来,真实的原则是原子和虚空,其余的一切都是意见、假象。"

(6)第欧根尼·拉尔修,第9卷第72节:"……当德谟克利特说:'只有按照意见才有冷,只有按照意见才有热;而实际上只有原子和虚空'时,他否认了质。"

(7)西姆普利齐乌斯在《亚里士多德注释》(布兰迪斯汇编)第488页上说:"然而他〈即德谟克利特〉实际上不认为从它们[即原子]中会产生出单一的本质。因为他十分天真地[设想],二或者多任何时候都可以形成一。"

同上,第514页:"因此他们〈即德谟克利特和留基伯〉既否认由一形成多,也否认由多形成真正整体的一。不过这似乎只是说,由于原子的结合而产生这个或那个单一的整体。"

(8)普卢塔克《科洛特》第1111页:"……原子被他〈即德谟克利特〉称为观念。"

(9)参看亚里士多德,上面所引证的地方。

(10)第欧根尼·拉尔修,第10卷第121节:[伊壁鸠鲁说]"他〈即哲人〉将提出肯定的学说,而不会对有争议的问题不知所措。"

(11)普卢塔克《科洛特》第1117页:"因为伊壁鸠鲁有一个原则是:'除哲人之外,任何人都不能对某一事物如此深信不疑,以致无法使他改变信念'。"

(12)西塞罗《论神性》第1卷第25章:"按照他〈即伊壁鸠鲁〉的说法,一切感官都是真实东西的报道者。"

参看西塞罗《论最高的善和恶》第1卷第7章。

(普卢塔克)《论诸哲学家的见解》第4卷第287页:"照伊壁鸠鲁看来,一切感觉和一切表象都是真实的。"

(13)第欧根尼·拉尔修,第10卷第31节:"因此,伊壁鸠鲁在自己的《准则》中断言,感性知觉,以及预想和感觉都是真理的标准……并且没有什么东西能够驳倒感性知觉。"第32节:"事实上,同类的感性知觉不能驳倒同类的感性知觉,因为它们有相同的效用,而不同类的感性知觉也不能驳倒不同类的感性知觉,因为它们判断的不是同一个东西。一般说来,一种感性知觉不能作为另一种感性知觉的裁判：因为双方我们都要同等地倾听。概念也不能驳倒感性知觉，因为概念依赖于感性知觉。"

（14）普卢塔克《科洛特》上面所引证的地方："德谟克利特所说的东西，即颜色、甜味、组合——这一切只存在于公认的意见中，［而实际上这一切只是虚空和］原子，他［即科洛特］说，这一点和感性知觉［相矛盾］……这种论断我没有什么可反对的，我只能说，所引证的这些原理和伊壁鸠鲁的原理是分不开的，正如，按照他们［伊壁鸠鲁派］自己的说法，形式和重量与原子是分不开的一样。须知，德谟克利特是怎么说的呢？——实体在数量上是无限的，是不可分割的和没有差异的，此外也没有质并且不受影响，它们分散地飞驰于虚空中。当它们彼此接近，或者互相冲击，或者互相交错的时候，由它们聚集而成的东西，有的看来像水，有的看来像火，有的看来像植物，有的看来像人，而实际上这一切都是原子，按德谟克利特的说法，称为观念。而不是什么别的东西。因为，据说不可能从无中生出［任何］有来，而从［存在的东西］中也不能产生任何东西，这是因为原子由于它们本身的不可渗透性不允许有外界的影响和内部的变化；这就意味着，颜色不能从无颜色的东西中产生，自然或精神不能从无质的东西中产生。因此，应该责备德谟克利特，但是绝不是责备他从自己的始原的［存在］中得出结论，而是要责备他提出了从中得出这种结论的那种始原。关于伊壁鸠鲁他［科洛特］断言，他［和德谟克利特一样］把同一些始原［当作万物的基础］，但他没有说，颜色……以及别的质只存在于意见之中。"

（15）西塞罗《论最高的善和恶》第1卷第6章："太阳在德谟克利特看来是很大的，因为他是一个有学问的人，并且是对几何学有了完备知识的人；太阳在伊壁鸠鲁看来只有约莫二尺大，因为据他判断，太阳只有看起来那样大。"参看普卢塔克《论诸哲学家的见解》第2卷第265页。

（16）第欧根尼·拉尔修，第9卷第37节："不仅在物理学和伦理学，而且在数学和普通教育学科方面，甚至同样在一切艺术领域内，他〈即德谟克利特〉都掌握了极其完备的知识。"

（17）参看第欧根尼·拉尔修，［第9卷］第46—［49］节。

（18）欧塞比乌斯《福音之准备》第10卷第472页："关于这点他〈即德谟克利特〉在某处自夸地说：'……在我的同辈人中，我漫游了地球的绝大部分，探索了最遥远的东西；我看见了最多的地方和国家，我听见了最多的有学问的人的讲演；而在勾画几何图形并加以证明方面，没有人超过我，就是埃及的所谓土地测量员也未能超过我。在埃及土地测量员那里作客时我已年近八十了'。事实上他游历了巴比伦、波斯和埃及,并且曾向埃及的祭司学习。"

(19)第欧根尼·拉尔修,第9卷第35节:"德米特里在他的著作《论同名的作者》中,安提西尼在他的著作《论哲学家的继承》中都叙述说,他〈即德谟克利特〉曾漫游各国,他到埃及去向埃及祭司学习几何学,后来到波斯向迦勒底人学习,并且一直漫游到红海。有些人还断言,他曾在印度见到过裸体智者,并且说他到过埃塞俄比亚。"

(20)西塞罗《土斯库兰的谈话》第5卷第39节:"当德谟克利特丧失了视觉的时候……他,这位哲人,还认为视觉甚至也妨碍理智的敏锐,并且当别人常常看不到他们跟前的东西时,他却在观察无限的东西,不在任何界限面前停步。"

西塞罗《论最高的善和恶》第5卷第29节:"有人说,德谟克利特弄瞎了自己的眼睛,目的在于使他的头脑尽可能少地离开思索。"

(21)鲁·安·塞涅卡,全集第2卷《书信》8、第24页(1672年阿姆斯特丹版):"至今我们还读着伊壁鸠鲁重复说:'要得到真正的自由,你必须为哲学服务。凡是倾心降志地献身于哲学的人,他用不着久等,他立即会变得自由,因为服务于哲学本身就是自由'。"

(22)第欧根尼·拉尔修,第10卷第122页:"青年人不应该耽误了对哲学的研究,老年人不应该放弃对哲学的研究,因为对于关心灵魂的健康来说,谁也不会是为时尚早或为时过晚。谁如果说,研究哲学的时间尚未到来或者已经过去,那么他就像那个说享受幸福的时间尚未到来或者已经过去的人一样。让老年人和青年人都来研究哲学吧;这样,前者在垂老之年可以从过去美好生活所给予他的幸福中获得青春,后者虽然年青但亦能和老人一样对未来无所畏惧。"参看亚历山大里亚的克雷门斯,第4卷第501页。

(23)塞克斯都·恩披里柯《反对数学家》[第1卷]第1页:"伊壁鸠鲁的门徒和皮浪的信徒在同科学的代表者的论战中显然是采取同样的立场,但是他们出发的前提是不同的。因为伊壁鸠鲁派认为各门科学对达到智慧毫无帮助。"

(24)塞克斯都·恩披里柯,同上,第11页:"尽管,看来伊壁鸠鲁对科学的代表人物抱敌对态度,但仍应把他列入科学的代表人物中去。"

同上,第54页:"……语法的轻视者,皮浪和伊壁鸠鲁。"

参看普卢塔克《论信从伊壁鸠鲁不可能有幸福的生活》第1094页。

（25）西塞罗《论最高的善和恶》第 1 卷第 21 页："但是，并非伊壁鸠鲁是没有学识的人，而是那些以为直到老年还应去背诵那些连少年人都以不知其为耻的东西的人，才是无知的人。"

（26）第欧根尼·拉尔修，第 10 卷第 13 页："阿波洛多罗斯在他的《纪事录》里说，'他〈即伊壁鸠鲁〉是利西凡和普拉克西凡的学生。但是他本人却否认这点，并且在给欧里迪库斯的信中说他是自学的'。"

西塞罗《论神性》第 1 卷第 26 页："他〈即伊壁鸠鲁〉自夸地说他没有任何教师，即使没有他的自夸，我也很乐于相信这一点。"

（27）塞涅卡《书信》52，第［176］—177 页："伊壁鸠鲁说，有一些人，他们努力寻求真理而无需别人的帮助；他就是属于那种为自己开辟道路的人。他最称赞这种靠着内在的动力自己独立成名的人。另一方面，有些人则需要别人的帮助；如果没有别人在他们前面开辟道路，他们自己就不能前进，但是他会热心地跟着别人走。他把梅特罗多罗斯列入这类人之中，他说，这也是出色的头脑，但是只属于第二流。"

（28）第欧根尼·拉尔修，第 10 卷第 10 节："虽然希腊那时经历着最艰苦的时期，他［伊壁鸠鲁］却一直住在那里，只有二、三次到伊奥尼亚去访问朋友。他的朋友也从各地来看他，并且和他一起住在他的花园里，阿波洛多罗斯也提到过这件事，［据他说］这个花园是伊壁鸠鲁花了八十米那买来的。"

（29）第欧根尼·拉尔修，第 10 卷第 15 节："据赫尔米普斯转述，当时他［伊壁鸠鲁］坐进注满温水的铜浴盆里，要了一杯醇酒，一饮而尽。"第 16 节："接着他在嘱咐他的朋友要谨记他的学说之后，就逝世了。"

（30）西塞罗《论命运》第 10 章："伊壁鸠鲁……［认为］命定的必然性是可以避免的，……而德谟克利特则宁肯承认，一切均由必然性而产生。"

西塞罗《论神性》第 1 章第 25 节："为了避免必然性。他［伊壁鸠鲁］就虚构出一个办法，而这个办法显然是德谟克利特所没有想到的。"

欧塞比乌斯《福音之准备》第 1 卷第 23 页及以下几页："阿布德拉的德谟克利特……［认为］，所有的一切，不论过去的、现在的或将来的，自古以来就完全是由必然性所预先规定的。"

（31）亚里士多德《论动物的起源》第 5 章第 8 节："德谟克利特……把一切都归结为必然性。"

（32）第欧根尼·拉尔修，第 9 卷第 45 节：德谟克利特"断言，一切均由必然性而产生，旋风式的旋转是一切事物产生的原因，而他就把这种旋转叫做必然性。"

（33）（普卢塔克）《论诸哲学家的见解》第 1 卷第 352 页："在巴门尼德和德谟克利特看来，一切均由必然性而产生，这必然性就是命运、法律、天意和世界的创造者。"

（34）斯托贝《自然的牧歌》第 1 卷第 8 章："巴门尼德和德谟克利特断言，一切均由必然性而产生；必然性就是命运、法律、天意［和世界的创造者］。留基伯说，一切均由必然性而产生，必然性就是命运……没有一种事物是没有原因而产生的，一切都是在因果的联系中由于必然性［而产生的］。"

（35）欧塞比乌斯《福音之准备》第 6 卷第 257 页："命运，天命……对于他（即德谟克利特）就是上述微粒向上向下急速运动的结果，这些微粒相互交织又相互分离，由于必然性时而分散，时而凝聚。"

（36）斯托贝《伦理的牧歌》第 2 卷："人们虚构出偶然的幻影［恰好］证明自己缺乏理性；实际上只有对于缺乏理智的人，偶然才是一种妨碍。"

（37）欧塞比乌斯《福音之准备》第 14 卷第 782 页及以下几页："他（即德谟克利特）把偶然性置于一切存在物之上，作为高于一切神灵的统治者和支配者，并证明一事物的产生都得听任偶然性的摆布，但他同时又把偶然性从人的生活中排除出去，并把那些趋向于承认偶然性的人斥责为没有理智的人。至少在他的《遗训》的开头，他是这样说的：'人们虚构出偶然的幻影，就证明自己缺乏理智。因为理智就其本性来说是反对偶然的。按照他们的意见，偶然——这个理性的最凶恶的敌人比理性更厉害；不但如此，人们完全取消了理性，避而不谈理性，而以偶然代替理性。要知道他们不是为有益的理性唱颂歌，而是为最有利的偶然唱颂歌'。"

（38）西姆普利齐乌斯，上引书第 351 页："'在古代，人们说——偶然性是不存在的'这话似乎是直接指德谟克利特而言的。"

（39）第欧根尼·拉尔修，第 10 卷第 133 节："……至于说到被某些人当作万物的主宰的命运，那么他〈即伊壁鸠鲁〉宣称它并不存在。但是［在他看来］有些事物是偶然的，另一些事物则取决于我们的任意性，因为必然性是不容劝说的，反之，偶然性是不稳定的；我们的行为是自由的，所以紧跟着这种行为而来的是责备及其反面。"第 134 节："宁可听信关于神灵的神话，也比当物理学家所说的命运的奴隶要好些。因为神话还留下个希望，即由于敬神将会得到神的保佑，而命运却是铁面无情的必然性。应当承认的是偶然，而不是众人所相信的神……"

（40）塞涅卡《书信集》第 12 卷第 42 页："在必然性中生活是不幸的事，但是在必然性中生活，并不是一个必然性……通向自由的道路到处都开放着，这种道路很多，它们是短而易走的。因此谢天谢地，在生活中谁也不会被束缚住，而对必然性本身加以制约倒是许可的……伊壁鸠鲁说。"

（41）西塞罗《论神性》第 1 卷第 20 章："但是我们应该如何去看待这样一种哲学（即斯多葛派哲学），在它看来，——就像在一个无知的老妖婆看来一样，——一切都由于命运而发生……伊壁鸠鲁把我们［从这些恐惧中］拯救了出来，并使我们获得了自由……"

（42）西塞罗，同上书，第 25 章："他〈即伊壁鸠鲁〉在论战中也使用同样的方法攻击辩证论者。这些辩证论者教导说，在提出'或者是或者否'的决择的一切选言判断中，二者之中有一个是真的。他担心在像'伊壁鸠鲁明天或者活着不活着'这种二者择一的情况下，其中之一会是必然的，因此，他完全拒绝这种'或者是或者否'的约束力量。"

（43）西姆普利齐乌斯，同上书，第 351 页："……但是德谟克利特就是在他要求按照某种原则来规定万物之间的差别的地方，他也没说要怎样和在什么基础上来规定这些差别，因此他似乎承认万物有其任意的和偶然的起源。"

西姆普利齐乌斯，同上书，第 352 页："连后者〈即德谟克利特〉原来也承认创造世界时的偶然。"

（44）参看欧塞比乌斯，同上书，第 14 卷第［781］—782 页："……他〈即德谟克利特〉是这样空洞地和无根据地卖弄着聪明，从空洞的原则和不稳固的基础出发，看不到事物性质的根源和普遍必然性，把对盲目偶然性的领悟当作最伟大的智慧来崇敬。"

（45）西姆普利齐乌斯，同上书，第 351 页："例如，如果是一个人感到口渴，喝了凉水之后变得精神舒畅了，那么德谟克利特当然不会说，偶然是此事的原因，而［会认为］使得他很难受的口渴才是原因。"

同上书，第 351 页："原来他〈即德谟克利特〉也承认在创造世界时的偶然。而在此较局部性质的现象中，他却不承认偶然是其中任何一个现象的原因，而把这些现象归结为由其他原因产生的。例如，挖掘是获得财宝的原因，或者种植橄榄树是橄榄树生长的原因。"

参看西姆普利齐乌斯，同上书，第 351 页："而在局部性质的现象中他〈即德谟克利特〉不承认偶然是任何一个现象的原因。"

（46）欧塞比乌斯，同上书，第 14 卷第 782 页："据说，德谟克利特自己宣称，他［发现］一个因果联系比获得波斯国的王位还要高兴。"

（47）（普卢塔克）《论诸哲学家的见解》第2卷第261页："伊壁鸠鲁对于这些意见〈即哲学家们关于自然界的实体的意见〉一个也不拒绝，因为他［坚持］可能的东西。"

（普卢塔克），同上书，第265页："伊壁鸠鲁又宣称，所有上述［关于太阳的体积］的意见都是可能的。"

同上书："伊壁鸠鲁［认为］所有上述的意见都是可能的。"

斯托贝《自然的牧歌》第1卷第54页："伊壁鸠鲁不拒绝任何一个这些［关于星体］的意见，因为他坚持可能的东西。"

（48）塞涅卡《自然问题》［Ⅵ］第20章，第802页，第2卷："伊壁鸠鲁断言，所有这些原因都可能存在，并且他还力图提出一些别的原因，同时他斥责那些断言在这些原因中只有某一种原因的人；因为在那些按照必然性不得不确立仅仅一些假设的事物中，是很难保证什么可靠性的。"

（49）参看第2部分，第5章。

第欧根尼·拉尔修，第10卷第88节："但是对每个［天体］现象都应按照它呈现在我们面前的样子进行观察，并且解释一切与它有关的东西。［地球上］所发生的现象的多样性与此并不矛盾……须知这可能以各种各样的方式发生：因为这些现象中没有一个证实相反的东西……"

（50）第欧根尼·拉尔修，第10卷第80节："其次，必须避免一种偏见，以为对这些［天体］现象的研究是不准确和不精细的，因为它只是使我们达到宁静和幸福的目的。"

四　德谟克利特的自然哲学和伊壁鸠鲁的自然哲学的一般主要差别

（1）普卢塔克在他的马利乌斯传记里提出一个令人厌恶的历史例证，表明这种道德态度如何消灭一切理论的和实践的无私。在描写了基姆布利人的可怕的毁灭之后，他叙述到：死尸如此之多，以致马西里亚人能用它们来作葡萄园的肥料。随后下了雨，于是这一年就成了葡萄和水果收成最好的一年。这个民族的悲惨的毁灭使这位高贵的历史学家产生什么感想呢？普卢塔克认为，上帝让整个伟大而高贵的民族死亡和腐烂，以便使马赛的庸人获得水果丰收——这对上帝说来是道德的。因此，即使把整个民族变成粪堆也可以给人以沉湎于甜蜜的道德狂想的良好机会！

（2）对于黑格尔也是这样，那也只是他的学生们的无知才用适应或类似的东西，简言之，从道德上来解释他的体系的这一或那一规定。他们忘记了，就在不久前他们还热情地赞同黑格尔的一切片面的说法，这一点可以用他们自己著作里的例子清楚地证明给他们看。

如果他们真正为现成的科学所感染，以致怀着天真的、不加批判的信念献身于科学，那么他们是多么昧着良心去斥责他们的老师，说他的见解背后隐藏着秘密的意向，也就是说斥责这么一位老师，在他看来科学不是某种现成的东西，而是一种正在形成的东西，因此，他把自己的精神的心血一直浇灌到科学的最遥远的边缘。相反地，他们这样做只能使人怀疑他们自己，怀疑他们过去并未严肃地对待这个问题，而现在当他们反对自己过去的情况时，却把它归咎于黑格尔。但是，这样做时他们忘记了，黑格尔对于他的体系具有直接的、实质的关系，而他们对黑格尔的体系却只有反映的关系。

一个哲学家由于这种或那种适应会犯这样或那样显然缺乏一贯性的毛病，是完全可以理解的；他本人也许会意识到这一点。但有一点是他意识不到的，那就是：这种表面适应的可能性本身的最深刻的根源，在于他的原则的不充分或在于哲学家对于自己的原则没有充分的理解。因此，如果一个哲学家真正适应了，那么他的学生们就应该根据他的内在的本质的意识来说明那个对于他本人具有一种外在的意识形式的东西。这样一来，凡是表现为良心的进步的东西，同时也是一种知识的进步。这里不是哲学家个人的良心受到怀疑了，而是他的本质的意识形式被构成了，后者具有特定的形态和意义，——因而同时也就超出了意识形式的范围。

不过我认为大部分黑格尔学派的这种非哲学的转变，是一种总是伴随着从纪律过渡到自由这一过程的现象。

一个本身自由的理论精神变成实践的力量，并且作为一种意志走出阿门塞斯的阴影王国，转而面向那存在于理论精神之外的世俗的现实，——这是一条心理学的规律。（但在哲学方面重要的是，应该更突出地勾画出这些方面的特点，因为从这种转变的一定方式就可回溯到一种哲学的内在规定性和世界历史的性质。这里我们仿佛看到了这种哲学的生活道路的最集中的表现及其主观尖锐性。）不过哲学的实践本身是理论的。正是批判从本质上衡量个别存在，而从观念上衡量特殊的现实。但是哲学的这种直接的实现，从其内在本质来说是充满矛盾的，而且它的这种矛盾的本质在现象中取得具体形式，并且给现象打上它的烙印。

当哲学作为意志反对现象世界的时候，体系便被降低为一个抽象的整体，这就是说，它成为世界的一个方面，于是世界的另一个方面就与它相对立。哲学体系同世界的关系就是一种反映的关系。哲学体系为实现自己的愿望所鼓舞，同其余方面就进入了紧张的关系。它的内在的自我满足及关门主义被打破了。那本来是内在之光的东西，就变成为转向外部的吞噬性的火焰。于是就得出这样的结果：世界的哲学化同时也就是哲学的世界化，哲学的实现同时也就是它的丧失，哲学在其外部所反对的东西就是它自己内在的缺陷，正是在斗争中它本身陷入了它所反对的错误，而且只有当它陷入这些错误时，它才消除掉这些错误。凡是反对它的东西、凡是它所反对的东西，总是跟它相同的东西，只不过具有相反的因素罢了。

这是一方面的情况，如果我们把事情纯粹客观地看成哲学的直接的实现的话。但是这种实现还有主观的一面，不过这只是它的另一种形式。这就是被实现的哲学体系同体现着它的进展的它的精神承担者、同个别的自我意识的关系。在哲学的实现中有一种关系与世界相对立，从这种关系中可以得出一个结论：这些个别的自我意识永远具有一个双刃的要求：其中一面针对着世界，另一面针对着哲学本身。因为在对象里作为一个本身被颠倒了的关系的东西，在这些自我意识里就表现为双重的、自相矛盾的要求和行为。这些自我意识把世界从非哲学中解放出来，同时也就是把它们自己从哲学中解放出来，即从作为一定的体系束缚它们的哲学体系中解放出来。因为自我意识本身仅仅处在发展的过程中,并为发展过程的直接力量所掌握,因而在理论方面还未超出这个体系的范围,它们只感觉到同体系的有伸缩性的自我等同的矛盾,而不知道当它们转而反对这个体系时,它们只是实现了这个体系的个别环节。

最后,哲学自我意识的这种双重性表现为两个极端对立的流派:其中的一个流派,我们可以一般地称为自由派,它努力保持哲学的概念和原理;而另一个流派则把哲学的非概念的东西,即实在性的环节作为主要的规定。这第二个流派就是实证哲学。第一个流派的活动就是批判,也正是哲学自身的向外转向;第二个流派的活动是进行哲学思考的尝试,也就是哲学的转向自身,同时这第二个流派认为,缺陷对哲学来说是内在的,而第一个流派却把它看作是世界的缺陷,必须使世界哲学化。两派中的每一派所作的正是对方所要作的事和它自己所不愿作的事。但是第一派在它的内在矛盾中意识到了它的一般原则和目的。在第二派里却出现了颠倒,也可以说是本身的错乱。在内容上,只有自由派,因为它是概念的一派,才能带来真实的进步,而实证哲学只能产生一些这样的要求和倾向,这些要求和倾向的形式同它们的意义是互相矛盾的。

因此,那个起初是哲学与世界的一种颠倒关系和敌对的分裂的东西,后来就成为个别哲学自我意识本身中的一种分裂,而最后便表现为哲学的一种外部分裂和二重化,表现为两个对立的哲学派别。

显然除此之外还出现一群次要的、纠缠不休的、没有一点个性的人物。其中有些人躲在过去的某个哲学巨人的后面,——但是我们很快就可以看出那头披着狮皮的驴子,一个过去和现在的时装表演者的似哭非哭的声音,对比起来非常滑稽地叫嚷着出现在一个强大的、震撼千百年的声音(如像亚里士多德的声音)之后,并把自己变成传播亚里士多德的声音的不受欢迎的器官;这就像一个哑巴,他想用一个巨大的传声筒来帮助他说话。或者像一个戴着双重眼镜的侏儒,站在巨人背后的一个极小的地方,惊奇地向世界宣告,从他这个立足点看来,呈现着多么令人惊异的新的美景,并且可笑地力图证明,不是在沸腾的心里,而是在他所站立的坚实的地基上找到了阿基米得的点,也就是那个作为世界的支柱的点。于是就出现了头发哲学家,手指哲学家,足趾哲学家,粪便哲学家以及诸如此类的人物,他们在斯威敦堡的神秘的世界人物中应该扮演一个更坏的角色。但按他们的本质来说,所有这些软体动物都属于上述两个流派,作为它们的成分。至于这些流派本身,我将在另外的地方充分地加以说明:一方面说明它们之间的关系,一方面说明它们与黑格尔哲学的关系,并同时说明这个发展获得显现的各个个别的历史阶段。

(3) 第欧根尼·拉尔修,第9卷第44节:"……无不能生有,有不能变无。"(德谟克利特)

第欧根尼·拉尔修,第10卷第38节:"首先,无不能生有;因为如果无能生有,则任何东西都可以从任何东西产生……"第39节:"如果被消灭的东西消失了,变为无,那么一切事物都会完全消失,因为它们解体后即变成无。但是,事实上,宇宙过去始终跟现在一样,而且将来也永远保持现在这样。因为宇宙不会变成任何别的东西。"(伊壁鸠鲁)

(4) 亚里士多德《物理学》第1卷第4章:"须知如果一切产生出来的东西都必然地或者产生于有,或者产生于无;然而产生于无是不可能的;这个意见大家都一致赞同……"

(5) 泰米斯提乌斯《亚里士多德注释》(布兰迪斯汇编)第42章第283页:"须知,正如'无'没有任何差别一样,虚空也是如此。他[即德谟克利特]说,因为'虚空'是某种不存在的东西和一切皆无,等等。"

(6) 亚里士多德《形而上学》第1卷第4章:"留基伯和他的同道德谟克利特都认为充实和虚空是元素,并称其一为存在,另一为非存在,也就是说,称充实和坚实为存在,称虚空和稀薄为非存在。因此他们就说,'存在'决不比非存在更多地存在着,因为虚空也像物体一样存在着。"

(7) 西姆普利齐乌斯,同上书,第326页:"德谟克利特也认为充实和虚空是[始原],前者他称为存在,后者称为非存在。"

泰米斯提乌斯,同上书,第383页:"因为'虚空'是某种不存在的东西和一切皆无,德谟克利特说。"

(8) 西姆普利齐乌斯,同上书,第488页:"德谟克利特认为永恒的本原的自然是由无数多的微小本质形成的;他还赋予这些微小本质以特别的、无限大的空间,同时还以下列名称称呼这个空间:虚空、无、无限,而称每一个微小本质为:某物、坚实的东西、存在的东西。"

(9) 参看西姆普利齐乌斯,同上书,第514页:"单一和众多。"

(10) 第欧根尼·拉尔修,第10卷第40节:"如果没有我们称为虚空、空间和不可捉摸的自然……的东西……"

斯托贝《自然的牧歌》第1卷第39页:"伊壁鸠鲁交替使用各种名称——虚空、空处、空间。"

(11) 斯托贝《自然的牧歌》,第1卷第27页:"[这种物体]之所以被称为原子,并非因为它是最小的。"

(12) 西姆普利齐乌斯,同上书第405页:"另一些人否认可分性是无限的,因为我们不能无限地分割下去,并以此来劝人不要相信无限的可分性;他们说,物体是由不可分的东西构成,并且可以分解为不可分的东西。不同之处只在于留基伯和德谟克利特认为原初物体的不可分性,其原因不仅在于它们的不可渗透性,同样它们的微小和没有组成部分也是不可分性的原因;而伊壁鸠鲁生活在较晚的年代,他否定它们没有组成部分的说法,认为它们的不可分性是以它们的不可渗透性为基础的。亚里士多德曾多次对德谟克利特和留基伯的学说加以分析评论,所以稍后的伊壁鸠鲁大概在亚里士多德反对否认原始物体有组成部分的批评意见的影响下,同情德谟克利特和留基伯关于原始物体的学说,至少保留它们亦即原始物体的不可渗透的属性。"

(13) 亚里士多德《论产生和消灭》第1卷第2章:"至于说到研究公认的东西的能力极差,那么这一切应归咎于经验知识的缺乏。因此,在认识自然方面越是内行的人,就越是能够提出远远地扩展自己的综合能力的那些基本原理。而那些由于长期思考而对现实的东西未予注意的人,只看到不多的东西,就轻率地作出判断。由此可以看出,从自然现象出发的思想家和从逻辑推论出发的思想家之间的差别是多么巨大。须知关于不可分的量的存在,有些人断言,连三角形本身也是多种多样的。与此相反,必须承认,德谟克利特是从自然的资料中得出独立的结论,从而使自己确信不疑的。"

(14) 第欧根尼·拉尔修,第9卷[第40节]:"阿里士多塞诺斯在他的《历史札记》里转述说,柏拉图曾想焚毁他所能收集到的所有德谟克利特的著作;但毕达哥拉斯学派的阿米克拉斯和克莱尼亚斯劝阻了他,说这样做没有什么用处,因为这些著作业已广泛流行。事实上柏拉图几乎提到过所有的古代思想家,却一次也没有提到德谟克利特,甚至当他在某一问题上应当驳斥[德谟克利特]时,他也不提他。很显然,柏拉图懂得,这势必要和一位最卓越的哲学家进行辩论。"

第二部分

论德谟克利特的物理学和伊壁鸠鲁的物理学在细节上的差别

第一章
原子脱离直线而偏斜

(1) 斯托贝《自然的牧歌》第1卷第33页:"在伊壁鸠鲁看来,原子的运动有时是直线式的下落,有时起源于偏斜,而向上的运动则是撞击和排斥的结果。"

参看西塞罗《论最高的善和恶》第1卷第6章。普卢塔克《论诸哲学家的见解》第249页。斯托贝,同上书,第40页。

(2) 西塞罗《论神性》第1卷第26章:"在伊壁鸠鲁的物理学中有什么东西不是来自德谟克利特的呢?须知如果他[伊壁鸠鲁]也作了某些修改的话,那么,举例来说,就只在上述关于原子的偏斜问题上……"

(3) 西塞罗《论最高的善和恶》第1卷第6章:"……可是他〈即伊壁鸠鲁〉断言,这些不可分的、坚实的物体由于它们的重量而沿直线下坠:照他的意见,这是一切物体的自然运动。后来,他这位头脑敏锐的人又突然想起,如果一切原子——像我所说的那样——都是从上往下坠,那么一个原子就始终不会和另一个原子相碰。于是他就提出这样一种臆造:他宣称,原子好像有一点点(没有比这更小的)偏斜。据说由此就产生了原子之间的缠结、结合和凝聚,结果就形成了世界、世界的一切部分和世界所包含的一切东西……"

(4) 西塞罗《论神性》第1卷第25章:"因为伊壁鸠鲁懂得,如果原子由于它们本身的重量而往下坠,那么我们对什么都无能为力,因为原子的运动是被规定了的,是必然的,于是为了逃避必然性,他就想出了一个办法,而这个办法显然是德谟克利特所没有想到的。伊壁鸠鲁说,虽然原子由于它们的重量和重力而从上往下坠,但还是有一点点偏斜。这种说法比起不能替自己所要辩护的东西进行辩护还不光彩。"

参看西塞罗《论命运》第 10 卷。

(5) 培尔《历史批评词典》,见《伊壁鸠鲁》条。

(6) 绍巴赫《论伊壁鸠鲁的天文学概念》(载于泽博德、雅恩和克洛茨的《语文学和教育学文库》第 5 卷第 4 分册〔1839 年莱比锡版〕第 549 页)。

(7) 卢克莱修《物性论》第 2 卷第 251 行及以下几行:

"如果所有运动形成一条连续不断的链条,

并且新的运动总是按一定秩序从旧的运动中产生,

…………

…………

那么请告诉我,从何得到自由的意志?"

(8) 亚里士多德《论灵魂》第 1 卷第 4 章第 16—17 节:"事实上如何去设想单子的运动呢?是谁又是如何使这种没有组成部分、没有差别的单子发生运动呢?因为如果单子能够运动,并且是可移动的,那么,它就应该具有差别。此外,如果说,线的运动构成面,点的运动构成线,那么单子的运动也会构成线了。"

(9) 第欧根尼·拉尔修,第 10 卷第 43 节:"原子是永远地在运动着的。"

西姆普利齐乌斯,同上书,第 424 页:"伊壁鸠鲁的〔门徒们〕承认运动的永恒性。"

(10) 卢克莱修《物性论》第 2 卷第 253 行及以下几行:

"而原子也不能由于偏斜而

引起打破命运的束缚的别的运动,

以便使原因不致永远跟着原因而来……"

(11) 卢克莱修,同上书,第 2 卷第 279 行及以下几行:

"……但在我们胸中仍然有某种东西,

足以同它对抗和斗争。"

(12) 西塞罗《论最高的善和恶》第 1 卷第 6 章:"他〔伊壁鸠鲁〕毕竟没有达到他编造这一理论的目的;因为如果一切原子都作偏斜运动,那么就没有什么原子会结合起来;或者有一些原子会作偏斜运动,而另一些则作直线运动。这就等于我们必须事先给原子指出一定的位置,即哪些作直线运动,哪些作偏斜运动。"

（13）卢克莱修，同上书，［第2卷］第293页。

（14）西塞罗《论命运》第10卷："原子向最小的距离偏斜，这种距离伊壁鸠鲁称为最小的。"

（15）西塞罗，同上书："他［伊壁鸠鲁］不得不承认这种偏斜是没有原因的，如果不是直截了当地承认，那么也是实质上不得不承认的。"

（16）普卢塔克《论灵魂的起源》第6卷（铅印版第6卷第8页）："他们不同意伊壁鸠鲁有权让原子有偏斜运动即使是差之毫厘的偏斜，因为他们认为他是从不存在的出发点而引出这种无原因的运动的。"

（17）西塞罗《论最高的善和恶》第1卷第6章："因为偏斜本身就是一种任意的虚构，——要知道他说原子是没有原因而偏斜的，而对于一个物理学家来说，没有比断言某物是没有原因造成的更不光彩的了，——而且他〈伊壁鸠鲁〉违背自己的原理，没有任何根据地消除了原子的直线下坠运动，而这种运动对一切有重量的物体来说是很自然的。"

（18）培尔，同上书。

（19）奥古斯丁《书信集》第56封。

（20）第欧根尼·拉尔修，第10卷第128节："因为我们一切行为的目的，都只是避免痛苦和恐惧。"

（21）普卢塔克《论信从伊壁鸠鲁不可能有幸福的生活》第1091页："伊壁鸠鲁本人也有类似说法，他断言，'善的本质在于逃避恶'。"

（22）亚历山大里亚的克雷门斯《地毯集》第2卷415页："伊壁鸠鲁则认为，消除痛苦就是快乐。"

（23）塞涅卡《论善行》第4卷第699页："可见，神并不滥施恩惠，他无牵无挂，对我们毫不关心，他甚至不理睬这世界，他对善行和恶行都无动于衷。"

（24）西塞罗《论神性》第1卷第24章："……例如，你曾说，神没有躯体，但有类似躯体的东西，神没有血，但有类似血的东西。"

（25）西塞罗《论神性》第1卷第38章："……你将奉献给众神什么样的食品、什么样的饮料、哪些丰富多采的声音和鲜花、哪些舒适的感觉和香味，以便使他们快乐呢？……"第39章："……你怎能要求人们崇敬众神呢，如果众神不仅不尊重人们，而且一般地对什么也不关心，什么也不做？不过你会反驳说，众神的本性是那样地高尚和优越，这本性本身必然会吸引哲人对他们的尊敬。——那么难道真能有什么本性高尚的东西呢？它们封闭在自身的享乐里，从来不想做什么事情，现在没有做什么，过去也同样没有做什么。"

（26）普卢塔克《论信从伊壁鸠鲁不可能有幸福的生活》第［1100］—1101页："伊壁鸠鲁派的这种学说消除恐惧和迷信，但却不能给人以快乐和众神的恩惠，而是使我们和神处于这样一种关系，在这种关系中我们从神那里既不会得到惊恐，也不会得到快乐，就像我们从赫尔干尼亚海的鱼那里既得不到什么好处，也得不到什么害处一样。"

（27）亚里士多德《天论》第2卷第12章："……最好的东西不需要行动，因为它本身就是目的。"

（28）卢克莱修《物性论》第2卷第221行及以下几行：
"如果它们［像雨点一样地］继续下落，
［经过广阔的虚空时丝毫也不偏斜］
那原子既不会有遇合，也不会有碰撞，
自然界也就永远不会产生出任何东西。"

（29）卢克莱修《物性论》第2卷第284行及以下几行：
所以在原子中除了撞击和重量之外，
你还必须承认有运动的另一种原因，
作为我们身上这种天赋能力的根源。
…………
……重量妨碍着一切事物由某种外力
撞击而生；但智慧所做的一切不仅是
由于内在的必然性，它也并非只是被迫
忍受痛苦并作为被征服者而听命于必然性，
这情况的发生乃是由于本原的微小偏斜。"

（30）亚里士多德《天论》第1卷第7章："如果宇宙不是充实的，而是像德谟克利特和留基伯所说的那样，是被虚空分割开来的，那么一切物体的运动都是单一的……它们的本性也是单一的，例如，就像黄金的本性在从它分割出来的每一块中都是一样的。"

（31）亚里士多德《天论》第3卷第2章："因此对于断言原初物体永远在虚空中和无限中运动的留基伯和德谟克利特应该说，是哪一种运动和什么样的运动适合这些物体的本性。因为如果每一个元素都是被另一个元素强行推动的，那么必然的，每一元素除了强迫的运动之外还有一种自然的运动；而这个最初的运动应该不是强迫的运动,而是自然的运动。否则,如果没有最初的自然的运动,就会发生无止境的递进;那些早先被强迫引起的运动,也将永远引起强迫的运动。"

(32) 第欧根尼·拉尔修,第10卷第150节:"对于那些不能制订这样的契约,以便相互之间既不施加损害,也不受损害的生物而言,既没有公正,也没有不公正。对于那些不能或不愿制订这样的契约,以便相互之间既不施加损害也不受损害的民族来说,情况也是如此。公正不是某个自身存在的东西,而是存在于人们的互相交往中,它是一种契约,是每一次在一些国家内为了不损害他人和不受他人损害而制定的契约。"

(33) ①

第二章
原子的质

(1) 第欧根尼·拉尔修,第10卷第54节:"因为任何特质都是变化的,而原子却是不变的。"

卢克莱修《物性论》第2卷第861行及以下几行:

"所有这一切必须同原始物体分开,

如果我们想在不朽的基础上建造整个世界,

使它能够保持完好无损的话。"

(2) (普卢塔克)《论诸哲学家的见解》[第1卷第235—236页]:"伊壁鸠鲁……认为……物体具有三种特性:形状、体积和重量。德谟克利特只承认有两种:体积和形状;伊壁鸠鲁加上了第三种,即重量,因为必须承认,物体运动是由于重量的作用"。参看塞克斯都·恩披里柯《反对数学家》第420页。

(3) 欧塞比乌斯《福音之准备》第14卷第749页。

(4) 西姆普利齐乌斯,同上书,第362页:"……他〈即德谟克利特〉认为,它们〈即原子〉有体积和形状的差别。"

(5) 斐洛波努斯,同上书:"……他〈即德谟克利特〉为一切形态的存在物确定地假定了单一的、一般的物体性质,而这个一般物体的各部分就是体积

---

① 注(32)是马克思手写的。注(33)没有写。——编者注

和形状互相不同的原子；也就是说它们不仅有不同的形状，而且它们之中有的大些，有的小些。"

（6）亚里士多德《论产生和消灭》第1卷第8章："……同时，他［德谟克利特］承认，体积较大的原子，其重量也大。"

（7）亚里士多德《天论》第1卷第7章："按照上面所说，一切物体的运动必然应该是同样的……如果所有的物体都有重量，那么就没有一个物体会是绝对轻的；但是如果所有的物体都是轻的，那么就没有一个物体会是重的。并且如果单个的物体具有重量或完全是轻的，那么它就会或者在一切存在的边缘，或者在一切存在的中央……"

（8）李特尔《古代哲学史》第1部分第568页第2条注。

（9）亚里士多德《形而上学》第7（8）卷第2章："看来德谟克利特认为［原子］有三种差别。因为作为基础的物体按质料来说是同样的，但是物体或者因外形不同而有形状的差别，或者因转向不同而有位置的差别，或者因相互接触不同而有次序的差别。"

（10）亚里士多德《形而上学》第1卷第4章："留基伯和他的同僚德谟克利特把充实和虚空看作元素，并称其一为存在，另一为非存在，也就是说，称充实和坚实为存在，称虚空和稀薄为非存在。因此他们就说，'存在'决不比非存在更多地存在着，因为虚空也像物体一样存在着，这二者作为物质，就是一切存在物的根据。正如有些人，他们建立一个唯一的基本实体，而把其他一切事物看作是这种实体的变形，同时还把稀薄和稠密认作一切质的始原，留基伯和德谟克利特也同样教导说，原子的差别是一切其他事物的原因。他们指出这些差别有三：形状、次序和位置。因为作为基础的存在只是由于外形、转向和相互接触不同而有差别；外形即形状，接触即次序，而转向则指位置；这就是说，A 在形状上与 N 有差别，AN 在次序上与 NA 有差别，Z 在位置上与 N 有差别。"

（11）第欧根尼·拉尔修，第10卷第44节："……原子除了形状、体积和重量外也没有任何特质……它们也不具有任意大小的体积，至少还没有一个原子被视觉观察到。"

（12）第欧根尼·拉尔修，第10卷第56节："原子具有任何体积，这绝不是说明质的差别的必要条件。当然，在那种情况下，就会有我们能够看得见的原子。但这在实际上并未发生过，我们甚至不能想象，原子怎样能够被我们看见。"

（13）第欧根尼·拉尔修，第10卷第55节："……不能想象，原子可以有任何体积……但必须承认它们在体积上有某些差别。"

（14）第欧根尼·拉尔修，第 10 卷第 59 节："须知我们曾根据这种类比指出，原子具有体积，但只是微小的，我们否认原子具有大的体积。"

（15）参看第欧根尼·拉尔修，第 10 卷第 58 节；斯托贝《自然的牧歌》第 1 卷第 27 页。

（16）伊壁鸠鲁《残篇》（《论自然》第 2 卷和第 11 卷），罗西尼汇编的文集，奥列利版，第 26 页。

（17）欧塞比乌斯《福音之准备》第 14 卷第 773 页（巴黎版）："他们彼此陷入这样的分歧，譬如，一个人〈即伊壁鸠鲁〉认为一切原子的体积都是无限小的，因而是不可能感知的；另一个人，德谟克利特，承认某些原子也可以有很大的体积。"

（18）斯托贝《自然的牧歌》第 1 卷第 17 页："譬如，德谟克利特说……甚至像世界那么大的原子也可能存在。"参看（普卢塔克）《论诸哲学家的见解》第 1 卷第 235 页及以下几页。

（19）亚里士多德《论产生和消灭》第 1 卷第 8 章："它们〔原子〕由于体积很小而不可见。"

（20）欧塞比乌斯《福音之准备》第 14 卷第 749 页："德谟克利特……认为……不可分割的、通过理性可以直观的物体是万物的始原。"参看（普卢塔克）《论诸哲学家的见解》第 1 卷第 235 页及以下几页。

（21）第欧根尼·拉尔修，第 10 卷第 54 节："关于原子，也必须坚决承认，它们除了只具有形状、重量、体积和一切与形状的存在必然相联系的东西外，不具有任何一切现象所固有的质。"参看第 44 节。

（22）第欧根尼·拉尔修，第 10 卷第 42 节："……并且原子……在形状的多样性方面是无法确定的。"

（23）第欧根尼·拉尔修，第 10 卷第 42 节："但是，原子就其多样性而言不是绝对地无限的多，而只是无法确定的多。"

（24）卢克莱修，第 2 卷第 513 行及以下几行：

"……你就必须承认，
物质形状的不同也是有限的。"

欧塞比乌斯《福音之准备》第 14 卷第 349 页："伊壁鸠鲁认为原子形状的数目是有限的，而不是无限的。"参看（普卢塔克）《论诸哲学家的见解》，同上。

（25）第欧根尼·拉尔修，第 10 卷第 42 节："……每一类同形状的原子，确切地讲来,其数目是无限的。"

卢克莱修,《物性论》,同上[第 2 卷],第 525 行及以下几行:

"……因为形状的差别虽说是有限的,

而相同的始原却应是无限的,

不然物质的总量就会是有限的,

这我已证明是不可能的。"

(26)亚里士多德《天论》第 3 卷第 4 章:"但须知,有些人,像留基伯和阿布德拉人德谟克利特所作出的结论,无疑是不可能的……而且此外他们还断言,由于物体有形状的差别,而这些形状的数量是无限的,于是简单的物体的数量也是无限的。但是每一元素就个别而论,其特性和形状如何,他们却根本没有规定,而只是赋予火以球的形状,而空气和水以及其他……"

斐洛波努斯,同上书:"……它们〈即原子〉不仅具有不同的形状……"

(27)卢克莱修《物性论》同上[第 2 卷],第 479 行以下几行:

"……物的原子有不同的形状,

但这些形状的种类数目有限。

因为如果这些形状的数目不是有限的,

有些原子就会有无限的体积。

因为在原子所固有的同样微小的体积里,

不容许各种形状有很大的不同。

………………………………

如果你还想进一步改变它原有的形状,

你就得增加新的部分……

………………………………

可见随着形状的每一新的变化

必然是它的结构的增大;因此,你不能相信原子

在形状方面有无限多的不同。"

(28)参看注(25)。

(29)第欧根尼·拉尔修,第 10 卷第 44 和 54 节。

(30)布鲁克尔《哲学史指南》[1747 年版]第 224 页。

(31)卢克莱修《物性论》第 1 卷第 1052 行:

"在这些问题中,梅米乌斯,绝不要相信那种说法,

说什么一切东西都趋向于宇宙的中心。"

(32) 第欧根尼·拉尔修,第10卷第43节:"……并且它们[原子]以同等速度运动,因为虚空为一切原子,无论最轻的还是最重的,提供同样的场所作永恒的运动。"第61节:"同样很显然,当原子在没有任何阻碍的情况下在虚空中奔驰时,它们必然地应当具有同等的速度。因为如果没有任何东西阻碍它们的运动,重的原子奔驰的速度既不会比小而轻的原子快;同样,小的原子奔驰的速度也不会比大的原子快,只要它们都有一条合适的道路,而又没有遇到任何阻碍。"

卢克莱修《物性论》第2卷第235行及以下几行:

"反之,虚空在任何时候,任何地方

都不能作为一种支柱阻挡住任何事物,

而总是凭它的本性向一切让路。

因此一切东西尽管重量不等,

却必定以同等的速度冲下,

通过寂静的虚空在运动。"

(33) 参看第3章。

(34) 费尔巴哈《近代哲学史》第XXXⅢ页第7条附注,引证伽桑狄的话:"伊壁鸠鲁也许从来没有想到过这种实验,但是在谈论原子时,他却得出了我们不久前通过实验才获得的结论。也就是说,伊壁鸠鲁指出,一切原子,虽然它们在体积和重量方面有重大的差异,但在运动时,它们之间都具有相同的速度,这与下述事实是完全一致的,即当物体从上往下坠落时不论它们在重量和质量方面有多大差别,它们的运动速度都是相同的。"

第三章
不可分的本原和不可分的元素[①]

(1) $A\mu\varepsilon\tau o\chi\alpha\ \kappa\varepsilon\nu o\upsilon$[斯托贝《自然的牧歌》第1卷第306页]决不是指"不充塞任何空间",而是指"与虚空无关";这和第欧根尼·拉尔修在另一个地方所说的完全相同:"没有各部分之分。"这个用语同样可以在普卢塔克《论诸哲学家的见解》第1卷第236页和西姆普利齐乌斯第405页上得到解释。

(2) 这个结论也是不可信的。凡在空间不可分的东西,完全不会因此而

---

① 标题是马克思用希腊文写的。——编者注

存在于空间之外，并且与空间没有任何关系。

（3）绍巴赫，同上书，第［549］—550页。

（4）第欧根尼·拉尔修，第10卷第44节。

（5）第欧根尼·拉尔修，第10卷第67节："除虚空之外，不能设想任何东西本身是无形体的。"

（6）第欧根尼·拉尔修，第10卷第39、40和41节。

（7）第欧根尼·拉尔修，第7卷第1［章］［第134节］："他们〈即斯多葛派〉断言，始原和元素之间存在着差别：前者是没有生灭的，而元素是可以通过燃烧消灭的。"

（8）亚里士多德《形而上学》第4卷第1章和第3章。

（9）参看上书。

（10）亚里士多德《形而上学》第5卷第3章："人们也在同样的基础上谈到物体的元素，所谓元素指的是物体最后被分解成的那些部分，这些部分本身已经不能再分成形状不同的其他东西……正是由于这种情况，微小的、简单的和不可分的东西就叫做元素。"

（11）亚里士多德《形而上学》第1卷第4章。

（12）第欧根尼·拉尔修，第10卷第54节。

（普卢塔克）《科洛特》第1110页："上面提到的［德谟克利特的原理］与伊壁鸠鲁的学说是分不开的，正像——用他们［伊壁鸠鲁派］自己的话来说，——形状和重量与原子是分不开的一样。"

（13）塞克斯都·恩披里柯《反对数学家》第420页。

（14）欧塞比乌斯《福音之准备》第14卷第773页："伊壁鸠鲁……承认原子是不能感知的……"第749页："它们〈即原子〉具有理智可以直观的特殊形状。"

（15）（普卢塔克）《论诸哲学家的见解》第1卷第246页："他本人〈即伊壁鸠鲁〉还承认下面四种不同的实体是不可毁灭的：原子、虚空、无限和同类粒子；后者又称为同素体和元素。"第249页：

"伊壁鸠鲁还认为，物体是无限的；原初的物体是简单的物体，由它们组成的复合体全都具有重量。"

斯托贝《自然的牧歌》第1卷第52页："伊壁鸠鲁的老师梅特罗多罗斯①

---

① 系德谟克利特的学生梅特罗多罗斯之误，斯托贝错把他当成伊壁鸠鲁的老师。参看本卷注释53。——译者注

断言:始原就是原子和元素。"第5页:"伊壁鸠鲁……认为下面四种实体是不可毁灭的:原子、虚空、无限和同类粒子,后者又称为同素体和元素。"

(16) 同上书。

(17) 西塞罗《论最高的善和恶》第1卷第6章:"后来就有……原子、虚空……无限性本身,他们[德谟克利特和伊壁鸠鲁]把这叫做无限。"

第欧根尼·拉尔修,第10卷第41节:"其实,宇宙也是无限的……的确,宇宙之无限,既由于其中的物体的数量之多,又由于它的虚空的空间之大。"

(18) 普卢塔克《科洛特》第1114页:"所以我们应该把无限和虚空当作存在物产生的本原;但是虚空本身是不起作用的和不受影响的,它没有形体,而无限是混乱的、没有理性的、不可把握的,它自行解体并陷入混乱,因为它由于自己的无限数,既不能被控制,也不能受限制。"

(19) 西姆普利齐乌斯,同上书,第488页。

(20) (普卢塔克)《论诸哲学家的见解》第239页:"梅特罗多罗斯则说:'……世界就数目来说是无限的,这一点从始因的数目是无限的就可以看出……而始因就是原子或元素'。"

斯托贝《自然的牧歌》第1卷第52页:"伊壁鸠鲁的老师梅特罗多罗斯断言:始因就是原子和元素。"

(21) 卢克莱修《物性论》第1卷第820行及以下几行:

"因为同样的本原构成天空和大地,

太阳、河流、海洋、树木、五谷和生物。"

第欧根尼·拉尔修,第10卷第39节:"确实,宇宙一直是像它现在那个样子,并且将永远如此。因为它不能转变成任何其他东西。须知除了宇宙之外,别无其他东西能进入宇宙,使它完成自己的转变……宇宙是物体……"第41节:"这些[构成世界的物体]是不可分的和不变的,只要不是一切东西都化为乌有的话。当复合体解体时,这些物体还有力量支持下去,凭着它们的本性而保持完整无损,并且排除以任何方式分解成任何东西的一切可能性。"

(22) 第欧根尼·拉尔修,第10卷第73节:"……并且它们[诸世界]全都又会解体,有些较快,有些较慢;有些是由于这样的原因而解体,有些是由于那样的原因而解体。"第74节:"所以很明显,他[伊壁鸠鲁]也认为,这些世界是易受破坏的,因为它们的各部分会发生变化。"

卢克莱修,第5卷第108行及以下几行:

"但愿是推理而不是事实本身使我们相信,

万物将随着一声可怕巨响而毁灭……"

卢克莱修，第 5 卷第 373 行及以下几行：

"可见对于天空和太阳，对于大地和海洋，

死亡之门并非关闭而是敞开着，

向它们张开可怕的巨口。"

(23) 西姆普利齐乌斯，同上书，第 425 页。

(24) 卢克莱修，第 2 卷第 796 行：

"……物的本原永远不会被照耀……"

第四章
时　间

(1) 亚里士多德《物理学》第 8 卷第 1 章："因此德谟克利特断言，宇宙是不可能有起始的，因为时间是没有起始的。"

(2) 西姆普利齐乌斯，同上书，第 426 页："的确，德谟克利特相信时间的永恒性竟相信到这样的程度，以致为了证明宇宙没有起始，他竟把时间没有起始这一点作为明显的证据。"

(3) 卢克莱修，第 1 卷第 459 行及以下几行：

"就是时间也还不是自己独立存在的……

应该承认，离开了事物的动和静

人们就不能感觉到时间本身。"

卢克莱修，第 1 卷第 479 行及以下几行：

"［你现在清楚地看到，每一个行为］

根本不是自己独立存在，

不像物体那样，也不像虚空那样。

倒不如说更宜于称之为

物体的偶性，或空间即一切事物运动于其中的那个空间的偶性。"

塞克斯都·恩披里柯《反对数学家》第 420 页："伊壁鸠鲁称时间为偶性之偶性。"

斯托贝《自然的牧歌》第 1 卷第 11 页："伊壁鸠鲁（称时间）为偶性，即伴随着运动的东西。"

(4) 第欧根尼·拉尔修，第 10 卷第 72 节："其次必须认真注意下面一点。

问题在于我们研究时间，不能像我们研究其余的事物、研究它们的特性那样，即把它们和我们心中的预想联系在一起；而应当考察那种我们可据以说明时间的长或短的明显性，将其理解为一种近似时间的东西。我们既不需要采用一些新的好像是更好的表达方法，而应当使用现成的用语，也不应该像某些人所作的那样，对于时间说一些另外的东西，好像这个东西具有时间这一名称所固有的特殊本质。只是主要必须说明，我们怎样把独特性同时间联系起来，又是怎样衡量时间的。"第73节："这无需提供证明，而只需思索：我们是把时间同白昼和黑夜以及昼夜的各部分联系起来的，正如［把它］同我们有内心感受和没有内心感受，同运动状态和静止状态［联系起来］一样，而且设想把我们称为时间的东西作为特殊的标志同这一切联系起来。同样的意思他在《论自然》第2卷和《大纲要》里也说到过。"

（5）卢克莱修《物性论》，同上。

塞克斯都·恩披里柯《反对数学家》第420页及以下几页："偶性之偶性……因此当伊壁鸠鲁说，应当认为物体是体积、形状、抗力和重量的结合时，他不得不从非物体来想象真实的物体……因此要使时间存在，就必定要有偶性存在，而要使偶性存在，就［必定］要有某种作为它们基础的东西［存在］；但是并没有那样的基础与它们在一起，所以时间就不可能存在……因此，既然这一切都是时间，而伊壁鸠鲁又承认时间是这些现象的偶性，那么在伊壁鸠鲁看来，时间本身就是它自己的偶性。参看斯托贝，同上书。

（6）第欧根尼·拉尔修，第10卷第46节："还存在着与坚固的物体的外形相似，但却比一切可以感知的东西更精微的印记……我们称这些印记为形象［εἴδωλα］……"第48节："此外，［必须假定，］这些形象的产生和思想一样快……从物体的表面不断发出一种流，它由于物体不断得到补充而不易为人觉察。这种流保持着原物体的原子的位置和秩序。"

卢克莱修，第4卷第30行及以下几行：

"［物中］存在着我们称之为映象的东西，

像从物体的外表剥离出来的薄膜，

在空中向各方来往飘荡。"

卢克莱修，第4卷第52行及以下几行：

"因为这种反映出来的映象和那把它们投射出来使之到处飞动的物体两者之间，保持着一种相同的外貌和形式。"

（7）第欧根尼·拉尔修，第10卷第49节："另一方面，也必须假定，当某物从外界向我们投射时,我们就看见和领会它的形状。因为如果不是这样,外在世界的对象就不可能留下它们的性质的印记……我们之所以能够看见,是由于物的某些印记侵入我们的缘故,它们具有和原物相同的颜色和形状;这些印记侵入眼睛……"第 50 节:"由于后一种原因[即运动速度],它们在我们身上产生一个连续不断的对象的表象,并且同作为它们基础的对象保持着一致……"第 52 节:"听觉的产生同样是由于从对象射出的一股流,对象发出声音或声响,或碰撞声,抑或产生一种什么别的听的感觉。这股流分散成各部分相同的小质点,这些小质点之间保持着某种一致……"第 53 节:"关于嗅觉,同样必须承认,它也和听觉一样,如果没有从对象流射出来的能够刺激嗅觉器官的某些微粒,它就永远不会引起任何感觉。"

(8)卢克莱修《物性论》第 2 卷第 1139 行:

"因此万物理所当然地都要死亡,

如果它们变得稀薄透了……"

第五章

天体现象

(1)第欧根尼·拉尔修,第 2 卷第 3 章第 10 节。

(2)亚里士多德《形而上学》第 1 卷第 5 章:"[色诺芬尼说],单一就是上帝。"

(3)亚里士多德《天论》第 1 卷第 3 章:"看来有时概念可以证实现象,有时现象又可以证实概念。譬如,人人都有一个关于神的观念并且把最高的地方划给神;无论异邦人还是希腊人,总之凡是相信神的存在的人莫不如此,他们显然把不死的东西和不死的东西联系起来了;而不这样也是不可能的。因此如果神存在——就像它真的存在那样,那么我们关于天体的实体的论断也是正确的。但就人的信念而言,这种论断也是和人的感性知觉相符合的。因为从整个过去的时代来看,就人们相互流传的回忆来说,无论整个天体或天体的任何部分似乎都没有什么改变。就连名称,看来也是古人留传下来直至今天的,因为他们所指的东西,同我们所说的东西是一回事。因为同样的看法传到我们现在,不是一次,也不是两次,而是无数次。正因为第一个物体乃是某种有别于土和火,空气和水的东西,他们就把最高的地方称为以太——由'永恒地流[ϑεῖν ἀεί]'一词而来,并且给了它一个别名叫做'永恒的时间'。"

（4）亚里士多德，同上书，第2卷第1章："但是古代人把天和最高的地方划给神，因为唯有天是不死的。而现代的学说也在证明，天是不可毁灭的、没有起始的、不遭受生灭世界的一切灾祸的……接受关于它［天］是永恒的这样一种看法不仅是适宜的，而且只有这样我们的概念才能同时符合关于神的启示。"

（5）亚里士多德《形而上学》第11（12）卷第8章："至于说天只有一个，这是显然的……认为天体即是众神，而神的本原包围着整个自然界的观念，是从祖先和古人那里流传下来并以后代人的神话的形式保存下来的。其余的东西则是为了引起群众的信仰，当作有利于法律和生活的东西而被披上神话的外衣添加进去的。因为群众把众神说成近似于人，近似于一些别的生物，并且虚构出许多与此有关和类似的东西。如果有人抛开所有的其余的东西，只坚持最初的东西，即认为最初的实体是神这一信仰，那么他必定会认为这是神的启示，并且认为在此以后，各种各样的艺术和哲学都曾被发现，随后又消失了，而上述这些意见却像古董一样，流传到现在。"

（6）第欧根尼·拉尔修，第10卷第81节："除这一切之外，还应当注意到，人心的最大的迷乱起源于人们把天体当作是有福祉的和不可毁灭的，同时认为天体具有与这些特性相矛盾的愿望和行为；同样还起源于对于神话的恐惧。

（7）第欧根尼·拉尔修，第10卷第76节："说到天体现象，应当认为，运动、位置、亏蚀、升起、降落以及诸如此类现象的发生，完全不是因为有一个享有一切福祉和不可毁灭的存在物在支配它们、安排它们——或已经安排好它们。"第77节："因为行动……是与福祉不相一致的，而行动的发生却大半与软弱、恐惧和需要有关。同样也不应认为，有一些享有福祉的类似火的物体，能够任意地作出这些运动……如果与此不相一致，那么这种矛盾本身就足以引起心灵的最大迷乱。"

（8）亚里士多德《天论》第2卷第1章："因此不应该以为，像古代神话里所说的那样，天还需要阿特拉斯作它的支柱。"

（9）第欧根尼·拉尔修，第10卷第85节："所以你〈向着皮托克勒斯说〉要好好想一想我的这些话，努力记住它们，并不时把它们和我在给希罗多德的信中的《小纲要》里阐述过的其他学说一起认真温习温习。"

（10）第欧根尼·拉尔修，第10卷第85节："首先不要认为，对天体现象的研究，无论就整个研究而言或就个别部分而言，除了和研究其余的自然科学一样能够获得心灵的宁静和坚定的信心之外，还能达到别的目的。"

第欧根尼·拉尔修，第 10 卷第 82 节："心灵的宁静则是从这一切里面解放出来的结果和对整个宇宙和最基本的原理的不断的记忆。"

（11）第欧根尼·拉尔修，第 10 卷第 87 节："我们的生活需要的不是卖弄玄虚和空洞的假设，而是能够过恬静的生活。"

第欧根尼·拉尔修，第 10 卷第 78 节："正如自然科学的任务一般是研究最主要现象的原因一样，在研究天体现象的过程中的幸福也来源于此。"

第欧根尼·拉尔修，第 10 卷第 79 节："关于日月的降落和升起的学说，关于星辰的位置和亏蚀以及与此有关的现象的学说，本身丝毫不能增进从认识得到的幸福。不过恐惧却支配着那些看见这些现象但不认识它们的性质及其主要原因的人。如果他们事先认识这些现象，他们也许会更加感到恐惧。"

（12）第欧根尼·拉尔修，第 10 卷第 86 节："不要勉强去达到那不可能的东西，也不要对一切事物都采用同一种学说，如像在伦理学上……或者在阐明别的物理学问题时所采用的那种学说，这类物理学问题有：例如，宇宙是由物体和无形体的自然所构成，或者，存在着不可分的元素等等，这里只有一种解释是和现象一致的。至于说到天体现象，那么，这些都不适用。"

（13）第欧根尼·拉尔修，同上，第 86 节："与此相反，这些现象至少可以有很多不同的、和感性知觉相一致的解释——无论是对其产生的原因还是对其实质的解释。因为对自然的研究不应依据空洞的公理规律，而应按照自然现象的要求。"

（14）第欧根尼·拉尔修，第 10 卷第 92 节。

（15）第欧根尼·拉尔修，第 10 卷第 94 节。

（16）第欧根尼·拉尔修，第 10 卷第 95 节和第 96 节。

（17）第欧根尼·拉尔修，第 10 卷第 98 节。

（18）第欧根尼·拉尔修，第 10 卷第 104 节："他〈即伊壁鸠鲁〉认为雷鸣可以用许多其他方法来解释，只是不能用神话。只要我们用适当的方式去观察可见的现象并从中获得启示来解释不可见的现象，神话就将不存在。"

（19）第欧根尼·拉尔修，第 10 卷第 80 节："所以，在注意到在我们地球上是多么经常地发生类似现象的同时，应该以此类推去探求天体现象的原因以及一般未被我们认识的事物的原因。"

第欧根尼·拉尔修，第 10 卷第 82 节："……而心灵的宁静是彻底摆脱这一切的结果……所以我们应该注意一切存在的东西和感性知觉：对于一般的东西注意一般知觉，对于特殊的东西则注意特殊知觉，对每一个个别的标准则注意一切现存的明显性。因为实际上，如果我们注意到这一切，我们将会正确地断定产生迷乱和恐惧的根源，并且通过说明天体现象和所有其他不断威胁着我们的现象，以及一切引起所有其他人恐怖的东西，来使自己摆脱迷乱和恐惧。"

第欧根尼·拉尔修，第10卷第87节："天体现象中发生的过程的某些标志，可以从我们周围观察到的或直接存在的这些或那些地球现象中获得，就像是从天体现象本身获得的一样。因为这些现象能以许多不同的方式产生。"

［第88节］："但是对每一种［天体］现象都应按照它呈现在我们面前的样子进行观察，并且解释一切与它有关的东西。［地球上］所发生的现象的多样性与此并不矛盾。"

(20) 第欧根尼·拉尔修，第10卷第78节："此外，必须承认，这里还有'各种方式的存在'，'根据可能性存在'或'某种别的方式的存在'。"

同上，第86节："这些现象产生的原因可以容许有许多不同的解释。"

同上，第87节："因此在一切天体现象范围内一切都是照样不断地发生的，尽管发生的方式可以有不同的解释……如果关于天体现象的充分可靠的解释，依然有效的话。"

(21) 同上，第98节："而那些只取一种解释的人就与感知的现象发生冲突，并且暴露出他们在'人靠智慧所能达到的理解'这一问题上的无能。"

同上，第113节："尽管可见的现象，要求承认可能有许多不同的原因，但解释这些现象时，用的却只是一个原因，这是一种疯狂的举动，是那些热中于虚幻的占星术的人的不适当的行为，他们给这些和那些现象胡诌一通原因，同时也并不把神性从繁重的职责中解脱出来。"

同上，第97节："其次，轨道的规律性应当对比我们地球上发生的某些现象去认识，但是绝不应该把神性和这些现象联系在一起；神性应当彻底摆脱一切事务，而去享受它最完满的幸福。因为这点如果不能实现，那么对天体现象所作的一切解释都将成为空话。有些人的情况正是如此，他们没有掌握解释现象的方法的各种可能性，因而陷入徒劳无益的解释中去，认为各种现象似乎只能有一种解释，而否定一切其他可能有的解释。因此，他们就坠入不可理解的境地，暴露出没有能力敏锐地把握那些应当看作标志的具体现象。"

同上，第93节："……不在占星术士的奴役式的把戏前面陷入恐惧。"

同上，第87节："显然，在这种情况下，人们就脱离了自然科学的范围而坠入神话的领域了。"

同上，第80节："所以……当我们研究天体现象以及一切未知现象的原因时，我们应当轻视这样的人，他们声称这一切只是以一种方式存在或发生，而不说一切都可能以不同的方式、按照在远处形成的观念发生，此外他们不知道在什么条件下不能保持心灵的宁静。"

（22）第欧根尼·拉尔修，第10卷第80节："必须尽量摆脱这样一种成见：似乎对于那些对象的研究，因其目的仅仅在于使我们得到心灵的宁静和幸福，所以是不够彻底、不够精细的。"

（23）第欧根尼·拉尔修，第10卷第78节："……绝对的准则是，一切引起危险、一切破坏心灵的宁静的东西，不可能属于不可毁灭的和幸福的自然。意识必须明白这是一条绝对的规律。"

（24）参看亚里士多德《天论》第1卷第10章。

（25）亚里士多德《天论》（第1卷第10章）："如果世界是由许多部分组成的，这些部分之间的关系在过去另外是一种样子，再有如果它们之间的关系始终是这样，而不可能是别的样子，那么世界就不会产生。"

（26）阿泰纳奥斯《哲人宴》第3卷第104页："应该称赞光荣的克里齐普斯，他看透了伊壁鸠鲁本质的最深处，并且很中肯地说，阿尔谢斯特拉图斯的美食学是伊壁鸠鲁哲学之母。"

（27）卢克莱修《物性论》第1卷第62—79行。

附　录

批评普卢塔克对伊壁鸠鲁神学的论战

（一）人对神的关系

1. 恐惧和彼岸人

（1）普卢塔克《论信从伊壁鸠鲁不可能有幸福的生活》（克西兰德版）第2卷第1100页："至于快乐，他〈指伊壁鸠鲁〉已经说过：伊壁鸠鲁派的学说，在它顺利地和成功地实行时，会消除恐惧和迷信，但是并不会给人以快乐和神的恩惠。"

（2）［霍尔巴赫］《自然体系》（1770年伦敦版）第二部分第9页："关于这些如此强大的力量的观念永远是和恐惧的观念结合在一起的；这些强大力量的名字永远使人们回想起他们自己的灾难或者他们的祖先的灾难。我们现在还害怕，因为千百年以前我们的祖先就感到害怕。神的观念在我们身上总是引起悲惨的念头……就是现在，每当我们听到神的名字时，恐惧和忧郁的想法就涌上心头。"参看第79页："如果把道德建筑在那种道德不高、行为变化不定的神的品格之上，那么人无论在他对于神的义务方面，在他自己对自己的义务方面，在他对别人的义务方面，都始终不可能知道他该怎么办。因此最有害的事莫过于劝人相信存在着一种超人的力量，在这个力量面前，理性必须默不作声，并且，要是你想成为一个幸福的人，就必须为这个力量牺牲在这地上的一切。"

（3）普卢塔克，同上书，第1101页："因为那些害怕他［神］的人，把他当作对好人厚道对坏人严厉的主宰，这些人由于有这种恐惧心理便避免去做不公正的事，也不需要许多拯救者；他们的恶意逐渐受到抑制，因此他们感受的精神痛苦，比那些染上恶习和胆大［妄为］而后感到害怕和悔恨的人要少。"

2. 崇拜和个人

（4）普卢塔克，同上书，第1101页："相反，只要它〈即灵魂〉想象到和思考到神的降临时，它就会轻而易举地驱散各种悲伤、恐惧和忧虑并沉醉于快感之中，直到狂喜、戏谑和欢笑；在爱里面……"

（5）普卢塔克，同上书。

（6）普卢塔克，同上书，第1102页："不，在节日里使人兴高采烈的不是丰盛的酒，也不是烤肉，而是那对神的惠予降临并将满意地接受［为了表示对他的尊敬］而做的这一切所怀有的虔诚愿望和信念。"

3. 天意和降谪了的神

（7）普卢塔克，同上书，第1102页："那些对神怀有纯洁观念的人感到多么大的喜悦，他们把神当作一切善的主宰，当作一切美好事物的父亲，神既不做坏事，也不会受痛苦的折磨。因为神是善良的，而善良者既没有嫉妒，没有恐惧，也没有愤怒，没有仇恨。因为，正像热不会使人发冷而会使人温暖一样，善良者也不会害人。就本质而论，愤怒离仁慈最远，凶恶离敦厚最远，恶意和敌意离博爱和友善最远。一个是英勇和力量的结果，一个则是软弱和邪恶的结果。因此神不会集愤怒与仁慈于一身，而由于神的本性在于仁慈和助人，所以愤怒和害人与它的本性是不相容的。"

（8）同上书："或者，你们也许认为对否定天意的人还应当采取一种特殊的惩罚，而没有考虑到他们自己使自己失去这种快乐和喜悦就应受的吧？"

（9）①"但是，软弱的智慧不是那个不认识客观的神的智慧，而是那个想要认识神的智慧。"谢林《关于教条主义和批判主义的哲学通信》——见《哲学著作》第1卷，1809年兰德斯胡特版，第127页，第2封信。

总之，可以奉劝谢林先生回想一下他早期的著作。例如，在《论"自我"是哲学的原则》这一著作里，他说道：

"譬如，我们假定说，被规定为客体的神是我们知识的真实基础，那么，这样一来，既然神是客体，神本身就进入我们的知识范围之内，因而对于我们来说就不可能是这整个范围所赖以建立的最后根据了。"同上书，第5页。

最后，我们提醒谢林先生注意上述他的那封信的结束语：

"向优秀的人类宣布精神自由并且不再容忍人类为失去身上的枷锁而悲

---

① 注（9）是马克思后来加进去的；谢林著作引文中所有的着重号几乎都是马克思加的。——编者注

泣的时候已经到来了。"同上书，第129页。

如果早在1795年这样的"时候"就已到来，那么到了1841年又该怎样说呢？

这里顺便提一下一个声名狼藉的题目，即关于神的存在的证明，黑格尔曾经把这一神学的证明完全弄颠倒了，也就是说，他推翻了这一证明，以便替它作辩护。假如有这样一些诉讼委托人，辩护律师除非亲自把他们杀死，否则便无法使他们免于被判刑，那么这究竟算什么样的诉讼委托人呢？譬如，黑格尔就是用这样的方式去解释由世界的存在推论到神的存在的："因为偶然的东西不存在，所以神或绝对者存在"。但是神学的证明恰恰相反："因为偶然的东西有真实的存在，所以神存在。"神是偶然世界的保证。不言而喻，反过来说偶然世界是神的保证也包含在这句话里面。

对神的存在的证明不外是空洞的同义反复，例如，本体论的证明无非是："凡是我真实地（实在地）表象的东西，对于我就是真实的表象"，也就是说，对我是起作用的，就这种意义讲来，一切神，无论异教的还是基督教的神，都具有一种真实的存在。古代的摩洛赫不是曾经主宰一切吗？德尔斐的阿波罗不是曾经是希腊人生活中的一种真正力量吗？在这里康德的批判也无济于事。如果有人想象他有一百个塔勒①，如果这个表象对他来说不是任意的、主观的，如果他相信这个表象，那么对他来说这一百个想象出来的塔勒就与一百个真正的塔勒具有同等价值。譬如，他就会根据他的想象去借债，这个想象就会起这样的作用，正像整个人类曾经靠他们的神去借过债一样。与此相反，康德所举的例子反而会加强本体论的证明。真正的塔勒与想象中的众神具有同样的存在。难道一个真正的塔勒除了存在于人们的表象中，哪怕是人们的普遍的或者毋宁说是共同的表象中之外，还存在于别的什么地方吗？要是你把纸币带到一个不知道纸币的这种用途的国家里去，那每个人都会嘲笑你的主观表象。要是你把你所信仰的神

---

① 德国旧银币，1塔勒等于3马克。——译者注

带到信仰另一些神的国家去，人们就会向你证明，你是受到幻想和抽象概念的支配。这是公正的。如果有人把温德人的某个神带给古代希腊人，那他就会发现这个神不存在的证明。因为对希腊人来说，它是不存在的。一定的国家对于外来的特定的神来说，同理性的国家对于一般的神来说一样，就是神停止其存在的地方。

或者，对神的存在的证明不外是对人的本质的自我意识存在的证明，对自我意识存在的逻辑说明，例如，本体论的证明。当我们思索"存在"的时候，什么存在是直接的呢？自我意识。

在这个意义上，对神的存在的一切证明都是对神不存在的证明，都是对一切关于神的观念的驳斥。真正的证明必须倒过来说："因为自然安排得不好，所以神才存在。""因为无理性的世界存在，所以神才存在。""因为思想不存在，所以神才存在。"但这岂不是说：谁觉得世界是无理性的，因而谁本身也是无理性的，对他来说神就存在。换句话说，无理性就是神的存在。

> "假如你们假定一个客观的神的观念，你们怎么能够谈理性从自身中产生出来的规律呢？因为只有绝对自由的东西才能有自主。"谢林，同上书，第198页〔第10封信〕。

> "把可以普遍传授的基本原则加以隐瞒，这是一种对人类的犯罪行为。"谢林，同上书，第199页。

选自《马克思恩格斯全集》第40卷，北京：人民出版社1982年版，第183—285页。

卡·马克思

《德谟克利特的自然哲学和伊壁鸠鲁的自然哲学的差别》一文新序言草稿

我献给公众的这篇论文,是一篇旧作,它当初本应包括在一篇综述伊壁鸠鲁、斯多葛派和怀疑派哲学的著作里①,鉴于我正在从事完全不同性质的政治和哲学方面的研究,目前我不能指望完成这一著作②。

只是现在,伊壁鸠鲁派、斯多葛派和怀疑派体系为人理解的时代才算到来了。他们是**自我意识哲学家**。这篇短序将表明,迄今为止这项任务解决得多么不够。

卡·马克思写于1841年底—1842年初
第一次发表于《马克思恩格斯全集》1929年国际版第1部分第1卷第2分册

原文是德文

选自《马克思恩格斯全集》第40卷,北京:人民出版社1982年版,第286页。

---

① 手稿中删去了以下这一句话:"但是,由于从事更能引起直接兴趣的政治和哲学方面的著作,现在还不允许我完成对这些哲学体系的综述,由于我不知道何时才有机会重新回到这一题目上来,我限于……"——编者注

② 手稿中删去了以下这一句话:"伊壁鸠鲁、斯多葛派、怀疑派哲学,即自我意识哲学,既被以前的哲学家当作非思辨哲学加以排斥,也被那些同样在写哲学史的有学识的教师当作……加以排斥。"——编者注

卡·马克思

根据约翰福音第15章第1至14节论信徒和基督的一致，这种一致的原因和实质，它的绝对必要及其影响

卡·马克思的中学考试论宗教问题作文

在研究基督和信徒一致的原因和实质及其影响之前，我们应当弄清，这种一致是否必要，它是否取决于人的天性，人是否不能通过自己来达到上帝从无中创造出人所要达到的那个目的。

如果我们把自己的视线移向历史这个人类的伟大教师，那么就会看到，在历史上深刻地记载着：任何一个民族，即使它达到了最高度的文明，即使他们之中出现了一些最伟大的人物，即使它的艺术达到了充分繁荣，即使科学解决了最困难的问题，——尽管有了这一切，它也不能从自己身上解脱掉迷信的枷锁；它无论关于自己，或者关于神，都没有形成有价值的、真正的概念；无论它的道义，或者道德，任何时候也脱离不了外来的补充，脱离不了不高尚的限制；甚至它的德行，与其说是出于对真正完美的向往，还不如说是出于粗野的力量、无约束的利己主义、对荣誉的渴求和勇敢的行为。

古代的民族，一些尚未懂得基督教义的野蛮人，他们心中不安，害怕自己的神发怒，深信自己会被鄙弃，因此，便向诸神贡献祭品，指望以此来赎自己的罪。

连古代最伟大的哲人、神明的柏拉图，也不只在一处表示了对最高存在物的深切渴望，以为最高存在物的出现可以实现那尚未得到满足的

对真理和光明的追求。

由此可见，各民族的历史告诉我们同基督一致的必要性。

但是，在我们研究各个人的历史，人的本性的时候，我们虽然也看到他心中有神性的火花、好善的热情、求知的欲望、对真理的渴望，但是欲望的火焰甚至常把永恒的东西的火花吞没；罪恶的引诱声淹没着对美德追求的热情，在生活使我们感到它的全部威力的时候，这种对美德追求的热情受到了嘲弄。贪图尘世间富贵功名的卑鄙企图排挤着求知的欲望，对真理的渴望被虚伪的甜言蜜语所熄灭，可见，人是自然界唯一达不到自己目的的存在物，是整个宇宙中唯一不配做上帝创造物的成员。但是，善良的创世主不会憎恨自己的创造物；他想要把他抬高到像自己一样，于是派出自己的儿子，通过他向我们宣告：

"现在你们因我讲给你们的道，已经干净了。"（《约翰福音》第 15 章第 3 节）

"你要常在我里面，我也常在你们里面。"（《约翰福音》第 15 章第 4 节）

我们已经看到，各民族的历史和个别人物的考虑都证明和基督一致的必要性，现在我们就来研究最后的和最可靠的这个论证，就是基督本人的道。

基督把和他一致的必要性表达得比较清楚的地方，当然就是葡萄藤和枝蔓这一绝妙的比喻，这里他把自己比作葡萄藤，而把我们比作枝蔓。枝蔓通过本身的力量是不能结果实的，因此，基督说，离了我，你们就无所作为。在这方面，他还说了一些更有力的话：

"人若不常在我里面"。（《约翰福音》第 15 章第 4、5、6 节）

然而，这应该理解为只是对于那些能够认识基督的道的人而言的。我们不能够断定上帝对这样的民族和人群作什么决定，因为我们连理解上帝的决定都不可能。

我们的心、理性、历史、基督的道都响亮而令人信服地告诉我们，和基督一致是绝对必要的，没有这种一致我们就不能够达到自己的目的，没有这种一致我们就会被上帝抛弃，而只有上帝才能够拯救我们。

尽管我们深信这种一致绝对必要，还是迫切地想知道，这份高尚的礼品，这道从高于我们的世界透入我们心中、鼓舞着我们的心、并使我们心境光明地升入天堂的光线，究竟是什么？它的内在实质和原因是什么呢？

一旦我们理解了一致的必要性，那么一致的原因，我们要求拯救的心情、我们作恶的本性、我们的不坚定的理性、我们堕落的心、我们被上帝抛弃，这一切我们也就一清二楚了，那么，我们便无需寻求这种一致的原因了，不论这原因是什么样的。

但是，谁能够把一致的本质表达得比基督用葡萄藤和葡萄枝蔓这个比喻更为出色的呢？谁又能够用皇皇巨著来把这种一致的所有部分即核心的部分论述得像基督自己用下面这些话一样全面：

"我是真葡萄藤，我父是栽培的人。"（《约翰福音》第15章第1节）

"我是葡萄藤，你们是枝蔓。"（《约翰福音》第15章第5节）

如果枝蔓能有感觉的话，那么，它望着那照料它、仔细给它除草、把它牢牢绕在藤上、使它从中吸取养料和液汁而开出美丽花朵的园丁，该是多么高兴啊！

在和基督一致中，我们首先是用爱的眼神注视上帝，感到对他有一种最热忱的感激之情，心悦诚服地拜倒在他的面前。

在这之后，在由于我们和基督的一致而更加美好的太阳为我们升起的时候，在我们感到我们全是被抛弃的和同时又由于我们得到了拯救而将兴高采烈的时候，——只有在那个时候，我们才会爱上那位先前我们认为是受辱的主宰者而现在看来却是宽宏大量的父亲、善良的教导者的上帝。

但是，葡萄枝蔓不光是望着种植葡萄的人；如果它有感觉，那么，它便会紧紧贴在藤上，它便会感觉到自己与葡萄藤和长在藤上的其他葡萄枝蔓有着最密切的关系；它之所以爱其他枝蔓，是因为是同一个种植葡萄的人照料着它们，是同一个藤身给了它们以力量。

因此，和基督一致，就在于同基督有最密切的和最生动的交往，在于我们总是眼睛看到他，心中想着他，在于对他怀着最崇高的爱，同时在于使我们的心向着我们的弟兄们，基督将他们和我们紧密联系在一起，并同样也为他们作了自我牺牲。

但是，这种对基督的爱不是徒劳的，这种爱不仅使我们对基督满怀最纯洁的崇敬和爱戴，而且使我们做一个有德行的人，但只是出于对他的爱而做一个有德行的人，遵从他的教诲，相互作出牺牲（《约翰福音》第15章第9、10、12、13、14节）。

这就是使基督教的道德与任何别的道德区别开来并使它超越于任何别的道德之上的一条鸿沟，这就是使人和基督产生一致的最伟大的作用之一。

在这里，道德已经不是斯多葛学派哲学所描绘的那样阴森可怕的怪物；它也不是我们在一切异教徒民族那里所遇到的那种关于天职的严峻说教的产物，而一切道德的行为都是出于对基督的爱，出于对神的爱，正因为出于这种纯洁的根源，道德才摆脱了一切世俗的东西而成为真正神性的东西。任何可恶的方面都不存在了，一切世俗的东西都消除了，所有粗野的东西都消失了，道德也就改变了面貌，同时也变得更为温和和更近人情。

人的理性从来也不能这样来描述道德的；人的道德总是有局限性的，总是世俗的道德。

一个人一旦达到了这种道德，和基督一致起来了，那么，他将会泰然处置命运的打击，勇于对待各种欲望的冲动，无畏地忍受一切苦难的折磨，因为谁能征服他，谁能从他心中夺走他的救世主呢？

他知道，他所追求的一切都将会得到，因为在和基督的一致中，他所追求的只是神性的东西，那么救世主自己宣布的话，又有谁不从中获得提高和感到安慰呢？（《约翰福音》第15章第7节）

如果人知道对上帝的崇敬是由于自己在基督的心里，是由他的所做所为表现出来的，知道由于他的完美无缺使得这位创世主变得崇高，那么又有谁会不甘愿去忍受苦难呢？（《约翰福音》第15章第8节）

因此，和基督一致可使内心变得高尚，在苦难中得到安慰，有镇定的信心和一颗不是出于爱好虚荣，也不是出于荣誉欲，而只是为了基督而献给了博爱和一切伟大而高尚事物的心。可见，和基督一致所得到的是这样一种快乐，这种快乐是一个伊壁鸠鲁主义者在其肤浅的哲学中，一个比较深刻的思想家在未被发现的知识奥秘中想要找到而没有找到的，只有和基督并且通过基督而和上帝结合在一起的天真无邪的孩童心灵，才能体会得到它，并且它能使生活变得更加美好和崇高（《约翰福音》第15章第11节）。

卡·马克思写于1835年8月10日　　　　　　　　　　　　　　　　原文是德文
第一次发表于《社会主义和工人运动
史文库》1925年莱比锡版第11年卷

选自《马克思恩格斯全集》第40卷，北京：人民出版社1982年版，第818—823页。

卡·马克思

奥古斯都的元首政治应不应当算是罗马国家较幸福的时代？

卡·马克思的中学考试拉丁文作文

  谁想要研究奥古斯都时代是怎样一个时代的问题，在他面前有许多可以用来对此作出判断的方法：首先，他可以采用同罗马历史上的其他时期进行对比的方法，因为要是指出奥古斯都时代类似那些人们称之为幸福时代的先前时代，而不似那些根据同时代人和当代研究者的判断其风尚已经变坏、国家四分五裂并在战争中又遭到多次失败的时代，——那么根据这些时代即可作出关于奥古斯都时代的结论；其次，需要研究古代人们对于这个时代作了那些评价，异国人对这个帝国是怎么看的，他们是否害怕它还是轻视它；最后，还得研究艺术和文学的状况如何。

  但是，为了避免不必要的赘述，我用来同奥古斯都时代进行对比的是在它以前一个非常好的时代，这是一个由于风尚纯朴、积极进取、官吏和人民正直而建立起来的幸福时代，它当时隶属于下意大利，而在作了这一对比之后，再以最糟糕的尼禄时代来和奥古斯都时代相对比。

  任何一个时代的罗马人都没有比布匿战争前那个时代里对从事美术感到那样的厌恶，那时教育不被人重视，因为那时最卓越的人们辛勤努力从事的是农业，那时能言善辩是多余的，因为人们对应该做些什么用不了几句话即可表明。说话也不要求文雅，而只要求说话有价值；当时历史不需要人能言善辩，而只要将其事实报道出来，缩写成一部编年史就够了。

  可是，这整个时期充满着贵族和平民之间的斗争，因为，从废除王政直到第一次布匿战争，一直进行着关于贵族和平民的权利之争，而大部分历史叙述的却只是彼此有过激烈斗争的护民官或执政官所颁布的法律。

关于这个时代值得称颂的地方，我们已讲过了。

至于尼禄时代，不需要用很多的话来描述，因为，既然那时最优秀的人被杀害，到处是专横，法律遭破坏，那么谁还不清楚这是怎样一个时代。罗马城当时被毁，而统帅们由于担心他们的胜利可能引起怀疑，还由于没有任何东西推动他们去建立伟大业绩，便宁可在和平中而不在战争中去寻求更多的功名。

奥古斯都时代与尼禄时代之不同，这是谁都不能怀疑的，因为它的治国以温和为标志。尽管各种自由，甚至自由的任何表面现象全都消失了，尽管根据"罗马首席公民"的命令改变了机构和法律，而往昔为护民官、监察官和执政官所拥有的一切权力都转入了一人之手，但罗马人还是认为，他们是在统治，认为"皇帝"一词只不过是先前护民官和执政官所担任的那些职位的名称，他们没有觉得他们的自由受到了剥夺。如果公民们能对谁是"罗马首席公民"，是他们自己在统治还是他们在被统治这一点表示怀疑，那么难道这不是温和治国的一个无可置疑的明证吗？

而在战争里，罗马人从来没有如此走运过，因为在这个时期安息人被征服了，坎塔布里亚人被打败了，勒戚亚人和温德利奇人被击溃了，而凯撒与之斗争但未能战胜的日耳曼人——罗马人最凶恶的敌人——虽然在个别战役中由于背叛、奸诈、英勇以及他们居住在森林中等原因而曾战胜过罗马人，但是日耳曼的许多部落，由于奥古斯都赐予了某些个人以罗马公民权，并且凭借了一支由经验丰富的统帅们指挥的军事力量，加之日耳曼各部落本身之间产生了敌对行为，结果他们的势力总的来说是被摧毁了。

因此，无论在战争中，以及在和平时期，都不能把奥古斯都时代同尼禄和那些更坏的统治者时代相比拟。

至于布匿战争前的时代里发生的那些派别纷争，也都终止了，因为正如我们所见到的，奥古斯都已把所有的派别、一切头衔、全部的权力都集中到了他自己一个人身上，因而最高权力本身不会分散，这对任何一个国家来说都会带来最大的危险，因此奥古斯都的威望在异国民族的眼里就有所降低，而国家贪图个人权力也就甚于为人民谋福利了。

但是，我们不可以这样看待奥古斯都时代，似乎它在各方面都胜于布匿战争之前的时代。因为，如果一个时代的风尚、自由和优异性受到了损害或者被破坏了，同时，贪得无厌、铺张浪费和荒淫无度充斥泛滥，那么这个时代就不可能称为幸福时代；但是，奥古斯都的智慧以及他为改善动荡的国家状况而挑选出的人们所建立的机构和制订的法律，对于消除内战造成的后果起了很大的作用。

例如，我们看到，奥古斯都清除了元老院中犯罪行为的痕迹，因为元老院中混进了一些极其腐败的人，他从该院中清洗了许多其作风为他所憎恶的人，吸收了许多智勇出众的人。

在奥古斯都的元首政治时期，国家里供职的都是些英勇和智谋卓著的人物，因为在这个时代里难道还能说出比梅采纳斯和阿格利巴更为出色的人！虽然，"罗马首席公民"也绝非没有虚伪矫饰的行为，但是，看来，他并不滥施暴力，并且没有给可憎恨的权力披上了温和的外衣。如果一个国家（布匿战争前那样的国家），因为它唤起了人们去从事伟大的事业，使敌人感到惧怕，并号召贵族与平民之间展开良好的竞赛（诚然，这种竞赛不全然是没有嫉妒心的），那么奥古斯都所确立的国家，我们认为是最符合他那个时代的国家。因为，如果百姓都柔顺亲密，讲究文明风尚，而国家的疆土日益扩大了，——那么统治者倒会比自由的共和政体更好地保障人民的自由。

现在我们来谈谈古代人是怎样评价奥古斯都时代的。

他们称他为至圣的，认为他与其说是人，还不如说是神。如果只是贺雷西一个人这么说，那是可以不信的。但是，就连杰出的历史学家塔西佗也总是以最大的尊敬、最高的赞赏，甚至以爱戴的感情来评价奥古斯都和他的时代的。

至于文学和艺术，任何一个时期也没有这样繁荣过；在奥古斯都时代里有许多作家，他们的作品成了几乎所有民族从中汲取教益的源泉。

因此，既然国家看来治理得不错，"罗马首席公民"愿为人民造福，并且最杰出的人们根据首席公民的倡议担任了国家职务；既然奥古斯都时代并不逊于罗马历史上的最好的时代，并且看来它不同于那些坏的时代；既然我们看到派别纷争已经终止，而艺术和文学有了繁荣，——那么，由于所有这一切，奥古斯都的元首政治应该认为是最好的时代，同时应当指出，那位尽管有条件为所欲为，但在获得权力之后却一心只想拯救国家的人，是应当受到很大的尊敬的。

卡·马克思写于 1835 年 8 月 15 日　　　　　　　　　　　　原文是拉丁文
第一次发表于《社会主义和工人运动
史文库》1925 年莱比锡版第 11 年卷

选自《马克思恩格斯全集》第 40 卷，北京：人民出版社 1982 年版，第 823—827 页。

第五部分 附 录

附录 I　研究文献精选

一　俞吾金：被遮蔽的马克思[①]

在通常的情况下，当"遮蔽"（hide）这个动词被使用时，至少暗含着实施遮蔽行动的主体和被遮蔽的对象的存在。显然，当我们使用"被遮蔽的马克思"这个短语时，马克思无疑成了被遮蔽的对象。那么，实施遮蔽行动的主体又是谁呢？众所周知，马克思学说从其诞生之日起就遭遇到两个不同的群体：一个是反对者的群体，另一个是追随者的群体。如果说，前一个群体在批判或指责马克思学说时会自觉地遮蔽其学说中一些有价值的东西，那么，后一个群体则在弘扬并阐释马克思学说时也会不自觉地遮蔽其学说中另一些有价值的东西。荷兰哲学家斯宾诺莎曾经说过：一切规定都是否定。当人们小心翼翼地把灯光集中在舞台中央时，中央之外的舞台便处于被遮蔽状态中。在这个意义上，确定研究的焦点，也就等于使焦点周围的其他所有的点都处于被遮蔽状态中。

有趣的是，使马克思学说中有价值的东西处于被遮蔽状态的，主要不是马克思的反对者们，因为反对者们蓄意在马克思学说中遮蔽什么东西，是很容易被识别出来的；不容易识别的倒是马克思的追随者们，而其他读者也极容易被追随者们的谦恭和诚意所打动，从而在思想上失去了应有的求真意识。至少马克思本人对这一点看得非常明白。恩格斯在1890年8月27日致保·拉法格的信中曾经提到当时马克思的许多追随

[①] 本文原载《学术月刊》2012年第5期。

者涌入德国党内,"所有这些先生们都在搞马克思主义,然而他们属于10年前你在法国就很熟悉的那一种马克思主义者,关于这种马克思主义者,马克思曾经说过:'我只知道我自己不是马克思主义者。'马克思大概会把海涅对自己的模仿者说的话转送给这些先生们:'我播下的是龙种,而收获的却是跳蚤'"①。有趣的是,当恩格斯以调侃的口吻写下这段话时,他绝对不会意识到,作为马克思学说最早的、最重要的追随者和阐释者,他自己在阐释马克思学说的同时,也不自觉地遮蔽了马克思学说中某些有价值的东西。

马克思于1883年逝世后,在他的追随者和阐释者中,逐步形成了以恩格斯、普列汉诺夫、列宁和斯大林为代表的正统的阐释路线。这条正统的阐释路线主要是在以下理论著作——恩格斯的《反杜林论》(1876—1878)、《自然辩证法》(1873—1886)、《路德维希·费尔巴哈和德国古典哲学的终结》(1888,以下简称《终结》);普列汉诺夫的《论一元论历史观的发展》(1895)、《唯物主义史论丛》(1896)、《论个人在历史上的作用》(1898)、《马克思主义的基本问题》(1908);列宁的《什么是"人民之友"?》(1894)、《怎么办?》(1901—1902)、《唯物主义和经验批判主义》(1908,以下简称《唯批》)、《哲学笔记》(1895—1911)、《马克思主义的三个来源和三个组成部分》(1913)、《帝国主义是资本主义的最高阶段》(1916)、《国家与革命》(1917);斯大林的《论辩证唯物主义和历史唯物主义》[载《联共(布)党史简明教程》第四章第二节,1938]、《马克思主义和语言学问题》(1950)等——基础上形成并发展起来的。在这条正统的阐释路线中,恩格斯起着奠基人的作用。他不但从自己理解的前结构出发,对黑格尔和费尔巴哈的哲学思想做了片面的、过高的评价,并用他们的学说遮蔽了马克思的学说尤其是他的哲学思想,而且也利用从黑格尔和费尔巴哈那里借贷过来的哲学资源——辩证法和唯物主义,构建了自己的哲学思想"唯物主义辩证法";而这一思想经过狄慈根、普列汉诺夫和列宁的媒介,被

---

① 《马克思恩格斯选集》第4卷,北京:人民出版社1995年版,第695页。

改称为"辩证唯物主义",并在斯大林的《论辩证唯物主义和历史唯物主义》中最终成了关于马克思哲学的唯一的、权威性的阐释模式,直到今天仍然影响着中国的理论界。毋庸置疑,一旦马克思学说中的基础部分——马克思哲学的初始见解和本真精神处于被遮蔽的状态下,马克思学说中其他有价值的东西也就随之而被遮蔽起来了。由此可见,要使马克思学说脱离被遮蔽状态,我们就得先阐明,马克思学说的基础部分——其哲学上的初始见解和本真精神是如何在追随者们的阐释活动中被遮蔽起来的。

马克思的黑格尔化

在黑格尔哲学中,存在着两个最易被正统的阐释者们捕获的端点:一个是思维与存在关系的理论;另一个是方法论,尤其是辩证法理论。这两个端点都被正统的阐释者们以扭曲的方式导入到马克思哲学之中,从而在相当程度上把马克思哲学黑格尔化了。而这里所说的"黑格尔化"中的"黑格尔"也在相当程度上是被误读的,由此而形成了对马克思的双重遮蔽:第一重遮蔽是对黑格尔原初思想的遮蔽,第二重遮蔽是用被遮蔽的黑格尔思想进一步遮蔽了马克思的本真思想。

先来看黑格尔关于思维与存在关系的理论。人所共知,黑格尔在《哲学史讲演录》中谈到近代西方哲学时反复重申了如下的观点:"这种最高的分裂,就是思维与存在的对立;要掌握的就是思维与存在的和解。从这时起,一切哲学都对这个统一发生兴趣。"[①] 那么,在黑格尔的语境中,"思维"(Denken)与"存在"(Sein)分别具有什么样的含义呢?黑格尔告诉我们:"就存在作为直接的存在而论,它便被看成一个具有无限多的特性的存在,一个无所不包的世界。这个世界还可进一步认为是一个无限多的偶然事实的聚集体(这是宇宙论的证明的看法),或者可以认为是无限多的目的及无限多的有目的的相互关系的聚

---

① 〔德〕黑格尔:《哲学史讲演录》第4卷,贺麟、王太庆译,北京:商务印书馆1981年版,第6页。

集体（这是自然神学的证明的看法）。如果把这个无所不包的存在叫做思维，那就必须排除其个别性和偶然性，而把它认作一普遍的、本身必然的、按照普遍的目的而自身规定的、能动的存在。"① 在这里，黑格尔区分了两种不同的存在：一种是"直接的存在"（das Sein, als das Unmittelbare），即无限多的偶然事实的聚集体，也就是人们通常谈论的一切存在者的聚集体；另一种是"能动的存在"（taetiges Sein），这种存在就是"思维"。作为柏拉图哲学的继承者，黑格尔充分肯定的是后一种存在，这种存在排除一切特殊目的和偶然性，它本身就是思维，因为概念思维关涉到的乃是普遍的目的和必然性。由此可见，在黑格尔那里，存在就是被思维化的存在，而思维则是普通的、能动的存在。简言之，存在就是思维，思维就是存在，它们具有"同质性"（homogeneity）。

有鉴于此，费尔巴哈曾经一针见血地批判了黑格尔："一种与思维没有分别的存在，一种只作为理性或属性的存在，只不过是一种被思想的抽象的存在，实际上并不是存在。因此思维与存在同一，只是表示思维与自身同一。"② 由此可见，黑格尔谈论的思维与存在的"同一性"（identity），不过是"以思维与存在的同质性为基础的思维与存在的同一性"而已。要言之，这种同一性本质上乃是思维与其自身的同一，即思维的自恋。

然而，意想不到的是，恩格斯却在《终结》中把黑格尔提出的思维与存在关系问题提升为全部哲学的基本问题，而这一提升又是以对黑格尔"存在"概念的误读作为基础的。恩格斯指出："全部哲学，特别是近代哲学的重大的基本问题，是思维和存在的关系问题。"③ 同时，他又把"思维对存在的关系"等同于"精神对自然界的关系"。这就暗示人们，黑格尔所说的"存在"就是指"自然界"。众所周知，自然界乃是一切存在者的聚集体，而这正是黑格尔欲加以舍弃的"直接的存

---

① 〔德〕黑格尔：《小逻辑》，贺麟译，北京：商务印书馆1980年版，第135页。
② 北京大学哲学系外国哲学史教研室编译：《十八世纪末—十九世纪初德国哲学》，北京：商务印书馆1975年版，第619、620页。
③ 《马克思恩格斯选集》第4卷，北京：人民出版社1995年版，第223、225页。

在"；黑格尔在论述思维与存在的关系时，他心目中唯一认可的存在就是"能动的存在"，即思维自身。总之，黑格尔讨论思维与存在关系，是以两者的同质性为基础的。要摈弃黑格尔在这个问题上的唯心主义立场，就必须先行地批判黑格尔关于思维与存在的同质性谬论，站到与此相对立的思维与存在"异质性"（heterogeneity）的立场上去。恩格斯没有进行这方面的批判，就把黑格尔关于思维与存在关系的理论简单地搬用过来，必然导致对这一理论的误读。

正是在这一误读的基础上，恩格斯又补充道："思维和存在的关系问题还有另一个方面：我们关于我们周围世界的思想对这个世界本身的关系是怎样的？我们的思维能不能认识现实世界？我们能不能在我们关于现实世界的表象和概念中正确地反映现实？用哲学的语言来说，这个问题叫作思维和存在的同一性问题，绝大多数哲学家对这个问题都作了肯定的回答。"① 这样一来，黑格尔关于思维自恋的虚幻理论完全被恩格斯误读为黑格尔关于思维与"我们周围世界"或"现实世界"关系的真实理论。

恩格斯还顺着思维与存在是否具有同一性的思路，把作为可知论代表的黑格尔与作为不可知论代表的休谟和康德尖锐地对立起来。殊不知，正是休谟和康德深入地探索了思维与存在的异质性问题。比如，康德把认识的对象区分为"现象"和"自在之物"，思维只能认识现象，即感觉经验范围内的对象。如果思维试图去认识自在之物，即超感觉经验的对象，就会陷入误谬推论、二律背反或理想。也就是说，思维只与现象之间有同一性，但与自在之物之间却没有这种同一性。实际上，自在之物就是思维与存在异质性关系的确证。这种异质性启示人们，现实生活或存在者的聚集体中始终包含着思维无法完全把握和认知的东西；此外，在思维或观念上拥有什么，并不等于在现实生活中也拥有什么。总之，康德与后来的黑格尔不同，他不是把思维与存在的关系建立在两者同质性的基础上，而是建立在两者异质性的基础上。

---

① 《马克思恩格斯选集》第4卷，北京：人民出版社1995年版，第223、225页。

众所周知，康德在驳斥上帝存在的本体论证明时，强调的正是思维与存在的异质性，他这方面的思想得到了费尔巴哈的充分肯定："康德在批判本体论的证明时选了一个例子来标明思维与存在的区别，认为意象中的一百元与实际上的一百元是有区别的。这个例子受到黑格尔的讥嘲，但是基本上是正确的。因为前一百元只在我的头脑中，而后一百元则在我的手中，前一百元只是对我存在，而后一百元则同时对其他的人存在——是可摸得着、看得见的。只有同时对我又对其他的人存在的，只有在其中我与其他的人一致的，才是真正存在的，这不仅仅是我的——这是普遍的。"① 与费尔巴哈不同，马克思对康德关于思维与存在异质性的思想是有一个认识过程的。如果说，在《博士论文》中，马克思还附和黑格尔而批评康德对上帝存在的本体论证明的驳斥，那么，在《1844年经济学哲学手稿》（以下简称《手稿》）中，马克思以明确的口吻肯定了思维与存在的异质性："以货币为基础的有效的需求和以我的需要、我的激情、我的愿望等等为基础的无效的需求之间的差别，是存在和思维之间的差别（der Unterschied zwischen Sein und Denken），是只在我心中存在的观念和那作为现实对象在我之外对我存在的观念之间的差别。"② 马克思还进一步提出并区分了"想象的存在"（das vorgestellten Sein）和"现实的存在"（das wirkliche Sein）这两个新概念。他把前者理解为"思维"的别名，把后者理解为真正意义上的"存在"的别名。他甚至举例说：当我想要食物或因身体不佳而想乘邮车时，正是我所拥有的货币使我获得食物和邮车："这就是说，它把我的愿望从观念的东西，从它们的想象的、表象的、期望的存在，转化成它们的感性的、现实的存在，从观念转化为生活，从想象的存在转化为现实的存在。作为这样的媒介，货币是真正的创造力。"③ 马克思暗示人们，如果人们着眼于从现实生活出发来探索思维与存在的关系，

---

① 北京大学哲学系外国哲学史教研室编译：《十八世纪末—十九世纪初德国哲学》，北京：商务印书馆1975年版，第619、620页。
② 《马克思恩格斯全集》第42卷，北京：人民出版社1979年版，第154页。
③ 同上。

就会发现，单纯的思维不过是一种"想象的存在"，唯有通过货币这一媒介物，"想象的存在"才会转化为"现实的存在"。

在《关于费尔巴哈的提纲》（以下简称《提纲》）中，马克思通过"实践"概念的引入，进一步强调了思维与存在的异质性："人的思维是否具有客观的（gegenstaendliche）真理性，这并不是一个理论的问题，而是一个实践的问题。人应该在实践中证明自己思维的真理性，即自己思维的现实性和力量，亦即自己思维的此岸性。关于思维——离开实践的思维——是否现实的争论，是一个纯粹经院哲学的问题。"① 在《德意志意识形态》（1845—1846，以下简称《形态》）中，马克思全面而深入地批判了青年黑格尔主义者关于思维与存在同质性的错误观念："所有的德国哲学批判家们都断言：观念、想法、概念迄今一直统治和决定着人们的现实世界，现实的世界是观念世界的产物。这种情况一直保持到今日，但今后不应继续存在。"② 马克思在表述自己的历史观时，明确指出："不是意识决定生活，而是生活决定意识。"③

由上可知，青年时期的马克思深受黑格尔哲学，尤其是他关于思维与存在的同质性理论的影响。然而，一方面通过对现实斗争的参与及对与现实关系最密切的国民经济学的研究，另一方面通过对康德关于思维与存在异质性观念的返回和沉思，马克思确立了以现实生活和现实的人为出发点的历史唯物主义理论，从而形成了"以思维与存在的异质性为基础的思维与存在的同一性"的新观念。

可是，恩格斯却始终未能摆脱黑格尔关于"以思维与存在的同质性为基础的思维与存在的同一性"的错误观念，《终结》中的下面这段话就是明证："例如在黑格尔那里，对这个问题的肯定回答是不言而喻的，因为我们在现实世界中所认识的，正是这个世界的思想内容，也就是那种使世界成为绝对观念的逐步实现的东西，这个绝对观念是从来就存在

---

① 《马克思恩格斯全集》第 3 卷，北京：人民出版社 1960 年版，第 7 页、16 页注①、30 页。

② 同上。

③ 同上。

的，是不依赖于世界并且先于世界而在某处存在的；但是思维能够认识那一开始就已经是思想内容的内容，这是十分明显的。……但是，这决不妨碍黑格尔从他的思维和存在的同一性的论证中作出进一步的结论：他的哲学因为对他的思维来说是正确的，所以也就是唯一正确的；而思维和存在的同一性要得到证实，人类就要马上把他的哲学从理论转移到实践中去，并按照黑格尔的原则来改造整个世界。这是他和几乎所有的哲学家所共有的幻想。"① 在这段重要的论述中，恩格斯完全按照黑格尔的模样，把现实世界理解为"思想内容的内容"，即思维化的存在，并把思维与存在的同一性奠基于思维与存在的同质性的基础上。尽管恩格斯嘲弄黑格尔的观念"是他和几乎所有的哲学家所共有的幻想"，但他在这里并没有对黑格尔的这一观念做出实质性的批判。总之，恩格斯按照自己所理解的黑格尔的观念去阐释马克思，因而在双重意义上遮蔽了马克思。

之后，普列汉诺夫、列宁、斯大林和苏联、东欧、中国的哲学教科书都按照恩格斯所认同的黑格尔关于"思维与存在的同质性基础上的思维与存在的同一性"的观念来阐释马克思，从而把马克思关于"以思维与存在的异质性为基础的思维与存在的同一性"的新观念完全遮蔽起来了。在某种意义上，马克思消失在黑格尔的阴影中。

再来看黑格尔关于方法论，尤其是辩证法的理论。黑格尔在许多著作中谈到他的方法论，而最具经典性的段落则在《小逻辑》中。他在该书中明确地告诉我们："逻辑思想就形式而论有三个方面：（a）抽象的或知性［理智］的方面（die abstrakte oder verstaendige）；（b）辩证的或否定的理性的方面（die dialektische oder negative - vernuenftige）；（c）思辨的或肯定理性的方面（die speculative oder positive - vernuenftige）。"② 尽管黑格尔在这里谈论的是逻辑思想的形式，但就其实质而言，却是对自己方法论的全面阐述。按照这段重要的论述，黑格尔的整

---

① 《马克思恩格斯选集》第4卷，北京：人民出版社1995年版，第225页。
② 〔德〕黑格尔：《小逻辑》，第172、173、174、175页，SehnG. W. F. Hegel：Werke 8, FrankfurtanMain：SuhrkampVerlag, 1986，s. 168。

个方法论包含以下三个环节：一是抽象的知性（正题，可简称为"知性"）；二是辩证的或否定的理性（反题，可简称为"辩证法"）；三是思辨的或肯定的理性（合题，可简称为"思辨"）。

有趣的是，正统的阐释者们在探讨黑格尔方法论时，总是习惯于把黑格尔的方法论与黑格尔的辩证法等同起来。按照恩格斯在《终结》中的看法，在黑格尔哲学中，存在着"体系"和"方法"之间的冲突："特别重视黑格尔的体系（System）的人，在两个领域（指宗教和政治——引者注）中都可能是相当保守的；认为辩证方法（der dialektischen Methode）是主要的东西的人，在政治上和宗教上都可能属于最极端的反对派。"① 显然，当恩格斯使用"辩证方法"这个术语时，他把"黑格尔方法论"和"黑格尔辩证法"这两个不同的概念完全混淆起来了。事实上，辩证法不过是黑格尔方法论中的第二个环节。为什么会出现这两个概念的混淆？因为在黑格尔方法论的三个环节——知性、辩证法、思辨中，辩证法是唯一具有革命性、批判性和否定性的环节，所以，无论是马克思，还是马克思学说的正统阐释者们，都喜欢从黑格尔方法论中抠出辩证法这个环节，然而，我将在后面阐明，马克思和黑格尔辩证法的关系与正统的阐释者们对这一关系的阐释存在着很大的差别。这里同样存在着对马克思本真思想的双重遮蔽：既遮蔽了黑格尔方法论（包括辩证法）的真相，又用被遮蔽的黑格尔辩证法进一步遮蔽了马克思本人对辩证法的理解。

下面，我们先来考察第一重遮蔽，即正统的阐释者们对黑格尔方法论，包括辩证法的遮蔽。它包括以下三个不同的层面：

第一个层面是，把黑格尔方法论窄化为其第二个环节——辩证法，从而失去了对他的方法论的整体性把握。关于这个层面，我在前面已经论述过了，这里不再重复。

第二个层面是，由于忽略了对黑格尔方法论的第一个环节——知性的探讨，使黑格尔的辩证法成了无源之水、无本之木。因为在黑格尔方

---

① 《马克思恩格斯选集》第4卷，北京：人民出版社1995年版，第220页。

法论中，作为第二个环节的辩证法是以第一个环节知性作为基础的。撇开这个基础性环节，辩证法便变得不可理解了。我们知道，在黑格尔哲学的语境中，知性追求的是事物的规定性和知性的确定性。在《小逻辑》中，黑格尔以异乎寻常的口吻肯定了知性的必要性和重要性："无论如何，我们必须首先承认理智思维的权利和优点，大概讲来，无论在理论的或实践的范围内，没有理智，便不会有坚定性和规定性。"① 这段话表明，知性的意义不光体现在理论思维中，也体现在"实践的范围内"。黑格尔认为，一个人欲有所成就，"他必须专注于一事，而不可分散他的精力于多方面。同样，无论于哪一项职业，主要的是用理智去从事"②。在黑格尔看来，知性也是教养中的主要成分。一个有教养的人决不会满足于混沌模糊的印象，只有缺乏教养的人才会停留在游移不停的思维态度和实践态度中。即使在距知性最远的艺术、宗教和哲学的范围内，知性也是不可或缺的。尤其是"在哲学里，最紧要的，就是对每一思想都必须充分地准确地把握住，而决不容许有空泛和不确定之处"③。在这个意义上可以说，没有知性的规定性和确定性作为基础，辩证法就会流于诡辩。当然，知性在坚持事物的规定性和知识的确定性时，也极易滑向另一个极端，即对事物性质的僵化和知识上的教条化。因而需要引入第二个环节——辩证法来摒弃知性暗含的僵化和教条化的趋向。在这个意义上，知性乃是辩证法的基础，而辩证法则是对知性的僵化和教条化倾向的摒弃。

第三个层面是，由于缺乏对黑格尔方法论的第三个环节——"思辨"的批判性考察，所以即使把辩证法从黑格尔的整个方法论中抽取出来，这个辩证法也是无用的。在这里，"抽取出来"只是一个假象，因为正如马克思在《神圣家族》（1844）中所说的，黑格尔的辩证法乃是

---

① 〔德〕黑格尔：《小逻辑》，第172、173、174、175 页，Sehn G. W. F. Hegel：*Werke 8*，FrankfurtanMain：SuhrkampVerlag，1986，s. 168。
② 〔德〕黑格尔：《小逻辑》，第174 页。也可参阅黑格尔：《法哲学原理》，范扬、张企泰译，北京：商务印书馆1979 年版，第24—25 页。
③ 〔德〕黑格尔：《小逻辑》，第172、173、174、175 页，Sehn G. W. F. Hegel：*Werke 8*，FrankfurtanMain：SuhrkampVerlag，1986，s. 168。

"思辨的辩证法"①，只有透彻地批判黑格尔的"思辨"，置换辩证法的载体，才可能成功地把辩证法从黑格尔的整个方法论中抽取出来。遗憾的是，对"思辨"这个黑格尔方法论中的最高环节，恩格斯却缺乏实质性的反思和批判，而这方面的工作主要是由马克思担当起来的。

下面，我们再来考察第二重遮蔽。由于正统的阐释者们运用被误读的黑格尔的辩证法来阐释马克思的辩证法，从而导致了对马克思辩证法的进一步遮蔽，主要表现在以下三个方面：

其一，忽视了马克思对黑格尔方法论的整体性批判，而这一批判正是通过马克思对黑格尔方法论的第三个环节，也是其拱顶石——"思辨"的批判而展开的。在马克思看来，黑格尔的辩证法是在"思辨"的笼罩下得以展开的，拯救辩证法的首要任务是对其"思辨"的这一原罪进行彻底的清算。事实上，在青年马克思撰写的一系列论著中，一个重要的主题就是批判黑格尔的"思辨"。比如，在《神圣家族》中，马克思专门辟出一节的内容来考察"思辨结构的秘密"。马克思这样写道："如果我从现实的苹果、梨、草莓、扁桃中得出'果实'这个一般的观念，如果再进一步想象我从现实的果实中得到的'果实'[《die Frucht》]这个抽象观念就是存在于我身外的一种本质，而且是梨、苹果等等的真正的本质，那么我就宣布（用思辨的话说）'果实'是梨、苹果、扁桃等等的'实体'……于是我宣布：苹果、梨、扁桃等等是'果实'的简单的存在形式，是它的样态。"② 在黑格尔的思辨中，一切都颠倒过来了。相反，在现实生活中，先行存在着的无疑是苹果、梨、扁桃这些果实，然后，人们从中概括出"果实"这个抽象观念。但黑格尔却告诉我们，"果实"这个观念作为"实体"是先行存在的，而现实生活中的苹果、梨、扁桃等等反倒只是它的表现样态而已。

然而，在马克思看来，尽管思辨哲学家从现实的苹果、梨、扁桃中得出"果实"这个抽象的观念是十分容易的，但要从这个抽象的观念

---

① 《马克思恩格斯全集》第 2 卷，北京：人民出版社 1957 年版，第 67、71—72、73、73—74、74、75 页。

② 同上。

出发去得出苹果、梨、扁桃等等,却是困难重重的。如何解决这个难题呢?"思辨哲学家答道:这是因为'一般果实'并不是僵死的、无差别的、静止的本质,而是活生生的、自相区别的、能动的本质。"① 而这种本质同时也是一个活生生的统一体,"这统一体把单个的果实都消溶于自身中,又从自身生出各种果实,正如人体的各部分不断消溶于血液,又不断从血液中生出一样"②。马克思认为,思辨哲学家最感兴趣的是把现实的、普通的果实的存在制造出来,然后故弄玄虚地说,苹果、梨、扁桃等等存在着。"但是我们在思辨的世界里重新得到的这些苹果、梨、扁桃和葡萄却最多不过是虚幻的苹果、梨、扁桃和葡萄,因为它们是'一般果实'的生命的各个环节,是理智所创造的抽象本质的生命的各个环节,因而本身就是理智的抽象产物。"③ 总之,在黑格尔构筑的思辨世界里,作为抽象观念的"果实"成了神秘的绝对主体的化身,而这个主体通过自我运动,创造出现实生活中的苹果、梨、扁桃等等。马克思由此而总结道:"这种办法,用思辨的话来说,就是把实体了解为主体,了解为内部的过程,了解为绝对的人格。这种了解方式就是黑格尔方法的基本特征。"④

马克思敏锐地发现,黑格尔的辩证法被包裹在厚重的思辨外套中,因而它完全失去了批判、改造现实生活的功能,蜕变为神秘的、绝对主体内部的自我运动。早在《手稿》中批判黑格尔的"绝对精神"时,马克思已经指出:"这就是神秘的主体—客体,或笼罩在客体上的主体性,作为过程的绝对主体,作为使自己外化并且从这种外化返回到自身的、但同时又使外化回到自身的主体,以及作为这一过程的主体;这就是在自身内部的纯粹的、不停息的旋转。"⑤ 毋庸置疑,在这个神秘的思辨世界中,辩证法的不停息的旋转和不间断的否定不过是自娱自乐而

---

① 《马克思恩格斯全集》第 2 卷,北京:人民出版社 1957 年版,第 67、71—72、73、73—74、74、75 页。
② 同上。
③ 同上。
④ 同上。
⑤ 《马克思恩格斯全集》第 42 卷,北京:人民出版社 1979 年版,第 176、161—162 页。

已，根本不可能触及、影响现实生活。换言之，在黑格尔的思辨世界中，辩证法被窒息了，它至多不过是在外观上给人以批判和否定的印象罢了，犹如马克思所指出的："在《现象学》中，尽管已有一个完全否定和批判的外表，尽管实际上已包含着那种往往早在后来发展之前就有的批判，黑格尔晚期著作的那种非批判的实证主义和同样非批判的唯心主义——现有经验在哲学上的分解和恢复——已经以一种潜在的方式，作为萌芽、潜能和秘密存在着了。"① 由此可见，只要不对黑格尔的"思辨"进行透彻的反思和批判，根本就不可能从他的方法论中拯救出辩证法。

其二，忽视了马克思对黑格尔辩证法载体的置换。如前所述，在黑格尔那里，辩证法的载体就是绝对精神，而绝对精神同时也是绝对的主体、能动的本质和活生生的统一体。在《终结》中恩格斯曾经说过："归根到底，黑格尔的体系只是一种就方法和内容来说唯心主义地倒置过来的唯物主义。"② 显然，按照恩格斯的这一思路，黑格尔的绝对精神只能被倒转为"自然"。于是，自然就成了辩证法的载体，黑格尔的绝对精神辩证法被置换为恩格斯的自然辩证法。必须指出，在恩格斯那里，作为辩证法载体的自然并不是马克思意义上的"人化自然"，即经过人的实践活动和工业媒介的自然，而是撇开人的实践活动干扰的自然自身的运动。正如恩格斯自己所说的："唯物主义的自然观不过是对自然界本来面目的朴素的了解，不附加任何外来的成分，所以它在希腊哲学家中间从一开始就是不言而喻的东西。"③

与恩格斯不同，马克思并没有把抽象的、与人的实践活动相分离的自然或物质作为自己新的辩证法的载体，恰恰相反，他始终坚持，新的辩证法的载体应该是现实的人。由此，他在《神圣家族》中对黑格尔辩证法的载体——绝对精神的本质作出了全新的解读："在黑格尔的体系中有三个因素：斯宾诺莎的实体，费希特的自我意识以及前两个因素

---

① 《马克思恩格斯全集》第42卷，北京：人民出版社1979年版，第176、161—162页。
② 《马克思恩格斯选集》第4卷，北京：人民出版社1995年版，第226页。
③ 恩格斯：《自然辩证法》，北京：人民出版社1971年版，第177页。

在黑格尔那里的必然的矛盾的统一，即绝对精神。第一个因素是形而上学地改了装的、脱离人的自然。第二个因素是形而上学地改了装的、脱离自然的精神。第三个因素是形而上学地改了装的以上两个因素的统一，即现实的人和现实的人类。"① 在马克思看来，黑格尔的绝对精神根本不应该被颠倒并置换为抽象的自然，否则黑格尔就退回到斯宾诺莎哲学的水平上去了，它应该被颠倒并置换为"现实的人和现实的人类"。然而，马克思并没有掠人之美。他告诉人们，以这种方式解读和置换黑格尔绝对精神的，并不是自己，而是费尔巴哈："只有费尔巴哈才是从黑格尔的观点出发而结束和批判了黑格尔的哲学。费尔巴哈把形而上学的绝对精神归结为'以自然为基础的现实的人'，从而完成了对宗教的批判。同时也巧妙地拟定了对黑格尔的思辨以及一切形而上学的批判的要点。"② 尽管马克思后来又转而批判费尔巴哈的人本学思想，但他始终肯定，把黑格尔的绝对精神辩证法置换为"现实的人的辩证法"的乃是费尔巴哈。

必须指出，与费尔巴哈不同，马克思深入地钻研了国民经济学，因而在《手稿》中他已对费尔巴哈所倡导的"现实的人的辩证法"作了更深入的阐发。他告诉人们："黑格尔的《现象学》及其最后成果——作为推动原则和创造原则的否定性的辩证法——的伟大之处首先在于，黑格尔把人的自我产生看作一个过程，把对象化看作失去对象，看作外化和这种外化的扬弃；因而他抓住了劳动的本质，把对象性的人、现实的因而是真正的人理解为他自己的劳动的结果。"③ 这段话表明，马克思并没有停留在费尔巴哈的水平上，他进一步把"现实的人的辩证法"解读为"劳动辩证法"。事实上，马克思关于"异化劳动"及对"异化劳动的扬弃"的讨论全都是围绕着劳动辩证法而展开的。在马克思看来，新的辩证法的载体应该是现实的人的实践活动，尤其是生产劳动。然而，马克思的劳动辩证法完全被恩格斯的自然辩证法遮蔽起来了。

---

① 《马克思恩格斯全集》第 2 卷，北京：人民出版社 1995 年版，第 177 页。
② 同上书，第 177 页。
③ 《马克思恩格斯全集》第 42 卷，北京：人民出版社 1979 年版，第 163 页。

其三，忽视了马克思对黑格尔辩证法的全面的论述，即马克思不仅看到了黑格尔辩证法强调的否定的方面，也看到了其肯定的方面。当然，马克思与黑格尔在对这两个方面的内涵的理解上存在着根本性的差别。黑格尔辩证法中的"否定"实际上是完全不触及现实生活的虚假的否定，而马克思辩证法中的否定是对现实生活中存在的不合理因素的真正的否定。同样地，黑格尔的辩证法不包含肯定，肯定体现在他方法论的知性和思辨这两个环节中。在这个意义上，肯定方面外在于黑格尔的辩证法，所以马克思把黑格尔的辩证法称之为"否定性的辩证法"，而马克思则使肯定方面与否定方面共处于自己的辩证法中，从而防止了辩证法向虚无主义方向滑动。在《资本论》第一卷第二版"跋"（1873）中，马克思这样写道："辩证法，在其神秘形式上，成了德国的时髦东西，因为它似乎使现存事物显得光彩。辩证法，在其合理形态上，引起资产阶级及其空论主义的代言人的恼怒和恐怖，因为辩证法在对现存事物的肯定的理解中同时包含对现存事物的否定的理解，即对现存事物的必然灭亡的理解；辩证法对每一种既成的形式都是从不断的运动中，因而也是从它的暂时性方面去理解；辩证法不崇拜任何东西，按其本质来说，它是批判的和革命的。"① 显然，马克思把黑格尔的辩证法理解为"神秘形式上"的辩证法，而把自己的辩证法理解为"合理形态上"的辩证法，因为马克思使肯定和否定共处于自己的辩证法中，从而既强调了辩证法的批判性和革命性，又使它与虚无主义划清了界限。

总之，在正统的阐释者们对马克思与黑格尔关系的阐释中，马克思的基本思想，包括他的辩证法，受到了双重的遮蔽。在《哲学笔记》中，列宁毫不犹豫地告诉我们："要义：不钻研和不理解黑格尔的全部逻辑学，就不能完全理解马克思的《资本论》，特别是它的第1章。因此，半个世纪以来，没有一个马克思主义者是理解马克思的！！"② 列宁

---

① 〔德〕马克思：《资本论》第1卷，北京：人民出版社2004年版，第24页。
② 〔俄〕列宁：《哲学笔记》，北京：人民出版社1974年版，第191、410页。

甚至这样写道:"辩证法也就是(黑格尔)和马克思主义的认识论。"①于是,马克思完全被黑格尔化了。

马克思的费尔巴哈化

众所周知,费尔巴哈比马克思大 14 岁,他青年时期听过黑格尔的课,深受黑格尔思想的影响。后来,他又起来批判黑格尔的思辨哲学,尤其是他的代表作《基督教的本质》(1841)的出版,使他成了当时德国最有影响的哲学家之一,马克思和恩格斯都曾受到过他的影响。于是,下面两个问题就发生了:一是如何理解并阐释费尔巴哈哲学?二是如何理解并阐释马克思与费尔巴哈的理论关系?我的研究表明,正统的阐释者们对上述两个问题的解答都存在着误读和偏差。而正是由于这样的误读和偏差,他们不仅遮蔽了费尔巴哈的真实思想,也通过被遮蔽的费尔巴哈的思想,进一步遮蔽了马克思的思想。

我们先来看正统的阐释者们对费尔巴哈哲学的阐释和定位。在《终结》中,恩格斯明确地指出:"费尔巴哈的发展进程是一个黑格尔主义者(诚然,他从来不是完全正统的黑格尔主义者)走向唯物主义的发展进程,这一发展使他在一定阶段上同自己的这位先驱者的唯心主义体系完全决裂了。他势所必然地终于认识到,黑格尔的'绝对观念'之先于世界的存在,在世界之前就有的'逻辑范畴的预先存在',不外是对世界之外的造物主的信仰的虚幻残余;我们自己所属的物质的、可以感知的世界,是唯一现实的;而我们的意识和思维,不论它看起来是多么超感觉的,总是物质的、肉体的器官即人脑的产物。物质不是精神的产物,而精神本身只是物质的最高产物。这自然是纯粹的唯物主义。"②毋庸置疑,在恩格斯看来,费尔巴哈哲学就是唯物主义哲学。也就是说,在后黑格尔主义哲学的发展中,费尔巴哈的历史功绩就是重新恢复了唯物主义哲学的权威地位。

---

① 〔俄〕列宁:《哲学笔记》,北京:人民出版社 1974 年版,第 191、410 页。
② 《马克思恩格斯选集》第 4 卷,北京:人民出版社 1995 年版,第 227 页。

当然，恩格斯也敏锐地观察到了，由于费尔巴哈把"唯物主义"这个概念与18世纪以毕希纳、福格特和摩莱肖特的庸俗唯物主义混淆起来，因而他对"唯物主义"这个用语始终是有保留的。然而，恩格斯似乎没有注意到，费尔巴哈不仅对18世纪的唯物主义，而且对整个唯物主义都保持着自己的警惕心。在《论哲学的"开端"》（1841）中，费尔巴哈以轻蔑的口吻写道："要知道，如果一切都被归结为客体的印象，像冷酷的唯物主义和经验主义所假定的那样，那么畜类也可以成为物理学家，甚至必须成为物理学家了。"① 费尔巴哈认为，唯物主义关注的只是物的东西，它不仅把世界理解为物的堆积，而且也把每一个富有感性的、有血有肉的人理解为物的表现形态。有鉴于此，费尔巴哈以十分明确的口吻指出："唯物主义、唯心主义、生理学、心理学都不是真理；只有人本学是真理，只有感性、直观的观点是真理，因为只有这个观点给予我们整体性和个别性。"②

必须指出，马克思并没有像恩格斯那样，把费尔巴哈哲学简单地定位为唯物主义。在《神圣家族》中，马克思区分了两种不同的唯物主义：一种是以霍布斯为代表的机械唯物主义，它把人的一切感性情欲都理解并阐释为机械运动。马克思在谈到这种唯物主义时不无遗憾地指出："唯物主义变得敌视人了。"③ 另一种是有人道主义倾向的唯物主义："费尔巴哈在理论上体现了和人道主义相吻合的唯物主义，而法国和英国的社会主义和共产主义则在实践方面体现了这种唯物主义。"④ 从马克思的上述论述可以看出，他明确地把费尔巴哈哲学定位为"和人道主义相吻合的唯物主义"。

更值得注意的是，马克思对费尔巴哈哲学的这一定位是富有深意的。对马克思来说，费尔巴哈哲学的主要历史功绩并不是他的唯物主

---

① 《费尔巴哈著作选集》（上卷），荣震华等译，北京：商务印书馆1984年版，第89、205页。
② 同上书，第89、205页。
③ 《马克思恩格斯全集》第2卷，北京：人民出版社1957年版，第164、160页。
④ 同上。

义，而是他的人本学。事实上，我在前面部分的论述中已经指出，也正是在《神圣家族》的另一处，马克思肯定费尔巴哈的杰出贡献是把黑格尔的绝对精神解读为"以自然为基础的现实的人"。也就是说，人本学才是费尔巴哈在后黑格尔语境中对哲学的真正贡献。正如我在前面已经指出过的，这完全切合费尔巴哈对自己哲学的定位。

早在 1825 年 3 月 22 日致父亲的信中，费尔巴哈已经满怀激情地表示："我要把人，把整个的人，深深地铭记在心中，它不是医生病床和解剖刀下的人，不是律师在法庭上和审讯室里的人，不是面包匠，也不是酿酒师那样的人。这是个贯穿一切、穷根究底的思想。有了它我就有了一切，并能自己延伸到世界的尽头。"① 在费尔巴哈看来，他关注的并不是在社会生活中担任某个角色或处于某种特殊状态下的某个具体的人，而是"整个的人"。在《关于哲学改造的临时纲要》（1842）中，费尔巴哈写道："一切关于法律、关于意志、关于自由、关于没有人的、在人以外甚至在人之上的人格的思辨，都是一种没有统一性、没有必然性、没有实体、没有根据、没有实在性的思辨。人是自由的存在，人格的存在，法律的存在。只有人才是费希特的'自我'的根据和基础，才是莱布尼茨的'单子'的根据和基础，才是'绝对'的根据和基础。"② 由此可见，在费尔巴哈哲学中，"人"不是一个边缘性的、偶尔出现的概念，而是其全部哲学思想的基础和核心。费尔巴哈之所以反复重申他更愿意把自己的哲学称为"人本学"，其原因也在这里。当然，费尔巴哈没有把人本学这个概念的外延局限在单纯的哲学思考的范围内，他把神学也纳入到人本学的范围内："新哲学完全地、绝对地、无矛盾地将神学溶化为人本学，因为新哲学不仅像旧哲学那样将神学溶化于理性中，而且将它溶化于心情之中，简言之，溶化于完整的，现实的，人的本质之中。"③

尽管费尔巴哈由于诉诸直观而撇开了人的实践活动，因而他所说的

---

① 苗力田译编：《黑格尔通信百封》，上海：上海人民出版社1981年版，第272页。
② 《费尔巴哈著作选集》（上卷），北京：商务印书馆1984年版，第118、182页。
③ 同上。

"现实的人"归根到底是抽象的,后来遭到了马克思的深入批判,但他的主要贡献在人本学方面,这一点是不应该被遮蔽起来的。退一万步说,即使要从唯物主义角度去定位费尔巴哈哲学,也不应该忽略他的唯物主义是"和人道主义相吻合的唯物主义"。事实上,正统的阐释者们一旦对费尔巴哈哲学作出简单的、片面的定位,也势必会影响到他们对马克思与费尔巴哈关系的正确理解和定位。

下面,我们再来考察正统的阐释者们是如何对马克思与费尔巴哈的理论关系进行阐释和定位的。这一定位主要是把费尔巴哈理解为黑格尔与马克思之间的中间环节。换言之,在马克思思想的发展中,存在着一个费尔巴哈阶段。在《终结》的序言中,恩格斯这样写道:"关于我们和黑格尔的关系,我们曾经在一些地方作了说明,但是无论哪个地方都不是全面系统的。至于费尔巴哈,虽然他在好些方面是黑格尔哲学和我们的观点之间的中间环节,我们却从来没有回顾过他。"[①] 在这里,恩格斯明确地提出了"中间环节"说。他还表示:"在这种情况下,我感到越来越有必要把我们同黑格尔哲学的关系,我们怎样从这一哲学出发又怎样同它脱离,作一个简要而又系统的阐述。同样,我也感到我们还要还一笔信誉债,就是要完全承认,在我们的狂飙时期,费尔巴哈给我们的影响比黑格尔以后任何其他哲学家都大。"[②] 在这段论述中,恩格斯暗示人们,他和马克思过去是从黑格尔哲学出发的,后来又同它脱离了,而这一脱离的关键是由于他们受到了费尔巴哈唯物主义的影响,而既然他们长期以来都没有提到过自己曾受惠于费尔巴哈,因而"要还一笔信誉债"。事实上,恩格斯在这段话中表达的意思,也可以从《终结》正文中的下面一句话——"同黑格尔哲学的分离在这里也是由于返回到唯物主义观点而发生的"[③] ——得到印证。显然,这里说的"返回到唯物主义观点"也就是返回到费尔巴哈的唯物主义哲学。

---

① 《马克思恩格斯选集》第4卷,北京:人民出版社1995年版,第211—212、212、242页。

② 同上。

③ 同上。

如果说，恩格斯在这段论述中所说的"返回到唯物主义观点"还没有直接点出费尔巴哈的名字，那么，《终结》中的下面这段话就是最明确不过的了。在叙述黑格尔学派的解体时，恩格斯写道："这时，费尔巴哈的《基督教的本质》出版了，它直截了当地使唯物主义重新登上王座，这就一下子消除了这个矛盾。自然界是不依赖任何哲学而存在的；它是我们人类（本身就是自然界的产物）赖以生长的基础；在自然界和人以外不存在任何东西，我们的宗教幻想所创造出来的那些最高存在物只是我们自己的本质的虚幻反映。魔法被破除了；'体系'被炸开并被抛在一旁了，矛盾既然仅仅是存在于想象之中，也就解决了。——这部书的解放作用，只有亲身体验过的人才能想象得到。那时大家都很兴奋：我们一时都成为费尔巴哈派了。马克思曾经怎样热烈地欢迎这种新观点，而这种新观点又是如何强烈地影响了他（尽管还有种种批判性的保留意见），这可以从《神圣家族》中看出来。"① 从恩格斯的这段重要的论述中至少可以引申出以下两点结论：第一，既然费尔巴哈的《基督教的本质》"直截了当地使唯物主义重新登上了王座"，而"费尔巴哈给我们的影响比黑格尔以后的任何其他哲学家都大"，可见，马克思必定是在费尔巴哈唯物主义的影响下脱离黑格尔哲学的。第二，既然"我们一时都成为费尔巴哈派了"，这就表明，在马克思思想演化史上必定存在着一个费尔巴哈阶段。那么，这个阶段究竟是否存在呢？在我看来，这个阶段并不存在。

首先，即使是在短暂的时间里，马克思也决不可能成为"费尔巴哈派"。毋庸置疑，马克思的思想受到过费尔巴哈的影响。这种影响不仅从马克思和恩格斯合著的《神圣家族》中显露出来，也从恩格斯未见到过的马克思的《黑格尔法哲学批判》（1843）、《手稿》等论著中显露出来。比如，在《神圣家族》中，马克思就曾高度评价过费尔巴哈在黑格尔哲学解体过程中的作用："到底是谁揭露了'体系'的秘密呢？是费尔巴哈。是谁摧毁了概念的辩证法即仅仅为哲学家们所熟悉的诸神

---

① 《马克思恩格斯选集》第4卷，北京：人民出版社1995年版，第222页。

的战争呢？是费尔巴哈。是谁不是用'人的意义'（好像人除了是人以外还有其他的意义似的！）而是用'人'本身来代替包括'无限的自我意识'在内的破烂货呢？是费尔巴哈，而且仅仅是费尔巴哈。"① 然而，数月之后，即在1845年春，马克思就写下了全面分析、批判费尔巴哈哲学的十一条提纲。这充分表明，尽管马克思赞同费尔巴哈的某些观点，但他并没有像恩格斯所说的那样成为"费尔巴哈派"。因为与费尔巴哈比较起来，马克思有着完全不同的知识背景和生活兴趣。在1860年10月20日致威廉·博林的信中，费尔巴哈在比较自己与黑格尔之间在命运上的巨大差异时写道："命运没使我登上绝对哲学的讲坛，相反地，把我放逐到连一座教堂都没有的、可怕的、多事的小村子里达二十四年之久，地位卑下孤独寂寞、默默无声……我在柏林做了两年大学生，却在乡村做了二十四年的编外讲师。"② 不用说，费尔巴哈的生活是孤独的、封闭的，他的知识结构也是单一的，主要涉及宗教领域。相反，马克思在17岁时写下的《青年在职业选择时的考虑》就已充满对现实生活和人类的关切。在柏林大学求学期间，马克思主要攻读法学和哲学，但他的阅读面非常宽，旁及历史、艺术、宗教、文学、科学等方面。他不但积极参与博士俱乐部的讨论活动，也努力投身于现实斗争。1842—1843年间，马克思担任了《莱茵报》的编辑，由于必须对物质利益的事情发表意见，他从1844年开始研读国民经济学。马克思对生活和知识的广泛兴趣使他从青年时期起就完全不同于费尔巴哈。即使在他的思想受费尔巴哈影响时，他仍然保持着自己独立的见解。比如，在《黑格尔法哲学批判》中对市民社会、国家和权利的探索，在《手稿》中关于实践、私有制、异化劳动和共产主义的论述，在《神圣家族》中对阶级异化、历史目的论和唯物主义史的批判性论述等等，都远远超出了费尔巴哈的理论视域。有趣的是，恩格斯只是在括号里附带地提到了马克思对费尔巴哈"还有种种批判性的保留意见"。然而，实际情形

---

① 《马克思恩格斯全集》第2卷，北京：人民出版社1957年版，第118页。
② 苗力田译编：《黑格尔通信百封》，上海：上海人民出版社1981年版，第298页。

是，从一开始，马克思与费尔巴哈之间就存在着重大的思想差异。马克思根本不可能返回到费尔巴哈的直观唯物主义立场上去，才使自己从黑格尔哲学的阴影中摆脱出来。

事实上，马克思后来在《〈政治经济学批判〉序言》（1859）中回顾自己从青年时期以来走过的历程时，没有一个字提到费尔巴哈。马克思是这样说的："为了解决使我苦恼的疑问，我写的第一部著作是对黑格尔法哲学的批判性的分析。……我的研究得出这样一个结果：法的关系正像国家的形式一样，既不能从它们本身来理解，也不能从所谓人类精神的一般发展来理解，相反，它们根源于物质的生活关系，这种物质的生活关系的总和，黑格尔按照18世纪的英国人和法国人的先例，概括为'市民社会'，而对市民社会的解剖应该到政治经济学中去寻求。"① 在这段回顾中，马克思提到了黑格尔的法哲学和市民社会理论，但完全没有提到费尔巴哈。如果真像恩格斯所说的，在马克思思想的演化中存在着一个费尔巴哈阶段，像马克思这样具有严格的科学态度的人是不可能一字不提的。这也从相反的角度启示人们，费尔巴哈哲学，包括他的唯物主义立场并没有对马克思思想历程产生过实质性的影响。

其次，马克思的唯物主义是历史唯物主义，这种唯物主义根本不可能源于费尔巴哈的一般唯物主义，而只能源于马克思对现实斗争的参与、对国民经济学的探讨和对黑格尔的历史唯心主义的批判。费尔巴哈的一般唯物主义与马克思的历史唯物主义的根本区别在于：前者是从与人的活动相分离的自然出发的。在《黑格尔哲学批判》（1839）中，费尔巴哈曾经指出："哲学是关于真实的、整个的现实界的科学，而现实的总和就是自然（普遍意义的自然）。最深奥的秘密就在最简单的自然物里面，这些自然物，渴望彼岸的幻想的思辨者是踏在脚底的。只有回到自然，才是幸福的源泉。"② 显然，费尔巴哈所谈论的自然乃是与人的实践活动分离的、被直观的自然。这种抽象的自然正是一般唯物主义

---

① 《马克思恩格斯选集》第2卷，北京：人民出版社1957年版，第32页。
② 《费尔巴哈哲学著作选集》（上卷），荣震华等译，北京：商务印书馆1984年版，第84页。

的基础和出发点,但对马克思的历史唯物主义来说,这样的自然根本就是虚幻的、不存在的。正如马克思在《手稿》中所说的:"被抽象地孤立地理解的、被固定为与人分离的自然界,对人说来也是无。"① 那么,在历史唯物主义的视域中,究竟怎样的自然界才有可能存在呢?在《手稿》的另一处,马克思写道:"在人类历史中即在人类社会的产生过程中形成的自然界是人的现实的自然界;因此,通过工业——尽管以异化的形式——形成的自然界,是真正的、人类学的自然界。"② 这就表明,马克思的唯物主义根本不可能来自费尔巴哈的唯物主义。事实上,细心的读者一定会发现,早在《形态》中,马克思已经指出:"当费尔巴哈是一个唯物主义者的时候,历史在他的视野之外;当他去探讨历史的时候,他不是一个唯物主义者。在他那里,唯物主义和历史是彼此完全脱离的。"③ 这就启示人们,马克思的历史唯物主义根本不可能来自费尔巴哈的一般唯物主义。

再次,从内涵上看,马克思的唯物主义与费尔巴哈的唯物主义也存在着根本性的区别。《提纲》第一条就明确地表示:"从前的一切唯物主义(包括费尔巴哈的唯物主义)的主要缺点是:对对象、现实、感性,只是从客体的或者直观的形式去理解,而不是把它们当作感性的人的活动,当作实践去理解,不是从主体方面去理解。"④ 简言之,费尔巴哈的唯物主义是以直观为基本特征的,而马克思的唯物主义则是以实践为基本特征的,而后一种唯物主义根本不可能奠基于前一种唯物主义之上,因为它们在内涵上是对立的、不可调和的。也就是说,只有抛弃费尔巴哈的唯物主义,才有可能真正进入马克思的唯物主义的视域。

遗憾的是,在正统的阐释路线的主导下,我上面提出的三点异议根本不可能发生作用。事实上,到列宁那里,恩格斯对马克思与费尔巴哈理论关系的阐释已经成了不言而喻的真理。比如,恩格斯主张的"中间

---

① 《马克思恩格斯全集》第42卷,北京:人民出版社1979年版,第178、128页。
② 同上。
③ 《马克思恩格斯选集》第1卷,北京:人民出版社1995年版,第78、54页。
④ 同上。

环节",在列宁那里成了哲学发展史上的一个圆圈:"黑格尔——费尔巴哈——马克思"①。同样地,恩格斯关于马克思是通过对费尔巴哈唯物主义立场的接受才脱离黑格尔的见解,也在列宁那里得到了新的发展。列宁写道:"马克思和恩格斯的学说是从费尔巴哈那里产生出来的,是在与庸才们的斗争中发展起来的,自然他们所特别注意的是修盖好唯物主义哲学的上层,也就是说,他们所特别注意的不是唯物主义的认识论,而是唯物主义历史观。"② 值得注意的是,列宁竟然说:"马克思和恩格斯的学说是从费尔巴哈那里产生出来的。"如果这个说法成立的话,费尔巴哈岂不成了马克思理论的奠基人!更有甚者,列宁还把马克思的历史唯物主义与费尔巴哈的一般唯物主义简单地等同起来,他告诉我们:"物质的存在不依赖于感觉。物质是第一性的。感觉、思想、意识是按特殊方式组成的物质的高级产物。这就是一般唯物主义的观点,特别是马克思和恩格斯的观点。"③ 尽管列宁在这里没有直接提到费尔巴哈的名字,但他在哲学立场上却把马克思与费尔巴哈完全无差别地等同起来了。事实上,在列宁那里,马克思不仅被黑格尔化了,同时也被费尔巴哈化了。

在列宁之后,斯大林在《论辩证唯物主义和历史唯物主义》中明确指出,马克思和恩格斯既从黑格尔哲学中采取了"合理内核"(辩证法),又从费尔巴哈哲学中采取了"基本内核"(唯物主义),从而形成了自己的哲学(辩证唯物主义)。④ 从此以后,这一主导性的阐释见解就成了马克思哲学教科书中的定见。比如,肖前教授等主编的《辩证唯物主义原理》就是这样表达的:"马克思和恩格斯在总结工人运动的丰富经验和自然科学最新成果的基础上,剥掉了黑格尔哲学的唯心主义外壳,批判地吸收了它辩证法思想的合理内核,排除了费尔巴哈哲学中的宗教的、伦理的唯心主义杂质,批判地吸取了它唯物主义的基本内核,

---

① 〔俄〕列宁:《哲学笔记》,北京:人民出版社1974年版,第411页。
② 《列宁选集》第2卷,北京:人民出版社1995年版,第225、51页。
③ 同上。
④ 《联共(布)党史简明教程》,北京:人民出版社1975年版,第116、115—116页。

并溶入自己的新发现,从而创立了马克思主义哲学……"① 如果说,马克思哲学在方法论上被黑格尔化、在基本立场上被费尔巴哈化,那么,马克思的划时代的哲学革命又表现在那里呢?走笔至此,我发现,马克思原初的哲学思想已经被严严实实地遮蔽起来了。然而,正统的阐释者们还没有结束自己的遮蔽活动。

马克思的斯大林化

正统的阐释者们的一系列阐释活动的结晶物是斯大林的《论辩证唯物主义和历史唯物主义》。在该文中,斯大林开宗明义地指出:"辩证唯物主义是马克思列宁主义党的世界观。它所以叫作辩证唯物主义,是因为它对自然界现象的看法,它研究自然界现象的方法、它认识这些现象的方法是辩证的,而它对自然界现象的解释、它对自然界现象的了解,它的理论是唯物主义的。历史唯物主义就是把辩证唯物主义的原理推广去研究社会生活,把辩证唯物主义的原理应用于社会生活现象,应用于研究社会,应用于研究社会历史。"② 从这段权威性的、影响极其深远的论述中可以引申出以下三点结论:第一,马克思哲学就是辩证唯物主义。第二,历史唯物主义是把辩证唯物主义的原理"推广"、"应用"到社会历史领域的结果(这就是马克思哲学阐释史上出现的著名的"推广论")。也就是说,历史唯物主义只是一门应用性的、实证性的学科。第三,辩证唯物主义的研究对象是自然,历史唯物主义的研究对象是社会历史。辩证唯物主义可以从对自然的研究扩展到对社会历史的研究,而历史唯物主义却只能局限在社会历史的范围内,不能对自然进行研究。

这三点结论体现出来的并不是斯大林在思想上的独创性,恰恰相反,它们不过是他对正统的阐释者们留下的阐释成果的综合而已。事实上,在《反杜林论》的"三版序言"中,恩格斯已经表明:"马克思和

---

① 肖前等主编:《辩证唯物主义原理》,北京:人民出版社1981年版,第30页。
② 《联共(布)党史简明教程》,北京:人民出版社1975年版,第116、115—116页。

我，可以说是把自觉的辩证法从德国唯心主义哲学中拯救出来并用于唯物主义的自然观和历史观的唯一的人。可是要确立辩证的同时又是唯物主义的自然观，需要具备数学和自然科学的知识。……因此，当我退出商界并移居伦敦，从而获得了研究时间的时候，我尽可能地使自己在数学和自然科学方面来一次彻底的——像李比希所说的——'脱毛'。"①这段话之所以特别重要，因为恩格斯提到了他和马克思对辩证法的拯救，而这一拯救活动是有分工的。如果说，恩格斯把辩证法用于唯物主义的自然观，那么，马克思则把辩证法用于唯物主义的历史观。恩格斯在这段话中表达出来的意思也可以从《反杜林论》正文中的另一段话"这两个伟大的发现——唯物主义历史观和通过剩余价值揭开资本主义生产的秘密，都应当归功于马克思"②得到印证。其实，当恩格斯把唯物主义历史观视为马克思的伟大发现时，同时也等于说，"唯物主义自然观＋辩证法"属于自己的专利。不过是恩格斯没有把这层意思说出来而已。那么，在恩格斯那里，"唯物主义自然观＋辩证法"究竟是什么呢？

在《终结》中，当恩格斯谈到用唯物主义的观点改造黑格尔的辩证法时，曾经指出："这样，概念的辩证法本身就变成只是现实世界的辩证运动的自觉的反映，从而黑格尔的辩证法就被倒转过来了，或者宁可说，不是用头立地而是重新用脚立地了。而且值得注意的是，不仅我们发现了这个多年来成为我们最好的工具和最锐利的武器的唯物主义辩证法，而且德国工人约瑟夫·狄慈根不依靠我们，甚至不依靠黑格尔也发现了它。"③尽管恩格斯把发现"唯物主义辩证法"归功于"我们"，即他和马克思，甚至也把实际上缺乏哲学素养的约瑟夫·狄慈根一起拉了进来，但实际上，恩格斯始终认为自己才是"唯物主义辩证法"的真正的发现者，因为按照分工，他主要研究自然科学，马克思主要研究社会历史，"唯物主义辩证法"自然就是恩格斯的专利了。

总之，在恩格斯的潜意识里，下面这个结论是十分确定的，他发现

---

① 《马克思恩格斯选集》第3卷，北京：人民出版社1995年版，第349、366页。
② 同上。
③ 《马克思恩格斯选集》第4卷，北京：人民出版社1995年版，第243页。

了"唯物主义辩证法",解决了自然观问题,而马克思则发现了"唯物主义历史观",从而解决了历史观问题。现在的关键转移到一个新的问题上,即自然观与历史观比较起来,究竟哪个居于基础性的位置上?恩格斯的解答是十分明确的,即自然观是历史观的基础。这不光表现在恩格斯在提到自然观和历史观时,始终把自然观置于历史观之前①,而且从《反杜林论》和《终结》的叙事结构和次序也可以看出,他始终把关于自然问题的讨论置于关于社会历史问题的讨论之前。事实上,恩格斯不仅在潜意识里把自然置于社会历史之前,在意识的范围内他也是这么做的。在《终结》中,他这样写道:"我们不仅生活在自然界中,而且生活在人类社会中,人类社会同自然界一样也有自己的发展史和自己的科学。因此,问题在于使关于社会的科学,即所谓历史科学和哲学科学的总和,同唯物主义的基础协调起来,并在这个基础上加以改造。"②这段话表明,在恩格斯的阐释策略中,自然观始终居于基础性的、核心的位置上,而社会历史观则必须同自然观协调起来,并在自然观的基础上加以改造。

由此可见,不管恩格斯在谈到他和马克思的关系时如何谦虚,如何把主要理论贡献归于马克思,但在哲学上,他客观上想表达的意思却是:恩格斯发现了"唯物主义辩证法",从而为马克思哲学奠定了基础,而马克思不过是把唯物主义辩证法应用到社会历史领域,从而发现了"唯物主义历史观"或"历史唯物主义"。尽管恩格斯有不少批评黑格尔和费尔巴哈的言论,但实际上,在哲学基本立场上,他始终是一个隐蔽的费尔巴哈主义者;而在方法论上,他又始终是一个隐蔽的黑格尔主义者。

如果说,恩格斯把费尔巴哈式的一般唯物主义与黑格尔的辩证法的结合的产物称之为"唯物主义辩证法",那么,普列汉诺夫则称之为"辩证唯物主义"。其实,这是同一个概念的两种不同的表述方式。在

---

① 恩格斯不但在《反杜林论》"三版序言"中把自然观置于历史观之前,在《终结》中也有"自然界和历史"这样的提法。参阅《马克思恩格斯选集》第4卷,北京:人民出版社1995年版,第242页。

② 《马克思恩格斯选集》第4卷,北京:人民出版社1995年版,第230页。

《恩格斯〈费尔巴哈和德国古典哲学的终结〉一书俄译本第二版的译者序言》(1905) 中，普列汉诺夫明确地指出："马克思和恩格斯的哲学不仅是唯物主义的哲学，而且是辩证唯物主义。"① 在《卡尔·马克思和列夫·托尔斯泰》(1911) 一文中，普列汉诺夫说得更为明白："马克思的世界观是辩证唯物主义。"②

在普列汉诺夫的影响下，列宁干脆在《唯批》中写道："马克思主义哲学是辩证唯物主义。"③ 并以挑战性的口吻批评自己的论敌："所有这些人都不会不知道，马克思和恩格斯几十次地把自己的哲学观点叫做辩证唯物主义。"④ 这就明确地告诉我们，马克思哲学的实质是辩证唯物主义。显然，列宁这里的说法具有某种论战性的、夸张的味道，但凡认真研读过马克思、恩格斯著作的人都知道，马克思和恩格斯都从未使用过"辩证唯物主义"这一概念。正如我已经指出过的，恩格斯只是创制了"唯物主义辩证法"这一概念，而"辩证唯物主义"的概念则是从普列汉诺夫开始使用的。然而，不知情的人们仍然把恩格斯看作是"辩证唯物主义"概念的创制者。比如，哲学史家波亨斯基 (I. M. Bochenski) 在《当代欧洲哲学》一书中就曾这样写道："马克思本人主要是一个政治经济学家、社会学家和社会哲学家。他是历史唯物主义的奠基人，而历史唯物主义的一般哲学基础则是辩证唯物主义体系，它本质上是恩格斯研究的结果。"⑤

正如我在前面已经指出的，恩格斯晚期著作中的一系列论述，客观上已经造成了这样的印象，即"唯物主义辩证法"或后来改称的"辩证唯物主义"是恩格斯研究的结果，而马克思的"历史唯物主义"则

---

① 《普列汉诺夫哲学著作选集》第3卷，北京：生活·读书·新知三联书店1959年版，第79页。
② 《普列汉诺夫哲学著作选集》第5卷，北京：生活·读书·新知三联书店1984年版，第737页。
③ 《列宁选集》第2卷，北京：人民出版社1995年版，第10、12、311页。
④ 同上。
⑤ I. M. Bochenski: *Contemporary European Philosophy*, University of California Press, 1957, p. 62.

是在恩格斯研究成果的基础上提出来的。一言以蔽之，不是马克思，而是恩格斯，才是马克思哲学的真正的奠基者。显然，列宁对这一点是完全认同的，因为他明确地告诉我们："马克思加深和发展了哲学唯物主义，而且把它贯彻到底，把它对自然界的认识推广到对人类社会的认识，马克思的历史唯物主义是科学思想中的最大成果。"① 按照列宁的这一见解，马克思在哲学上根本就没有什么独创性可言，他不过是"加深和发展了"哲学唯物主义，并把恩格斯的研究成果"推广"到社会历史领域而已。列宁没有说出来的话是：恩格斯才是马克思哲学的真正的奠基人。

由此可见，斯大林关于历史唯物主义不过是把辩证唯物主义"推广"和"应用"到社会历史领域的结论，早已蕴涵在以恩格斯为肇始人的正统的阐释者们的论著中了，斯大林不过是把它们发掘出来，加以系统化、明确化而已。在《联共（布）党史简明教程》问世以来，由于苏联、东欧和中国理论界的马克思哲学教科书都是以斯大林的《论辩证唯物主义和历史唯物主义》作为权威样板的，因而马克思被斯大林化的影响是无法估量的。而我的研究表明，斯大林化乃是对马克思的本真哲学精神的最系统、最严重的遮蔽。这一遮蔽造成的结果如下：

其一，马克思哲学被二元化为辩证唯物主义和历史唯物主义。辩证唯物主义只研究自然，历史唯物主义只研究社会历史。这样一来，自然与社会历史也被二元化了。

其二，把辩证唯物主义（对应于自然）视为马克思哲学的基础和核心，把历史唯物主义（对应于社会历史）置于实证科学或应用科学的位置上，也就等于说，在辩证唯物主义范围内讨论的任何哲学问题，包括本体论、认识论和方法论，都完全与社会历史无涉，而这些完全与社会历史无涉的哲学问题根本上就是抽象的、虚幻的，没有任何现实意义的。反之，在历史唯物主义范围内讨论的哲学问题，包括生产力、生

---

① 《列宁选集》第 2 卷，北京：人民出版社 1995 年版，第 10、12、311 页。

产关系、市民社会、国家等，也完全与自然无涉，从而同样是虚假的、荒谬的。

其三，把历史唯物主义作为被"推广"或被"应用"的领域而加以实证化，缩小乃至彻底抹煞了马克思所发动的划时代的哲学革命的重大意义。

作为马克思哲学的研究者，恢复马克思哲学的本真面貌是一种责任。事实上，马克思策动的划时代的哲学革命是创立了历史唯物主义；成熟时期的马克思没有提出过历史唯物主义以外的任何其他哲学理论；历史唯物主义作为研究对象的社会历史是涵盖自然于自身之内的。换言之，以人的实践活动为媒介的人化自然本身就是社会历史的组成部分。因为，马克思早已告诉人们："社会是人同自然界的完成了的本质的统一。"① 世界上既不存在与社会历史相分离的自然，也不存在与自然相分离的社会历史。拨开正统阐释者们对马克思的遮蔽，马克思哲学将在新的阐释活动中重新获得生命力！

二 张广照、李敬革：马克思哲学与恩格斯哲学的不同来源和根本差别②

马克思主义哲学要以马克思本人的哲学为主，这是不言而喻的常识和真理。然而实际不然：它先被说成由马克思恩格斯共同创立，继而说二人思想一致，进而以恩格斯哲学取代了马克思哲学，它实际上是以恩格斯哲学为主加上后人（主要是列宁）演绎发挥而成的哲学，与马克思哲学根本不同。马克思恩格斯有着共同理想和亲密友谊，我更崇敬恩格斯的超凡聪慧和高尚人格。然而我爱我师，我更爱真理，二人的哲学有天壤之别却是谁也不能否认的事实。越是肯定二者一致的人，就越是真正认识到和顽强坚持着这种差别：他们一方面把"二者一致"这个

---

① 《马克思恩格斯全集》第 42 卷，北京：人民出版社 1979 年版，第 122 页。
② 本文原载《宝鸡文理学院学报（社会科学版）》2011 年第 4 期。

需要证明的结论当作前提而不容质疑,另一方面又依据和发挥恩格斯的观点抵制和批判马克思,说他这个观点"不成熟",那个观点"唯心主义",有"从唯心到唯物"、"从革命民主主义到共产主义"的转变,而对恩格斯却从未这样分析过,这是极为吊诡的。廓清二人哲学差别不仅是个学术问题,更是我们指导思想理论基础的正本清源、世界共产主义运动如何再造辉煌的政治问题。我们就从二人哲学的来源这个历史和逻辑的起点谈起。

马克思恩格斯哲学的不同来源

马克思出生在深受法国资产阶级大革命影响的莱茵省,从小就深受亲友师长革命思想的熏陶。他自幼胸怀远大勤奋好学,对知识无比渴求,对自由无限向往。他根本不以当下的德国思想为限,而是"把自己的视线移向历史这个人类伟大的教师"①,尤其是古希腊伟大的思想家们。中学考试论宗教问题的作文就有自己对古希腊哲学家伊壁鸠鲁和斯多葛学派哲学独特的评论②。进入大学后更是如饥似渴地学习和深入思考,形成了自己的哲学学说,这集中体现在他的《博士论文》中。马克思不是通过研究黑格尔费尔巴哈哲学而是古希腊哲学奠定了自己的哲学基础,像伊壁鸠鲁那样"反对整个希腊民族的世界观"③并终生未变,这一点还很少有人注意。不像马克思这样研究和理解古希腊哲学,就不能理解马克思。马克思所理解的古希腊精神不同于前人,认为希腊精神不只是对知识而更是对自由的追求,正如他后来所说:"必须唤醒这些人的自尊心,即对自由的要求。这种心理已经和希腊人一同离开了世界,而在基督教的统治下则消失在天国的幻境之中"④。马克思对从康德、费希特、谢林到黑格尔、费尔巴哈及其门徒的德意志意识形态深恶痛绝,批判不遗余力,从来没有无批判地赞扬过它,特别是对其总代

---

① 《马克思恩格斯全集》第40卷,北京:人民出版社1982年版,第818页。
② 同上。
③ 同上。
④ 《马克思恩格斯全集》第1卷,北京:人民出版社1956年版,第409页。

表黑格尔哲学终生批判。他批判"真正的社会主义者""企图用德国的特别是黑格尔和费尔巴哈的意识形态,来阐明社会主义和共产主义文献的思想",坚决反对"任意捏造共产主义和德意志意识形态之间的联系"①;嘲笑"真正的社会主义者"是以黑格尔的体系为依据的②;认为"社会主义起源于法国"③,成熟的共产主义直接起源于法国唯物主义,这种唯物主义正是以爱尔维修所赋予的形式回到了它的祖国英国。边沁根据爱尔维修的道德学建立了他那正确理解的利益的体系,而欧文则从边沁的体系出发去论证英国的共产主义④;指出"社会主义和共产主义不起源于德国而起源于英国、法国和北美"⑤。这是因为"德国人没有英法两国人所有的那种发达的阶级关系。所以,德国共产主义者只能从他们出身的那个等级的生活条件中攫取自己的体系的基础。因此,唯一存在着的德国共产主义体系是法国思想在受小手工业关系限制的那种世界观范围内的复制"⑥。他热情地赞扬法国哲学:"并不需要多大的聪明就可以看出,关于人性本善和人们智力平等,关于经验、习惯、教育的万能,关于外部环境对人的影响,关于工业的重大意义,关于享乐的合理性等等的唯物主义学说,同共产主义和社会主义之间有着必然的联系"⑦。马克思是一个哲学研究家,他继承和发扬了古希腊最优秀的哲学家伊壁鸠鲁的哲学传统,他关于人的自由解放全面发展的哲学思想和共产主义理论是从对古希腊哲学的研究、从对于人和人的本质的研究、对于人的关心、人的幸福的追求中产生的,这一点几乎无人知晓和论证而把德国肤浅的"唯物主义"、"辩证法"奉若神明。其实德国哲学是马克思终生批判的对象,着力清扫的奥吉亚斯大牛圈。需要指出的是,这些批判虽然是马克思恩格斯合著中的观点,但事实证明这只是马

---

① 《马克思恩格斯全集》第 3 卷,北京:人民出版社 1960 年版,第 536 页。
② 同上书,第 558 页。
③ 同上书,第 539 页。
④ 《马克思恩格斯全集》第 2 卷,北京:人民出版社 1957 年版,第 167 页。
⑤ 《马克思恩格斯全集》第 4 卷,北京:人民出版社 1958 年版,第 334 页。
⑥ 《马克思恩格斯全集》第 3 卷,北京:人民出版社 1960 年版,第 544 页。
⑦ 《马克思恩格斯全集》第 2 卷,北京:人民出版社 1957 年版,第 166 页。

克思而不是恩格斯的观点，恩格斯在自己的著作中表达了与合著中不同的观点。

关于伊壁鸠鲁哲学而不是德国哲学是马克思哲学的理论来源，拙作《〈博士论文〉是马克思哲学的"真正诞生地和秘密"》①，从传统来源说的矛盾、马克思对伊壁鸠鲁的赞扬、伊壁鸠鲁哲学与马克思哲学变革和全部学说的关系等方面简要进行了论证，这里不多重复，只强调三点。

第一：这是马克思的观点。马克思是真正的哲学大师，一生治学严谨，对自己思想变化和别人每一个观点都作了准确交代和详细说明，他曾说他执行历史的裁判，给每个人以应得的奖励。不能设想他对于自己哲学的理论来源闭口不谈而由别人代劳。为马克思哲学寻找来源本身就是荒唐可笑不可想象的，就像说一个人不知自己名字而为其命名一样是侮人自侮。马克思在他研究哲学时就明确指出了自己哲学的来源，表明了同前人哲学彻底决裂的态度，说"希腊人将永远是我们的老师"②，断定"伊壁鸠鲁反对整个希腊民族的世界观"并明确表示自己也是如此："我的见解同前人的见解关系怎样，只要我们约略考察一下古代人关于德谟克利特的物理学和伊壁鸠鲁的物理学的关系的判断，就能看出来"③。第二：马克思终生严厉批判黑格尔费尔巴哈，对德国哲学评价不高，坚决反对把德意志意识形态同社会主义联系起来。第三：说"我们"的哲学来源于黑格尔费尔巴哈，有从唯心到唯物、从黑格尔到费尔巴哈的转变等等，这基本上是恩格斯的说法，应该首先分析恩格斯而不是马克思的思想历程才对。实际上，德国哲学只是恩格斯而不是马克思哲学的理论来源。

恩格斯的哲学经历与马克思迥然不同。恩格斯是一个聪慧的自学者，但他从来没有像马克思那样研究过古希腊哲学，更没有发现他与伊壁鸠鲁哲学有任何关系和联系。他的立足点从来没有离开过德国哲学半

---

① 载《宝鸡文理学院学报（社会科学版）》2009年第3期。
② 《马克思恩格斯全集》第40卷，北京：人民出版社1982年版，第148页。
③ 同上书，第196页。

步，不是其批判者超越者而是崇拜者继承者。他中学毕业父亲就迫使他离开学校经商办厂。1841年9月—1842年8月，他作为志愿兵在当时普鲁士首都柏林的一个炮兵部队里服兵役，这使他有机会在柏林大学旁听课程，他以极大的兴趣勤奋自学和研究各种哲学。他同青年黑格尔派接近，非常同意他们的观点。后来费尔巴哈的著作特别是《基督教的本质》一书对他影响很大。与马克思相反，也与他们二人合著中的观点相反，他一生对德国哲学家和德意志意识形态评价极高且引为自豪，并认为社会主义和共产主义同德国哲学有着密切的联系。还在没有见到马克思之前，他就认为"德国的哲学经过长期的痛苦的摸索过程，也终于达到了共产主义……共产主义并不是英国或其他什么国家的特殊情况造成的结果，而是以现代文明社会的一般情况为前提所必然得出的结论"；"英国人由于国内贫困和道德败坏的现象的迅速加剧，他们通过实践达到这个学说。法国人是通过政治达到的，他们起初只是要求政治自由和平等，但当他们意识到这还不够的时候，除政治要求而外，他们又提出了社会自由和社会平等的要求；德国人则是通过哲学，通过对基本原理的思考而成为共产主义者的。社会主义在这三个国家产生的情况既然这样，那么在次要的问题上就不可能没有分歧"[①]；他在谈到德国时说："我现在所要谈的党是哲学的党，其起源和英法共产主义者没有什么关系的党，从半个世纪来德国引以自豪的哲学中产生出来的党。在法国发生政治革命的同时，德国发生了哲学革命。这个革命是由康德开始的。他推翻了前世纪末欧洲各大学所采用的陈旧的莱布尼茨的形而上学体系。费希特和谢林开始了哲学的改造工作，黑格尔完成了新的体系。从人们有思维以来，还从未有过像黑格尔体系那样包罗万象的哲学体系。逻辑学、形而上学、自然哲学、精神哲学、法哲学、宗教哲学、历史哲学，——这一切都结合成为一个体系，归纳成为一个基本原则。看来这个体系从外部是不能攻破的。实际上也是这样。只是由于身为黑格尔派的那些人从内部攻击，这个体系才被打破。我在这里当然不能详细叙述

[①] 《马克思恩格斯全集》第1卷，北京：人民出版社1956年版，第575—576页。

这个体系及其历史，只能谈谈下面几点。德国哲学从康德到黑格尔的发展是连贯的，合乎逻辑的，必然的，——如果可以这样说的话，以致除了上面提到的体系而外，其他任何体系都是站不住脚的"①；"共产主义是新黑格尔派哲学的必然产物，任何一种抵抗都阻止不住它的发展"；"德国人是一个哲学民族；既然共产主义建立在健全的哲学原理的基础上，并且是——尤其是——从德国本国哲学必然得出的结论，那他们就决不愿意也决不会摈弃共产主义。我们现在应该完成的任务如下。我们的党应该证明：从康德到黑格尔，德国哲学思想的全部成果不是毫无裨益，就是比毫无裨益更坏；再不然这种努力的结果就应该是共产主义；德国人要不抛弃使本民族感到骄傲的那些伟大哲学家，就得接受共产主义。这一点一定会得到证明；德国人一定会站在这十字路口上，同时，人民将要选择哪条道路也不必有所怀疑。德国在有教养的社会阶级中建立共产党的条件，比其他任何一个国家都要优越。德国人是一个从不计较实际利益的民族；在德国，当原则和利益发生冲突的时候，原则几乎总是压倒利益。对抽象原则的偏好，对现实和私利的轻视，使德国人在政治上毫无建树；正是这样一些品质使哲学共产主义在这个国家取得了胜利"②。说马克思恩格斯对德国哲学与社会主义关系评价和其哲学来源根本不同是千真万确的。

马克思一生不曾改变而是充实和发展着自己早年哲学思想，恩格斯也是这样。恩格斯一生也没有真正理解马克思哲学。这里有无数的例子。比如1874年《"德国农民战争"1870年版序言的补充》说："德国工人同欧洲其他各国工人比较起来，有两大优越之处。第一，他们属于欧洲最有理论修养的民族，他们保持了德国那些所谓'有教养的人'几乎完全丧失了的理论感。如果不是先有德国哲学，特别是黑格尔哲学，那末德国科学社会主义，即过去从来没有过的唯一的科学社会主义，就决不可能创立"③；《反杜林论》、《社会主义从空想到科学的发

---

① 《马克思恩格斯全集》第1卷，北京：人民出版社1956年版，第587—589页。
② 同上书，第591—592页。
③ 《马克思恩格斯全集》第18卷，北京：人民出版社1964年版，第565页。

展》等仍然如此。他对德国哲学的批判不仅不像马克思那样深刻尖锐一针见血,而且简直可以说是对他们的赞扬。马克思与此不同,像恩格斯没有理解马克思哲学一样,马克思也从来没有赞同过恩格斯的哲学观点。一个有趣的例子是在为恩格斯《社会主义从空想到科学的发展》法文版所写的导言中,马克思一如过往地不具体评论恩格斯的哲学观点(对恩格斯的经济学观点总是具体赞扬),90%以上篇幅平铺直叙地介绍恩格斯的经历,只在最后说《反杜林论》"是对杜林先生关于科学、特别是关于社会主义的所谓新理论的驳斥。这些论文已经集印成书并且在德国社会党人中获得了巨大的成功。在这本小册子中我们摘录了这本书的理论部分中最重要的部分;这一部分可以说是科学社会主义的入门"①。马克思这样淡然含糊地评价恩格斯哲学值得我们深思!

在晚年最重要的著作《费尔巴哈论》中,恩格斯对德国哲学赞扬如故。黑格尔那句本来是神秘主义诡辩论的"凡是现实的都是合理的,凡是合理的都是现实的"、恩格斯也说一般人都认为是"显然把现存的一切神圣化"的话,经过牵强附会的解释,竟成了革命的理论,这样的"辩证法"的确令人吃惊!他说黑格尔哲学的"真实意义和革命性质,正是在于它永远结束了以为人的思维和行动的一切结果具有最终性质的看法"②等等。黑格尔说人的认识需要发展这有什么深刻之处?这样郢书燕说式地拔高,任何一句话都是最伟大的真理,"人非圣贤,孰能无过"不比这更深刻?恩格斯对费尔巴哈更是一直高度赞扬。据考证③《神圣家族》中最热烈赞扬的话就出于恩格斯:"到底是谁揭露了'体系'的秘密呢?是费尔巴哈。是谁摧毁了概念的辩证法即仅仅为哲学家们所熟悉的诸神的战争呢?是费尔巴哈。是谁不是用'人的意义'(好像人除了是人之外还有什么其他的意义似的!)而是用'人'本身来代替包括'无限的自我意识'在内的破烂货呢?是费尔巴哈,而且仅仅是费尔巴哈。他所做的事情比这还要多";"唯灵论和唯物主义过去在

---

① 《马克思恩格斯全集》第19卷,北京:人民出版社1963年版,第263页。
② 《马克思恩格斯全集》第21卷,北京:人民出版社1965年版,第306—307页。
③ 何中华:《如何看待马克思和恩格斯的思想差别》,载《现代哲学》2007年第3期。

各方面的对立已经在斗争中消除,并为费尔巴哈永远克服"①。恩格斯从来没有像马克思和《德意志意识形态》那样批判费尔巴哈不懂人的社会性本质,不能从主体方面而只是从客体或直观的方面理解事物,是用黑格尔的观点批判费尔巴哈的"形而上学"性等,恢复了那种几千年前就有的直观的唯物主义,如同只是用旧唯物主义批判黑格尔辩证法的唯心基础恢复了几千年前就有的辩证法,而不是像马克思那样更批判其神秘主义诡辩论、使辩证法成为为现实辩护的"解释世界"的哲学。《费尔巴哈论》全书以"德国的工人运动是德国古典哲学的继承者"②结尾,显示恩格斯始终是德意志意识形态的继承者,继承了最不应该继承的东西:直观的唯物主义和辩证法中的神秘主义诡辩论。

还有更为有趣和不可思议的,马克思从来没有说过德国哲学是自己哲学的来源,恩格斯却有过类似的说法。《〈政治经济学批判〉序言》中马克思谈到与恩格斯会见时是这样说的:"当1845年春他也住在布鲁塞尔时,我们决定共同钻研我们的见解与德国哲学思想体系的见解之间的对立,实际上是把我们从前的哲学信仰清算一下。这个心愿是以批判黑格尔以后的哲学的形式来实现的"③。很明显马克思说的是与德国哲学思想体系的"对立","清算"是"梳理"的意思,随后的话和书名就体现了对德意志意识形态的彻底批判。而在恩格斯这里,我们(其实是恩格斯自己)与黑格尔的"对立"关系变成了一种继承的关系,梳理意义上的"清算"变成了"批判"否定自己:恩格斯说,"至于费尔巴哈,虽然他在某些方面是黑格尔哲学和我们的观点之间的中间环节,我们却从来没有回顾过他。""因此,我越来越觉得把我们和黑格尔哲学的关系,即我们怎样从这一哲学出发并且怎样同它脱离,做一个简要而有系统的说明是很必要的了。同样地,我认为我们还欠着一笔信誉债,就是要完全承认,在我们那个狂风暴雨时期,费尔巴哈给我们的影

---

① 《马克思恩格斯全集》第2卷,北京:人民出版社1965年版,第118—120页。
② 《马克思恩格斯全集》第21卷,北京:人民出版社1965年版,第353页。
③ 《马克思恩格斯全集》第13卷,北京:人民出版社1962年版,第10页。

响比黑格尔以后任何其他哲学家都大"①。恩格斯的确是说"我们"是从黑格尔哲学出发经过费尔巴哈而达到共产主义的,但这明显不是马克思的本意和事实,马克思既没有说自己与黑格尔费尔巴哈有继承关系,更没有批判过自己过去的哲学。然而可笑的是,恩格斯自己承认过思想有"转变"过程而马克思从来没有这样说过,然而后人却不去分析恩格斯却偏偏来分析马克思!人们对马克思刻薄无情,马克思没说过的非要说是他说过的,正确的也是错误的;对恩格斯则宽宏大量,恩格斯说过的他们全然不顾,错误的也是正确的。这既缺乏感情,又缺乏理智,究竟为什么?

马克思恩格斯哲学的根本差别

马克思恩格斯哲学不同的理论来源,既是不同哲学观点的表现,也是不同哲学观点的原因,自然有着不同的后果。上面简略地说到了二人在对待德意志意识形态、黑格尔及辩证法、费尔巴哈及唯物主义上的根本对立。在自由观上,恩格斯说"黑格尔第一个正确地叙述了自由和必然之间的关系。在他看来,自由是对必然的认识",拙作《真正的自由王国"在必然王国的彼岸——兼论马克思恩格斯自由观的根本不同"》②已经证明这完全是黑格尔的观点而马克思早就批判和超越了这种哲学观点。而背离马克思哲学必然造成严重后果:说来源于德国古典哲学使马克思主义哲学具有浓郁的德国哲学色彩;推崇黑格尔使得辩证法继承了其最不值得继承的东西即神秘主义、诡辩论,而失去了批判性革命性;推崇费尔巴哈则使唯物论成为客体的或直观的唯物主义;坚持黑格尔的自由观更是只谈了物的自由、人对自然界的"自由",而不是人的自由、社会的自由、真正的自由,因而不能说明和解决真正的自由问题。下面再举几个例子:

在认识论和真理观问题上,马克思在定义真理时就把真理和获得真

---

① 《马克思恩格斯全集》第21卷,北京:人民出版社1965年版,第411—412页。
② 载《宝鸡文理学院学报(社会科学版)》2010年第3期。

理的条件，探讨的结果和引向结果的途径联系起来，指出，"不仅探讨的结果应当是合乎真理的，而且引向结果的途径也应当是合乎真理的。真理探讨本身应当是合乎真理的，合乎真理的探讨就是扩展了的真理，这种真理的各个分散环节最终都相互结合在一起"，如果"抽象地理解真理"，"就像损害主体的权利那样，也损害了客体的权利"，"把精神变成了枯燥地记录真理的检察官"。① 马克思哲学认识论的革命性科学性，不是揭示了人所未知的认识的生理机制和物质基础，也不是发明了新的逻辑规则和思维机器，更不是坚持认识来源于感觉的"唯物论"，懂得感性认识发展到理性认识的"辩证法"——旧哲学家、心理学家们早已解决了这些问题，而是研究了旧哲学家们从未研究过的认识的社会方面，提出了改变世界的任务，给人们扫清了认识的社会障碍而不只是技术障碍。传统哲学大讲特讲的所谓感觉知觉表象，概念判断推理，归纳分析综合，历史逻辑一致等等，与其说是对旧哲学根本缺陷的克服，不如说是这种缺陷的进一步发展。这些只能在黑格尔、费尔巴哈等旧哲学家那里而不可能在马克思哲学中找到根据。马克思早就指出："人的感受性具有人的而不是动物的性质，这个启示当然不仅把任何心理学上的解释的企图变为多余的，同时也是对一切心理学的批判"②。总之马克思完整地再现了人的认识过程，分析了旧哲学家心理学家从未分析过的人的认识的本质中的社会方面，把如何认识世界获得真理建立在对世界的革命性改造上，从而得出了社会革命的结论。而恩格斯讲思维的至上性与非至上性；列宁讲"从生动的直观到抽象的思维，并从抽象的思维到实践，这就是认识真理、认识客观实在的辩证的途径"③；毛泽东讲"认识开始于经验——这就是认识论的唯物论"，"认识有待于深化""这就是认识论的辩证法"，讲"实践、认识、再实践、再认识，这种形式，循环往复以至无穷，而实践和认识之每一循环的内容，都比较地进到了高一级的程度。这就是辩证唯物论的全部认识论，这就

---

① 《马克思恩格斯全集》第 1 卷，北京：人民出版社 1956 年版，第 8—9 页。
② 《马克思恩格斯全集》第 3 卷，北京：人民出版社 1960 年版，第 607 页。
③ 《列宁全集》第 38 卷，北京：人民出版社 1986 年版，第 181 页。

是辩证唯物论的知行统一观"。① 这些仍然是抽象孤立的一个人的而不是社会的人的真实认识过程,基本上是心理学的内容,也是前人早就知道的,没有从旧哲学家那里赢得一寸阵地。限制或解放主体的,从来都不是来自作为物的客体而是作为人的主体、人所组成的社会。"不是神也不是自然界,只是人本身才能成为统治人的异己力量"②。"一个共同体所遭遇的困难,只能是由其他共同体引起的"③。这有什么难理解的,为什么避而不谈?哲学认识论激励、解放主体,就应当考察认识的社会方面,克服社会方面的障碍,研究心理学逻辑学所未曾研究的方面。而只有马克思哲学才包括和研究了这个方面。那种没有社会因素的认识论不能解决认识问题,真理观不能通向而只会扼杀真理,旧唯物主义的根本缺陷并没有克服。我们的认识论由于缺乏社会性规定,因而极端缺乏宽容性、开放性。尽管毛泽东同志也经常讲"解放思想,破除迷信",然而这似乎只适用于他本人而不适用于他人,结果常常适得其反,造成思想僵化,教条主义;尽管提倡"百花齐放,百家争鸣"、"知无不言,言无不尽"、"言者无罪,闻者足戒",实行"三不主义"等等,然而在他的理解中这些最多只是方法和手段,甚至只是一种策略、姿态,并不具有哲学意义;没有像认识、实践、感性、理性那样被纳入其哲学认识论中,更没有成为真理的要素,认识的本质。因而也就很少真正落实过,相反却每每成了"引蛇出洞"的方法,"以言治罪"的前奏,关键时刻总是剥夺另一些人的认识权利,直到"文化大革命"中抓"思想犯"。以唯物主义作指导的共产党人这也不能想,那也不准说,诸多条框禁忌甚多。这从反面告诉我们,人犯错误,特别是重大的长期得不到纠正的错误,决不只是由于感性材料不丰富,推理方法不正确,而是因为缺乏不同意见的争论和社会条件的制约。有了这些,真理不难发现,尤其是错误不难纠正,错误也难为大恶;没有这些,真理很难发现,是真理也会走向反面。对于过去的错误,人们还很少从哲学世界观上找原

---

① 《毛泽东选集》第 1 卷,北京:人民出版社 1991 年版,第 291—297 页。
② 《马克思恩格斯全集》第 42 卷,北京:人民出版社 1979 年版,第 99 页。
③ 《马克思恩格斯全集》第 46 卷(上),北京:人民出版社 1979 年版,第 475 页。

因，还在颂扬着这些肤浅的东西，其实这才是根本的原因。我们的所谓认识论研究的只是一些心理学、生理学、逻辑学甚至技术学的东西，应该研究的却不去研究。马克思认为人是社会的人，认识是社会的人在社会中的认识，他坚决反对真理独断论，维护人们认识的权力。这才是哲学家应当理解和捍卫的认识的本质方面。顺便说说，马克思从没有像恩格斯等人那样批判过唯物论和认识论中所谓片面的、孤立的、静止的观点，倒是表述了相反的意见：认识是一种人以自己的理智把握事物及其本质的活动，理智不但本身是片面的，它的作用实际上也正是在于使世界成为片面的——这真是一件伟大而惊人的工作，因为只有片面性才会从无机的整体中抽出部分的东西并使它具有一定的形式。事物的性质是理智的产物。每一事物要成为某种事物，就应该把自己孤立起来并成为孤立的东西。理智把一切内容都纳入固定不变的范围，并把这一流动的内容变成一种化石般的东西，从而表明世界的多样性，因为没有这些无数的多样性，世界就不会是多面的。① 片面性不是通过某个人既看这又看那的"全面性"而是无数人的"片面性"克服的。每个人都能看到别人看不到的东西，但能因此就否定别人吗？不幸的是现在所谓的全面性就是这样做的！人任何时候都要保持清醒的头脑，承认自己有片面、失误的可能，给他人以批评、纠正自己错误的权利。他还"为一切无价值的存在物要求不可侵犯的合法地位"②。这些正是现在的哲学根本不懂和反对的。

　　二者历史观同样是对立的，对此我将另题论述。这里只强调两点。第一是马克思把自己的哲学称为"实践活动的唯物主义"、"新唯物主义"③ 而从未说过"唯物史观"即"历史唯物主义"。这种概括既不来自又不符合马克思，而从恩格斯那种从客体和直观方面来理解事物的唯物论中是得不出科学历史观的，在最具能动性的社会历史领域恰恰抹煞了人的能动性。这也与马克思哲学的研究对象有关，马克思哲学只研究

---

① 《马克思恩格斯全集》第 1 卷，北京：人民出版社 1956 年版，第 145 页。
② 同上书，第 205 页。
③ 《马克思恩格斯全集》第 3 卷，北京：人民出版社 1960 年版，第 8 页。

人类、社会、历史现象，如同其"物质"是指"事物、现实、感性"即人实践的产物或者实践的对象一样。与人无关的自然界的物质不是马克思哲学的研究对象。"我们仅仅知道一门唯一的科学，即历史科学。历史可以从两方面来考察，可以把它划分为自然史和人类史。但这两方面是密切相联的；只要有人存在，自然史和人类史就彼此相互制约。自然史，即所谓自然科学，我们在这里不谈；我们所需要研究的是人类史"①。而马克思的这种观点几乎无人理解。比如罗素说："把马克思纯粹当一个哲学家来看，他有严重的缺点。他过于崇尚实际，过分全神贯注在他那个时代的问题上。他的眼界局限于我们的这个星球，在这个星球范围之内，又局限于人类。自从哥白尼以来已经很显然，人类并没有从前人类自许的那种宇宙重要地位。凡是没彻底领会这个事实的人，谁也无资格把自己的哲学称作科学的哲学"②。罗素说马克思只关心地球只研究人类非常正确，但他认为这是马克思的局限和缺陷则是错误的，实际上，社会科学主要研究社会而不与自然科学混同，这正是马克思的创新和科学之处。我要强调的第二点是恩格斯晚年也发现人们理解唯物史观的偏颇并力图纠正但都未达到目的，这也说明它的非科学性。他多次批判庸俗唯物主义，强调人们自己创造自己的历史，指出自己和马克思要对庸俗唯物主义的产生负责。马克思深知自己的哲学被人误解，也表现了深深的无奈。恩格斯对此也非常清楚，数次忠实地转述过马克思的这个观点，他可能唯一没有考虑到的是误解者也包括他自己。他在1882年《致伯恩斯坦》信中说："您屡次硬说'马克思主义'在法国威信扫地，所根据的也就是这个唯一的来源，即马隆的陈词滥调。诚然，法国的所谓'马克思主义'完全是这样一种特殊的产物，以致有一次马克思对拉法格说：'有一点可以肯定，我不是马克思主义者'"③。1883年，俄国革命家洛帕廷给奥沙尼娜的信中转述说："恩格斯说，在布鲁斯、马隆等人同其他的人斗争时期，马克思曾笑着说：'我能说的

---

① 《马克思恩格斯全集》第3卷，北京：人民出版社1960年版，第20页。
② 《西方哲学史》下卷，北京：商务印书馆1976年版，第276页。
③ 《马克思恩格斯全集》第35卷，北京：人民出版社1971年版，第385页。

只有一点：我不是马克思主义者！'"① 1890 年《致康·施米特》的信中说："唯物史观现在也有许多朋友，而这些朋友是把它当作不研究历史的借口的。正像马克思关于七十年代末的法国'马克思主义者'所曾经说过的，'我只知道我自己不是马克思主义者'"②；在《致保尔·拉法格》的信写道："近两三年来，许多大学生、文学家和其他没落的年青资产者纷纷涌入党内……所有这些先生们都在搞马克思主义，然而是十年前你在法国就很熟悉的那一种马克思主义，关于这种马克思主义，马克思曾经说过：'我只知道我自己不是马克思主义者'。马克思大概会把海涅对自己的模仿者说的话转送给这些先生们：'我播下的是龙种，而收获的却是跳蚤'"③；在《给"萨克森工人报"编辑部的答复》中说："在理论方面，我在这家报纸上看到了（一般来说在'反对派'的所有其他报刊上也是这样）被歪曲得面目全非的'马克思主义'……马克思在谈到七十年代末曾在一些法国人中间广泛传播的'马克思主义'时也预见到会有这样的学生，当时他说：'我只知道我自己不是马克思主义者'"。马克思主义者们如此误解马克思，和恩格斯的理解和阐释难道没有关系吗？恩格斯看到了问题但不知道问题的根源何在，这是他的聪明也是他的局限之所在。他同样是"显然不懂得他们宣称自己在维护的那个世界观"④。今后我们将另文剖析，这里只说结论。

与此紧密联系的是二人对自然科学与哲学关系的不同态度。马克思是伟大的哲学家，也热爱和研究自然科学，但他既没有像恩格斯那样在论著中显示自己的自然科学知识，也没有多评论更不曾批判自然科学。他高扬人的能动性，研究如何"改变世界"的社会历史问题而不过多涉及自然科学，更不对之品头论足说三道四，评论也主要是肯定和赞美。而恩格斯继承和发展了黑格尔哲学的传统及缺陷，对自然科学的研究及评论是其重要方面。诚然黑格尔有着丰富的自然科学知识，但它对

---

① 《马克思恩格斯全集》第 21 卷，北京：人民出版社 1965 年版，第 541 页。
② 《马克思恩格斯全集》第 37 卷，北京：人民出版社 1971 年版，第 432 页。
③ 同上书，第 446 页。
④ 《马克思恩格斯全集》第 22 卷，北京：人民出版社 1965 年版，第 81 页。

于科学所作的许多大而无当古怪可笑的评论没有什么意义,只留下无数的笑柄!恩格斯爱好自然科学,《自然辩证法》是他的得意之作,1873年5月30日,他曾兴致勃勃地把自己的心得告诉马克思:"今天早晨躺在床上,我脑子里出现了下面这些关于自然科学的辩证思想。自然科学的对象是运动着的物质,物体。物体和运动是不可分的,各种物体的形式和种类只有在运动中才能认识,离开运动,离开同其他物体的一切关系,就谈不到物体。物体只有在运动中才显示出它是什么。因此,自然科学只有在物体的相互关系中,在运动中观察物体,才能认识物体。对运动的各种形式的认识,就是对物体的认识。所以,对这些不同的运动形式的探讨,就是自然科学的主要对象",接着列举了从机械运动到物理运动、化学运动到生命运动的发展过程。马克思住在曼彻斯特,恩格斯认为"由于你那里是自然科学的中心,所以你最有条件判断这里面哪些东西是正确的",满怀希望地等待马克思的答复。恩格斯对自己的新发现很重视,非常担心别人剽窃。他还罕有地特意叮嘱马克思保密,"如果你们认为这些东西还有点意义,请不要对别人谈论,以免被某个卑鄙的英国人剽窃,对这些东西进行加工总还需要很多时间"。第二天马克思就回了信,然而恩格斯并没有得到他所希望的评价和支持,马克思只是开头淡淡地说了句"刚刚收到你的来信,使我非常高兴。但是,我没有时间对此进行认真思考,并和'权威们'商量,所以我不敢冒昧地发表自己的意见"之后就谈别的事情了,马克思为什么不置一词值得我们深入思考。① 马克思正确地解决了哲学和科学的关系,而恩格斯则还是把自然观当成了世界观,热心于研究和评论自然科学,而这没有也不能有什么积极意义。他批评"五十年代在德国把唯物主义庸俗化的小贩们,丝毫没有越出他们的老师们的这个范围。自然科学后来获得的一切进步,仅仅成了他们否认有世界创造主存在的新论据;而在进一步发展理论方面,他们实际上什么事也没有做。如果说,唯心主义当时已经智穷才竭,并且在1848年革命中受到了致命的打击,那末,使它感

---

① 《马克思恩格斯全集》第33卷,北京:人民出版社1973年版,第82—87页。

到满足的是，唯物主义者在这个时候更是江河日下"①。哲学家像政治家一样，要从社会方面看待和解决一切问题，对于自然科学除了为其创造良好的社会条件促进其发展之外，不需要也不能够做任何事情，就像政治家不必和不能指导运动员的技术提高一样，否则就是舍本求末，只能适得其反。恩格斯对当时自然科学三大发现等都发表了评论，但除了说它们证明了世界是物质的、是辩证发展的之外，也不可能说出什么有意义的话来。至于说马克思实现哲学革命和三大发现都有关系，更没有任何道理。哲学家们关于自然科学的那些大而无当的话，适用于一切时候一切地方，因而也就在任何时候任何地方都不适用。虽然恩格斯也说"自然哲学就最终被清除了。任何使它复活的企图不仅是多余的，而且是一种退步"②，但实际上他仍然坚持的是自然哲学，他的《自然辩证法》与他所反对的自然哲学没有什么不同！研究的是不属于哲学领域的事情。

还要特别指出，恩格斯作为一个并不掌握权力的自然科学爱好者，他的兴趣爱好和评论是他个人的事情，自然科学家既可以听取，也可以反驳不理。然而如果掌握权力的人用"世界是物质的"唯物论、"事物是发展的"辩证法一类空话评论和训导自然科学，那就是科学和社会的灾难。不幸的这曾经是前苏东和中国的现实，这里都曾发生过对自然科学的无理批判和对自然科学家的残酷迫害，严重阻碍了自然科学的发展。这些对自然科学略知一二的人在哲学家面前以懂自然科学自居，在自然科学家面前又以哲学家自命，用那些大而无当似是而非的空话来评论和指责科学。如同马克思所说的，"这种理性不向科学学习，反而去教训科学，并俨然作为一种科学的预见，规定科学家应该有多粗的胡须才能成为世界智慧的化身"。"科学研究的界限不由科学研究本身来决定又该由谁来决定呢？"③ 黑格尔那些大部头精装书，都不过是些稀奇古怪的空谈。当年德国工运领袖伯恩施坦把恩格斯的《自然辩证法》

---

① 《马克思恩格斯全集》第21卷，北京：人民出版社1965年版，第321页。
② 同上书，第340页。
③ 《马克思恩格斯全集》第1卷，北京：人民出版社1956年版，第112页。

手稿交给爱因斯坦征求意见。爱因斯坦的回答是，如果不是由于恩格斯是一位有名的历史人物的话，就根本不值得出版。不论从当代物理学的观点还是从物理学史方面来说，这部手稿的内容都没有特殊的趣味。如果考虑到对于阐明恩格斯的思想的意义是一个有趣的文献，那是可以出版的。[①] 马克思关于哲学和自然科学的关系的观点才是科学的。

马克思恩格斯哲学差别的实质

马克思是人类最伟大的思想家，哲学是一个理论家中最有价值的部分，然而恰恰是他的哲学被人们排斥了。他实现了哲学的变革，《博士论文》就批判了旧唯物主义，创立了能动的唯物主义哲学。然而恩格斯终生也没有理解马克思新唯物主义"新"在何处，他是德国哲学的继承者，与马克思哲学几乎没有关系。有关系也只是一种反对的关系。被萨特称为无人超越的马克思、几年前被英国广播公司评为"千年最伟大的思想家"的马克思决不是像人们所说的这样肤浅低级、漏洞百出的思想家！马克思的发现恩格斯根本不知不解，坚持的正是马克思超越和批判的东西。马克思恩格斯哲学差别的实质到底是什么？

马克思恩格斯哲学的差别是"世界观和理解力"的差别。人们行动受世界观和理解力的支配，哲学的容量、世界观的层次就是人们的理论和实践所能达到的高度。马克思在一开始进行哲学研究，考察德谟克利特和伊壁鸠鲁哲学的差别时就指出：为什么一定要把思想意向当作德谟克利特的世界观的基础，而不是相反，即把一定的世界观和理解力当作他思想意向的基础呢？这后一原则不仅具有更大的历史意义，而且还是在哲学史上用来恰当地考察一个哲学家思想意向的唯一原则[②]。"世界观和理解力"在最深最高层次指导和决定着人的行为，许多殊死搏斗的人物和阶级的差别只是利益层次而不是世界观层次的，古今中外改朝换代不计其数但却很少导致社会性质的变化就是证明。一个人、一个国

---

① 《爱因斯坦文集》第1卷，北京，商务印书馆1976年版，第202页。
② 《马克思恩格斯全集》第40卷，北京：人民出版社1982年版，第145页。

家、一个民族哲学"世界观和理解力"的转变是很难的。马克思和他崇爱的伊壁鸠鲁两人都反对整个希腊民族的世界观,这种反对不是一笔抹煞而是超越和发展即把前人的认识推进一步,真正称得上"世界观和理解力"的转变。恩格斯年轻时也说过"改宗多半被看成一种奇迹"①,而在恩格斯身上并没有发生奇迹。他适应和崇拜德国哲学,因而不可能理解马克思哲学,把马克思深刻的革命的哲学说成了唯物论、辩证法(据说这些马克思一开始还不懂还是跟黑格尔费尔巴哈学来的)这些既不新鲜又不深刻、中外几千年前就有的朴素自然观,把马克思实现的哲学变革又翻转了回去。而这恰恰符合一般人世界观和理解力的水平。这样的"马克思主义哲学"之所以为人广泛接受,就是因为被说成了这些尽人皆知的东西!马克思哲学之所以既少有人理解而遭到批判和否定、又不断被发现新的生命力而至今无人超越,就因为它不是唯物论、辩证法这类肤浅的东西。真正理解马克思,需要实现"世界观和理解力"的根本转变。

马克思恩格斯哲学的差别是研究人与研究物的两种科学、是把人当作人还是只是当作物的两种哲学的差别。人是物质世界的一部分,不能违背客观规律这是常识,这是旧哲学早就认识到了的问题,物质世界的运动规律是自然科学研究的问题。然而人又不同于万物和高于万物,具有"改变世界"的能动性本质,这同样是常识,而这却是一切旧哲学特别是旧唯物主义没有解决的问题。他们把自然科学当成了哲学,只是从客体和直观的方面来理解事物,在一切问题上"只是坚持了物质的一面"②而和唯心主义论战。而人不只是自然存在物更是社会存在物,社会存在是人的本质存在,人的问题、社会问题不能用自然科学方法来解决。所以《博士论文》指出:应该把"科学"和"哲学"区别开来,伊壁鸠鲁对科学的轻视涉及我们称之为知识的东西③。"德谟克利特的天文学见解,就他的时代来说,可算得很敏锐了,不过这些见解却不能

---

① 《马克思恩格斯全集》第 1 卷,北京:人民出版社 1956 年版,第 499 页。
② 《马克思恩格斯全集》第 40 卷,北京:人民出版社 1982 年版,第 223 页。
③ 同上书,第 59 页。

引起哲学的兴趣。它们既没有跳出经验反思的圈子,也没有同原子学说发生较为确定的内在联系"①。与德谟克利特自夸博学不同,伊壁鸠鲁关心的是如何发挥人的能动性,"对于伊壁鸠鲁宇宙观的方法来说,具有代表性的是创造世界的问题,——这是一个永远可以用来搞清哲学观点的问题,因为它表明,在这种哲学中精神是如何创造世界的,这种哲学与世界的关系是怎样的,哲学的精神即创造潜力是怎样的"②。前人只把人看作自然存在物,只从自然属性上研究人,不知道人与动物的根本区别是什么、怎样造成的,他们考察的人最多是物理学、生理学、动物学意义上的人,而"如果一个哲学家不认为把人看作动物是可耻的,那么他就根本什么都理解不了"③。前已指出,这正是恩格斯的哲学观点和缺陷所在。这种哲学把从客体和直观方面理解事物的哲学观点,当成了谁都不懂的伟大发现处处坚持而不知向前一步,用马克思的话说"没有皮革就造不出皮鞋"这类东西只是一些"庸俗的真理"④,是最粗俗的唯物主义。"经济学家们把人们的社会生产关系和受这些关系支配的物所获得的规定性看作物的自然属性,这种粗俗的唯物主义,是一种同样粗俗的唯心主义,甚至是一种拜物教,它把社会关系作为物的内在规定归之于物,从而使物神秘化"⑤。这当然不能说明和解决人和社会的任何问题。马克思说得好:"人们的政治关系同人们在其中相处的一切关系一样自然也是社会的、公共的关系。因此,凡是有关人与人的关系问题都是社会问题"⑥。而这是他们缺乏、不懂和必然反对的。这种粗俗的哲学不但使我们肤浅简陋,无法同其他哲学对话而窘迫万分,更妨碍我们认识和解决科学和社会等一切问题而造成种种灾难。文艺复兴以来的西方历史是自然科学飞速发展的历史,但更是人、人性解放的历史,是人性的解放才导致了自然科学的发展而不是相反,马克思哲学批

---

① 《马克思恩格斯全集》第40卷,北京:人民出版社1982年版,第233页。
② 同上书,第53页。
③ 同上书,第85页。
④ 《马克思恩格斯全集》第3卷,北京:人民出版社1960年版,第611页。
⑤ 《马克思恩格斯全集》第46卷(下),北京:人民出版社1982年版,第202页。
⑥ 《马克思恩格斯全集》第4卷,北京:人民出版社1958年版,第334页。

判和高于资本主义,是关于人类彻底解放和自由全面发展的理论,同文艺复兴一样来源于古希腊,不过来源于最伟大的希腊启蒙思想家伊壁鸠鲁。关于马克思学说的来源,借用胡适先生引用的一段话颇为合适:"十六、十七世纪那些给精确而不受成见影响的探索立下标准的早期研究工作者,他们的先驱是些什么人呢?哥白尼、伽利略、维萨略的精神上的祖先是什么人呢?中世纪那些偶然做实验工作的人,那些细心设计造出新机械的人,虽然渐渐增加我们物理和化学的经验知识,都还算不得。这些人留给后世的人还只是许多事实资料,只是达到实用目标的有价值的方法,还不是科学探索的精神。要看严格的知识探索上的勇气奋发,我们得向那少数深深浸染了苏格拉底传统的人身上去找,得向那些凭着原始的考古方法首先重新获得了希腊、罗马文化的早期学者身上去找。在文艺复兴的第一个阶段里把对于冷静追求真理的爱好发扬起来的人,都是研究人文的,他们的工作都不是关乎生物界或无生物界的,在中世纪,尽力抱评判态度而排除成见去运用人类的理智、尽力深入追求,没有恐惧也没有偏好,这种精神全是靠那些作讨论人文问题的人保持下来的。"[①] 近代科学工作者的先驱尚且是人文学者,近代思想家的先驱更不用说了。无论从历史还是逻辑上说,古希腊最伟大的启蒙思想家伊壁鸠鲁哲学都是马克思学说的理论来源。

  马克思恩格斯哲学的差别是哲学发展的高级阶段与低级阶段的差别。马克思哲学是迄今为止最深刻最科学最高阶段的哲学。人类哲学的一切成果(比如唯物论、辩证法、反映论等)马克思哲学都理解和包含(连吃、喝、性行为等是人自然属性马克思都指出了),但不能归结为而是高于其他一切哲学。人体解剖是猴体解剖的钥匙,高级阶段的事物是由低级阶段的事物发展而来,后者的合理之处都为前者所继承和发展,前者理解、说明和包容后者,而后者则不能这样,相反却批判和排斥前者。弗兰克林说过真相的一半是谎言。同样我们也可以说真理的一半是谬误。

[①] 姜义华编:《胡适学术文集——中国哲学史(上)》,北京:中华书局1991年版,第552—553页。

唯物论、辩证法等这些几千年前就存在的哲学，有一定的真理性，没有谁比马克思更准确地理解和评价它们，但只知道和坚持它们就必然反对超越它们的科学的理论。这正是我们的现实。马克思哲学虽不复杂但却深刻，他反对整个前人的世界观，因而很难为人理解。"只要冲破墨守成规的思想罗网，那末遇到的第一件事一定是'抵制'———这是墨守成规的人一碰到困惑不解的事物时所用的唯一的自卫武器"[①]。任何人的任何理论都不可能完全为人理解，但像马克思哲学这样长时期、为这样多的人误解还是史无前例的，大概唯有马克思认为几千年来只有卢克莱修和他理解的伊壁鸠鲁哲学的命运与此类似。的确，世界观和理解力的改变是极端困难的，人类几千年来并没有从那些庸俗的真理前进多少。人很难接受自己不理解的东西，往往不是改变自己接受新知识，而是将其变成自己已知的东西才能理解和接受。我十分理解马克思主义者们为什么甚至比非马克思主义者还强烈地排斥马克思哲学，他们怎样为了维护自己的常识而任意解释马克思。一百多年来他们的工作就是批判马克思哲学，竭力颂扬唯物论、辩证法这些庸俗的真理！

马克思恩格斯哲学的不同和对立，白纸黑字在那里放着，不是任何人的挑拨杜撰而是一个必须承认的现实，也不是个一般的字句翻译和不同理解的问题，版本学的研究不能改变这个结论，这是两种不同哲学的对立。拥护和反对马克思的人没有几个人理解甚至看过马克思的哲学著作，当务之急是研究和理解马克思本人的哲学。为马克思哲学平反，用马克思哲学包容和代替恩格斯哲学，这既是我们的良知又是我们良心的需要。"凡是表现为良心的进步的东西，同时也是一种知识的进步"。不必苛求恩格斯，人的认识都有局限；不要迁怒于马克思，过去对他深刻思想的不恭不要再继续下去了；不要自卑恐惧，知错即改比一贯正确更可信可爱。诚然改变自己信奉已久的东西一定会有人不解，有人痛苦，有人担心，有人恐惧会带来思想的混乱甚至社会的动荡，然而这就像"日心说"代替"地心说"一样，是人类认识提高的表现，也促进

[①] 《马克思恩格斯全集》第35卷，北京：人民出版社1971年版，第149页。

了社会进步。我们应该坚持真理,更应该修正错误。真理必定胜利,真理才有利于我们。中国和世界都处于一个新的历史大变革时期,人们都在寻求哲学的突破,传统哲学、西方马克思主义、现代西方哲学、民主社会主义、中国传统文化等都有人鼓吹和坚持,但我认为它们中任何一种甚至全部相加都不能完成这个任务。而我们发现,最科学最深刻最适用的理论不是别的,正是马克思本人的哲学。什么是马克思学说的核心和实质?马克思毕生关注、思考和解决的问题是什么?就是关于人类彻底解放自由全面发展的问题。除了宗教之外,任何理论和实践都不可能提出比人自身发展更高的目标,同样也不应该提出比人更低的目标。马克思哲学之外的任何理论和理论家都没有提出特别是没有解决这个问题。萨特曾说马克思哲学不可超越很有道理,他还说"我常常看到,一种'反马克思主义的'论据只是马克思主义以前的一种观念的表面更新。对马克思主义的一种所谓的超越,在最坏的情况下是回到马克思主义以前的时代,在最好的情况下则是重新发现一种已包含在人们自以为超越的哲学中的思想"①。马克思更早就揭露过各种观点的"所谓新,几乎总是倒退到早已被驳倒的观点"②。

马克思本人的哲学同人们的传统理解有着巨大的冲突,今天重新理解马克思哲学我们也遇到了马克思创立新理论时遇到的困难,他曾指出,"最不可取的是仅仅根据威望和真诚的信仰来断定哪一种哲学是真正的哲学——尽管这种威望的体现者是整个民族并且这种信仰已存在了千百年"③。同样马克思大无畏的态度更是我们最需要的:"哲学,只要它还有一滴血在它那个要征服世界的、绝对自由的心脏里跳动着,它就将永远用伊壁鸠鲁的话向它的反对者宣称:'渎神的并不是那抛弃众人所崇拜的众神的人,而是同意众人关于众神的意见的人'"④。人们只要拿出批判马克思勇气和精力的百分之一剖析恩格斯哲学,我们就会得到一个全新的马克思。

---

① 《辩证理性批判》,合肥:安徽文艺出版社1998年版,第10页。
② 《资本论》第3卷,北京:人民出版社1975年版,第881页。
③ 《马克思恩格斯全集》第40卷,北京:人民出版社1982年版,第170页。
④ 同上书,第189页。

附录 Ⅱ　延伸阅读书目

〔英〕麦克莱伦：《马克思主义以前的马克思》，李兴国等译，北京：社会科学文献出版社1992年版。

〔德〕梅林：《保卫马克思主义》，吉洪译，北京：人民出版社1982年版。

〔苏〕费多谢耶夫等：《卡尔·马克思》，北京：生活·读书·新知三联书店1980年版。

〔苏〕瓦尔特·维克多：《卡尔·马克思》，马度译，北京：中国青年出版社1954年版。

〔德〕格姆科夫等：《马克思传》，北京：生活·读书·新知三联书店1978年版。

〔德〕克莱恩等：《马克思主义哲学史》，北京：中国人民大学出版社1983年版。

《马克思早期思想研究译文集》，熊子云、张向东译，重庆：重庆出版社1982年版。

李季：《马克思传》（全三册），上海：神州国光社1949年版。

高光、闫树森、马迅：《马克思早期著作研究》，北京：中共中央党校出版社1992年版。

鲁路：《马克思博士论文研究》，北京：中央编译出版社2007年版。

罗晓颖：《马克思与伊壁鸠鲁》，上海：华东师范大学出版社2010年版。

黄楠森等主编:《马克思主义哲学史》第1卷,北京:北京出版社1991年版。

孙伯鍨等:《马克思主义哲学史》第1卷,太原:山西人民出版社1982年版。

吴振海主编:《马恩列斯哲学发展史》,天津:南开大学出版社1988年版。

李茂主编:《马克思主义哲学发展简史》,郑州:河南人民出版社1985年版。

张奎良:《张奎良集》,哈尔滨:黑龙江教育出版社1988年版。

图书在版编目（CIP）数据

马克思《博士论文》研究读本 / 张广照编著. —北京：中央编译出版社，2017.1

（马克思主义经典著作研究读本 / 杨金海　李惠斌主编）

ISBN 978-7-5117-2505-9

Ⅰ.①马…　Ⅱ.①张…　Ⅲ.①《博士论文》-马克思著作研究　Ⅳ.①A811.24

中国版本图书馆 CIP 数据核字（2015）第 009909 号

马克思《博士论文》研究读本

出　版　人：葛海彦
出版统筹：贾宇琰
责任编辑：苗永姝
责任印制：尹　珺
出版发行：中央编译出版社
地　　址：北京市西城区车公庄大街乙 5 号鸿儒大厦 B 座（100044）
电　　话：（010）52612345（总编室）　　（010）52612335（编辑室）
　　　　　（010）52612316（发行部）　　（010）52612317（网络销售）
　　　　　（010）52612346（馆配部）　　（010）55626985（读者服务部）
传　　真：（010）66515838
经　　销：全国新华书店
印　　刷：北京汇林印务有限公司
开　　本：720×1020 毫米　1/16
字　　数：390 千字
印　　张：27.25
版　　次：2017 年 1 月第 1 版第 1 次印刷
定　　价：95.00 元

网　　址：www.cctphome.com　　邮　箱：cctp@cctphome.com
新浪微博：@中央编译出版社　　微　信：中央编译出版社（ID：cctphome）
淘宝店铺：中央编译出版社直销店（http：//shop108367160.taobao.com）
　　　　　（010）55626985

凡有印装质量问题，本社负责调换。电话：（010）55626985